Tom Lutz
Tränen vergießen

EUROPA
VERLAG

Aus dem Amerikanischen von Diane von Weltzien

TOM LUTZ

Tränen vergiessen

ÜBER DIE KUNST ZU *weinen*

Europa Verlag
Hamburg · Wien

Die Deutsche Bibliothek – CIP-Einheitsaufnahme
Ein Titelsatz für diese Publikation ist bei
Der Deutschen Bibliothek erhältlich.

Originalausgabe:
Crying – The Natural And Cultural History Of Tears
© 1999 by Tom Lutz

Deutsche Erstausgabe
© Europa Verlag GmbH Hamburg/Wien, August 2000
Lektorat: Ingrid Klein
Umschlaggestaltung: Kathrin Steigerwald, Hamburg
unter Verwendung des Fotos »Larmes« von Man Ray, 1932–1933
© Man Ray Trust / Artists Rights Society (ARS), New York
Innengestaltung: H & G Herstellung, Hamburg
Druck und Bindung: Wiener Verlag, Himberg bei Wien
ISBN 3-203-79575-2

Informationen über unser Programm erhalten Sie beim
Europa Verlag, Neuer Wall 10, 20354 Hamburg
oder unter www.europaverlag.de

Inhalt

Für Laurie, in Liebe

Ich habe vollen Grund zum Weinen,
aber dieses Herz soll in hunderttausend Sprünge brechen,
eh daß ich weine.

WILLIAM SHAKESPEARE, *König Lear* (1606)

Übermaß an Sorge lacht. Übermaß an Freude weint.

WILLIAM BLAKE, *Die Hochzeit von Himmel und Hölle* (1790)

Die Dinge sonst in diesem Leben sind um so weniger Grund
zum Weinen, je mehr um sie geweint wird, und sind Grund
zum Weinen um so mehr, je weniger man darüber weint.

AUGUSTINUS, *Confessiones* (397)

Einführung

Warum Tränen?

Weinen ist eine elementare menschliche Ausdrucksform. Die gesamte Geschichte hindurch und in jeder Kultur werden gefühlsbedingt Tränen vergossen – überall auf der Welt muss jeder Mensch irgendwann einmal weinen. In allen Kulturen weinen Menschen anlässlich von Beisetzungsritualen außer in Bali, und selbst dort werden Tränen aus Trauer vergossen – tränenlose Begräbnisse sind dort nur dadurch möglich, dass man die Riten um bis zu zwei volle Jahre nach dem Tod verschiebt. Überall auf dem Erdball schreien Babys aus Hunger und Schmerz und Kinder aus Frustration und Enttäuschung. Wie stark auch immer sich die Regeln, zur Kontrolle des emotionalen Ausdrucks, von Zeit zu Zeit und von Ort zu Ort unterscheiden mögen, Erwachsene weinen aus tausenderlei Gründen und manchmal, so behaupten einige, auch ohne jeglichen Grund. In der amerikanischen Kultur können sich selbst die wenigen (in der Regel Männer), die behaupten, nie zu weinen, daran erinnern, dies als Kinder getan zu haben.

Und Weinen ist eine ausschließlich menschliche Ausdrucksform. So weit wir wissen, produziert kein Tier gefühlsbedingte Tränen. Ein paar Leute behaupten, dass Elefanten weinen, etwa wenn sie mit ihrem Abrichter wieder vereint oder wenn sie ausgeschimpft werden. Doch solche seltenen und ungewöhnlichen Tränen sind nie von unabhängiger Seite bestätigt worden. Der

Elefantendompteur George Lewis erzählt in seiner Autobiografie die Geschichte von Sadie, einer jungen Elefantendame, die weinte, als sie bestraft wurde. Seither dient Sadie als Beweis dafür, dass emotionale Tränen auch bei anderen Spezies vorkommen. Doch sie ist ein schlechtes Beispiel. Obwohl Lewis ein Leben lang mit Elefanten zu tun hatte, erwähnt er nur diesen einzigen Fall, und da Sadie kein zweites Mal geweint hat, ist Lewis nicht hundertprozentig sicher, ob ihre Tränen tatsächlich gefühlsbedingter Art waren. Von Pudeln wird berichtet, dass sie weinen, aber lediglich von ihren Besitzern. Gleiches wurde von Seehunden, Bibern und Delfinen behauptet. Doch nichts davon ließ sich untermauern. Selbst Jeffrey Moussaieff Masson und Susan McCarthy, die sich in ihrem Buch mit dem reißerischen Titel *When Elefants Weep* (dt. Ausgabe: *Wenn Tiere weinen*) dem tierischen Gefühlsausdruck widmen und natürlich auch die Geschichte von Sadie, der weinenden Elefantenkuh, ausführlich und bewegend wiedergegeben, müssen zugeben, dass Elefanten mit großer Wahrscheinlichkeit nicht weinen. Das Umschlagfoto der amerikanischen Ausgabe des Buches zeigt zwei Elefanten, die nicht weinen, sondern offensichtlich schmusen, mit ineinander verschlungenen Rüsseln. Nur Elefanten besitzen Rüssel, und nur Menschen weinen. Weinen ist, wie Darwin es ausdrückte, »eine besondere Ausdrucksform des Menschen«, das Vergießen von Tränen eine menschliche Eigentümlichkeit.

Überraschend wenig wissen wir über das Weinen. Wir haben Kenntnis von den grundlegenden physiologischen Prozessen, wissen ein wenig über die beteiligten Drüsen und Kanäle und über die hormonellen Aktivitäten, die es begleiten. Wir kennen einige der auslösenden Hauptnerven und einige der aktivierten Hirnsysteme. Physiologen haben den chemischen Gehalt gefühlsbedingter Tränen untersucht und festgestellt, dass sie sich von den ständigen Tränen, die der Befeuchtung und Reinigung unserer Augen dienen, wenn wir nicht weinen, unterscheiden. Uns ist bekannt, dass in unserer Kultur Frauen mehr weinen als Männer und Babys mehr als beide zusammengenommen.

Doch darüber hinaus sind unsere Kenntnisse gering. Psychologische und soziologische Untersuchungen und Theorien sind faszinierend, widersprechen sich jedoch häufig. Philosophische Spekulationen, wie gehaltvoll sie auch sein mögen, sind von ihrem Wesen her unbestimmt. Geschichte, Anthropologie, Physiologie, Neurologie – jede Disziplin stellt ihre eigenen Fragen und zieht eigene Schlüsse aus den Antworten. 1760 rät der Dichter Edgar Young seinen Lesern, sich mit der »Philosophie der Tränen« zu befassen, da es sich »um eine Wissenschaft handelt, die in unseren Schulen bisher nicht gelehrt wird!«. Und tatsächlich hat man Tränen als Thema der Forschung bis vor kurzem auf bemerkenswerte Weise vernachlässigt. Es hat sich kein akademisches Feld entwickelt, das sich ihrem Studium widmet, keine Lamentologie, keine Lacrimalogie, keine Wissenschaft der Tränen. Am nächsten kommt dem noch das medizinische Teilgebiet der Dakryologie beziehungsweise das Studium des Tränensystems. Juan Murube-del-Castillo behauptet, dass es 1983 entstand. Jedoch gibt es noch keine eigene Fachzeitschrift oder einen Oberbegriff für den systematischen Katalog der Library of Congress. Kürzliche Untersuchungen in Schweden, Texas und Australien, in denen auf die Bedeutung von Tränen in der Beziehung zwischen Arzt beziehungsweise Krankenschwester und Patient hingewiesen wird, haben den Mangel an Kursen zum Umgang mit Weinen in medizinischen Hochschulen und Schwesternschulen bedauert. Therapeuten, selbst jene, für die Weinen eine zentrale therapeutische Aktivität darstellt, geben zu, dass sie sich weder im Rahmen des Grund- noch des Hauptstudiums je mit dem Weinen beschäftigt haben.

Unsere tiefsten Einblicke in die menschliche Schwäche des Weinens basieren nicht auf den medizinischen oder psychologischen Wissenschaften, sondern auf zahllosen poetischen, erfundenen, dramatischen und cineastischen Darstellungen. Obgleich diese kulturelle Dokumentation umfangreich ist, bleiben viele Fragen offen. Warum weinen wir? Tränen des Glücks, Tränen der Freude, die stolzen Tränen einer Mutter oder eines Vaters, Tränen der Trauer, der Frustration, der Niederlage – was haben sie gemeinsam? Was hat es zu bedeuten, dass in Zeiten des Sieges,

Erfolgs, der Liebe, Wiedervereinigung und des Feierns die äußeren Zeichen unseres emotionalen Inneren mit jenen tiefster Ver-
lusterfahrungen identisch sind? Warum bringen uns bestimmte
Gefühlszustände zum Weinen, und warum fühlt sich Weinen
überhaupt so an, wie es sich anfühlt? Wie verstehen wir das Weinen anderer? Warum wurden Tränen als heilig und erlösend betrachtet? Warum und wie hören wir auf zu weinen? Wann wird
Weinen neurotisch oder pathologisch? Wann ist die Unfähigkeit
zu weinen pathologisch? Was genau bringen Tränen zum Ausdruck?

Tränen wehren sich zumeist gegen jede Interpretation, und eine
Erklärung, die dem Weinenden offensichtlich erscheint, mag für die
Person, deren Schulter nass wird, vollkommen unverständlich sein.
Umgekehrt kann die Ursache, die für den Beobachter klar auf der
Hand liegt, für die in Tränen schwimmenden Augen des Weinenden
unsichtbar sein. Wir alle fällen gelegentlich Fehlurteile oder lassen
uns von Gefühlsäußerungen in die Irre führen. Ist sie wütend? Ist er
verletzt? Schämt sie sich? Ist er hysterisch? Und manchmal ignorieren wir die zur Schau gestellten Gefühle auch einfach nur oder ver-
säumen es, sie zu interpretieren. Doch Tränen sind so offensichtlich
da, sind von derart unübersehbarer Bedeutung, vermitteln so eindeutig Gefühle größter Intensität, dass wir wenigstens versuchen,
sie zu verstehen. Wenn ein Baby schreit oder ein Freund während
eines intensiven Gesprächs in Tränen ausbricht, dann wissen wir
unter anderem, dass unsere Aufmerksamkeit gefordert ist: Tränen
verlangen eine Reaktion. Und wir reagieren fast immer, und sei es in
Form von einstudierter Unaufmerksamkeit erfolgt statt als Geste
des Mitgefühls oder des Trostes.

Manche Tränen sind leicht auf ihre Ursache zurückzuführen. Die
Tränen eines Kindes über ein aufgeschlagenes Knie, die Tränen von
Eltern über den Tod eines Kindes – sie bedürfen keiner scharfsin-
nigen oder peinigenden Interpretation. Wir sehen sie, wir begreifen
sie, wir verstehen, was sie bedeuten. Doch selbst dann sind unsere
Reaktionen auf das Weinen unserer Mitmenschen bis zu einem bestimmten Grad improvisiert. Selbst in Fällen, in denen Tränen zu
erwarten sind – bei einer Beerdigung etwa –, wissen viele nicht,

Jan van Eyck, der als
der realistischste Maler
seiner Zeit gilt, platziert
die Weinenden und
Trauernden in einiger
Entfernung vom
eigentlichen Geschehen.
Jan van Eyck,
Die Kreuzigung (ca. 1430).

was sie tun sollen, wenn man sie auffordert, sich um einen Trauernden zu kümmern. Oft vergießen wir Tränen, wenn wir am wenigsten in der Lage sind, komplexe, »überwältigende« Emotionen zu verbalisieren, am wenigsten fähig, unsere vielfältigen, verwirrten Gefühle auszudrücken. Wir empfinden Weinen als Sieg unserer Gefühle über unser Denken, als Sieg einer Symbolsprache über unsere Artikulationsfähigkeit.

Es überrascht nicht, dass durch Tränen ersetzte Artikulation schwer zu interpretieren ist und dass diese Unlesbarkeit noch durch die große Vielfalt von Arten und Ursachen verschlimmert wird. Tränen werden gelegentlich als angenehm oder tiefgründig, manchmal aber auch als gefährlich, geheimnisvoll oder irreführend empfunden. In allen Kulturen gelten bestimmte Tränen, die wir als Krokodilstränen bezeichnen, nicht nur als Bruch der Etikette, sondern auch der Ethik. Manche Tränen, etwa jene, die mittelalterliche christliche Mystiker im Gebet vergossen, betrachtete man als heilig: »Tränen der Gnade« hielt man zugleich für ein Geschenk Gottes wie für einen an Ihn entrichteten Tribut. Die kultivierte europäische Elite des 18. Jahrhunderts betrachtete Weinen als Hinweis auf den moralischen Wert und die außergewöhnliche Sensibilität des Weinenden. Wenn andererseits Stan Laurel, Art Carney oder ein beliebiger anderer Clown weinen, lösen Tränen Heiterkeit aus, wirken ergreifend oder auch nicht.

Dieses stattliche Aufgebot an Tränen verfügt über eine gemeinsame Basis. So wie die ersten Tränen des Säuglings seinen Wunsch nach Nahrung oder Trost signalisieren, so bringen Tränen allgemein ein Begehren, einen Wunsch oder einen Appell zum Ausdruck. Personen, die unter bestimmten Arten klinischer Depression leiden, weinen genau deshalb nicht, weil sie, ihren eigenen Aussagen zufolge, alle Hoffnung auf die Erfüllung ihrer Wünsche aufgegeben haben. In ihrer Distanziertheit und Hoffnungslosigkeit ist ihnen der Impuls zu weinen verloren gegangen, denn ohne Wünsche gibt es keine Tränen. Ein auf kritische Weise vernachlässigtes Kleinkind stellt wie der Depressive das Weinen schließlich gänzlich ein. Es schreit der Säugling, der darauf vertraut, dass er aufgenommen wird. Angetrieben wird er durch seine Angst, er könnte verlassen werden.

Häufig sind es genau solche gemischten Gefühle oder widersprüchlichen Bedürfnisse – Befürchtungen in Verbindung mit Wünschen, Hoffnung verknüpft mit Verzweiflung –, die den

Die nicht weinenden Trauernden kümmern sich um den Leib, während die Weinenden abseits stehen. Gerard David, Die Kreuzabnahme (ca. 1520).

Tränenstrom freisetzen. Die Tränen, die Liebende vergießen, können das Verlangen nach Nähe ausdrücken und zugleich eine ebenso große Angst vor dieser Nähe. Tränen der Trauer drücken unsere Sehnsucht aus, die Zeit zurückzudrehen und auf magische Weise unseren Verlust ungeschehen zu machen, sind jedoch zugleich mit dem bitteren Wissen verbunden, dass dieser Wunsch unerfüllbar ist. Unsere Tränen des Glücks und der Freude gelten dem Verlangen, in diesem Zustand der Glückseligkeit zu verharren, von dem wir genau wissen, dass er nur allzu bald unserem banaleren Alltagsleben Platz machen wird, dem wir weinend so dringend zu entkommen suchen.

In Jan van Eycks Gemälde *Die Kreuzigung* (ca. 1420) sehen wir einen jahrhundertelang vertrauten bildlich-künstlerischen Ausdruck. Im Vordergrund steht eine Gruppe von Frauen, während sich der gekreuzigte Christus im Hintergrund befindet. Eine der Frauen blickt an dem Kreuz empor, die anderen nicht. Der Frau, die zum sterbenden Christus aufblickt, stehen furchtbare Qualen ins Gesicht geschrieben. Die übrigen wenden sich weinend ab. Diese Figuren sind in zahllosen Darstellungen der Szene anzutreffen. In Gerard Davids Version von der Kreuzabnahme zum Beispiel, die etwa hundert Jahre später entstand, küsst Maria Magdalena verzweifelt die Hand Jesu, doch ihre Augen sind trocken. Die Jungfrau Maria hingegen sieht auf die Erde und weint, ist mit ihrem eigenen Kummer und ihrem Verlust beschäftigt. Eine einfachere Darstellung der Pietà aus dem 14. Jahrhundert durch einen Schüler von Konrad Witz zeigt zwei Frauen, die sich um den Leib Christi kümmern, und eine dritte, die sich weinend abwendet. In diesen und Dutzenden vergleichbaren Gemälden sind es gerade die nicht weinenden Frauen, die am meisten zu leiden scheinen und sich auf den toten Körper konzentrieren. Die weinenden Frauen hingegen sehen fort oder auf den Boden. Weinen gibt uns die Möglichkeit, uns von der Ursache unseres Leids ab und nach innen zu wenden, fort von der Welt und hin zu unseren körperlichen Empfindungen, unseren eigenen Gefühlen. Unsere Emotionen überwältigen die Welt oder jedenfalls unsere Fähigkeit, noch irgendwelche weiteren Informationen aus dieser Welt zu verarbeiten.

Tränen bringen komplexe, widersprüchliche Wünsche zum Ausdruck. Wenigstens teilweise weinen wir deshalb, weil es uns dann besser geht. Die Theorie von den kathartischen Tränen geht auf die Zeit noch vor Aristoteles zurück und legt nahe, dass wir uns besser fühlen, weil Tränen uns »Erleichterung« verschaffen. Zutreffender wäre allerdings wohl die Einschätzung, dass Tränen uns zwar nicht von unseren Gefühlen befreien, dass sie ihnen jedoch eine neue Richtung geben. Indem Weinen uns dazu ermutigt, unsere Aufmerksamkeit auf den Körper zu lenken, wäscht es den psychischen Schmerz vermeintlich fort, indem es uns von ihm ablenkt. Wie die Tränen, die eine schrumpfende Alice im Wunderland weint, um dann auf ihnen davongetragen zu werden, können sie auch für uns die Erlösung sein, obwohl sie zugleich unsere

Tränen waren in Gemälden des Spätmittelalters und der Renaissance vor allem ein religiöses Thema. Dies ist eine von Hunderten Darstellungen, in denen eine weinende Frau ihr Gesicht von der Tragödie abwendet. Schüler von Konrad Witz, Pietà *(15. Jahrhundert).*

Verzweiflung ausdrücken. Außerdem sorgt Weinen dafür, dass wir uns besser fühlen, weil es ein physisches Vergnügen in sich ist. In vielen Kulturen, angefangen im alten Babylon bis hin zum Japan des 14. Jahrhunderts und dem Europa der Aufklärung, war dies wohl bekannt. Und heute, da Teenager wieder und wieder um das Schicksal der fiktiven »Titanic«-Fahrgäste weinen, kehren wir vielleicht von neuem zum Wissen um die Freuden des Weinens zurück.

Wenn all dies zutrifft, ist es dennoch nur ein Teil der Geschichte. »Meine Worte sind meine Tränen«, sagt Samuel Beckett, und für viele von uns trifft die Umkehrung gleichermaßen zu. Tränen sind eine Art Sprache, eine wesentliche und oft ursprüngliche Form der Kommunikation. Die Sprache des Weinens drückt sehr unterschiedliche Dinge aus. Sie drückt nicht nur unsere Verzweiflung, sondern auch unsere Forderungen aus, bringt nicht nur unseren Wunsch nahe, verstanden zu werden, sondern auch unseren Willen, der Entdeckung zu entgehen. Krokodilstränen können wir einsetzen, um zu bestricken, zu verwirren, zu erpressen, zu betrügen. Selbst die Tränen, die wir vergießen, wenn wir alleine sind, richten sich häufig auf ein imaginäres Publikum. Sogar in Momenten tiefster Trauer sind wir uns gelegentlich sehr wohl der Wirkung bewusst, die unsere Tränen auf die Menschen unserer Umgebung haben.

Nimmt man die kommunikative Funktion von Tränen als gegeben an, dann wird klar, dass sie nur selten auf der anfänglichen Ebene wortlosen Ausdrucks verharren. In der Regel machen sie eine Erklärung erforderlich, und diese wiederum verlangt verbale Sprache. Die Sprache ist reich an entsprechenden Synonymen und Redensarten, und das Weinen ist Inhalt zahlloser Metaphern. »Es hat keinen Sinn, verschütteter Milch hinterherzuweinen«, »Cry me a river« (Weine mir einen Fluss), »Ich weine mir die Augen aus«, »Um Gnade wimmern«, »Lies es und weine«, »Große Mädchen weinen nicht« – jede dieser Songzeilen, Schlagwörter und Sprichwörter bringt eine Facette unserer Kultur des Weinens zum Ausdruck und beeinflusst wiederum unser Verstehen und Erleben des

Tränenvergießens. Dass Tränen so schwer fassbar sind, hat mit der kunstvollen, komplexen Kultur des Weinens zu tun, die sich ebenso wie unsere tiefstgreifenden menschlichen Aktivitäten – Geburt, Liebe, Sexualität, Tod – entwickelt hat. Und wie bei allen derartigen kulturellen Verfeinerungen kann unsere Sprache sowohl erklären als auch verschleiern.

Die Zwangsumsiedlung der Cherokee-Indianer von Georgia nach Oklahoma im Jahr 1838 beispielsweise wurde immer als der »Treck der Tränen« bezeichnet. Wenn wir von vergleichbaren erzwungenen Wanderungen während des Holocaust sprechen, dann nennen wir sie Todesmärsche (die Deutschen gaben dem Bahnhof Friedrichstraße in Berlin, an dem Ost und West aufeinander trafen, schon vor langem den Namen »Tränenpalast«). Die Bezeichnung »Treck der Tränen« sentimentalisiert das Grauen des Todesmarsches der Cherokee, indem sie die Traurigkeit hervorhebt, als sei der Treck nicht gekennzeichnet durch Hunger und Brutalität, sondern durch einen vergleichsweise milderen Gefühlszustand. Hundert Jahre später macht sich das Bild eines weinenden Indianerhäuptlings im Rahmen einer Fernsehkampagne für die Sauberhaltung öffentlicher Anlagen die Vorstellung zu Nutze, dass die amerikanischen Ureinwohner nicht nur ein besonderes Verhältnis zu dem ihnen gestohlenen Land haben, sondern auch ein besonders emotionales zur Natur selbst. (Der weinende Indianer sollte auch dieses Jahr wieder in der Fernsehwerbung erscheinen, wurde jedoch auf Grund der Proteste zurückgezogen.) In beiden Fällen werden die Tränen als Synekdoche eingesetzt – eine Metapher, bei der ein Teil für das Ganze steht – und sind als unwiderlegbares Argument gemeint.

Während sich solche Metaphern, Bilder und Beweisführungen in unserer Kultur rasch ausbreiten, entwickelt sich zugleich unser Verständnis von Tränen weiter. An keinem Ort und in keiner Zeit gibt es nur eine Bedeutung, folglich ist auch ihre Übersetzung in Sprache niemals leicht. Wir können Tränen lediglich in eine Auswahl von Sprachen übersetzen – in die historische, physiologische, psychologische, soziologische, anthropologische, literarische und philosophische zum Beispiel, wie in den nachfolgenden

Kapiteln. Keine dieser Disziplinen vermittelt allerdings ein Gesamtbild des Weinens, doch jede hat ihre eigene Facette der Klarheit.

Tränen spielten zu allen Zeiten im Mythos, in der Religion, der Poesie und Prosaliteratur eine zentrale Rolle. Dennoch ist bislang erstaunlich wenig mit dem Ziel geschrieben worden, die Tränen selbst zu verstehen und zu erklären. Vielleicht wurde keiner anderen grundlegenden menschlichen Aktivität weniger Aufmerksamkeit gewidmet. So kommen zum Beispiel auf jedes Buch über das Weinen ein Dutzend Werke über das Lachen. Nur eine einzige Veröffentlichung, *Crying: The Mystery of Tears* (1985), von dem Physiologen William Frey, hat versucht, einen allgemeinen Überblick zu geben. Arthur Koestler steuerte in *Der göttliche Funke* (1966) ein wichtiges Kapitel bei. Psychotherapeuten leisteten ihren Beitrag in Form mehrerer Bücher, und ein halbes Dutzend Literaturkritiker hat sich bei der Untersuchung des Weinens auf bestimmte Jahrhunderte konzentriert.

All dies wurde überwiegend im Verlauf des letzten Jahrzehnts veröffentlicht. Hinzu kommt eine neue Welle von Beiträgen über das Weinen in wissenschaftlichen Zeitschriften, geschrieben von Sozialpsychologen und Physiologen. In der Tat befinden wir uns mitten in einer Renaissance der Emotionalitätsforschung, sowohl aus geisteswissenschaftlicher wie aus naturwissenschaftlicher Perspektive, die klarere und aufregendere, wenn auch keineswegs bleibende Einsichten verspricht. Natur- und Geisteswissenschaftler pflegen meist nicht übereinzustimmen, und innerhalb der Disziplinen herrscht wiederum weitgehende Uneinigkeit über fundamentale Fragen. Ein paar Naturwissenschaftler haben die Meinung geäußert, dass Weinen ebenso wie das Urinieren eine Form der Elimination ist. Da Tränen Chemikalien und Proteine enthalten, die in konzentrierter Form Beschwerden wie Depressionen oder Geschwüre verursachen können, müssen sie folglich ausgeschieden werden. Andere legen nahe, dass Darwin Recht hatte, wenn er Tränen einfach als Kühlsystem für die Augen begriff, die durch übermäßige Gefühle überhitzt oder mit Blut übersättigt sind. Manche Psychologen, Anthropologen und Philosophen halten Weinen für ein Zeichen von Gesundheit, während andere der Meinung sind, dass wir am besten versuchen sollten, das Weinen ganz aus unserem Leben zu verbannen. Wieder andere gehen so weit, sich ein Utopia vorzustellen, in dem Gefühle vollständig abgeschafft sind, damit wir hinfort allein auf der Basis der Vernunft leben können.

Mehrere Dinge treten aufgrund dieser neuen Forschungswelle, deren Methoden und Messungen so verfeinert sind, wie es nie zuvor möglich war, deutlich zu Tage. Eines der Ergebnisse besagt, dass Weinen zwar universell ist und in Bezug auf den jeweiligen Anlass – Beerdigungen, Hochzeiten, Trennungen – große Ähnlichkeiten aufweist, dass es aber dennoch in verschiedenen Zeiten und an verschiedenen Orten und auch durch Personen, denen Zeit und Ort gemeinsam ist, auf bemerkenswert unterschiedliche Weise interpretiert wurde. Die psychologischen, sozialen, politischen und kulturellen Bedeutungen des Weinens sind immer im Fluss und konkurrieren miteinander.

Wer die Tränen studiert, neigt dazu, sich wissenschaftlich korrekt auf einen Aspekt dieser Flüssigkeitsmischung zu konzentrieren. Wie im Fall vieler anderer akademischer Bereiche hat diese Spezialisierung ihren Preis. Mit wenigen Ausnahmen lesen die Psychologen nicht die Veröffentlichungen der Anthropologen oder Soziologen, die Soziologen nicht die der Historiker und auch die Anthropologen, Historiker und Literaturkritiker lesen sich meist nur gegenseitig und dann auch nur eine Auswahl ihres Fachgebiets. Kognitionspsychologen, die Kategorien fundamentaler Emotionen konstruieren, scheinen taub für das Beharren der Linguisten zu sein, dass solche Kategorien zwangsläufig durch Kultur und Sprache bestimmt sind. Anthropologen stellen den Gefühlskulturen der Gesellschaften, die sie untersuchen, die »westlichen« gegenüber, als existiere eine gerade Linie des Denkens von Platon zu Danielle Steel. Einige haben beispielsweise behauptet, dass im Westen »Gefühle« mit dem »Weiblichen« gleichzusetzen sind. Dabei übersehen sie die Geschichte männlicher »Sensibilität« und des mit ihr verbundenen Weinens, übersehen die literarischen Be-

lege für das eindrucksvolle Weinen mittelalterlicher Krieger und
Mönche, übersehen die emotionale Ausdrucksfähigkeit antiker
Heldengestalten wie Odysseus und Äneas. Der Mangel an Aus-
tausch unter den einzelnen Wissensgebieten nimmt erstaunliche
Formen an, wenn Theoriepartisanen sich bemüßigt fühlen, ganze
Schulen abzulehnen. Das bemerkenswerteste Beispiel sind die
»Konstruktivisten«, die vom Primat der sozialen Vermittlung ausgehen und jeden anderen Erklärungsversuch für menschliches
Verhalten ablehnen. Das ist eine weit verbreitete Fehleinschät-
zung, unter der zahlreiche verschiedene Disziplinen leiden. Folglich haben zwar inzwischen Physiologen detailliert die Beziehung
zwischen Weinen und Entspannung untersucht, doch Psychotherapeuten wenden diese Erkenntnisse bisher weder in der Theorie
noch in der Praxis an, sondern halten an ihrem überalteten Verständnis fest.

Indem ich in diesem Buch die unterschiedlichen künstlerischen
und wissenschaftlichen Zugänge zum Weinen beschreibe, stelle
ich den Wert jeder einzelnen Perspektive, ihre Geschichte und ihre
Mängel dar. Als Geisteswissenschaftler neige ich dazu, die Fülle
und Komplexität literarischer und philosophischer Texte zu betonen. Doch empfinde ich die naturwissenschaftliche Literatur als
ebenso unwiderstehlich und die Kombination aus beidem als notwendig. Das erste Kapitel verfolgt drei unterschiedliche Stränge in
der Geschichte der Tränen: Die Geschichte der Tränen als Form
des Vergnügens, als Form religiösen Ausdrucks und als zentrale
Aktivität von Kriegshelden. Das zweite Kapitel untersucht die
Physiologie des Weinens und seine Geschichte, das dritte die Psychologie des Weinens während des 19. Jahrhunderts, das vierte die
Soziologie des Weinens. Das fünfte Kapitel konzentriert sich auf
anthropologische Berichte vom Weinen im Rahmen der Rituale
anderer Kulturen und auf unsere eigenen Ideale in Bezug auf das
Trauern. Das sechste Kapitel lotet aus, auf welche Weise Tränen
eingesetzt werden: Etwa die Rolle, die Tränen in der Politik oder
in Liebesgeschichten spielen, und wie Tränen der Aufgabe dienen
können, Ordnung in unserer eigenen Vorstellung vom Universum
zu schaffen. Das siebte Kapitel beschäftigt sich mit der Geschichte

literarischer und künstlerischer Tränen. Ihm folgt zum Schluss eine Betrachtung darüber, wie und warum wir aufhören zu weinen oder manchmal auch nicht.

Befragt man heute die Amerikaner zu ihrer Einstellung zum Weinen, spaltet sich die große Mehrheit in zwei Lager, die Weiner und die Nichtweiner. Die Gruppe der Nichtweiner – weit, weit kleiner als die der Weiner und primär Männer – ist in der Regel zurückhaltend, wenn es darum geht, Einblicke in ihr Verständnis vom Weinen zu offenbaren. Die Weiner hingegen sind meist produktive Theoretiker. Die meisten Weiner beharren darauf, dass Weinen eine zutiefst geheimnisvolle Aktivität ist. Andererseits vertreten sie die Überzeugung und sind sich sicher, dass »Weinen gut für dich ist«, dass es »aufgestaute Gefühle freisetzt« und dass ordentliches Ausweinen vorteilhaft für die Gesundheit ist. Diese Vorteile, so behaupten sie, sind nicht geheimnisvoller Art, sondern basieren auf dem gesunden Menschenverstand.

Oft verspürten beide, die Nichtweiner und die Weiner, die gerade nicht weinen, eine gewisse Geringschätzung für Tränen, betrachten Weiner als übertrieben sentimental, hysterisch, manipulativ oder als »emotional gestört«. Wir empfinden oft ähnlich negativ, wenn es um unsere eigenen Tränen geht. Sobald die Emotionen verfliegen, lassen sie uns mit Erinnerungen an die Erfahrung des Weinens zurück, die im besten Fall auf wackeligen Beinen stehen. Wenn wir in einen anderen Gemütszustand eintreten, dann bewerten wir unser Weinen oft neu, und es kommt uns dann für gewöhnlich weniger unwiderstehlich vor als während des Weinens. Nachdenken über das Wesen unseres Weinens während wir weinen kann den Fluss sogar oft zum Erliegen bringen und für eine Art Ablenkung von der Ablenkung sorgen.

Und das führt uns zu einem weiteren Stück des großen Puzzles. Wenn wir glauben zu wissen, warum wir weinen, warum hören wir dann nicht auf zu weinen? Das Geheimnis der Tränen liegt nicht nur in ihrem wiederkehrenden und wiederkehrend unerwarteten Auftreten. Es liegt ebenso sehr in ihrer diebischen Neigung, plötzlich zu verschwinden. Das physische Vorhandensein von Tränen und die Unmöglichkeit, sie zu ignorieren, wenn wir sie sehen, wird kompliziert durch ihre Fähigkeit, sich plötzlich in Luft aufzulösen und dabei nur winzigste kristalline Spuren zurückzulassen. Tränen sind der grundlegendste und dennoch flüchtigste, der offensichtlichste und dennoch rätselhafteste Beweis für unser Gefühlsleben.

1

Freudentränen, Gnadentränen und der weinende Held

Ein anonymes englisches Flugblatt aus dem Jahr 1755 mit dem Titel *Der Mensch: Eine Druckschrift zur Veredelung der Art* macht eine Vielzahl von Vorschlägen für die Verbesserung des Menschen. Unter anderem wird der Vorschlag gemacht, dass etwas als »sittliches Weinen« Bezeichnetes helfen könnte:

> Zu Recht unterscheiden wir generell zwei Arten von Weinen, aufrichtiges und vorgetäuschtes oder physisches und moralisches Weinen. Physisches Weinen geht weder mit entsprechenden Vorstellungen im Geiste noch mit echten gefühlvollen Emotionen des Herzens einher. Es hängt allein von den Mechanismen des Körpers ab. Moralisches Weinen hingegen rührt immer von echten Geistesempfindungen und Herzensgefühlen her und wird von ihnen begleitet, was dem menschlichen Wesen zur Ehre gereicht. Falsches Weinen jedoch entwürdigt den Menschen.

In diesem Text, wie in der gesamten Menschheitsgeschichte, werden bestimmte Tränen als gut betrachtet. Andere hingegen, die nicht »aufrichtig« sind, lösen Gefühle der Verachtung aus. Manche Tränen erweisen der Natur des Menschen Ehre, andere entwürdigen sie. Diese Unterscheidung bezeichnet einen Strang in der Kulturgeschichte des Weinens, der alle Zeiten überdauert hat und in alten Fabeln, mittelalterlich-klösterlichen Abhandlungen, im Minnesang ebenso wie in unseren modernen Fernseh- und Kinofilmen enthalten ist. Nur kann man zwar zu Recht behaupten, dass es das »gute« und das »schlechte« Weinen schon immer gegeben hat und wohl auch immer geben wird, aber was man unter einem guten Weinen versteht, ist Veränderungen unterworfen. Wenn heute eine junge Frau in einem Restaurant auf die Knie sänke, um die Füße ihres Vaters mit Tränen zu waschen und ihn um Vergebung anzuflehen, empfänden nur wenige dieses Spektakel als angemessen oder ließen sich davon das Herz erwärmen. Hingegen hätten die Gäste einer Schänke im 18. Jahrhundert dies sehr wohl zu schätzen gewusst, und den Lesern dieser Zeit ging es ohne Zweifel ebenso. Und das Gleiche gilt auch für die übrigen Meinungen, die wir zu Tränen äußern, wenn wir sie als normal oder übertrieben, als aufrichtig oder manipulativ, als ausdrucksvoll oder theatralisch einschätzen.

Wie jeder Historiker weiß, der sich mit dem alltäglichen Leben beschäftigt, offenbart sich das Profane dem Forscher nicht so leicht, wie es bei Politik oder Diplomatie oder technologischen Veränderungen der Fall ist. Die Alltagsdetails, höchstens im Vorübergehen dokumentiert, hinterlassen kaum Spuren. Historiker, die sich auf die Ernährung spezialisieren, müssen ihre Angaben über Mahlzeiten Zeitungsberichten, Romanen, Tagebucheintragungen und anderen Quellen entnehmen, die sich vor allem dafür interessieren, was bei Tisch zwischen den einzelnen Gängen geredet wurde. Der an Gefühlen interessierte Forscher ist noch stärker gehindert, da ein so großer Anteil emotionaler Interaktion auf unausgesprochenem Wissen, auf Regeln der Angemessenheit und Bedeutung basiert, über die die meisten Menschen nie nachdenken und die sie schon gar nicht aussprechen, ganz egal wie redegewandt sie in emotionaler Hinsicht auch sein mögen. Wie Johan Huizinga, der große Erforscher der Alltagsgeschichte des Mittelalters, darlegt, sind Darstellungen von Gefühlen anfällig für Übertreibungen (oder, so könnte man hinzufügen, für Untertreibungen). Folglich können Berichte über Personen, die sich weinend auf die Erde werfen, zutreffen oder auch nicht. Wenn man dann noch die Tatsache bedenkt, dass emotionale Reaktionen oder der Ausdruck von Gefühlen immer und überall auf vielerlei unterschiedliche Art interpretiert werden, selbst von Menschen innerhalb eines Kulturkreises, dann ist das Ergebnis der Albtraum eines jeden Historikers. Schweinebraten bleibt immer Schweinebraten, aber die Grenze zwischen Weinen und Schluchzen ist unklar. Tränen sind nicht immer echt, und wenn sie echt sind, müssen sie nicht zwangsläufig ein Zeichen von Traurigkeit sein.

Was folgt, ist also weniger die Geschichte des Weinens, als eine Reihe von miteinander in Beziehung stehenden Anekdoten. Deren Aufgabe ist nicht so sehr, die genaue Bedeutung von Tränen in den einzelnen historischen Epochen wiederzugeben, als sie vielmehr in Frage zu stellen, den Glauben unseres Jahrhunderts an die Natürlichkeit des Weinens zu erschüttern und Tränen als sonderbar, eigenartig, ungewöhnlich erscheinen zu lassen. Zum Teil habe ich mich dabei auf die wenigen Historiker gestützt, die auf diesem Gebiet umfangreich geforscht haben: Fleming Friis Hvidbergs Untersuchung der Tränen im Alten Testament, Sandra McEntires Geschichte der »heiligen Tränen« vom dritten bis zum zehnten Jahrhundert, Marjory Langes Arbeit über das England des 17. Jahrhunderts und Sheila Page Baynes und Anne Vincent-Buffaults Studien über das Weinen im Frankreich des 17. und 18. Jahrhunderts. Und ich habe mich ausschließlich auf drei Aspekte des Weinens beschränkt, drei Arten »guter« Tränen: heroische Tränen, aufrichtige Tränen und Freudentränen.

»Tränen trinken wie Wein«

Die früheste Beurkundung von Tränen findet sich auf kanaanäischen Tontafeln, die aus dem 14. Jahrhundert v. Chr. stammen. Benannt nach dem Dorf im nordwestlichen Syrien, wo sie von Archäologen gefunden wurden, sind die Ras-Schamra-Texte sowohl eine Serie vollständiger als auch fragmentarischer Tontafeln. Sie stammen aus der antiken Stadt Ugarit, die Anfang des 13. Jahrhunderts v. Chr. durch ein Erdbeben zerstört wurde. Obgleich

alte griechische und andere Texte Ugarit als sagenhafte Stadt fort-
geschrittener Zivilisation und Gelehrsamkeit erwähnten, war es
lange Zeit nicht möglich, sie genau zu lokalisieren, bis man 1931
in Ras Schamra auf ein Ugarit-Grab stieß. Die Tontafeln, die in der
nachfolgenden Ausgrabung gefunden wurden, enthalten eine Balla-
de über Baals Tod, eine alte Erdgottheit, die in der Antike von mehreren Kulturen des Mittleren Ostens verehrt wurde. Eines der
Tonfragmente gibt wieder, wie die jungfräuliche Göttin Anat, Baals
Schwester, reagiert, als sie von seinem Tod erfährt. Ganz menschlich
bricht sie bei der Nachricht in Tränen aus. Die anerkannte Übersetz-
zung lautet: Anat »sättigte sich an ihrem Weinen und trank Tränen
wie Wein«. Diese erste Erwähnung von Tränen in der Geschichte
legt nahe, dass sie durch Trauer ausgelöst wurden und dass sie Sättigung und sogar eine Art Rausch bieten.

Hvidberg, der Gelehrte, dem diese Übersetzung zu verdanken
ist, vermutet, dass diese Version der Geschichte von Baal und Anat
etwas mit dem Ritual des Lachens und Weinens im alten vorhebräi-
schen Kanaan zu tun hat, dessen Spuren sich auch in der hebräischen Bibel und in einer Reihe anderer Texte wieder finden. Bei
diesem Frühlingsritual machte sich ein ganzer Stamm geschlossen
auf den Weg in die Wüste, um dort zu jammern und zu klagen.
Dabei wurde langsam mit Wimmern und Weinen begonnen, das
sich im Laufe mehrerer Tage zu geradezu hysterischen Anfällen
steigerte, dann in ein erfrischendes Lachen überging und sich
schließlich in Gekicher, das in den Alltag überleitete, auflöste. In
diesen Ritualen sind verzweifeltes Weinen und Lachen bis zur
Heiserkeit kein gegensätzlicher emotionaler Ausdruck, sondern
Bestandteile eines Kontinuums, das auf dem Glauben an den emotionalen Ausdruck als Quelle grundlegender Freude und sozialen
Zusammenhalts basiert.

Anats Weinen ist außerdem von durchschlagender Wirkung,
denn ihre Tränen erwecken Baal wieder zum Leben. In der ägyptischen Geschichte vom Tod des Gottes Osiris geschieht etwas Vergleichbares: Die Göttin Isis findet ihren Bruder Osiris tot und
beweint ihn. Auch ihre Tränen holen den toten Gott zurück ins Leben. Ähnliche Geschichten sind von den mesopotamischen Göttern

Marduk und Tammuz sowie von Ishtar und Gilgamesh überliefert.
Jede dieser Mythen, so nehmen Gelehrte seit langem an, steht in
Beziehung zu bestimmten jahreszeitlichen Ritualen, in denen der
Tod des Gottes für den Herbst und seine Ernten stehen und die
Tränen unter anderem für die Erneuerung, die mit dem Regen im
Frühling einhergeht.

Doch die Assoziation von Tränen mit Erneuerung und neuem
Leben ging weit über Feiern zur Tagundnachtgleiche hinaus. In
der hebräischen Bibel finden wir Spuren von diesen Ritualen des
Weinens, welche die hebräischen Einwanderer nach Kanaan von
den Baalanbetern übernahmen. »Die mit Tränen säen, werden mit
Jubel ernten!«, formuliert der Autor der Psalmen. »Er geht weinend hin und trägt den Samen zum Säen. Er kommt heim mit
Jubel und trägt seine Garben.« Die Vorstellung des Alten Testa-
ments, dass die, »die mit Tränen säen, mit Freuden ernten werden«, greift das Neue Testament mit Nachdruck auf. In den
Evangelien des Lukas – »Selig seid ihr, die ihr jetzt weint, denn
ihr werdet lachen« – und des Johannes – »Ihr werdet traurig sein,
aber eure Traurigkeit wird zur Freude werden« – wurden diese
Vorstellungen aus ihrem mythischen Zusammenhang gelöst und
neue als Alltagsaxiome eingeführt. Das Säen und Ernten in diesen
Passagen suggeriert Nahrung wie in Psalm 42, wo behauptet wird,
»Meine Tränen sind meine Speise Tag und Nacht«. Der Psalmist
konstruiert hier nicht nur eine komplizierte spirituelle Metapher,
sondern bringt eine allgemeine Einstellung zu gefühlsbedingten
Tränen vor, in der er davon ausgeht, dass sie nährend und lebens-
erhaltend sind.

Abgewandelte Rituale und Axiome über die stärkenden Freuden des Weinens kann man auch in zahlreichen griechischen Quellen finden. In der *Ilias* spricht Homer vom Wunsch zum Klagen
und von der Befriedigung, die das Klagen beinhaltet. Der Altphi-
lologe William Bedell Stanford sieht die Funktion der Dichtung
Homers darin, die Zuhörer zu erfreuen, selbst dann, wenn das
Publikum die Geschichte als schmerzlich empfindet. Als beispielsweise der Heldensänger Demodokos vom trojanischen Pferd berichtet, weint Odysseus Freudentränen angesichts des Schmerzes,

den er bei der Erinnerung an verlorene Kameraden und verlorene Zeit empfindet. Und die Freude am Weinen geht über solche ästhetischen Reaktionen hinaus. Im Gedenken an die Männer, die im trojanischen Krieg sterben mussten, erzählt Menelaos Telemachos, dem Sohn des Odysseus, der auf der Suche nach seinem Vater bei Menelaos vorspricht: »Wie sehr ich sie alle klag und beweine / (Oftmals hab ich hier so in meinem Hause gesessen, / Und mir jetzo mit Tränen das Herz erleichtert, und jetzo / Wieder geruht; denn bald ermüdet der starrende Kummer!).« Irgendwie werden die Tränen hier als Entschädigung für den Gram empfunden und sind somit das Gegenteil einer Reinigung – Menelaos war von Gram erfüllt, bis seine Tränen kamen, und dann genoss er sie, bis er gesättigt, sein Hunger gestillt war. Euripides wird in *Die Troerinnen* sogar noch deutlicher:

> *Wie köstlich sind Tränen für die Menschen in Not*
> *Und Klagelieder und Musik, die Kummer beschwört.*

Hier ist der »Wunsch zum Klagen« Ausdruck des Wunsches nach Freude und süßer Befriedigung und befriedigt mehr als Essen und Trinken. Weinen ist so angenehm, dass es einen Menschen vor Freude »erzittern« lassen kann.

In den lateinischen Liebeselegien des ersten vorchristlichen Jahrhunderts werden die Freuden der Tränen mit den Vergnügungen der romantischen Liebe verknüpft. Vergil war vielleicht der Erste, der in seinem Versepos *Aeneis* Tränen zu einem Zeichen der Schönheit erklärte. Er entwickelte die Vorstellung der *lacrimaeque decorae*, der dekorativen Tränen, die den Weinenden für seine Geliebte anziehender machen. Ovid war der Erste, der jungen Männern Tränen als Mittel der Verführung nahe legte: »Tränen nützen dir auch; durch Tränen wirst Stahl du erweichen; / Lasse nur ja, wenn du kannst, feucht deine Wangen sie sehn. / Fehlen dir die Tränen – sie kommen nicht immer zum richtigen Zeitpunkt – / Faß mit befeuchteter Hand an deine Augen dir hin.« Frauen, denen es schwer fällt zu weinen, empfiehlt Ovid, Tränen vorzutäuschen. Solche Tränen erweisen sich beim Herstellen von

Glückseligkeit als nützlich, weil sie eine Form des Werbens darstellen, und sie wirken überzeugend, weil sie eng mit Freude verbunden sind. Properz, ein weiterer Elegiendichter der Zeitenwende, schreibt: »Glücklich ist, wer zu weinen vermag, wenn das Liebchen dabei ist, – gar nicht so ungern sieht Amor sich tränenbenetzt.«

Solche Vorstellungen von amourösem Freudentaumel sowie von Nährung, Sättigung und Selbstberauschung durch Tränen sind in der europäischen Geschichte weit verbreitet. Vor allem im Mittelalter waren Freudentränen häufig religiösen Ursprungs und hatten meist nur am Rande etwas mit Schmerz, Traurigkeit oder Leid zu tun. Der heilige Thomas von Aquin fragt sich in seinem gotischen Hauptwerk *Summa Theologica* (1267–1273), ob Tränen wohl Leid zu lindern vermögen. Er kommt zu dem Schluss, dass dies zutrifft, da sie Freude bereiten. Erstens, »Tränen und Seufzer mildern natürlicherweise die Trauer ..., weil alles Schädliche, das im Innern eingeschlossen ist, mehr betrübt, da sich die Spannung der Seele ihm gegenüber vervielfacht. Ergießt es sich aber nach außen, dann verteilt sich die seelische Spannung gewissermaßen nach außen, und somit vermindert sich der innere Schmerz.« Anders ausgedrückt fühlen wir uns also deshalb besser, weil unsere negativen Gefühle »sich nach außen« wenden. Und zweitens, so schreibt Thomas von Aquin weiter, »weil eine dem Menschen nach seiner augenblicklichen Verfassung zukommende Tätigkeit ihm lüstlich ist. Da nun jede Lust, wie gesagt, Trauer und Schmerz in etwa mildert, wird folglich auch durch Wehklagen und Seufzen die Trauer gemildert«. Lachen zieht Freude nach sich, wenn es angemessen ist, und Gleiches gilt für Weinen.

Thomas von Aquin war hier jedoch ein wenig unaufrichtig, da er sich sehr wohl einer weiteren Tradition des Klagens innerhalb der katholischen Kirche bewusst war. Die frühen christlichen Kirchenväter entwickelten kunstvolle Theorien über die verschiedenen Tränenarten. Ein System ordneten sie vier verschiedenen Gruppen zu: Tränen der Reue, Tränen des Leids, Tränen der Freude und Tränen der Gnade. Andere entwickelten eigene Zuordnungen, doch sie alle enthalten die Kategorie süße und freudevolle Tränen. Im vierten

Buch seiner *Confessiones* will Augustinus wissen, wie es denn sein
kann, »daß von der Bitternis des Lebens als süße Frucht gepflückt
wird das Seufzen und Weinen und Stöhnen und Klagen?« Er fragt
sich, ob Tränen ihre Süße aus der Möglichkeit beziehen, dass Gott
sie wahrnehmen wird. »Oder ist auch das Weinen selbst etwas Bit-
teres, und wird uns nur wohl dabei vor Überfluß an allem, was uns
vordem ein Freudgenuß gewesen, alsbald zum Ekel gewonnen ist?«
Er bittet Gott, ihm zu sagen, »warum das Weinen süß ist den Elenden«. Hieronymus' Brief an Eustachius aus dem vierten Jahrhundert beschreibt solche Freudentränen: »Als ich reichlich Tränen
vergossen und mit den Augen angestrengt zum Himmel empor-
geblickt hatte, da fühlte ich mich manchmal wie bei Engeln zu
Gast«, erklärte er seinem Leser, und »sang vor Freude und Glück«.
Gregor I. (oder Gregor der Große, auf den die gregorianischen Gesänge zurückgehen), der Kirchenfürst des sechsten Jahrhunderts,
bezeichnete Weinen als *gratia lachrymarum*, womit entweder Tränen der Gnade oder die Gabe des Weinens gemeint sein können.
Johannes von Fécamp betete zu Gott: »Schenke mir die Freude
der Tränen ... Gib mir die Gabe der Tränen.« Der heilige Isidor
von Sevilla unterstützte durch seine Interpretation der Psalmen die
Vorstellung, dass Tränen zu sättigen vermögen. »Die Wehklage«,
so schreibt er, »ist Nahrung für die Seelen.« Wann immer der heilige
Ludwig das »Geschenk der Tränen« empfing, erschienen ihm seine
Tränen, dem französischen Historiker Jules Michelet zufolge,
»köstlich und tröstlich, nicht nur für das Herz, sondern auch für die
Zunge«.

Emile Michel Cioran bezeichnet dies als »hingebungsvolles Leiden«. Cioran, ein in Paris lebender rumänischer Schriftsteller, stellt
in seinem 1937 veröffentlichten Werk *Von Tränen und von Heiligen*
das sinnliche Vergnügen des Weinens in den Mittelpunkt seiner Untersuchung religiöser Gefühle. Er kommt zu dem Schluss, dass es
nicht die Frömmigkeit oder die Leistungen oder die Verdienste der
Heiligen sind, die sie uns auch noch Hunderte Jahre später an-
ziehend machen, sondern die Üppigkeit ihres Leidens, eine Üppigkeit, die durch ihre Tränen sichtbar wurde. »Wären da nicht ihre
Tränen«, schreibt er, »dann würde Frömmigkeit uns nicht mehr

interessieren als irgendwelche mittelalterlichen politischen Intrigen in irgendeiner kleinen Provinzstadt.« Cioran meint, dass die durch die Tränen gewährte »selige Unwissenheit« die Quelle ihrer Freuden ist, da doch »die ekstatischen Flammen des Weinens jegliche Art von intellektueller Aktivität zum Erliegen bringen«. Diese vollendete Überwindung der Erkenntnis ist, nach Ciorans Auffassung, eine ästhetische Erfahrung, und folglich bereiten Tränen ein ästhetisches Vergnügen. Nietzsche folgend, der behauptet, zwischen Tränen und Musik keinen Unterschied machen zu können, kommt Cioran zu dem Schluss, dass Tränen ebenso wie Musik eine eigenständige Kunstform sind, ein ästhetisches Produkt und eine ästhetische Erfahrung. »Tränen sind Stoff gewordene Musik.« Man Rays berühmte Fotografien stilisierter Tränen, die wie Plastikperlen auf den Wangen seines Modells kleben, haben ihren Ursprung in der gleichen Pariser Kultur und ermöglichen vergleichbare Schlussfolgerungen wie Ciorans Buch. Sie machen die Beziehung zwischen Tränen als Kunst und Tränen als Erfahrung sichtbar und verschleiern sie zugleich.

Man Rays Fotografie ist der Prototyp einer modernistischen Tränendarstellung. Man Ray, Larmes (Tränen) *(1932-33).*

Diese modernistische Ästhetisierung greift zurück auf Virgils »dekorative Tränen«, doch für die mittelalterlichen Heiligen, Mönche und Mystiker waren Tränen real und wesentlich. Sie waren keine Kunst, sondern Erfahrung, und sie lieferten bestimmte Erlebnisse, die verlockend waren, als bette man sein Haupt auf Gottes weiches Kissen, wie Augustinus es ausdrückt, oder fürchterlich, wie die bitter schmeckenden, heißen, schmerzlichen Tränen der Buße und Reue. Manchmal verwandelte sich das Bittere in etwas Süßes, wie es etwa Walter Hilton, ein englischer Mystiker aus dem 14. Jahrhundert, in *The Prickynge of Love* (ca. 1375) beschreibt: »Wie Wasser in der Rebe durch die Hitze der Sonne in Wein verwandelt wird, so sollen auch bittere Tränen durch die Inbrunst der Barmherzigkeit zum Wein spiritueller Tröstung werden.« Und manchmal waren die süßen Tränen der Mystiker von ästhetischem Weinen nicht zu unterscheiden. Margery Kempe, die erste Frau, die in den dreißiger Jahren des 15. Jahrhunderts in englischer Sprache ihre Autobiografie schrieb (oder vielmehr diktierte), schildert ihre Reaktion auf himmlische Musik, die sie während einer mystischen Trance vernommen hatte: »Sie übertraf jegliche Melodie, die jemals in dieser Welt einem Menschen zu Ohren kommen könnte, war unvergleichlich und sorgte dafür, daß dieses Geschöpf Tränen der höchsten Hingabe reichlich und im Überfluß vergoß, mit großem Schluchzen und Seufzen nach der Glückseligkeit des Himmels.«

Im 17. Jahrhundert bedienten sich die Autoren religiöser Literatur weiterhin dieser Bildersprache und erweiterten sie noch. In seiner *Partheneia Sacra* (1633) schrieb Henry Hawkins, dass Tränen eine Oase in der »libyschen Wüste« der Welt darstellten; sie seien die »Milch der Natur, mit der sie die Geschöpfe an ihrem eigenen Busen nährt«. Und auch weltliche Dichtung, Prosa und Theaterstücke sind voll von Hinweisen auf die Glückseligkeit des Weinens. Ein Kritiker bezeichnete die Tränen von Racines Heldinnen als *pleurs aphrodisiaques*, und es ist klar, dass im 17. und 18. Jahrhundert die vorrangige Zielvorgabe für Schauspieler, Theaterdirektoren, Dramatiker, Romanschriftsteller und Dichter darin bestand, einen möglichst üppigen und angenehmen Tränenstrom herbeizuführen.

Theaterbesucher und Romanleser lobten die Aufführungen und Bücher am meisten, die sie ordentlich zum Weinen brachten. Und diese Tränen hatten eine aphrodisierende Wirkung. Eine mittelalterliche Klosterfrau, deren Körper nass ist vor Tränen und sich auf seinem Lager in Ekstase windet, die bis zum Kern durchdrungen ist von der Erscheinung ihres »Anverlobten« Jesus und vor Freude weint, stellt für uns ein eindeutig sexualisiertes Bild. Doch die Mystikerin selbst sah das natürlich anders, und als Johannes von Fécamp im elften Jahrhundert betete, »Süßer Christus ... Schenke mir die Annehmlichkeit der Tränen ... gib mir die höhere und die niedrigere Nässe«, können wir ebenfalls gewiss sein, dass er sich keiner sexuellen Untertöne bewusst war. Die weltlichen Schriftsteller des 18. Jahrhunderts waren erheblich stärker sexualisiert. Die Nässe, die »flüssige Ausbreitung«, die sich verkrampfenden Muskeln, die Beförderung und was wir noch als die ejakulative Eigenschaft des Weinens bezeichnen könnten wurden allesamt als sexuelle Natur des Weinens stilisiert, insbesondere in Geschichten über die romantische Liebe.

Einer der verwirrtesten Sentimentalisten aller Zeiten war der Held in Goethes *Leiden des jungen Werther* (1774). Werther berichtet seinem Freund Wilhelm über seine Liebe zu Lotte und sagt: »O daß ich nicht an deinen Hals fliegen, dir mit tausend Tränen und Entzückungen ausdrücken kann, mein Bester, die Empfindungen, die mein Herz bestürmen.« Lotte gewährt ihm »den elenden Trost ... auf ihrer Hand meine Beklemmung auszuweinen«. Indem Werther solche Szenen für Wilhelm beschreibt, beginnt er, sich an seine empfundene Freude und Verzweiflung erinnernd, neuerlich »wie ein Kind« zu weinen. Wenn Lotte und Werther einander die Oden des romantischen Dichters Friedrich Gottlieb Klopstock vorlesen, berühren sie einander und weinen gemeinsam. Roland Barthes hat Werthers Hang, sich schon bei den kleinsten Gefühlen »in Tränen aufzulösen«, als offenkundigen sexuellen Akt diskutiert. Er schreibt: »Indem er seinen Tränen freien Lauf läßt, leistet [Werther] den Geboten seines verliebten Körpers Folge, der sich in einer flüssigen Ausbreitung befindet, ein gebadeter Körper ist: gemeinsam zu weinen, zusammen zu fließen; köstliche

Tränen beschließen Charlottes und Werthers gemeinsame Klop-
stock-Lektüre.«

Mit der Ende des 18. Jahrhunderts heraufziehenden Romantik
fließen die Tränen der Freude noch reichlicher. William Words-
worths erstes veröffentlichtes Gedicht, »On Seeing Miss Helen
Maria Williams Weep at a Tale of Distress« (1786), enthält den folgenden Vierzeiler:

> *Sie weinte. – Des Lebens dunkelrote Flut begann zu fließen*
> *In trägen Strömen durch jede aufgeregte Ader;*
> *Trübe wurden meine schwimmenden Augen – mein Puls ging*
> *langsam,*
> *Und mein volles Herz schwoll in köstlichem Schmerz an.*

Helen Maria Williams war selbst eine Dichterin und hatte ihrerseits Gefallen an von Tränen »aufgeregten Adern« und an »köstli-
chem Schmerz«. In dieser Literaturepoche wird Weinen weit
verbreitet als Vergnügen empfunden, selbst in James Fenimore
Coopers Romanen. In *Der Spion* (1821) fleht Henry seine Schwester um Verzeihung an, weil er ihre Loyalität bezweifelt hat, und
drückt sie weinend »an seine Brust, küßt ihr die Tränen von den
Augen, in die sie entgegen ihres Vorsatzes ausgebrochen war« und
bereitete ihnen beiden damit ein tief gehendes Vergnügen. Und bei
dieser Lust an den Tränen handelte es sich keineswegs nur um eine
literarische Übertreibung. Thomas Jefferson, dessen Jugendzeit in
die Blüte der Romantik fiel, kannte die Freuden des Weinens nur
zu gut. In einem Brief an eine mögliche Geliebte in Paris schrieb er
beispielsweise, dass es keine »erhabenere Freude gebe, als Tränen
zu mischen mit jemandem, den die Hand des Himmels berührt
hat«. Er geht selbstverständlich davon aus, dass diese Ansicht vollkommene Zustimmung findet und bietet sie sogar als ein Mittel
der Verführung dar, als eine Art Beweis dafür, dass er ein Kenner
der Liebe ist.

Abbé Prévost, ein französischer Mönch, der sein Kloster Mitte
des 18. Jahrhunderts verließ, um Romane zu schreiben, und dessen
Werke vermutlich Jefferson in seiner Auffassung von der Bedeutung

der Tränen beeinflusste, war der Meinung, dass Tränen von »unend-licher Süße« sind. Prévost und seine Leserschaft wussten ebenso wie Jefferson, dass diese »erhabene Freude« erotischer Natur war; und in den Romanen von Sterne, Mackenzie und Chateaubriand sowie in den Theaterstücken von Fénelon und Racine fallen sich Liebende in Anerkennung ihrer Verbindung glücklich weinend um den Hals. Der Leser wie der Theaterbesucher sind eingeweiht in diesen höchst intimen Akt, der wie Sexualität den Austausch von Flüssigkeiten beinhaltet.

Nach dem 18. Jahrhundert erfreute man sich zwar weiterhin an der Seligkeit des Weinens, doch sprach man weniger darüber. Der in dem Flugblatt von 1755 gemachte Unterschied zwischen rein phy-sischem und »sittlichem Weinen« trat erneut in den Vordergrund. Die Freude an Tränen stand im Verlauf des 19. Jahrhunderts in der Literatur, im Schauspiel und in Gesprächen nach und nach nicht mehr im Mittelpunkt und verlor langsam seinen offensichtlich se-xualisierten Charakter. Alfred Austin schrieb 1881, dass »Tränen für die Seele wie ein Sommerregen sind«, und Ella Wheeler Wilcox nahm in ihre Gedichtsammlung *Poems of Pleasure* (1892) eines mit dem Titel »The Lady of Tears« über eine »geheimnisvolle Herrin der Tränen« auf, die gebrochene Herzen mit ihrem »bitter-süßen Trank der Erleichterung« heilt. Doch die Art sexuelles Vergnügen, die Thomas Jefferson oder Goethe noch kannten, ist verloren.

Die Verwendung von Wörtern wie »Seele« und »geheimnisvoll« ist viel sagend, denn im 19. Jahrhundert hat man, wie wir noch sehen werden, die Lust am Weinen erneut in religiöse Begrifflich-keiten gefasst. Die Menschen wissen auch weiterhin die weltliche Freude des Tränenvergießens zu schätzen, doch spricht man da-von nicht mehr mit der gleichen Intensität und Tiefgründigkeit, wie sie in Schriften des 19. Jahrhunderts anzutreffen sind. In seinem »Ein Gesang der Freuden« beschreibt Walt Whitman, der große Aufzähler, die Freuden eines Erzählers, wenn sein Publikum ge-meinsam mit ihm weinen kann. In den 1850er Jahren berichtete George Copway von tränenreichen Reaktionen auf die Erzählungen, die er während seiner Kindheit in den zwanziger Jahren bei den Ojibwa-Indianern gehört hatte: »Einige dieser Geschichten sind so außerordentlich aufregend und von solch großem Interesse, dass ich Kinder gesehen habe, deren Tränen während des Erzählens reichlich geflossen sind und deren Schluchzen Gedanken zum Ausdruck brachte, die zu groß waren, um sie in Worte zu fassen ... Auf jene Tage blicke ich mit angenehmen Gefühlen zurück.« Im Vergleich mit der langen Geschichte tränenreicher Erotizismen klingt das zahm. Nur wenigen Autoren gelang es, das frühere Empfinden für die sinnliche Macht der Tränen in die viktorianische Gefühlskultur hinüber zu retten. So etwa Henry James, wenn er eine Person in *Asperns Nachlaß* (1888) beschreibt, die »ohne jeden Zweifel geweint, sehr viel geweint [hatte]– einfache, wohltuende, erfrischende Tränen, die aus dem ursprünglichen, noch immer wirkenden Gefühl der Einsamkeit und des Schmerzes kamen«.

Gegen Ende des 19. Jahrhunderts beginnen Psychologen, sich mit der Psychophysiologie der Tränen zu befassen. Henrys Bruder William James zufolge, wechseln anhaltende Heulkrämpfe zwischen eigentlichem Weinen und »trockener Trauer«, bei der Verzweiflung und Trostlosigkeit empfunden werden, aber keine Tränen fließen, hin und her. In seiner *Psychologie* (1890) befindet William James, dass es sich dabei dennoch um eine lustvolle Erfahrung handeln kann. Der tränenlose Kummer ist gleich bleibend unangenehm, schreibt er, doch entstehe »während eines Heulkrampfes eine Erregung, die allein für sich genommen nicht ohne prickelndes Vergnügen ist«. Einige spätere Psychophysiologen – insbesondere Walter B. Cannon und Silvan Tomkins – werden Mitte des 20. Jahrhunderts, wie wir im nachfolgenden Kapitel noch sehen werden, zum Zusammenhang von Tränen und Freude noch viel sagend Stellung beziehen. Doch dabei handelt es sich mehr oder weniger um Beobachtungen im Vorübergehen, denn kein Physiologe hat seither James' Einschätzungen ernsthaft aufgegriffen. Die Lust am Weinen bleibt auf unerklärliche Weise unerklärt.

In unserer Zeit gibt es Anzeichen dafür, dass wenigstens in einigen Bevölkerungsgruppen eine Rückkehr zu den Freuden der Tränen früherer Jahrhunderte erfolgt ist. Kaum jemand kann beispielsweise einer Meisterschaft im Eiskunstlauf zusehen, ohne dass ihm das geradezu manische Weinen auffällt. Einige Gebetszeremonien der Pfingstbewegung sind so von Tränen getränkt, dass sie den kanaanäischen Festen der Antike in nichts nachstehen. Mitte des 20. Jahrhunderts entstanden, wie das Psychologiekapitel noch schildern wird, zahlreiche Therapieschulen, die ihren Klienten das Weinen nahe legten. Zwar wurde im Rahmen der therapeutischen Arbeit nie über die auf Tränen zurückzuführende Glückseligkeit gesprochen, doch ist es durchaus denkbar, dass diese Schulen ihren Erfolg der Befriedigung verdankten, die ihre Patienten nach dem Weinen erfüllte. In der gleichen Zeit vervollkommnete Hollywood seine Rezepte für so genannte »Schmachtfetzen«.

In den Reaktionen auf Kunst und Unterhaltung empfinden die meisten von uns auch weiterhin Tränen als angenehme Erfahrung. Die gängigen klischeehaften Sprichwörter über Lachen und Weinen sind ein ästhetisches Axiom, ein grundsätzliches Bekenntnis zu der Art von Vergnügen, die uns rührselige Bücher, Filme und Theaterstücke bereiten. Die Jugendlichen, die dazu beigetragen haben, *Titanic* zu einem der größten Filmerfolge aller Zeiten zu machen, begreifen eindeutig die Beziehung, die zwischen Tränen und Vergnügen besteht. Die Journalistin Deirdre Dolan interviewte Teenager in New York, die den Film zehnmal oder öfter gesehen und jedes Mal noch stärker als beim vorangegangenen Mal geweint hatten. »Als ich ihn das erste Mal sah, da fing ich an zu weinen, als sie aus dem Rettungsboot sprang«, berichtet ein Sechzehnjähriger, »beim zweiten Mal kamen mir schon beim Vorspann die Tränen.« Ein siebzehnjähriges Mädchen kommt nach dem Film so unkontrollierbar weinend nach Hause, dass ihre Eltern besorgt fragen, »Was ist denn geschehen?«, und meinen, »Das geht zu weit!« Diese Jugendlichen gehen in dem Wissen in den Film, dass sie eine entsetzliche und melodramatische Tragödie miterleben werden, und das genau ist der Grund, so schreibt Dolan, warum sie hingehen, »*damit* sie weinen können«. Ein Mädchen, das elfeinhalbmal in dem Film war, verzichtet bei nachfolgenden Kinobesuchen auf Augen-Make-up (»Normalerweise lege ich reichlich davon auf!«) und bringt sich einen ausreichenden Vorrat an Papiertaschentüchern mit. Ein junger Mann behauptet, dass sein Hemd jedes Mal am Kragen nass war, nachdem er den Film gesehen hatte. Einige der Teenager begreifen ihr eigenes Weinen als Erleichterung – als Ablassen aufgestauter Gefühle. Doch andere sagen ausdrücklich, Weinen sei toll, weil es Spaß macht. Ein Mädchen erklärt: »Es ist viel besser, wenn man weint, weil es den Film viel unterhaltsamer macht.«

Die Geschichte der Aufrichtigkeit

Spaß ist natürlich nicht unbedingt das Erste, was den meisten einfällt, wenn sie über Weinen nachdenken. Wir nehmen automatisch an, dass Tränen ein Zeichen für Leid, für Verlust, für Schmerz sind, und in *Titanic* weint der von Leonardo DiCaprio verkörperte Charakter viel häufiger aus Gram, Traurigkeit und Verzweiflung als aus Freude oder Glückseligkeit, obwohl er auch aus diesen Gründen ein paar Tränen vergießt. DiCaprio spielt den Helden des Films, der Menschen rettet (oder es jedenfalls versucht) und dabei sein Leben verliert, und der darüber hinaus eine einfach wunderbare und aufrichtige Person ist. Wir wissen dies unter anderem deshalb, weil er weint. Schon die Dichter der Romantik wussten und auch der anonyme Verfasser des Flugblatts über »moralisches Weinen« vertrat diese Ansicht, dass manche Tränen ihren Ursprung in »echten gefühlvollen Emotionen« haben und andere nicht. Wenn wir zynisch vorgehen, dann könnten »echt« und »gefühlvoll« geradezu Antonyme sein, doch wir alle waren schon in der Rolle desjenigen, an den der Weinende seine Tränen adressierte, mit denen er seine Aufrichtigkeit hervorheben wollte. Tatsächlich nehmen wir bei Tränen mehr als bei jeder anderen emotionalen Zurschaustellung an, dass sie der Ausdruck reinster Gefühle sind, ein Zeichen unbeschmutzter Echtheit, das flüssige Wesen der Aufrichtigkeit selbst.

Diese Vorstellung hat ebenfalls eine lange Geschichte und ist auch in der Bibel vertreten, wo Weinen eine Form des Gnadengesuchs sein kann. Der Autor der Psalmen zum Beispiel setzt seine Tränen häufig im Gebet ein (»Höre mein Gebet, Herr, und vernimm mein Schreien; schweige nicht zu meinen Tränen.«). Er geht davon aus, dass tränenreiche Gebete beantwortet werden. Solche Tränen des Gebets waren häufig alles andere als ein Vergnügen: Einige von ihnen gingen einher mit den flehentlichsten Bitten an Gott und wurden immer wieder als »bitter« bezeichnet. Weinen war der Versuch, durch eine Art Selbsterniedrigung Einfluss auf Jahwe zu nehmen, eine Ankündigung der Unterwerfung unter Gott, so als lege man seine Gewänder ab und gehe in Sack und Asche.

Von Weinen begleitete Gebete wurden regelmäßig vor heraufziehenden Schlachten dargebracht. »Und das Volk kam nach Bethel«, so lässt man uns im Buch der Richter wissen, »und sie saßen dort bis zum Abend vor Gott. Und sie erhoben ihre Stimmen und brachen in ein großes Weinen aus.« Und im zweiten Buch der Makkabäer 13,12 flehten die Juden vor dem Angriff »den barmherzigen Gott mit Weinen und Fasten [an] und lagen drei ganze Tage lang auf der Erde«. Und der Herr reagierte auf solche tränenvollen Gebete nicht nur vor einer Schlacht, sondern zu allen Zeiten. Als der kranke Hiskia im Gebet bitterlich weinte, antwortete der Herr: »Ich habe dein Gebet gehört, ich habe deine Tränen gesehen. Siehe, ich will dich heilen.« Diese tränenreichen Gebete sind neu in der hebräischen Kultur und ersetzen nach und nach frühere Opfergaben an Gott wie etwa geschlachtete Tiere und dargebrachte Kleidungsstücke. Der Prophet Joel, der etwa im fünften vorchristlichen Jahrhundert lebte, rief die Juden zum Gottesdienst nach einer Heuschreckenplage. »Doch auch jetzt noch«, so zitiert Joel den Herrn, »bekehret euch zu mir von ganzem Herzen mit Fasten, mit Weinen, mit Klagen! Zerreißet eure Herzen und nicht eure Kleider.« Tränen werden hier nicht nur als Opfer betrachtet, sondern als die reinste Form des Opfers. Joel macht klar, jeder vermag seine Kleider aufzugeben, doch nur der Aufrichtige überlässt sein Herz im Gebet Gott. Die Kleidung zu zerreißen bedarf nur einer minimalen emotionalen Investition, doch Tränen beanspruchen das ganze Herz.

Zur Zeit der Evangelien galten Tränen weit verbreitet als Zeichen für aufrichtigen Glauben. So auch in der in allen vier Evangelien vorkommenden Geschichte, die von der »Frau in der Stadt« handelt, die allgemein für Maria Magdalena gehalten wird und »die eine Sünderin war«. Am vollständigsten wird die Geschichte im Lukas-Evangelium wiedergegeben. »Und trat hinten zu seinen [Jesu] Füßen und weinte und fing an, seine Füße zu netzen mit Tränen und mit den Haaren ihres Hauptes zu trocknen, und küßte seine Füße und salbte sie mit Salbe.« Der Pharisäer, in dessen Haus Jesus zu Gast war, protestierte und behauptete, die Frau sei nicht würdig, einem Propheten zu dienen. Doch Jesus wies ihn durch ein Gleichnis zurecht und sprach zu der Frau: »Dein Glaube hat dir geholfen; gehe hin in Frieden!« Die Frau sagt in dieser Erzählung kein einziges Wort; ihr Glaube zeigt sich anhand ihrer Unterwerfung und ihrer Tränen und wird durch sie unter Beweis gestellt.

Diese neutestamentarischen Beschreibungen aufrichtiger Tränen spielen in der Geschichte der Tränen eine sogar noch bedeutsamere Rolle als die biblischen Darstellungen der Freude. Tränen wurde nach und nach eine gewisse Macht zugesprochen, sowohl als Ausdruck einer flehentlichen Bitte wie auch als Zeugnis für die Redlichkeit und Integrität des Weinenden. In seinen im vierten Jahrhundert verfassten *Confessiones* beschreibt Augustinus, wie seine Mutter um seiner Errettung willen Tränen vergoss und ihn weinend zu erweichen suchte, sich zu bessern. Ihr Priester jedoch gebot ihr mit den Worten, »So wahr du lebst, es ist unmöglich, daß ein Sohn solcher Tränen verlorengeht«, sich keine Sorgen zu machen. Die aufrichtigen Tränen der Mutter besitzen die Macht, die Seele des Sohnes zu erretten. Im fünften Buch beschreibt Augustinus seine Unfähigkeit, sich all jenen anzuschließen, »die sich Dir bekennen, Dir in die Arme werfen und weinen an Deiner Brust ihrer Mühsal wegen«. Augustinus ist sich darüber im Klaren, warum man sich danach sehnt: »Du, leicht versöhnbar, wischest ihre Tränen ab, und sie weinen noch mehr, im Weinen sich erquickend, weil Du, Herr, nicht irgendein Mensch, nicht ›Fleisch und Blut‹ bist, sondern Du, Herr, der sie erschaffen, ihnen neu schaffst das Leben und den Mut.« Um zu erklären, warum er unfähig ist, tränenfeuchte Zwiesprache mit Gott zu halten, beruft sich Augustinus auf eine Erkenntnis über seine eigene Person, die sich mit unseren eigenen Vorstellungen von Aufrichtigkeit deckt: »Und ich, wo war ich, als ich Dich suchte? Und Du standest doch vor mir; ich aber war auch von mir hinweggegangen und fand nicht einmal mich, geschweige Dich.« Der aufrichtige Mann, der sich selbst kennt, kennt auch Gott, und bietet Gott sein Weinen als Gebet dar, und Gott beantwortet es in der Form von Trost und Erneuerung. Beide, sowohl das Gebet wie die Tröstung, können die Form von Tränen annehmen.

Tränen haben sich langsam von ihrer alttestamentarischen Bedeutung fort entwickelt, und die persönliche Beziehung des Augustinus zu Gott zeigt eine bedeutsame Veränderung an. »Und doch, wenn wir nicht weinten zu Dir, daß Du es hörst, unsere Hoffnung wäre dahin, und es bliebe nichts von ihr«, stellt Augustinus fest. Hesekiel wandte sich laut weinend an den Himmel, und auch das Jammern der Armeen hallte im Himmel wider, doch Augustinus' tränenreiche Gebete richten sich direkt und vertraulich an Gott. Diese Unterscheidung zwischen dem öffentlichen und dem nicht öffentlichen Einsatz von Tränen ist Augustinus' wichtigster Beitrag zur mittelalterlichen Kultur des Weinens. Als seine Mutter stirbt, möchte er gerne weinen, zwingt sich jedoch, darauf zu verzichten, und bei der Beerdigung fließen keine Tränen. Doch später, als er allein ist und betet, da bietet er seine Tränen Gott dar: »... und es wollte geweint sein vor Deinem Angesicht – über und für sie, über und für mich. Und ich ließ die Tränen los, die ich verhalten, daß sie strömten, wie sie wollten. Ich bettete mein Herz darein, und es ruhte in ihnen, weil da nur Deine Ohren waren, nicht die eines Menschen, der mein lautes Weinen kaltstolz aufgenommen hätte.« Weinen als Bestandteil einer öffentlichen Zeremonie hätte ihn »jener Wunde, in der sich ein schuldbarer Hang des fleischlichen Herzens wohl finden ließe«, schuldig gesprochen, doch seine im Privaten vergossenen Tränen sind ein wirkliches Geschenk an Gott.

In der Nachfolge der augustinischen Unterscheidung und in dem Versuch, sie weiter auszuarbeiten, bemühten sich die führenden Äbte, die verschiedenen Arten des Weinens zu kategorisieren. Gemäß Abt Isaak werden vier verschiedene Arten Tränen durch vier verschiedene Gefühlszustände oder ihre Widerspiegelungen hervorgerufen. Manche Tränen werden »verursacht durch die Nadelstiche von Sünden, die unser Herz treffen«, andere haben ihren Ursprung in der »Kontemplation über die guten, ewigen Dinge und dem Verlangen nach dieser zukünftigen Herrlichkeit«. Manchmal, so sagt er, wird unser Weinen nicht durch ein Schuldgefühl wegen einer spezifischen Sünde ausgelöst, sondern durch die Angst vor dem Tag des Jüngsten Gerichts. Und schließlich »gibt es noch eine andere Art von Tränen, die nicht vom Wissen um das eigene Selbst hervorgerufen werden, sondern durch die Hartherzigkeit und Sünden anderer«. Schuld, Ehrfurcht, Angst, Mitleid: Jedes dieser Gefühle ruft eine andere Art Tränen hervor. Alkuin, der angelsächsische Prälat aus dem achten Jahrhundert, beschreibt ebenfalls vier Tränenarten auf der Basis ihrer Funktionen: »Es gibt feuchte Tränen, die den Schmutz der Sünde fort waschen und das Sakrament der Taufe wiederherstellen. Es gibt salzige und bittere Tränen, die die Schwäche des Fleisches in Schranken halten und die Süße der Glückseligkeit mäßigen. Es gibt die warmen Tränen, die sich gegen die Kälte der Treulosigkeit durchsetzen. Es gibt die reinen Tränen, die jene stärken, die von vorangegangenen Sünden geläutert sind.«

Doch von Anbeginn der klösterlichen Mönchsgemeinden war ein Gedankenstrang von zentraler Bedeutung: dass Tränen sowohl ein Geschenk Gottes als auch ein Tribut an ihn sind. Der heilige Antonius, der Vater des Mönchtums, schreibt im frühen vierten Jahrhundert an seine Schüler, dass sie im Angesicht Gottes weinen sollen. In den Regeln des Meisters wird den Mönchen mitgeteilt, dass Weinen immer von Reue begleitet sein sollte. In den im sechsten Jahrhundert durch den heiligen Benedikt festgeschriebenen Ordensregeln wird den Mönchen geraten, ihr Weinen mit tief empfundenen Gebeten zu begleiten. Tränen wurden nach dem Maßstab Benedikts nicht nur als ein Mittel des Betens betrachtet, er erachtete sie darüber hinaus als seine reinste Form: »Wir müssen wissen, daß Gott die Reinheit unseres Herzens und unsere aus Schuldgefühlen vergossenen Tränen berücksichtigt, nicht unsere zahlreichen Worte.« Fast tausend Jahre später im 15. Jahrhundert rät der deutsche Mystiker Thomas von Kempen jungen Mönchen noch immer, sich um »die Gabe der Tränen« als Weg zur Reinheit des Herzens zu bemühen. Doch das deutlichste Vorbild liefert der heilige Franz von Assisi. Als er im Alter erblindete, so Cioran, »stellten die Ärzte fest, daß die Ursache das Vergießen zu vieler Tränen sei«. Diese apokryphe Geschichte zeigt, in welchem Ausmaß Tränen mit Heiligkeit assoziiert wurden. Der heilige Franziskus war nicht fähig, sich zu verstellen, er war so authentisch, dass die gesamte Natur auf ihn reagierte, und so weinte er sich im wahrsten Sinne des Wortes die Augen aus.

Vom heiligen Franziskus heißt es, dass er erblindete, weil er zu viel weinte. Nachahmer von Daniele Crespi, Der weinende heilige Franziskus *(17. Jahrhundert).*

Die mittelalterlichen Mystikerinnen empfanden das Weinen ebenfalls als zentralen Aspekt religiöser Erfahrung. In ihren *Offenbarungen* aus dem 14. Jahrhundert beschreibt Elisabeth von Toess, wie sie ihre Sünden bei zahlreichen Gelegenheiten »bitterlich beweinte« und davon so überwältigt wurde, dass sie »hörbares Schluchzen und Schreien nicht unterdrücken konnte«. Als Elisabeth die »spirituelle Trunkenheit« durch eine Erscheinung Christi erlebte, meinte sie, »weinen und sich grämen zu müssen, aus Angst, eine solche Segnung nicht zu verdienen«. Auch Margery Kempe »weinte außerordentlich bitterlich um Erbarmen und Vergebung« und außerdem manchmal stundenlang »maßlos und äußerst aufgewühlt« um Gnade. Gelegentlich, so berichtet sie uns, »war das Weinen so laut und bemerkenswert, daß es die Leute in Erstaunen versetzte«.

Aufrichtige Tränen sind in zahlreichen religiösen Praktiken von Bedeutung, ob sie nun eine private Ergänzung des Gebets sind oder Bestandteil eines Rituals. Die Klagemauer beispielsweise ist ein Ort der Andacht, an dem Tränen wie auch große Aufrichtigkeit erwartet werden. Das Weinen an der Mauer kennzeichnet die Tiefe der eigenen religiösen Gefühle. Eine besondere Klasse von Weinenden während der islamischen Hadsch, der jährlichen Pilgerreise nach Mekka, wird als die »weinenden Sufis« bezeichnet, und ihre Tränen werden als Beweis für die Authentizität ihrer mystischen Erfahrung betrachtet. Auch im gegenwärtigen christlichen Glauben gelten Tränen noch immer als Zeichen für die Echtheit von Gefühlen, so dass jene, die solcher Glaubwürdigkeit am stärksten bedürfen, wie etwa Fernsehprediger, mit größter Wahrscheinlichkeit weinen. Die Muttergottes von Fátima und andere wundersame Erscheinungen werden weinend dargestellt. Tränen sind noch immer ein so mächtiger Garant für religiöse Authentizität, dass sogar die Statuen selbst angeblich weinen.

In seinem Buch *Die Vielfalt religiöser Erfahrung* (1902) unterteilt William James religiösen Glauben in zweierlei Arten: Die eine, die »gesunden Geistes« und sonnig und ein wenig leichtsinnig ist; und die andere, die depressiv und emotional aufreibend und sehr viel großartiger ist. Jene, die an der Tempelmauer in Jerusalem klagen,

die allein mit den Tränen vergießenden Statuen des mystischen
Katholizismus weinen und auch die weinenden mittelalterlichen
Heiligen sind nach James' Terminologie allesamt nicht »gesunden
Geistes«, sondern vielmehr »kranke Seelen«. Dies ist nicht als
Kritik gemeint. Nach James' Auffassung machen die neurotischen
Weinenden intensivere, authentischere und tiefgründigere religiöse
Erfahrungen als die gesunden Geistes. Ersteren ist eine Art Au-
thentizität gegeben, die dem nicht zu Tränen neigenden Kirchgän-
ger fehlt.

Der heilige Ignatius von Loyola, der Begründer des Jesuiten-
ordens im 16. Jahrhundert, ist das Beispiel eines Gläubigen, den
James als »kranke Seele« betrachtet hätte. In einem 40 Seiten
umfassenden Abschnitt seines Tagebuchs brüstet sich Ignatius mit
175 Episoden des Weinens. Über eine schreibt er: »Während des
gewöhnlichen Gebets empfand ich, ohne Mittler oder irgendwelche
andere Personen wahrzunehmen, schließlich viel Süßigkeit und
innere Glut von der Mitte an und hatte in reicher Fülle Tränen voll
innerer Wärme und Wonne, jedoch ohne besondere Erleuchtun-
gen ...« Diese tiefe Befriedigung der Seele und diese intensive
Liebe für das Göttliche überdeckte jegliche Wahrnehmung der
wirklichen Welt und sogar jegliche herkömmlichen Einsichten.
Tief, aufrichtig und losgelöst von allem anderen ist Loyolas reichlicher Tränenstrom zugleich in sich gefangen und distanziert, eine
Zwiesprache und ein intensiv empfundener Rückzug aus der Welt.
In der Form emotionalen Mönchstums entfernen Tränen den
Menschen von Einsichten oder der Wahrnehmung anderer Personen und verschieben ihn in das Reich religiöser Abstraktion.
In Ignatius' Tagebuch und in vielen anderen religiösen Texten verschmelzen Verbindlichkeit und Flucht, Hingabe und Distanziertheit, Selbsterkenntnis und Selbstverleugnung gegenüber der Welt
zu einer mächtigen, tränenreichen Umarmung.

Die Einführung der »heiligen Tränen« in die englische weltliche
Literatur des 16. Jahrhunderts ist Robert Southwell zugeschrieben
worden. In seinen *Saint Marie Magdalens Funeral Teares* beschreibt
Southwell Tränen, als seien sie Anwälte: »Deine Tränen werden

von Bestand sein. Sie sind zu mächtige Redner, um einen Prozeß zu verlieren, und obgleich sie vor einem gestrengen Gericht stehen, sind sie von so gewinnendem Schweigen und befördern eine derart überzeugende Anklage, daß sie durch Nachgeben überwinden, und durch Flehen befehlen.« Indem er Tränen die Rolle von Anwälten überträgt, stellt Southwell eine etwas andere Verbindung zwischen Tränen der Anbetung, Tränen der Schönheit und der Freude sowie den Tränen des Ersuchens her. Tränen »überwinden durch Nachgeben« und »befehlen durch Flehen« selbst vor dem strengsten Gericht. Unter Zuhilfenahme einer extremen Bildervermengung sagt Southwell weiter: »Die Engel müssen dennoch in den *reinen Strömen deiner Augen* baden, und dein Gesicht wird dennoch mit *dieser flüssigen Perle* besetzt sein, so daß aus deinen Tränen das Öl bestehen könnte, welches seine Flamme nährt und füttert.« Statt Sünden fortzuspülen, füllen sie Becken, in denen die Engel baden, stellen sie flüssige Perlen ebenso wie Brennstoff dar und tun all dies, während sie zugleich auch weiterhin die Anwälte des Weinenden sind.

Im 18. Jahrhundert wurde diese Auffassung von den Tränen – als »mächtige Redner«, als Perlen und als der Tummelplatz von Engeln – weiter verweltlicht, sie bewahrte sich jedoch darüber hinaus ihre typischen Merkmale. Nun bot der aufrichtige Mann seine Tränen nicht mehr Gott, sondern anderen Menschen dar, vor allem jenen, die er liebte. Diese beantworteten seinen Tränenstrom mit Trost (oder auch nicht) und lösten damit einen neuen Tränenausbruch, diesmal der Freude, aus (oder auch nicht) und ermöglichten somit die ideale Form der Zwiesprache (oder die Qual der fehlenden Erwiderung).

Goethes Werther ist auch hier wieder beispielgebend. Heulend, sich über die Kränkungen und Ungerechtigkeiten der Welt beklagend, ist Werther auf geradezu lächerliche Weise mit sich selbst beschäftigt und gibt sich Selbsttäuschungen hin. Doch seine flehentlichen Tränen sind von absoluter Aufrichtigkeit. Unfähig zur Unaufrichtigkeit oder zum Verzicht auf den Ausdruck seiner Sehnsüchte und schließlich verzweifelt, als Lotte seine tränenreichen Anbetungen nicht erwidert, begeht Werther Selbstmord.

Dies stützt die Vermutung, dass Werther zwar ein romantischer Held ist, doch auch etwas von einem Pechvogel hat. Seine Tränen aber sind echt, und sie sind direkte Abkömmlinge der heiligen Tränen des Mittelalters. Werther blickt auf »mit einer sehnenden Träne gen Himmel«. Seine Augen werden ihm »voll Tränen«, als er Lotte ankündigt, »wir werden uns wiedersehen! hier und dort wiedersehen«. Und er vertraut Wilhelm an: »Gott kennt meine Tränen, mit denen ich mich oft in meinem Bette vor ihn hinwarf: er möchte mich ihr gleichmachen.« So wie die Tränen der Heiligen an Gott gerichtete Liebesbeteuerungen sind und Bitten um Trost, so sind Werthers Tränen und Gebete Kundgebungen seiner Liebe, das Flehen um Lottes Tröstung und die Bürgschaft für seine aufrichtigen und reinen Gefühle. Am Ende versagen seine Tränen als Redner, doch bis zu diesem Zeitpunkt überzeugen sie Lotte davon, Zeit mit ihm zu verbringen und sogar mit ihm zu weinen, wenn sie gemeinsam die Gedichte der Romantik lesen. Lotte ist bereits mit einem anderen verlobt und kann folglich seine Liebe nicht erwidern, doch sie bezweifelt nie die Aufrichtigkeit und die Echtheit von Werthers tränenreichen Beteuerungen.

Drei Jahre vor Goethe veröffentliche Henry Mackenzie in England *Ein Mann von Gefühl* (1771), ein Roman, der in Sachen Empfindsamkeitskult häufig als typisches englisches Äquivalent des *Werther* genannt wird. Als eines der bewiesenermaßen rührseligsten Bücher geht es ebenfalls davon aus, dass Tränen Opfergaben sind. In Erinnerung an einen alten Freund sagt der Erzähler: »Ich widmete dir damals eine Träne, nimm nun einen freundschaftlichen Tropfen an, der jetzt im Gedenken an dich fällt.« Wenn Harley, der gefühlvolle Mann, eine jammervolle Geschichte zu Ohren kommt, dann entrichtet er seinen Tribut in Form einiger Tränen. Harley ist häufig tief getroffen von solchen Geschichten und schenkt den verschiedenen armen Teufeln, denen er auf seinen Reisen begegnet, sein Geld und seine Tränen: »Er legte ein paar Guineen in die Hand des Mannes ... – Er brach in Tränen aus und ging davon.« Sie machen ihm im Gegenzug oft ebenfalls ihre Tränen zum Geschenk: »›Es tut mir leid‹, sagte er, ›daß ich dir gegenwärtig nicht mehr als diese schäbige Summe anbieten kann.‹ –

Sie brach in Tränen aus.« Diese Art der Anerkennung reicht auch in den Bereich der tieferen Beziehungen hinein. Als ein Vater mit seiner vom Weg abgekommenen Tochter wieder vereinigt wird, sinkt sie auf die Knie und »badet seine Füße in Tränen«, womit die Geschichte ganz offensichtlich Bezug nimmt auf die Begebenheit im Haus des Pharisäers. Der Vater seinerseits »fällt ihr um den Hals, vermischt seine Tränen mit den ihren« und vergibt ihr ihre Sünden.

Mackenzie macht den klösterlichen Ursprung dieser Tränen nur zu deutlich. »Die Welt, mein lieber Charles, war ein Schauplatz, an dem ich mich nie so recht erfreuen konnte«, sagt Harley. Manche Gefühle, so erklärt er, sind zu zart für diese Welt, und die Menschen gehen fälschlicherweise davon aus, dass Weinen ein Hinweis auf Melancholie oder auf übertriebenen, romantischen Egoismus ist. Im Himmel jedoch, meint Harley, würden Tränen nicht als Fehler, sondern als die Essenz des Guten betrachtet. In der Zwischenzeit könnten wir versuchen, ein klein wenig Himmel auf die Erde zu holen, indem wir empfindsame Tränen vergössen. Tatsächlich eröffnen Tränen die Möglichkeit, die Welt mit Tugend zu erfüllen. Zu einer »gefallenen« Frau, die aus Dankbarkeit für ein Geschenk, das Harley ihr gemacht hat, in Tränen ausbricht, sagt er: »In diesen Tränen ist Tugend.« Ihre Tränen werben nicht nur um seine Sympathie, sie stellen auch ihre Aufrichtigkeit unter Beweis und ihre essenzielle Reinheit, selbst wenn sie im weltlichen Sinn keinesfalls als »rein« erachtet werden kann.

Gelegentlich sind Tränen im Roman die Folge uneingeschränkter Einfühlung, etwa wenn Harley ein junges Mädchen, das er eben erst kennen gelernt hat, zum Grab ihrer Eltern begleitet, wo »das Mädchen von neuem weinte; Harley küßte jede neue Träne fort und weinte selbst zwischen seinen Küssen«. Manchmal scheinen Harleys Tränen auch eine ästhetische Reaktion zu sein. »In diesem Augenblick stieß ein Schäfer in sein Horn: die romantische Melancholie des Klanges übermannte ihn ganz und gar! – sie berührte in ihm genau den richtigen Ton – er seufzte! er ließ eine Träne fallen! – und kehrte um.« Manchmal sind seine Tränen die einfache Reaktion auf eine traurige Geschichte; als er vom Tod des

Haushundes Trusty erfährt, ist sein Gesicht »in Tränen gebadet«. In all diesen Fällen jedoch wird Harley als eine neue Art Mann präsentiert, ein Mann, der kein Mönch ist, der aber dennoch aus der Welt unbedeutenderer Männer und ihrer geringfügigeren Anliegen entrückt ist, der ein Aristokrat ist, aber dennoch das Leid der Armen lindern will, der keine Angst davor hat, dass die Welt ihn für überempfindlich halten könnte. Harley verkörpert das Ideal in der literarischen Strömung der Empfindsamkeit: Er ist aufrichtig, empfindsam und nicht ganz von dieser Welt.

Andere Schriftsteller des 18. Jahrhunderts verschaffen dieser Verbindung zwischen Tränen und Aufrichtigkeit noch mehr Geltung. Rousseau etwa machte ähnliche Bemerkungen. Zivilisierte Gefühle seien ein blasser Abklatsch der primitiven Emotionen, die Menschen in ihrem natürlichen Zustand empfänden, meint Rousseau. Wenn wir aus ganzem Herzen weinten, seien wir unserem natürlichen und unserem göttlichen Zustand näher, als wenn wir uns im Griff von Schuld und Stolz befänden, aus denen sich moderne, zivilisierte Gefühle zusammensetzten. In einem von vielen Beispielen in Samuel Richardsons Roman *Geschichte der Pamela, oder Die belohnte Tugend eines Frauenzimmers* (1740) bricht der alte Vater der Heldin angesichts der Komplimente, die seiner Tochter gemacht werden, in Tränen aus, und die Anwesenden sind keineswegs überrascht zu sehen, dass »sein ehrliches Herz ihm auf diese Weise in die Augen springt«. In Jacques Henri Bernardin de Saint-Pierres *Paul und Virginie* (1788), einer außerordentlich populären Idylle, sagt Paul zu Virginie: »Deine rührenden Tränen löschen die Flamme des Aberglaubens.« Für all diese Schriftsteller stehen Tränen für das, was Cioran bei der Beschreibung der mittelalterlichen Heiligen als »das Kriterium der Wahrheit« bezeichnet.

In der Neuauflage der Empfindsamkeit des 18. Jahrhunderts wird der Körper noch eindeutiger zum Siegel der Wahrheit. Franz Schuberts Lied »Lob der Tränen«, dessen Text der große deutsche Romantiker August Wilhelm von Schlegel verfasste, teilt mit: »Wenn die feuchten Augen leuchten von der Wehmut lindem Tau, / dann entsiegelt, drin gespiegelt, sich dem Blick die Himmelsau.« Die

Tränen in diesem Lied sind, wie auch für andere Dichter der Romantik, wahr, weil sie, anders als Worte, nicht gefälscht werden können. Roland Barthes, der letzte der großen Romantiker, geht noch einen Schritt weiter: »Durch meine Tränen erzähle ich eine Geschichte, ich erzeuge einen Leidensmythos, und von da an passe ich mich ihm an: Damit kann ich leben, denn indem ich weine, verschaffe ich mir einen einfühlsamen Gesprächspartner, der die ›wahrste‹ der Mitteilungen entgegennimmt, jene meines Körpers, nicht die meiner Sprache.«

Zu behaupten, Tränen seien von größerer Bedeutung als Worte, heißt, dass die Wahrheit im Körper wohnt. Für Barthes und Schlegel ist Weinen Worten als Kommunikationsform überlegen, denn unsere Körper, die von Kultur und Gesellschaft nicht korrumpiert werden können, sind auf natürliche Weise ehrlich, und Tränen sind die wesenhafte Sprache eines auf diese Weise idealisierten Körpers. Mitte des 19. Jahrhunderts brachte Emily Brontë die nachfolgenden Strophen im Geist der Romantik zu Papier:

> *Wohnte Falschheit in meiner Brust,*
> *Keine Dorne hätte meinen Weg erschwert,*
> *Dieser Geist hätte seine Ruhe nicht verloren,*
> *Diese Tränen wären nie geflossen.*

Für Brontë ist Weinen unmöglich, wenn Falschheit im Herzen wohnt, und vergleichbare Auffassungen brachten alle großen Dichter der Romantik zum Ausdruck.

Später, im 19. Jahrhundert, hatten unverhüllte religiöse Tränen und der tränenselige Ausdruck von Glauben auch weiterhin ihren festen Platz in der religiösen Praxis wie auch in Dichtung und Prosa. Die Szene am Totenbett der kleinen Eva in Harriet Beecher Stowes *Onkel Toms Hütte* (1850) und die kleine Nell in Charles Dickens *Der Raritätenladen* (1841) sind nur zwei der vielen Darstellungen der transzendierenden Kraft der Tränen im sentimentalen Lebensgefühl der zweiten Hälfte des 19. Jahrhunderts. Ja, alle erfolgreichen englischsprachigen Romane dieser Zeit – Stowes Buch, Dickens' Roman, Lew Wallaces *Ben Hur* (1880) und Elizabeth

Stuart Phelps *The Gates Ajar* (1869) – heben die Verbindung zwischen Glauben und Tränen hervor: Wenn das Tor zum Himmel angelehnt ist, dann kann man einen Blick auf das Paradies werfen, und man weint Tränen der Furcht und der Glückseligkeit. Das Tor ist offen in dem Augenblick, da ein heiliger oder unschuldiger Mensch stirbt, und was hinter dem Tor liegt, wird daher von den bei dem Sterbenden anwesenden Menschen durch die bereits fließenden Tränen der Trauer gesehen. In *Onkel Toms Hütte* verbringt Eva auf ihrem Totenbett ein paar Tage damit, spirituellen Rat und Trost zu spenden, womit sie Tränen der Reue und ehrfürchtige Scheu bei ihren Familienangehörigen und Bediensteten auslöst. Bald nachdem sie die kleine Eva hat sterben sehen, verkündet ihre Tante Ophelia, die eine hartherzige alte Jungfer ist, dass sie schließlich gelernt habe zu lieben, weil sie, wie sie erklärt, »von ihr [Eva] einiges über die Liebe Christi gelernt« habe. Und der Erzähler fährt fort und berichtet: »Miss Ophelias Stimme sagte mehr als ihre Worte, und noch mehr verrieten die aufrichtigen Tränen, die ihr übers Gesicht liefen.«

In diesen Texten hatten aufrichtige Tränen selten ein besonders großes Publikum. Und in Anbetracht der Sozialkritik, die alle vier Autoren geübt haben – Stowe, die gegen die Sklaverei schrieb, Phelps und Dickens, die sich gegen die Übel der Industrialisierung wandten –, gelten die mehr oder weniger religiösen Tränen, die sie beschreiben, nur als Alternative zu den Kompromissen und Verderbtheiten der zeitgenössischen Gesellschaft, wobei die Aufrichtigkeit der Tränen als Gegengewicht zu der Falschheit der Gesellschaft fungiert.

Die Aussagen der Leser bestätigen dies. Ein Parlamentsmitglied namens Daniel O'Connell brach in Tränen aus, als er von Nells Tod im *Raritätenladen* las und rief laut: »Er hätte sie nicht töten dürfen!« Er befand sich zu diesem Zeitpunkt in einem Eisenbahnwagen, öffnete ein Fenster und warf den Roman hinaus. Der Schauspieler William Macready sagte, Dickens sei wohl fähig gewesen, in uns schlechte Gefühle hervorzurufen, zugleich gelinge es ihm aber auch, »unsere Herzen ein wenig von ihrer Selbstsucht zu befreien«. Francis Jeffrey, der Kritiker bei der *Edinburgh Review* war, schrieb: »Ich habe letzte Nacht so sehr darüber weinen und schluchzen müssen und erneut heute morgen; und mein Herz fühlte sich von all diesem Weinen gereinigt ... Indem wir von diesen wunderbaren Kindern lesen, wie tief empfinden wir, daß das ›Königreich des Himmels von solchen bevölkert sein muß‹; wie sehr schämen wir uns für die Vergiftung, die unsere Menschheit durch die Berührung mit der Erde erfahren hat.« John Forster wandte sich mit den Worten an Dickens: »Ich erlebte den Tod der kleinen Nell als eine Art Disziplinierung meiner Gefühle, die mir auf Dauer gut tun würde.« Die Tränen, die in der Prosaliteratur des 19. Jahrhunderts vergossen wurden, machten es Heldinnen wie der kleinen Nell leichter, endgültig aus einer erniedrigten Welt zu fliehen, und trugen dazu bei, die Leser von ihrer Selbstsucht zu reinigen.

Als die kleine Nell und die kleine Eva sterben, weinen Kinder, nicht, weil sie sich vor dem Tod fürchten, sondern weil sie in den Himmel kommen, und ihre Angehörigen und Freunde weinen, weil sie einen geheiligten Tod miterleben. Sobald die reinen kleinen Seelen die Körper verlassen, erhaschen diese heiligen Kinder und die Menschen, die in der Stunde des Todes bei ihnen sind, einen kurzen Blick auf den Himmel. Und die Leser (und die vielen, denen diese Bücher im 19. Jahrhundert vorgelesen wurden) weinten wegen der Herrlichkeit der Offenbarung. Für die Romanfiguren und die Leser gleichermaßen sind dies tränenbefleckte Zeremonien der Unschuld, Signal und Beweis für den Wert der Weinenden. Tränen waschen die Sünden der Welt fort und künden von der bevorstehenden Wiedergeburt der Unschuld.

Für moderne Leser sind diese Tränen schwer zu ertragen. Wir können mit emotionaler Authentizität in unserem Alltag nicht allzu viel anfangen. Wir interpretieren die zwanghafte Beschäftigung mit den eigenen Gefühlen als narzisstisch und kindisch und in der Praxis unglaublich anstrengend. Menschen, die jedes Bedürfnis oder jeden Abscheu ohne Rücksicht auf Konventionen verkünden, die im Bus heulen oder im Supermarkt, werden oft als verrückt oder emotional gestört empfunden. Wir wissen außerdem, dass ein zum Ausdruck gebrachtes bestimmtes Gefühl unvorhergesehene Konsequenzen haben kann, entweder gleich oder auch lange Zeit nachdem sich das Gefühl selbst bereits verflüchtigt hat. Wir lernen, sowohl Selbstbeschränkung zu üben als auch emotionale Konventionen zu verinnerlichen: Wir eignen uns die Fähigkeit an, freudige Überraschung angesichts eines Geschenks zu mimen, das wir gar nicht mögen, auf einer Beerdigung für einen Menschen, den wir kaum kannten, ein trauerndes Gesicht zu machen oder sogar ein paar Tränen zu vergießen, und in der Öffentlichkeit nicht zu weinen, es sei denn unter ganz bestimmten Umständen.

Oscar Wilde, der gegen die Verlogenheit viktorianischer Gefühlskultur revoltierte, schrieb, dass »man schon ein Herz aus Stein haben muß, um vom Tod der kleinen Nell zu lesen, ohne zu lachen«. Aldous Huxley war ebenfalls einer der vielen, die sich von Dickens Glanzzeit bis zur Gegenwart darüber beklagten, dass Sentimentalität durch eine Verweigerung des Denkens verursacht wird, »durch Überfluß und nichts sonst«. Tränen der Wahrheit, Tränen als Zeichen der Hochachtung, Tränen der Einfühlung, Tränen der Ergebenheit, Tränen als ultimatives Zeichen der Aufrichtigkeit und des ehrlichen Herzens: Sie alle sind uns nicht fremd; ihre Grundvoraussetzungen sind noch immer Bestandteil unserer Kultur des Weinens. Doch wir wissen auch, dass unser Gefühlsleben komplizierter und weniger unschuldig ist, als uns die Texte aus dem 18. und 19. Jahrhundert glauben machen wollen. Wir kennen außerdem Tränen der Demütigung, der Frustration, der Manipulation – Tränen, die rein gar nichts mit Aufrichtigkeit zu tun haben.

Diese Kehrseite des Weinens war bereits in den Kulturen gegenwärtig, die Aufrichtigkeit, Romantik und Sentimentalität entwickelt haben, und wurden bereits damals kritisiert und angezweifelt. Vergleichbare Kritik an dem, was wir das Sentimentale nennen würden, gibt es seit langem. Die Komödien des Aristophanes, die *Fabeln* des Äsop, Apulejus' *Der goldene Esel* und Petronius' *Satyricon* machen sich über die Überbewertung von Tränen lustig. Publius Syrus schrieb im ersten Jahrhundert, dass »hinter der Maske die Tränen des Erben Lachen sind«. Die großen Humoristen der frühen Moderne – Chaucer, Boccaccio und Rabelais – schrieben allesamt Szenen, in denen unaufrichtig geweint wird. Der heilige Petrus Damiani, der im elften Jahrhundert Prior eines italienischen Klosters war, brachte die allgemeinen Ansichten der mittelalterlichen Kirche zum Ausdruck, als er schrieb, dass »diese Art [vorgetäuschter] Tränen ihren Ursprung nicht in himmlischem Tau haben, sondern aus der Bilge der Hölle hervorgebrochen sind«. Abt Isaak zufolge sind unaufrichtige Tränen erfahrungsgemäß sichtbar und spürbar anders beschaffen als aufrichtige Tränen, und erzwungene Tränen »erlangen niemals die reiche Fülle von spontanen Tränen«.

Die Beziehung zwischen Tränen und Aufrichtigkeit ist alles andere als unkompliziert, und das liegt zum Teil daran, dass Aufrichtigkeit alles andere als einfach ist. Pascal schrieb, dass »nichts einfach ist, was der Seele unterbreitet wird, und die Seele präsentiert sich ebenfalls nie einfach irgendeinem Gegenstand. Folglich weinen und lachen wir über ein und dasselbe«. Mit anderen Worten: eine tief greifende Aufrichtigkeit ist unmöglich. Eines der berühmtesten Epigramme über die Aufrichtigkeit stammt aus *Hamlet*:

> *Vor allem Dieses: Sei dir selber treu,*
> *und daraus folgt so wie die Nacht dem Tage,*
> *daß du dann keinem Menschen untreu sein kannst.*

Diese Worte spricht Polonious, ein kriecherischer Pedant, der unfähig ist, die schlichtesten menschlichen Gefühle direkt vor seinen Augen zu identifizieren, und dessen Selbstkenntnis so unterentwickelt scheint wie seine Einfühlung für andere. Wie der Gebrauchtwagenhändler, der »Vertrauen Sie mir!« ruft, untergräbt auch Polonious' Lobrede sich selbst.

Den verschiedenen Darstellungen aufrichtiger Tränen steht eine Serie unaufrichtiger, die das Produkt emotionaler Machenschaften sind, zur Seite. In dem Theaterstück *The Widow's Tears* (1612) von George Chapman behauptet eine Figur, dass doch jeder weiß, wie »kurzlebig die Tränen einer Witwe sind, daß ihre Tränen in Wahrheit nichts anderes darstellen als Lachen hinter einer Maske, daß sie in ihr Kleid weinen und ihr Lachen hinter ihrem Ärmel verbergen«.

In Molières *Der Menschenfeind* (1666) ist Alceste ein Mann, der leicht in Tränen ausbricht, doch obwohl er behauptet, sein »wesentliches Talent ist, ehrlich und aufrichtig« zu sein, täuscht er sich doch leicht in sich selbst, manipuliert andere und ist töricht. Pierre-Ambroise-François Choderlos de Laclos seziert in *Gefährliche Liebschaften* (1782), ein Roman, der auf dem Höhepunkt der literarischen Periode der Empfindsamkeit entstand, die Grausamkeit und Verschwendung des französischen Adels, indem er zeigt, dass dieser seine Tränen in verschiedenen Machtspielchen und Täuschungsmanövern taktisch einsetzt. Ein französischer Dorfpfarrer des späten 19. Jahrhunderts namens Joseph Roux schreibt, dass »es Menschen gibt, die lachen, um ihre Zähne zu zeigen, und die weinen, um ihr gutes Herz unter Beweis zu stellen«. Lewis Carrolls Walross in *Alice hinter den Spiegeln* (1871) stellt eine weitere Variante der aufrichtigen Unaufrichtigkeit dar, da ihm die Austern leid tun, die es soeben verspeist: »Das Walroß sprach: ›Sie dauern mich!‹ / Doch fraß der arme Wicht / – zwar dabei weinend bitterlich - / die größte von Gewicht. / Vor lauter Mitleid hielt er sich / das Schnupftuch vors Gesicht.« Die Kritik an der Aufrichtigkeit und an den Tränen als Zeichen der Aufrichtigkeit hat eine Geschichte, die parallel zu jener verläuft, welche die Aufrichtigkeit als wesentliche Tugend auf den Thron heben will.

Vorgetäuschte Tränen können in den offensichtlichsten Fällen als freimütig falsche Beteuerung von Aufrichtigkeit, Unschuld und Liebe fungieren. Publius Syrus schrieb im ersten vorchristlichen Jahrhundert, dass »Frauen gelernt haben, Tränen zu vergießen, damit sie um so besser lügen können«. Und Cato steuerte im zweiten Jahrhundert die Maxime bei: »Wenn eine Frau weint, dann stellt sie mit ihren Tränen eine Falle auf.« Diese generellen Verleumdungen von Frauen basierten auf der Vorstellung, Weinen stelle eine hinterhältige Möglichkeit dar, um den eigenen Willen durchzusetzen. J. K. Morley meinte es durchaus ernst, als er spottete: »Das größte Wasserwerk der Welt sind die Tränendrüsen einer Frau.« O. Henry schrieb: »Sie hätte eine wunderbare Ehefrau abgegeben, denn ihr Weinen ließ ihre Augen stärker leuchten und verlieh ihnen einen zärtlichen Ausdruck.« Für Oscar Wilde war Weinen »die Zuflucht einfacher Frauen, doch der Ruin hübscher Frauen«. Beide, Wilde und O. Henry, meinen, dass Tränen eine Frau für Männer anziehender machen, eine Auffassung, die, wie ich bereits dargelegt habe, eine lange Geschichte hat: Ein Sprichwort unbekannten Jahrgangs behauptet: »Eine Frau trägt ihre Tränen wie Juwelen«, und wie Juwelen und Make-up sind Tränen seit langem Bestandteil weiblicher Listen. In dem Sprichwort, das ironischerweise geltend macht, dass »jede Frau unrecht hat, bis sie weint«, werden Tränen darüber hinaus als Mittel der Selbstrechtfertigung eingesetzt.

Solche Vorstellungen haben sich behauptet. In der Mitte unseres Jahrhunderts diskutiert der bekannte Psychologe Alfred Adler das, was er als die »tyrannischen Tränen« der Frauen bezeichnet. Eine der Aufgaben von Männern, die sich mit solcher Tyrannei konfrontiert sehen, ist es, solchen Reizen zu widerstehen. Entsprechend verhält sich Humphrey Bogart, als er Mary Astors zur Schau gestellte Tränen in *Die Spur des Falken* durchschaut. »Du bist gut, Schwester. Sehr gut«, sagt er mit einem anerkennenden Lächeln, zündet sich eine Zigarette an und schüttelt den Kopf. Astor setzte ihren tränenreichen Ausdruck der Hilflosigkeit ein, um Bogarts Hilfe zu gewinnen; als er ihre List durchschaut, bietet sie ihm stattdessen Geld an. Doch in zahlreichen anderen Filmen, Büchern, Musicals und Songs sind Männer hilflos angesichts der Tränen einer Frau. Auf tausenderlei verschiedene Arten sagen Männer: »Bitte, bitte weine nicht, ich tue alles, was du willst, aber bitte weine nicht mehr.« Manchmal sind solche Szenen das Material für eine Komödie, manchmal sind sie ernst gemeint.

Frauen haben eindeutig kein Monopol in Sachen emotionale Erpressung, da doch Männer – man vergegenwärtige sich nur die Figur des wütenden Tyrannen oder den zornigen Othello – Gefühle ebenfalls als Waffen einsetzen. Einige Feministinnen vertreten die Auffassung, dass Frauen gezwungen sind, sich der Tränen als Strategie zu bedienen, weil sie einfach keinen Zugang zu anderen Formen persönlicher, kultureller und emotionaler Macht haben. Aus dieser Perspektive betrachtet sind Tränen aus mehreren Gründen die Waffen der Unterdrückten. Tränen können ein Zeichen der Unterwerfung sein, so wie es in der Bibel geschieht, oder wenn Kinder weinen, die gescholten wurden, und folglich begegnet die Weinende – wie Mary Astor – den Wünschen ihres Zuhörers weit unterwürfiger, als sie es geplant hatte. Hier sind Tränen weniger Betrug als vielmehr Schutz. Weil sie Unterwerfung vermitteln, haben sie die Macht, Gegenangriffe abzulenken, was sie zu der geeigneten Waffe für diejenigen macht, die sich verletzlich fühlen.

Betrachtet man die Quelle des bildhaften Begriffs Krokodilstränen, dann ist es nicht überraschend, dass sie der Maskierung anderer Motive dienen. Reißen nämlich Krokodile ihre Kinnlade auf, um ein Opfer zu verspeisen, dann wird dabei Druck auf die Tränendrüsen ausgeübt und Tränen treten gewissermaßen als Schmiermittel aus. Wirkliche Krokodilstränen haben also im emotionalen Zusammenhang keine Bedeutung. Metaphorische Krokodilstränen sind ein emotionales Ablenkungsmanöver, eine Art Tarnung. Als in *Othello* (1604) Desdemona weint, um ihre Unschuld zu beweisen, schimpft der nicht überzeugte Othello: »O Teufel, Teufel! Wenn sich die Erde mit Weibertränen schwängern könnte, würde jeder Tropfen, den sie vergießt, sich als Krokodil erweisen.« Natürlich irrt sich Othello. Shakespeare war sich dessen sehr wohl bewusst, dass dieses Bild, die hinterhältig weinende Frau, nicht die ganze Wahrheit zeigte. Desdemona weint keine Krokodilstränen, und sie ist nicht hinterhältig – Othello wird zu seiner eigenen Verdammnis geführt, weil er so bereitwillig an das krokodilhafte Wesen seiner Frau glauben will. Desdemonas Tränen sind echt, und sie sind aufrichtig. Othello glaubt lieber an Sprichwörter als an das, was er mit eigenen Augen sieht.

Tränen können unsere Unterwerfung verkünden, gewissermaßen einen Hund, der den Schwanz einklemmt, symbolisieren – bitte, sagen wir mit unseren Tränen, ich habe mich bereits erniedrigt, verschone mich. Dieser Appell kann aufrichtig oder vorgetäuscht sein, oder zugleich aufrichtig sein und eine strategische Maßnahme darstellen. Tränen ermutigen andere, sich in uns hineinzuversetzen, gleichgültig, welche Hintergedanken unser Weinen begleiten. Othellos Tragödie ist, dass er sein Einfühlungsvermögen unterdrückt und sich weigert, auf Desdemonas Tränen zu reagieren. Doch Tränen können auch eingesetzt werden, um das Gegenüber in Schach zu halten und es nicht näher kommen zu lassen, so wie Othello, als er selbst Tränen in den Augen hat, Desdemona fortstößt. Norman Mailer legt in seinem Roman *Das Jesus-Evangelium* (1997) Christus die Worte in den Mund, »Tränen traten in meine Augen wie Wachtposten«. Tränen können also zum Selbstschutz vergossen werden, der Forderung Ausdruck geben, dass die Leute uns mit Glacéhandschuhen anfassen sollen oder aber den Preis einer emotionalen Auseinandersetzung mit uns in die Höhe treiben.

Selbst die Romanschriftsteller, die aufrichtige Tränen besonders geschickt einsetzten, wussten von dieser Kehrseite der Medaille. Die Mutter der kleinen Eva ist hypochondrisch veranlagt und bricht ständig in Tränen aus, um damit die Menschen in ihrer Umgebung zu manipulieren, und Stowe macht deutlich, dass manchmal diejenigen, die weinen, weniger aufrichtig sind, als Nichtweinende. Dickens vermittelt uns ein klassisches Beispiel für strategische Tränen in dem Bild, das er in *Oliver Twist* von Mrs. und Mr. Bumble zeichnet. Nachdem es zwei Monate verheiratet ist, hat das Paar eine Auseinandersetzung, die auf einen ausgewachsenen Machtkampf hinausläuft: »Mit einem Blick übersah Mrs. Bumble die Situation; jetzt gings ums Leben, entweder ihm oder ihr mußte die Herrschaft zufallen. Kaum hatte sie die Anspielung von ihrem seligen Gatten vernommen, da sank sie in einen Stuhl und kreischte, Mr. Bumble sei ein hartherziges Ungeheuer, und dann gab sie einen Weinkrampf erster Ordnung zum Besten.« Doch ebenso, wie es Mr. Bumble bei früheren Versuchen nicht gelungen war, sie mit Blicken zu unterwerfen, so scheiterte jetzt auch ihr Bemühen, ihn mit Tränen zu beschämen oder zu beschwatzen. »Tränen aber fanden zu Mr. Bumbles Seele keinen Weg, denn sein Herz war wasserdicht; den Filzhüten gleich, die gewaschen werden dürfen und durch Regen immer besser werden, stählten sich seine Nerven durch Tränenschauer, die ihn als Zeichen der Schwäche und somit als stillschweigende Anerkenntnis seiner Obergewalt erfreuten und stolz machten.« Er ermutigte sie sogar noch: »›Es weitet die Lungen, säubert das Gesicht, schärft die Augen und schlägt Aufwallungen nieder‹, sagte Mr. Bumble. ›Heul' nur recht fest drauf los.‹«

Mrs. Bumble ihrerseits hatte zwar die Schlacht, nicht aber den Krieg
verloren. Ihr »Tränendrüsen-Manöver war nur erfolgt, da sie es aus
Bequemlichkeit einem handgreiflichen Vorgehen vorzog«, doch
da es keine Wirkung zeigte, packte sie ihren Gemahl mit einer
Hand an der Gurgel und »mit der andern Hand [ließ sie] einen
Hagel von Püffen, der auf den kahlen Schädel des Würdigen nie-
dersauste«, folgen.

Unaufrichtige Tränen nehmen auch noch andere Formen an.
Weinende religiöse Statuen beispielsweise sind immer wieder als
Manipulationen verspottet worden, kürzlich erst von Carl Hiaasen
in seinem Roman *Die Glücksfee* (1997), in dem ein kleiner Ort in
Florida einen Schrein besitzt, in dem die Statue weint, wenn der
Besitzer eine Fußpumpe bedient. Der Besitzer versucht immer
wieder, sein Geschäft noch zu steigern, indem er den Tränen Par-
füm oder rote Farbe hinzufügt. Hiaasens Schilderungen sind kaum
übertrieben. Am 10. März 1992 führte Tony Fernwalt aus Steuben-
ville, Ohio, Hauswart des Heiligtums des heiligen Judas, das sich
in einem umgebauten Barbiergeschäft befand, ein 15-minütiges
Gespräch mit der heiligen Jungfrau Maria. Nach der Erscheinung
begann die Statue in dem Heiligtum zu weinen. Bischof Roman
Bernard informierte sofort die örtlichen und die landesweiten Me-
dien. Einigen Berichterstattern der Presse zufolge kamen Tausende
Menschen zu dem winzigen Heiligtum, und die Einnahmen von
Bischof Bernard durch den Zehnten schnellten derart in die Höhe,
dass er mehreren Freunden mitteilte, er sei bereit, »einzupacken,
den Schrein zu verkaufen und nach Florida zu ziehen«. Fernwalt,
so ist anzunehmen, und die übrigen Gläubigen, die die Kassen des
Bischofs füllten, staunten über den Anblick oder die Vorstellung
einer weinenden Ikone und fanden sie inspirierend oder Ehrfurcht
gebietend; Bernard war offensichtlich nur ein kleiner Zyniker, und
die Pressemeldungen hatten in ihrer Mehrzahl einen ironischen
Ton.

Im Jahr 1995 wurden in Italien insgesamt 13 weinende Statuen
gemeldet, und als es hieß, die in Civitavecchia weine Blut, ordnete
die katholische Kirche einen DNA-Test an, um festzustellen, ob das
Blut von einem der Besitzer stammte. Damit ersetzte sie einen in-

zwischen unzeitgemäßen und theologisch fraglichen Authentizitätstest durch einen zuverlässigen moderneren. Theologen und Religionswissenschaftler streiten sich schon seit langem darüber, ob nicht die berühmten Erscheinungen weinender Jungfrauen – wie etwa jener in Lourdes – psychologische Phänomene ohne eigentliche religiöse Bedeutung sind, Produkt einer Volksreligion, die sich um Anomalien spinnt. Zum Beispiel identifizieren die Kinder, die diese und andere Erscheinungen als Erste gesehen haben, die Figur nicht als Maria; diese Interpretation wurde ihnen erst später von den Erwachsenen vermittelt.

Die andere Madonna präsentiert in dem Videoclip für ihren Hit »Like a Prayer« (1989) eine weinende religiöse Statue. Die Statue wird lebendig und beginnt, was theologisch noch unsinniger ist, auf Madonnas sexuelle Annäherungsversuche zu reagieren. Madonna bedient sich des religiösen Symbolismus, um ihren sexuellen Nonkonformismus zu betonen, der ein zentraler Teil ihres Images ist – ihre Häresie ist eine soziosexuelle, keine religiöse. Und sie verwendet die weinende Statue, um der sonderbaren Begegnung eine tragische Romantik und Bedeutung zu verleihen. Werden auch weinende Statuen von Ungläubigen in der Regel als Betrügereien oder als Symbole eingeschätzt, sprechen sie zu den Gläubigen offensichtlich in einer überzeugenden und ergreifenden Sprache. Für dieses Publikum sind sie ein vollkommen authentischer religiöser Zweck. Die Aufrichtigkeit ist letztendlich in den feuchten Augen des Betrachters zu finden.

Heroische Tränen

In *Ehekrieg* (1949), einer klassischen Screwball-Komödie, spielen Katherine Hepburn und Spencer Tracy ein Juristenehepaar, das auf gegnerischen Seiten kämpft – sie ist die Anwältin einer Frau, der ein Mordversuch an ihrem untreuen Ehemann vorgeworfen wird, und er der Staatsanwalt. Tagsüber erörtern sie den Fall vor Gericht, und am Abend streiten und versöhnen sie sich darüber zu Hause, und beide sind davon überzeugt, das Recht und die Vernunft auf ihrer

Seite zu haben. Bei einer dieser Auseinandersetzungen fängt Hepburn an zu weinen und Tracy wirft die Arme in die Luft. »Da geht es wieder los!«, ruft er. »Wieder der alte Saft! Bringt Männerherzen garantiert zum Schmelzen: Ein paar Frauentränen, stärker als jede Säure. Doch diesmal wird es nicht funktionieren. Du kannst von jetzt an weinen, bis die Geschworenen von ihren Beratungen zurückkommen, aber deshalb hast du trotzdem nicht Recht.« Wochen danach, als sie am Rande der Scheidung stehen, bricht er in Tränen aus, und weil er sieht, dass sein Weinen nicht ohne Wirkung ist, drückt er noch ein wenig mehr auf die Tränendrüsen. Schließlich weinen beide gemeinsam, und sie entscheiden sich zusammenzubleiben. Später gibt er zu, dass er die Tränen nur vorgetäuscht hat, damit sie ihn nicht verlässt. »Aber die Tränen waren doch echt«, beharrt sie, und er stimmt zu. »Natürlich waren sie echt«, sagt er. »Aber ich kann sie jederzeit anstellen, wann ich will. Wir Jungs können das auch, es fällt uns meist nur nicht ein.«

Tatsache ist, dass weder die von Katherine Hepburn noch die von Spencer Tracy gespielten Figuren Tränen nach Belieben an- und abstellen können, und seine Behauptung, die eigenen Tränen unter Kontrolle zu haben, ist Bestandteil eines fast klassischen männlichen Prahlens. Er übertreibt natürlich, wenn er angibt, dass es Männern nie einfällt, in Tränen auszubrechen, denn schließlich hat er ja geweint. Dieser Dialog wurde zu einer Zeit geschrieben, als die offizielle Linie amerikanischer Kultur verlangte, dass Männer nicht weinen dürfen, sondern nur Frauen, egal ob aus Aufrichtigkeit, aus strategischen Erwägungen oder einfach aus Hysterie. Tatsächlich haben jedoch Männer schon immer und aus vielerlei Ursachen Tränen vergossen.

In der Bibel weinen Männer, wie wir gesehen haben, im Gebet vor der Schlacht, wehklagen um das Schicksal der Hebräer und aus zahlreichen anderen Gründen. David beweinte den Tod von Absalom, Abraham brach in Tränen aus, als Sara starb, Josef, als er Benjamin wieder sah, Jesus beim Tod von Lazarus. Der kürzeste und berühmteste Satz in der Bibel lautet: »Jesus weinte.« In den Klageliedern des Jeremias, eine Sammlung von fünf Psalmen, in denen die Zerstörung Jerusalems im Jahr 587 v. Chr. beklagt wird,

weint der Autor ungehemmt. »Meine Augen rinnen mit Wasser-
bächen ...«, singt er, »... meine Augen fließen und können nicht
ablassen; denn es ist kein Aufhören da, bis der Herr vom Himmel
herabschaue und sehe darein.« (Überall in diesen Psalmen werden
Tränen vergossen: Von Jerusalem heißt es, dass es bitterlich weinte
in der Nacht, der Weg nach Zion wehklagte und die Schutzwälle
und Mauern jammerten.) Von Männern wie dem Sänger der Klagelieder erwartete man, dass sie Tränen vergossen, dass sie ausdauernd
und regelmäßig weinten.

*Hans Memling war der führende
Tränenmaler im 15. Jahrhundert.
Hans Memling,* Der dornengekrönte
Christus *(ca. 1490).*

In der griechischen Kultur der Antike stand es Männern und Frauen gleichermaßen frei, über den Tod eines nahen Verwandten oder eine Wiedervereinigung zu weinen. Doch von Männern wurde erwartet, dass sie Tränen vergossen, wenn die Ehre ihrer Familie auf dem Spiel stand, von Frauen nicht. Sie weinten aus Einsamkeit oder Angst, was wiederum Männer nicht durften. Frauen war es gestattet, über einen abwesenden Ehemann zu weinen, so wie Penelope in der *Odyssee* die Abwesenheit des Odysseus beweint. Der Held selbst hingegen weint, weil er von seinem Heimatland, von seinen Weinbergen oder von seinen Landsleuten getrennt ist. In der mykenischen Kultur, wie sie in der *Odyssee* dargestellt wird, erfüllt Penelopes Rolle als Ehefrau eine wichtige Funktion, bei Odysseus hingegen ist seine Funktion als Ehemann kein bedeutender Bestandteil seiner sozialen Verantwortlichkeiten. Er musste ein guter Anführer, ein guter Krieger, ein guter Freund sein und starke Nachkommen zeugen, doch seine Rolle als Ehemann bedeutete für ihn eher zusätzliche Rechte als Pflichten; sie musste er nicht erfüllen, sondern einfach zur Kenntnis nehmen.

Odysseus vergießt viele Tränen während seiner zehn Jahre andauernden Irrfahrten. Als er schließlich, verkleidet, nach Hause kommt, begegnet er seiner Amme aus der Kindheit, die ihm, weil sie denkt, er sei ein Fremder, eine Geschichte über den jungen Odysseus erzählt, der mutig Jagd auf einen wilden Eber macht. Sie bemerkt, dass der vermeintliche Fremdling eine Narbe am Bein hat, die jener gleicht, die Odysseus durch den Eber empfing, doch sie erkennt ihren früheren Herren erst dann mit Gewissheit wieder, als er durch ihre Erzählung zu weinen beginnt. Seine authentische, ursprüngliche und tränenreiche Reaktion auf ihre Geschichte bestätigt seine Identität als Mann und Held.

Penelope weint, wenn sie an den verschollenen Odysseus denkt. Sie kann wegen all der Sorgen, die auf ihr lasten, nicht schlafen, und Homer teilt uns mit, dass »sie weinte und klagte, bis sie genug hatte«. Als Penelope feststellt, dass ihr Sohn Telemachos verschwunden ist, da vermag sie lange kein Wort zu sagen, denn:

> *... die Augen*
> *Wurden mit Tränen erfüllt, und atmend stockte die Stimme.*
> *Seelenangst umströmte die Königin: ach, sie vermochte*
> *Nicht auf den Stühlen zu ruhn, so viel' in der Kammer auch*
> *waren,*
> *Sondern sank auf die Schwelle des schimmerreichen*
> *Gemaches*
> *Lautwehklagend dahin; und um sie jammerten alle*
> *Mägde, jung und alt, so viel' im Hause nur waren.*

Solche Sorgen brachten Männer nicht zum Weinen. Von Männern wurde auch nicht erwartet, dass sie durch ihre Tränen in Ohnmacht fielen, wie es bei Frauen häufig geschah. Für Frauen bedeuteten Tränen den Abschluss einer Handlung, so wie eine Ohnmacht dies ja zwangsläufig vorschreibt. Bei Männern hingegen waren Tränen oft erst der Ansporn zum Handeln. Und während man von Frauen nicht forderte, ihre Tränen zu verbergen, mussten Männer dies gelegentlich tun, etwa als Achilles »sich zurückzog«, um »seine nassen Augen auf das rote Meer zu richten«. Man ging davon aus, dass Krieger weinten, aber man erwartete auch, dass sie wussten, wann sie dies allein zu tun hatten. Und nichts lockte bei ihnen mehr Tränen hervor als ihre eigenen Heldentaten.

Heroische Epen aus griechischen Zeiten bis ins Mittelalter triefen vor Tränen jeglicher Art. In dem aus dem achten Jahrhundert stammenden angelsächsischen Epos *Beowulf* dankte Hrothgar, der König der Dänen, Beowulf für seine Hilfe bei der Wiederherstellung des Friedens, indem er ihm »zwölf herrliche Geschenke« gab »und fiel ihm um den Hals. / Dem Herrscher rannen die Tränen, / Dem vom Alter ergrauten« Kopf hinunter. Roland, einer der Krieger Karls des Großen, der durch das aus dem zwölften Jahrhundert stammende *Rolandslied* Unsterblichkeit erlangte, weint hemmungslos und darf sogar in Ohnmacht fallen. Als Rolands Busenfreund Oliver in der Schlacht stirbt, »beweint und betrauert [der edle Roland] ihn. / Nie auf Erden werdet ihr einen leidvolleren Menschen hören«, und dann fällt er noch im Sattel seines Pferdes in

Ohnmacht. Als Roland selbst stirbt, ist Karl der Große an der Reihe: »Er rauft seinen Bart, wie jemand, der verzweifelt ist; / Seine edlen Ritter vergießen Tränen; / Zwanzigtausend sinken ohnmächtig zu Boden. / ... Es gibt keinen Ritter und keinen Krieger, / Der aus Mitleid nicht bitterlich weinte.« Um sich den großen Unterschied zwischen unserer Auffassung vom Weinen und jener von vor 800 Jahren zu vergegenwärtigen, muss man sich nur in einer Filmversion 20.000 weinende und ohnmächtig werdende Ritter vorstellen, die in ihren Rüstungen von den Pferden fallen – vielleicht vermag nur jemand wie Monty Python ein solches Bild umzusetzen.

Diese Art heroische Rührseligkeit ist auch in japanischen mittelalterlichen Kriegerepen anzutreffen. In den aus dem zwölften Jahrhundert stammenden *Tales of the Heiki* weinen Männer reichlich. Der Krieger Koremori erklärt: »Ich bin für alle Zeiten unentschlossen«, und fängt an zu weinen. Der Mönch Sonei weint aus Niedergeschlagenheit, fleht darum, einen Ausweg aus dem endlosen Kreislauf von Tod und Wiedergeburt gezeigt zu bekommen, und vergießt Tränen der Freude, als er Antwort auf seine Frage erhält. Als der Held Hô-ô sieht, wie ärmlich die exilierte Kaiserin lebt, »wird seine Stimme von Schluchzen erstickt« und er »bricht in Tränen aus«. Er tut dies nicht nur darum, weil sie eine Bekannte ist, die zu Fall gebracht wurde, sondern auch, weil ihr Zustand die Folge unangemessenen kriegerischen Schutzes ist. Männer weinen auch über hohe Ideale. Als sie hören, dass eine Frau einen Vers über Buddha singt, »vergießen all die Prinzen und Höflinge des Heiki und die hohen Beamten der Samurai Tränen der Bewunderung und des Mitgefühls«. Frauen weinen in japanischen Epen ebenfalls, doch sie vergießen ihre Tränen eher im Zusammenhang mit persönlichen Beziehungen als über ewige Wahrheiten und soziale Probleme, mehr über Liebesdinge als über Ethik und Ästhetik. Wie in den europäischen Heldensagen weinen Männer über Angelegenheiten wie Krieg, Frieden und Ideale, Frauen hingegen über häusliche Beziehungen.

Der tränenlose Mann als Höhepunkt männlicher Tugend, die wir alle, wenn auch als »traditionellen« oder veralteten Aspekt unserer Gefühlskultur anerkennen, hat eine lange Geschichte. Die nachfolgenden drei knappen Untersuchungen beweisen jedoch, dass sie über weite Strecken der Geschichte keineswegs die Norm für Männlichkeit war. Tatsächlich gilt das Weinverbot für Männer erst ab Mitte des 20. Jahrhunderts, und auch dann wurde ihm nicht ausnahmslos gehorcht, wie wir an den vergossenen Tränen von Filmstars und Schnulzensängern sehen können. (Bedeutsamerweise gilt Gleiches auch für die japanische Kultur, wo die Zurückhaltung der Männer ihren Höhepunkt im 20. Jahrhundert erreicht und wo es in Filmen ebenfalls nicht an männlichen Tränen fehlt, die im Allgemeinen durch Trunkenheit gerechtfertigt werden.) Männer haben in unserer Kultur unvermindert weiter Tränen vergossen, und heroische Tränen flossen ebenfalls zur Genüge. Ein bemerkenswertes Beispiel heroischen Weinens ist die Szene am Ende von *Rambo* (1982), in der Silvester Stallone Tränen der Trauer um seine verlorenen Waffenbrüder und der Qual wegen seines zweifelhaften Platzes in der Geschichte vergießt. Rambo ist natürlich ein vieldeutiger Held und nicht von der zähen Art eines John Wayne (der im besten Fall gelegentlich glasige Augen bekam oder manchmal eine Träne fortwischte, bevor sie fiel) oder von der superharten eines Clint Eastwood. Rambo überbrückt den kulturellen Konflikt zwischen den Friedensbewegten und den Anhängern einer Law-and-Order-Politik, ist ein Hippie-Soldat, ein dekorierter Machomörder mit langen Haaren und Wut gegen das Establishment. Als der Film 1982 anlief, da bezeichnete ihn die Zeitschrift *Variety* als »sozial verantwortungslos«. Rambos Position im Grenzbereich gestattet ihm Handlungsweisen, die Männern seines Umfelds, deren gesellschaftliche Rollen offensichtlich geächtet sind, nicht zur Verfügung stehen. Er kennt keine Angst und fühlt keinen physischen Schmerz, doch seinen emotionalen Jammer äußert er durch Schluchzen, Stöhnen und Schreien. Anders als die griechischen Helden, von denen erwartet wird, dass sie weinen, weil sie Helden sind, verdient sich Rambo (wie auch Stallones vorangegangene Figur Rocky) das Recht, das Machoverbot des Weinens zu übertreten, erst durch seine Heldenhaftigkeit. Anders als ein Hippie, für den er zunächst gehalten wird, kann er der Autoritätsperson unter Tränen sagen: »Ich habe alles so gemacht, wie es von mir erwartet wurde, ich habe mich genau an meine mir von der Gesellschaft zugewiesene Rolle gehalten.« Dieses wohltuende Bewusstsein verursacht seine Tränen und soll auch beim Publikum Tränen hervorrufen. In einer der seltenen wissenschaftlichen Untersuchungen über das Weinverhalten von Männern und Frauen beim Kinobesuch, die 1950 in England durchgeführt wurde, gab die Mehrheit der Männer, die im Kino geweint hatten, an, dass von Heldentum, Patriotismus und Tapferkeit erfüllte Szenen bei ihnen Tränen auslösten.

Norman Schwarzkopf, der reichlich mit Machospitznamen wie »stürmischer Norman« oder »der Bär« und mit Auszeichnungen für Kampfeinsätze bedacht worden war, gab Barbara Walters gegen Ende des Golfkriegs ein Interview. Wie den meisten von Walters Interview-Kandidaten kamen auch ihm die Tränen, als er persönliche Fragen beantwortete. Walters zeigte sich überrascht. »Generäle weinen doch nicht, Generäle lassen keine Tränen in ihren Augen sehen«, unterstellte sie. Schwarzkopf antwortete: »Grant zog sich nach Shiloh zurück und weinte. Sherman zog sich zurück und weinte ... Und das waren zähe Burschen. Lee weinte über den Verlust an Menschenleben. ... Lincoln weinte ebenfalls.«

Schwarzkopf fügte hinzu, dass Generäle zwar nicht während der Schlacht weinen, danach aber wohl. Während des Golfkriegs weinte er nicht vor seinen Truppen, obwohl er die Ereignisse sehr tief empfand, denn seine Rolle verlangte etwas anderes von ihm. »Sie wollen nicht, dass ein General weint, und ich nehme das sehr ernst«, erklärte er Walters. Doch während des Weihnachtsgottesdiensts, sagte er, dürfe er auch vor den Soldaten weinen. Er erklärt, dass er während des Gottesdiensts nicht die Rolle des kommandierenden Offiziers innehabe, sondern die einer Vaterfigur, eines Mittelpunkts gemeinsam empfundener Gefühle.

Freude, Aufrichtigkeit, Heldentum. Das Erste ist vor allem subjektiv, das Zweite interaktiv und das Dritte täuscht Objektivität vor. Vorausgesetzt, wir geben einer bestimmten Art von Gefühlen den Namen Freude, halten Aufrichtigkeit für die Zurschaustellung eines inneren Zustands und empfinden heroische Tränen weder als Privatangelegenheit noch als ausdrücklich für die Augen der Öffentlichkeit bestimmt. Heroische Tränen – zum Beispiel von Odysseus, Rambo,

Schwarzkopf – sind, die Krieger und ihre Chronisten streiten sich noch darüber, nostalgischer statt strategischer Art. Odysseus versucht häufig, seine Tränen zu verbergen, und wenn Beowulf, Rambo und Schwarzkopf weinen, dann bringen ihre Tränen nicht so sehr einen inneren Zustand zum Ausdruck, sondern erscheinen vielmehr autonom. Natürlich hätten Schwarzkopfs Tränen sehr wohl strategisch sein können, da er sofort nach dem Interview als möglicher politischer Kandidat genannt wurde, eben nicht nur ein harter Kerl, sondern auch ein empfindsamer Mann, der fähig ist, seine Rolle als Anführer zu erfüllen. Die Tränen, die er als möglicher zukünftiger Politiker vergoss und mit denen er eine TV-Show testete, die bekannt dafür ist, ihre Gäste zum Weinen zu bringen, waren entweder aufrichtig oder das glatte Gegenteil. Die Tränen, die Schwarzkopf, wie er beschreibt, während des Kriegs geweint hat, sind heroischer Art. Und all diese Arten guter Tränen – Tränen der Freude, der Aufrichtigkeit und heroische Tränen – haben ihr schlechtes Gegenstück: Tränen des Schmerzes, Krokodilstränen, kindische Tränen.

Wie diese drei kleinen Geschichten der Tränen nahe legen, haben uns im Verlauf der Jahrtausende relativ gleich bleibende Vorstellungen über das Weinen begleitet, wenn auch unter wechselnden Vorzeichen. Manchmal wurde die Freude als vorrangige Tugend des Weinens gesehen, dann wieder Aufrichtigkeit oder emotionales Heldentum. Auch die Kehrseite jeder dieser Tugenden – Maßlosigkeit, Unaufrichtigkeit, Feigheit – waren immer Bestandteile dieses Kulturmixes, ebenfalls in unterschiedlichen Maßen. Selbst wenn sich die Basis der Beurteilung verschiebt, die grundlegenden Themen wiederholen sich. Die Frage, die am häufigsten gestellt wird, lautet in den Worten der Flugschrift über moralisches Weinen, mit der dieses Kapitel begann: Sind sie echt oder falsch, der Weg zum Himmel oder in die Hölle? Richtiger wäre jedoch die Aussage, dass Tränen niemals nur ein Zeichen von Freude, Schmerz, Aufrichtigkeit, Doppelspiel, Angst oder Heldenmut sind. Es gibt keine reinen Tränen. Selbst auf der elementarsten physiologischen Ebene sind Tränen immer eine Mischung. Wie das nächste Kapitel zeigen wird, sind nicht alle Tränen gleich und keine verhält sich so, wie unsere Metaphern es nahe legen.

2

Der weinende Körper

Die Hornhaut des Auges ist keineswegs eine vollkommene Oberfläche. Sie ist vielmehr rau, faltig und uneben. Es sind die Tränen, die diese Unregelmäßigkeiten auf der Augenoberfläche glätten und uns unser gewohntes Sehen ermöglichen. Ohne diesen ständigen Tränenfilm würden wir eine fehlerhafte Welt mit merkwürdigen Biegungen sehen, unsere Augen nicht bewegen können und für Infektionen anfällig sein. So wie unsere gefühlsbedingten Tränen eine durchlässige Barriere bilden, die uns von unserer sozialen Umgebung trennt, während sie uns zugleich Zugang zu Tadeln, Belohnungen, Freuden und Schmerzen verschafft, so ist auch der fortgesetzte tränenähnliche Film auf der Oberfläche des Auges eine flüssige Membran, die uns vor der Welt schützt und uns zugleich Zugang zu ihr verschafft.

Tränen sind das, was der Londoner Augenchirurg Abraham Werb ein »flüssiges Sandwich« nennt, denn sie setzen sich zusammen aus einer inneren Schicht schleimigen Sekrets, die in direktem Kontakt mit der Augenoberfläche ist, einer mittleren wässrigen Schicht und einer äußeren öligen, die dafür sorgt, dass die Tränen nicht zu rasch verdunsten. Augenärzte kennen drei verschiedene Arten von Tränensekretion: basale, reflektorische und psychische. Unter Basalsekretion oder, wie wir sie hier bezeichnen wollen, den basalen Tränen, versteht man den ununterbrochenen Tränenfluss, der für die ständige Befeuchtung der Augäpfel sorgt. Reflektorische oder Reiztränen werden produziert, wenn wir zum Beispiel Zwiebeln hacken oder etwas ins Auge kriegen. Psychische oder gefühlsbedingte Tränen sind jene, die von bestimmten Gefühlszuständen verursacht werden und sie zugleich auch vermitteln. Diese drei Tränenarten erfüllen nicht nur verschiedene Funktionen, sie weisen auch eine unterschiedliche Zusammensetzung auf – jede Art verfügt über andere Konzentrationen von chemischen Stoffen, Hormonen und Proteinen.

Die Anatomie des Tränenapparats ist in der gegenwärtigen Form erst während der letzten hundert Jahre bekannt geworden. Er

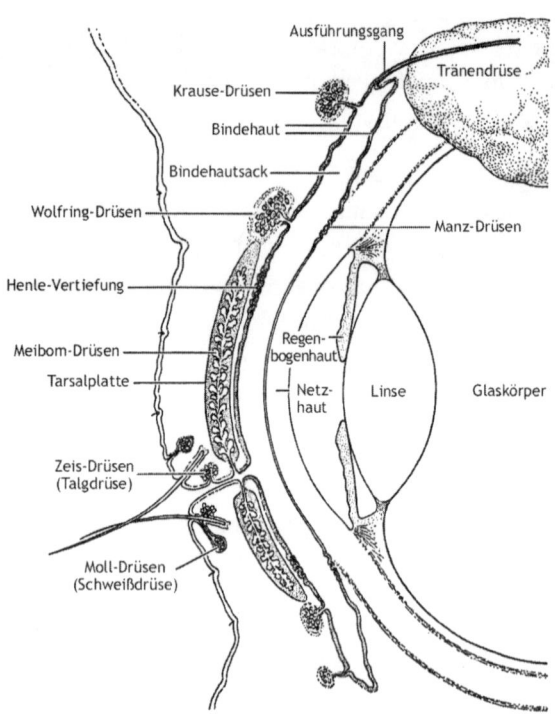

Diagramm der Tränendrüsen. Tom Prentiss (1964).

besteht aus einem Ausscheidungs- und aus einem Ableitungssystem. Die Haupttränendrüse, die sich zwischen einer flachen Vertiefung des Stirnbeins und dem Augapfel befindet, ist im Wesentlichen für den Tränenfluss verantwortlich, den Reizungen und Gefühle verursachen können. Daneben gibt es eine ganze Reihe kleinerer Nebentränendrüsen, die vor allem basale Tränen beisteuern: Jedes Auge verfügt über etwa 20 Krause-Drüsen in der Bindehaut und über mehrere Wolfring-Drüsen in der Nähe des oberen Rands der

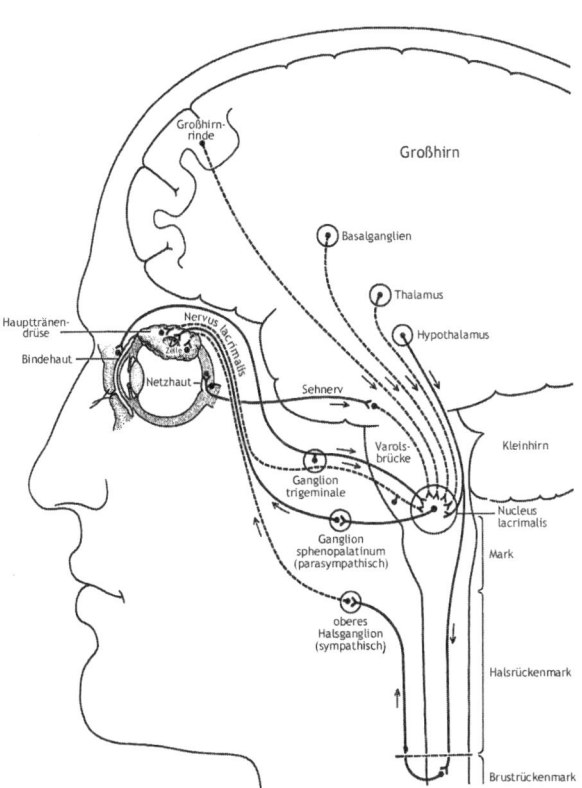

Diagramm der Tränennerven und verwandter Nerven.
Tom Prentiss (1964).

Tarsalplatte, welche die wässrige Schicht herstellen. Eine Kombination aus Becherzellen und Manz-Drüsen, ebenfalls in der Bindehaut, scheidet das schleimige Sekret aus, die innerste Schicht des Tränenfilms. Schließlich produzieren noch 46 Meibom-Drüsen in den Augenlidern (zusammen mit Zeis-Drüsen an den Rändern der Augenlider und Moll-Drüsen, die in die Haarbälge der Wimpern münden) die Lipide oder Fette, denen die Verzögerung der Verdunstung zu verdanken ist. All diese Nebentränendrüsen zusammengenommen haben weniger als ein Zehntel des Umfangs einer Haupttränendrüse.

Die Produktion basaler Tränen erfolgt kontinuierlich etwa mit ein bis zwei Mikrolitern pro Minute oder in der Menge von 140 bis 280 Gramm pro Tag. Während Tränen ununterbrochen ergänzt werden, verdunstet ein Teil der Flüssigkeit zwischen den Lidschlägen oder wird durch die Tränenpünktchen abgeführt – winzige Öffnungen auf der Nasenseite jedes Augenlids auf einer kleinen Gewebeerhebung, die den Namen Papilla lacrimalis trägt. Tränen fließen durch die Tränenpünktchen in die Tränenkanälchen, von dort in den Tränensack und den Tränen-Nasen-Gang, der in der Nase endet. Wenn Tränen in außergewöhnlichen Mengen hergestellt werden – auf Grund von Gefühlen oder Reizungen oder Krankheiten –, dann werden die Tränenpünktchen mit dem Tränenfluss nicht mehr fertig, und die Tränen laufen über die Augenlider. Da die Tränenpünktchen mit ihren 0,2 bis 0,3 Millimetern Durchmesser für das bloße Auge sichtbar sind, hat man sie schon sehr früh mit Tränen in Zusammenhang gebracht und sie lange für deren Ausgangspunkt gehalten.

Die Physiologie der Gefühle oder Emotionsphysiologie ist, so könnte man sagen, zugleich eine sehr alte und eine sehr junge Wissenschaft. Physiologische Theorien der Gefühle beginnen in Europa mit den hippokratischen Autoren im fünften Jahrhundert vor unserer Zeitrechnung und sind folglich ebenso alt wie die medizinische Wissenschaft selbst. Die zeitgenössische Physiologie untersucht Emotionen jedoch erst seit den dreißiger Jahren des 20. Jahrhunderts, beginnt damit also ein Jahrzehnt nach der Endokrinologie. Sie ist also neuer als die so genannte Neue Physik, was sie

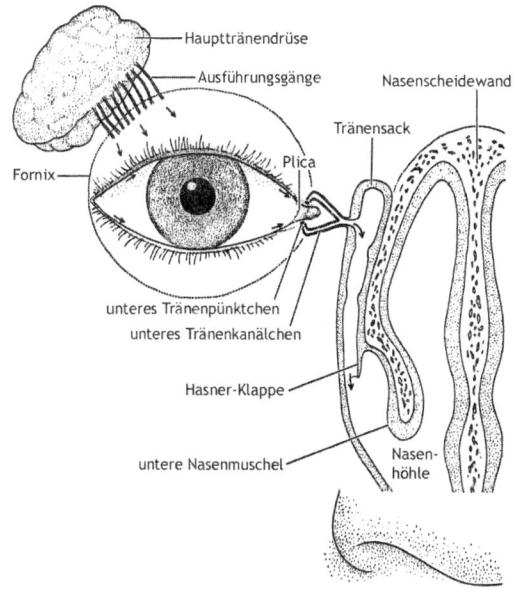

Diagramm des Auges unter Berücksichtigung der Tränengänge. Tom Prentiss (1964).

mit fortgesetzten Streitereien belastet. Wie Jack George Thompson in seinem Lehrbuch *The Psychobiology of the Emotions* (1988) festhält, sind »wissenschaftliche Wahrheiten zwar probabilistisch, aber eben nicht absolut«, und es gibt nicht nur zahlreiche im Wettstreit befindliche Paradigmen und eigenständige Gebiete – Psychobiologie, Neuropsychologie und Neurophysiologie, um nur einige wenige zu nennen –, sondern auch grundlegende Meinungsverschiedenheiten innerhalb dieser Gebiete. Jede dieser Unterdisziplinen hat eine etwas andere Herangehensweise an das Studium des Körpers und der Emotionen, und keine allgemeine Emotionstheorie wird von allen gemeinsam akzeptiert. Ein paar

Stückchen des grundlegenden anatomischen Puzzles fehlen außerdem noch. Beispielsweise sind sich die Anatomen über den genauen Verlauf einiger Nervenfasern, die die Tränendrüsen versorgen, nicht einig, und wie die beteiligten Gehirnaktivitäten aussehen, ist noch weitgehend unbekannt.

Doch wissen wir, dass an jeder emotionalen Erfahrung immer mehrere ineinander greifende Systeme beteiligt sind. Peter J. Lang vom psychophysiologischen Forschungszentrum an der Universität von Florida vertritt die Auffassung, dass jede Gefühls-Analyse die Beschäftigung mit verbalen und kognitiven Aktivitäten, motorischen Aktivitäten und physiologischen Aktivitäten wie etwa den Veränderungen tonischer Aktivitätsniveaus der somatischen Muskulatur und inneren Organe voraussetzt. Der Neurologieprofessor Antonio Damasio, der an der medizinischen Fakultät der Universität von Iowa und am Salk-Institut für biologische Forschung in La Jolla, Kalifornien, lehrt, rät Forschern, sich auf diese und mehrere andere neurale und physiologische Systeme und Untersysteme unter Einbeziehung bestimmter Gehirnregelkreise zu konzentrieren. Auch wenn diese unterschiedlichen Systeme mehr oder weniger unabhängig voneinander funktionieren, so können doch Gefühle in allen gleichzeitig Aktivität hervorrufen.

Jenseits solcher Generalisierungen wird viel debattiert. Manche Forscher meinen, sie hätten grundlegende menschliche Universalaussagen über das Gefühl und den Gesichtsausdruck entdeckt; andere widersprechen und behaupten, solche Universalaussagen existierten nicht. Einige vertreten die Auffassung, dass es eine emotionsspezifische Physiologie gibt, andere weisen diese Vorstellung vehement zurück. Obgleich sich alle einig sind, dass Gefühle sich verändern, wenn aus Säuglingen Kinder und aus Kindern Erwachsene werden, so gibt es dennoch wenig Übereinstimmung darüber, um welche Veränderungen es sich denn handelt, welche von ihnen biologisch und gesellschaftlich beeinflusst sind und ob es tatsächlich die Gefühle sind, die sich verändern, oder nur die Fähigkeit, sie zu fühlen, auszudrücken und zu steuern. Diese Debatten haben eine lange Geschichte, wobei einige der Fronten bereits vor zweitausend Jahren abgesteckt wurden. Die

Geschichte physiologischen Nachdenkens über das Weinen, angefangen bei den hippokratischen Ärzten bis Anfang des 20. Jahrhunderts, ist voll von Irrtümern und nicht sehr geeignet, die fortgeschrittenen neurophysiologischen Kenntnisse von heute zu ergänzen. Doch die Vorstellungen von Hippokrates, Descartes, Darwin und James haben nichtsdestoweniger tief greifenden Einfluss auf unsere allgemeine Auffassung von der Kultur des Weinens genommen und tun es noch immer.

Die Geschichte des Tränenflusses

Die hippokratischen Ärzte dachten, dass die Tränen direkt aus dem Gehirn kommen. Für sie und für die gesamte europäische Medizin bis in die Renaissance hatten Tränen etwas mit den vier Hauptsäften des Körpers – Blut, Schleim, schwarze Galle und gelbe Galle – zu tun, von denen man annahm, dass sie Gesundheit und Charakter eines Menschen bestimmen. Ein Ungleichgewicht bei diesen vier durch Drüsen freigesetzten Körperflüssigkeiten führe zur Krankheit. Haupt-Heilmittel war daher das Purgieren der überschüssigen Körpersäfte entweder durch Aderlass, Klistier, Brechmittel oder Weinen.

Die hohe Wertschätzung, die angemessener Nahrungsaufnahme und Reinigung in der griechischen Medizin zukommt, geht nach Auffassung der Historiker auf den Einfluss ägyptischer Ärzte zurück. In der ägyptischen Medizin hielt man Exkremente für primäre Krankheitserreger. Kotsubstanz war in der Lage, einen beliebigen Teil des Körpers zu infizieren, wenn sie erst in die Blutbahn oder in andere Körpersysteme gelangte. Die Gewährleistung und Verbesserung der Ausscheidung wurden daher als Mittel der Prävention und Intervention eingesetzt. Herodot berichtet von Ägyptern, die sich an drei aufeinander folgenden Tagen im Monat durch Einläufe und Erbrechen purgierten. Didorus Siculus behauptet sogar, dass »manchmal jeden Tag und manchmal mit Abständen von drei oder vier Tagen« Körpersäfte abgeführt wurden.

Die hippokratischen Ärzte arbeiteten diese grundlegende Idee weiter aus und behaupteten, alle im Übermaß vorhandenen Körpersäfte müssten ausgeschieden werden. Die Anreicherung von Galle, die ihrer Auffassung zufolge auf eine Veränderung der Winde und anderer Umweltursachen zurückzuführen sei, könne Geschwüre verursachen. Folglich beuge das Abführen überschüssiger Galle der Bildung von Tumoren vor. Epileptische Anfälle seien die Folge eines unzureichenden Ausstoßes von Schleim, der, da er die Atmung blockiert, die Blut- und Luftzufuhr zum Gehirn verlangsame. In der Folge werde das Gehirn in zunehmendem Maße »feucht« und überhitze, verhindere so die weitere Elimination von Schleim, was schließlich zu den Anfällen führe. »So kommt es zu dieser Krankheit, und sie verbreitet sich durch jenes, was in den Körper hineingeht und ihn wieder verläßt, und sie ist nicht schwieriger zu begreifen noch zu heilen als die anderen.« Weinen könne dazu beitragen, den überflüssigen Schleim aus dem Körper zu spülen und sei daher in diesem und in anderen Fällen von »Gehirnkrankheit« zu empfehlen. Doch die Tränen selbst sollten ebenfalls purgiert werden. »Tränen«, so steht in einem hippokratischen Text zu lesen, »sind Körpersäfte aus dem Gehirn«, und folglich muss alles Übermaß durch Weinen abgeführt werden.

Hippokratische Vorstellungen hatten die europäische Medizin weitere anderthalb Jahrtausende fest im Griff, und im Bunde mit ihnen die Überzeugung von der heilsamen Wirkung der tränenreichen Katharsis, ein Begriff aus dem Griechischen, der »kultische Reinigung« bedeutet. Obgleich Galen (ca. 130–200 n. Chr.) noch fälschlicherweise glaubte, dass Tränen aus den Tränenpünktchen fließen, war er der Erste, der annahm, dass sie nicht vom Gehirn, sondern von Drüsen produziert werden. Die meisten übrigen Ärzte jedoch teilten die Auffassung des Hippokrates: Hunain im neunten Jahrhundert, Al Rhazes im zehnten und Casserius im 17. Jahrhundert gingen alle noch davon aus, dass das Gehirn die Tränenflüssigkeit produziert. Der englische Arzt Timothy Bright schrieb im Jahr 1586, Tränen seien »die ausgeschiedene Feuchtigkeit des Gehirns«, und Laurent Joubert, ein französischer Kollege, vertrat 1579 die Auffassung, das Gehirn verschütte »große Mengen Tränen, wenn es

ausgepreßt würde«. Bright und Joubert nahmen an, Gefühle wie
Angst und Leid verursachten »Kontraktionen«, die Körpersäfte
vom Herzen in das Gehirn drückten und dort den Ausstoß der, in
Brights Worten, »dünnsten und flüssigsten Exkremente des Gehirns« unterstützten.

In medizinischen Abhandlungen seit dem 17. Jahrhundert verlieren die vier Körpersäfte der Humorallehre mit der Einführung
neuer physiologischer Modelle langsam an Bedeutung. Ende des
17. Jahrhunderts wurde der Begriff »Katharsis« fast ausschließlich
im Zusammenhang mit der Darmentleerung verwendet, und das
Adjektiv »kathartisch« bedeutete stark abführend. In diesem Zusammenhang schrieb der Naturphilosoph und Chemiker Robert
Boyle 1667 von der »kathartischen Eigenschaft Rhabarbers, von
Sennesblättern und anderer abführenden Gemüsearten«. Erst als
Sigmund Freud und Josef Breuer den Begriff Ende des 19. Jahrhunderts in die Psychologie einführten, erhielt er seine frühere
Bedeutung zurück.

Ein anderer Philosoph und Naturwissenschaftler des 17. Jahrhunderts initiierte die moderne philosophische und physiologische
Untersuchung der Gefühle und stellte eine neue Verbindung zwischen Emotionen, der Seele und dem Körper her. »Mein Ziel ist
es«, schrieb René Descartes in einem einleitenden Brief zu seinem
Werk *Die Leidenschaften der Seele* (1649), »die Leidenschaften
der Seele nicht als Prediger abzuhandeln, auch nicht als Moralphilosoph, sondern ausschließlich als Physiker.« Im Hinblick auf unser Verständnis von Physik oder Physiologie musste ihm sein Vor-
haben natürlich misslingen, zum Teil deshalb, weil auch er der Ver-
suchung nicht widerstehen konnte, unbewiesene Behauptungen
über den Nutzen gefühlsbedingter Tränen aufzustellen. Er machte
sich das neue Wissen seines Zeitalters über den Blutkreislauf zu
Nutze, und er wusste, dass die Nerven mit dem Gehirn verbunden
und Voraussetzung für alle Sinneseindrücke und Wahrnehmungen
waren. Doch Descartes glaubte auch, das Gehirn und die Nerven
enthielten »eine Art Luft oder sehr subtilen Wind, den man die Lebensgeister nennt«. Diese Lebensgeister (spiritus animalis), die sich
durch den Körper bewegen, Muskeln anregen und damit Handlung

ermöglichen, »haben keine andere Eigentümlichkeit, als daß sie sehr kleine Körper sind, die sich sehr schnell bewegen, so wie die Teile einer Flamme, die einer Fackel entsprühen«. Für Descartes hatte diese anregende »Bewegung« mehr mit dem Geist zu tun als mit elektrischen und chemischen Prozessen des Nervensystems, für die sich das Verständnis erst noch entwickeln würde. Auf ähnliche Weise breitete er auch seine richtigen und falschen Informationen über das limbische System und andere Aspekte der Neurophysiologie aus.

Seine Erklärungen des Phänomens Weinen waren folglich teilweise zutreffend und weitgehend falsch. Er wusste, dass Tränen optische und schmierende Funktionen erfüllten. Und er erkannte, dass extreme Gefühle einen verstärkten Blutfluss zu den Augen verursachen und, wie Charles Darwin im 19. Jahrhundert neuerlich entdeckte, die Tränenproduktion anregen können. Aber Descartes meinte auch, dass die Lebensgeister, die Dämpfe des Körpers, sich durch Kondensation in Schweiß und Tränen verwandeln, so wie Wasserdampf zu Regen kondensiert. Im Rahmen seines physikalisch-mechanistischen Lebenskonzepts glaubte Descartes, dass alles, was eine Steigerung des Blutflusses verursacht, gleichermaßen den Fluss der Lebensgeister steigert, und wenn das erhitzte Blut derart auf die kühlen Dämpfe in den Augen stößt, kondensieren diese zu Tränen.

In den *Leidenschaften der Seele* versuchte Descartes, die Beziehung zwischen Geist (sowie der Seele) und Körper zu ergründen, indem er die Dinge isolierte, die der Körper ohne Unterstützung durch Seele oder Geist zu tun in der Lage ist. Er bediente sich des Beispiels von dem Freund, der seine Hand gegen unser Gesicht erhebt: Wir schließen die Augen und zucken zusammen, obwohl wir wissen, dass unser Freund uns niemals wehtun würde. Wir tun dies, weil der Körper automatisch und ohne die Intervention von »Seele« oder Geist reagiert. Die Angst wartet nicht auf irgendeinen geistigen oder moralischen Mittelsmann. Eine Reizung des Auges verursacht Schmerz und somit einen verstärkten Fluss von Blut und Tränen, wirkt auf die gleiche Weise.

Diese grundlegende Vorstellung des kartesischen Konzepts –

dass der Körper ohne jegliche kognitive Aktivität auf Stimuli zu reagieren vermag – steht im Mittelpunkt zahlreicher nachfolgender Emotionstheorien, die als »peripheralistisch« oder »somatisch« bezeichnet werden und im Gegensatz zu den »mentalistischen« stehen, die von der Originalität des Geistes als Organ ausgehen. (Später spalteten sich die mentalistischen Theorien noch in zerebralistische und kognitive Orientierungen.) Doch Descartes war nicht nur ein somatischer Theoretiker, also jemand, der seinen Ausgangspunkt in den körperlichen Erscheinungsformen sah. Obwohl er hier der Einschätzung Ausdruck gab, dass Emotionen einfache körperliche Reaktionen sind, dass es sich bei Tränen um physische Ereignisse handelt, die ohne das Zutun von Gedanken, Reflexionen oder moralischer Absicht stattfinden und damit also Reflexe sind, so trug er doch an anderer Stelle in seinem Werk die Ansichten der Mentalisten vor. Menschen, die nicht weinen, tragen das »Kennzeichen eines schlechten Naturells«, schrieb er, »wenn es nämlich daher kommt, daß sie zum Haß oder zur Furcht neigen. Denn das sind Leidenschaften, die die materielle Grundlage zum Weinen vermindern«. Und Descartes argumentierte weiter, dass folglich »diejenigen, die leicht weinen, mehr zu Liebe und zu Mitleid neigen«, und somit Weinen ein Hinweis auf ein tugendhaftes Wesen ist. Mitleid war für ihn die Leidenschaft, die Menschen am ehesten zum Weinen veranlasst, denn sie ist eine Kombination aus Liebe und Traurigkeit. (Für Descartes waren alle Emotionen Kombinationen aus den sechs Grundleidenschaften Erstaunen, Liebe, Hass, Verlangen, Freude und Traurigkeit.) »Liebe«, schrieb Descartes, »schickt sehr viel Blut zum Herzen und bewirkt so, daß sehr viel Dämpfe durch die Augen austreten, während Kälte der Trauer, die ... die Bewegung dieser Dämpfe verlangsamt, bewirkt, daß sie sich in Tränen verwandeln.«

Dies legt nahe – ja –, Tränen sind das Ergebnis rein physischer Prozesse. Doch diese Prozesse werden in Bewegung gesetzt durch Reaktionen, die in ihrem Kern »sittlich« sind. Descartes sagt, wir weinen, weil die Dämpfe kondensieren, und wir haben keinerlei Kontrolle über diese Kondensation – bei einer bestimmten Temperatur geschieht sie einfach. Doch das Übermaß an Dämpfen selbst entsteht, weil wir uns erhitzen, und jene, die leicht und umfassend lieben und sich daher leichter erhitzen, neigen folglich mehr zu Tränen. Je mehr wir lieben, desto mehr weinen wir.

Hinter jeder rein physischen Reaktion auf Leidenschaften steht, laut Descartes, ein sittlicher Zweck. »Auch besteht die Nutzung aller Leidenschaften allein darin, daß sie die Seele veranlassen, das zu wollen, was die Natur uns als nützlich angibt, und in diesem Willen beharrlich zu sein, wie ja auch dieselben Bewegungen der Lebensgeister, die sie gewöhnlich verursachen, den Körper zu den verschiedenen Bewegungen veranlassen, die zur Erfüllung dieser Zwecke dienen.« Leidenschaften funktionieren also, indem sie die Seele, statt durch intellektuelle oder moralische, durch physische Mittel veranlassen, den Körper für die Schaffung der Voraussetzungen zu gewinnen, die diesen verlangten Dingen Gültigkeit verschaffen. Das heißt, Angst veranlasst uns, vor Gefahren davonzulaufen, Hass, nachteilige Beziehungen zu meiden und so fort.

Descartes' Überarbeitung der klassischen Emotionstheorien basierte auf den neuen medizinischen Erkenntnissen von William Harvey, der als Erster den Blutkreislauf beschrieb, und anderer und fällt in eine Zeit, in der das Sezieren zum primären Werkzeug der physiologischen Forschung wurde. Versuche, die die Physiologie von Drüsen, Blut und Organen auf neue Weise erklärten, ersetzten das klassische Paradigma von den Körpersäften. Weitere wissenschaftliche Entdeckungen bereiteten dann den Weg für den nächsten großen Emotionsphysiologen, für Charles Darwin. Eine Generation nach Descartes lieferte der Däne Niels Stensen (Nicolaus Steno) in seinem auf dem Sezieren von Schafsköpfen basierenden Werk *Observationes Anatomicae, Quibus Varia Ovis Varia Oris, Oculorum & Narium Vasa deteguasur ... Ejusd. De Glandulis Oculorum, Novisque carundem vasis Observationes Anatomicae, Quibus Veri lacrymarum fontes degentur* (1662) die erste vollständig überarbeitete Untersuchung des Weinens. Und obwohl er in etlichen Fragen irrte (Stensen glaubte beispielsweise noch, dass Trä-nen aus den Tränenpünktchen austreten, statt zu erkennen, dass sie von ihnen abgeführt werden), war er der Erste,

der die zentrale Bedeutung der Tränendrüsen erkannte. In den
1740er Jahren beschrieb der französische Anatom und Chirurg
Jacques-François-Marie Duverney erstmals wichtige Muskeln an
den Augenlidern und der Haupttränendrüse. Doch erst 1792 gelang es Janin, die Haupttränendrüse und ihre Ausführungsgänge
als Quelle der Tränen nachzuweisen. 1797 beschrieb Johann Ro-
senmüller die Drüse anatomisch, und 1844 postulierte Martini die
Existenz von Nebentränendrüsen (obgleich es ihm nicht gelang,
sie zu lokalisieren). Karl Ernst von Baer befasste sich in den zwanziger Jahren des 19. Jahrhunderts mit der Entwicklung des Tränen-
ausführungssystems, Jan Nepomuk Czermak, ein ungarischer
Arzt, identifizierte 1860 einige der Nerven, die die Tränendrüsen
schwächen.

Zwischen Descartes und Darwin wurden noch zahlreiche weitere, weniger philosophische Taxonomien der Emotion entwickelt,
die das kartesianische Schema von den sechs Hauptleidenschaf-
ten aufgriffen und mit zunehmend komplexeren Kategorisierungen
aufblähten. Die elaborierteste dieser Theorien legte der französische Kommunarde und Sozialphilosoph Charles Fourier in seinem
Buch *The Passsions of the Human Soul and Their Influence on
Society and Civilisation* (1851) vor. Fourier war der Auffassung,
dass es vier Klassen von Leidenschaften gebe: fünf »sensible« Leidenschaften, von denen jede mit einem der fünf Sinnesorgane
verbunden sei, vier »affektive« und drei »distributive«, was zwölf
»radikale« oder Stammleidenschaften ergebe. Oder, in einer anderen Aufteilung, fünf »Seelenleidenschaften«, die in Beziehung
zu den fünf Sinnen stünden, und sieben »tierische Leidenschaften«, die sich wieder in vier Gruppen gliederten: Freundschaft,
Sektierertum, Liebe, Fatalismus. Innerhalb dieser zwölf Ordnungen ermittelte er 33 Gattungen, 135 Spezies und 405 Arten von
Gefühlen, die sich ungleichmäßig innerhalb der zwölf Ordnungen
verteilten. Das hört sich nicht nur nach einer sehr wirren Einord-
nung an, es ist auch eine, und. als Fourier dazu überging, jede
seiner zwölf Stammleidenschaften mit bestimmten Noten auf der
Tonleiter (Liebe ist E oder eine große Terz) und bestimmten alkoholischen Getränken (Liebe ist schwerer Weißwein) zu assoziieren,

da verlor er alle bis auf seine treuesten Anhänger. Die Fortschritte in der Anatomie und Physiologie machten Fourier und ähnliche Forscher bald zu historischen Kuriositäten.

Sowohl die physiologischen Entdeckungen als auch die dazugehörigen philosophischen Spekulationen bereiteten den Boden für Darwins noch immer einflussreichen Beitrag *Der Ausdruck der Gemütsbewegungen bei dem Menschen und den Tieren* (1872). Anders als von Baer und Czermak und andere experimentelle Physiologen interessierte sich Darwin, wie Descartes, für die größeren Zusammenhänge: für den körperlichen Ursprung und die Funktionen der Emotionen im Allgemeinen und des Weinens im Besonderen. Wir drücken Gefühle aus, folgert er, um Kummer zu lindern. Kleinkinder etwa brechen lautstark in Tränen aus, wenn sie auch nur den geringsten Schmerz verspüren. Der einzige Zweck solcher Ausbrüche liegt in der Mitteilung ihres Unbehagens. Derart lautstarkes Weinen hat offenbar evolutionäre Vorteile: Babys, die ihren Hunger deutlicher artikulieren können, werden regelmäßiger gefüttert als solche, die dazu nicht in der Lage sind. Folglich ist lautstarkes Weinen ein typischer Bestandteil des Säugetierverhaltens. Und Tränen sind einfach ein unbeabsichtigter Nebeneffekt solcher Hilferufe.

Darwin illustrierte mit sechs Fotografien seine Auffassungen und stellte fest, dass die weinenden Kinder immer die Muskulatur um die Augen energisch zusammenziehen:

> Die Augenbrauenrunzler, *corrugator supercilii*, scheinen die ersten Muskeln zu sein, welche sich zusammenziehen; sie ziehen die Augenbrauen nach unten und innen der Basis der Nase zu und verursachen senkrechte Furchen, d. h. also ein Stirnrunzeln, welches zwischen den Augenbrauen erscheint. Zu derselben Zeit verursachen sie das Verschwinden der über die ganze Stirn wegziehenden Querfurchen. Die kreisförmigen Muskeln ziehen sich beinahe gleichzeitig mit den Augenbrauenrunzlern zusammen und rufen Furchen ganz rings um das Auge hervor. Sie scheinen indes einer Zusammenziehung mit grösserer Kraft fähig zu sein, sobald die

Zusammenziehung der Augenbrauenrunzler ihnen einen gewissen Stützpunkt gegeben hat. Zuletzt ziehen sich die Pyramidenmuskeln der Nase zusammen. Sie ziehen die Augenbrauen und die Haut der Stirne noch tiefer herab und erzeugen kurze Querfurchen über der Basis der Nase ... Wenn diese Muskeln stark zusammengezogen werden, so ziehen sich auch diejenigen, welche nach der Oberlippe hinlaufen, zusammen und erheben die Oberlippe. ... Das Erheben der Oberlippe zieht das Fleisch auf den obern Theilen der Wangen in die Höhe und bewirkt hierdurch eine stark markirte Falte auf jeder Wange – die Nasenlippenfalte – welche von der Nähe der Nasenflügel zu den Mundwinkeln und noch unter dieselben hinabläuft.

Darwin fährt fort, indem er ähnlich detailliert die muskulären Veränderungen im Mundbereich, die Veränderungen in der Atmung und dem Blutkreislauf sowie andere physische Manifestationen beschreibt, die das Weinen begleiten. Hier folgt er den Ausführungen von Herbert Spencer, der 1855 bereits ähnliche Argumente in seinem Werk *Die Prinzipien der Psychologie* vorgebracht hatte. Doch Darwins Physiologie ist zugleich detaillierter und genauer als jene Spencers, und anders als jener stellt Darwins Text auch heute noch eine wesentliche Quelle für das Studium des menschlichen Gesichtsausdrucks dar.

Seine Schlussfolgerungen darüber, was diese muskulären Kontraktionen bedeuten, sind schon eher umstritten. Darwins Hauptschlussfolgerung lautet, dass Weinen »ein zufälliges Resultat« ist, »so zwecklos als die Absonderung von Thränen in Folge eines Schlags auf das Äussere des Auges oder als ein Niesen in Folge der Affection der Netzhaut durch ein helles Licht«. Lautstarkes Weinen von Kindern, die damit die Hilfe ihrer Eltern fordern, und lang anhaltendes Weinen allgemein führen »zur Überfüllung der Blutgefäße des Auges«, da der Augapfel und das ihn umgebende Gewebe durch die vermehrte Atemtätigkeit, die in Begleitung des Weinens und Schreiens auftritt, in gesteigerter Form mit Blut umspült werden. Diese Überfüllung bewirkt eine »zuerst

Die Fotografien zeigen das durch Gemütsbewegungen hervorgerufene
Zusammenziehen der Gesichtsmuskeln. Aus Charles Darwin, Der Ausdruck
der Gemütsbewegungen bei dem Menschen und den Tieren *(1972).*

bewussterweise und endlich gewohnheitsgemässe Zusammenziehung der Muskeln rings um das Auge«, wodurch Venen und
Arterien vor dem gesteigerten Druck geschützt werden. Diese
Kontraktionen pressen die Tränengänge zusammen, die, indem sie
sekretieren, dafür sorgen, dass der überhitzte und angeschwollene
Augapfel abkühlt. Weinen ist laut Darwin eine direkte Folge des
Zusammenziehens der Gesichtsmuskulatur, die wiederum durch
»heftiges« Atmen bewirkt wird. Gefühlsbedingte Tränen unterscheiden sich seiner Auffassung nach also nicht von reflektorischen Tränen.

Darwin setzt die kulturellen Unterschiede im Weinverhalten
nicht herab. In diesem Sinne zitiert er eine Behauptung, dass Frauen
in Neuseeland »willkürlich Thränen im Überfluss vergießen können. Sie kommen zu diesem Zwecke, um die Todten dadurch zu
beklagen, zusammen und setzen ihren Stolz darein, ›in der ergrei-
fendsten Weise zu weinen‹«. Dann führt Darwin das Werk *The
Origin of Civilization and the Primitive Condition of Man* (1870)
des Naturforschers Sir John Lubbock an, in dem dieser von einem
»Neuseeländerhäuptling« schreibt, der »weinte wie ein Kind, weil
die Matrosen seinen Lieblingsmantel mit Mehl gepudert hatten«.
Und schließlich bezieht er auch den Psychiater Sir James Crichton-
Browne mit ein und kommt anhand von dessen Forschungsergeb-
nissen zu dem Schluss, dass geistig Kranke bereitwilliger weinen als
geistig Gesunde, Kretins jedoch gar nicht.

Doch trotz dieser örtlichen Unterschiede, argumentiert Darwin,
ist die Ursache von Tränen immer die gleiche und immer rein physisch: Sie sind eine Folge von Muskelkontraktionen, die auf
die Tränendrüsen drücken und sie zwingen zu sekretieren. Die
verschiedensten kulturellen Vorstellungen oder Voraussetzungen
können diesen Prozess auslösen, er bleibt dennoch ein rein physiologischer Vorgang.

Darwin ist sich bewusst, dass dieses Szenario nicht erklärt,
warum wir manchmal in stiller Trauer weinen, und zwar ohne das
lautstarke Weinen und die verstärkten Körperaktivitäten, die heftige
Tränenausbrüche beinhalten. Hier postuliert er Gewohnheit: Wir
weinen wegen emotionaler Gewohnheiten. Die gewohnheitsmäßige

Assoziation von Tränen verbindet sich mit bestimmten Handlungen (und der starken Frequentierung bestimmter Nervenbahnen, die aus unseren gewohnheitsbedingten Reaktionen resultieren), um Tränen selbst dann hervortreten zu lassen, wenn der Rest der Kette kaum oder gar nicht sichtbar wird. Darwin spekuliert, dass zum Beispiel die Sandwich-Insulaner als Kleinkinder häufiger beim Lachen Tränen vergießen (wodurch ebenfalls die Blutzufuhr zu den Augen zunimmt), als auf Grund von Schmerzen. Auf diese Weise könnten für sie Tränen stärker mit Freude als mit Leid assoziiert sein:

Darwin hat für diese Fotos einen Schauspieler posieren lassen, der einmal lacht und einmal weint, um die Ähnlichkeit der Muskelkontraktionen beider Gemütszustände zu zeigen. Aus Charles Darwin, Der Ausdruck der Gemütsbewegungen bei dem Menschen und den Tieren *(1872).*

Wenn während einer frühen Lebensperiode, wo Gewohnheiten aller Arten sich leicht festsetzen, unsere Kinder daran
gewohnt worden wären, im Gefühle des Vergnügens lautes
schallendes Gelächter auszustossen (während welches die
Gefässe der Augen ausgedehnt werden) und zwar eben so
häufig und so anhaltend, wie sie der Gewohnheit der Schrei-
anfälle nachgegeben haben, wenn sie sich unglücklich fühlen,
sie wahrscheinlicherweise im spätern Leben Thränen so
reichlich und so regelmässig in dem einen Gemüthszustande
abgesondert haben würden wie in dem andern. Leichtes Lachen oder ein Lächeln oder selbst ein vergnüglicher Gedanke
würde hingereicht haben, eine mässige Thränenabsonderung
zu verursachen.

Wenn wir also moderat und ohne zu schreien weinen, dann geschieht dies aus emotionaler Gewohnheit. Wir eignen uns unsere
emotionalen Gewohnheiten in jungen Jahren an, in einer Zeit, in
der unsere Augäpfel tatsächlich bei jedem Tränenausbruch anschwellen. Doch als Erwachsene können wir den Prozess mit einer
beliebigen Anzahl verwandter Gefühlszustände hervorrufen – als
löse unser Körper sein eigenes Verteidigungssystem aus, lange bevor
der Ärger tatsächlich beginnt, und kühlte unsere Augen ab, bevor
sie sich tatsächlich überhitzten.

Eine vergleichbare Kombination aus physischem Anpassungs-
verhalten und Gewohnheiten beinhalten auch die Theorien von
William James, der mit ihnen nur ein paar Jahrzehnte später hervor-
trat. In den neunziger Jahren des 19. Jahrhunderts kamen James
in Harvard und Professor Carl G. Lange an der Universität von
Kopenhagen unabhängig voneinander zu den gleichen Ergebnissen,
und obgleich sie nie zusammenarbeiteten, werden ihre Ansätze,
in der Regel unter der Bezeichnung »James-Lange-Theorie der
Emotion« zusammengefasst, die einflussreichste Emotionstheorie
in der ersten Hälfte des 20. Jahrhunderts. Wie Darwin gingen James
und Lange davon aus, dass Emotionen zuerst und vor allem eine körperliche Reaktion sind. Gefühle zu haben heißt für sie, den eigenen

Körper zu spüren, sein Erröten, das Aufwallen, Kribbeln und seine Tränen. Unsere Emotionen treten zunächst alleine auf, ohne die Vermittlung durch rationale Gedanken; erst nachdem wir die körperliche Empfindung Wut oder Angst bereits spüren, registrieren wir die Emotion auch kognitiv – wir spüren, wie Adrenalin durch unsere Adern strömt, und erst dann ziehen wir den Schluss, dass wir uns ängstigen oder aufgeregt sind.

Bei James' Verweisen auf den Körper handelt es sich nicht um nutzlose philosophische Spekulationen. Er begann seine Karriere in Harvard als Professor für vergleichende Anatomie, und er formulierte seine Theorie unter Einbeziehung der damals neuesten physiologischen Forschungsergebnisse und psychologischen Experimente. Er vertritt die Auffassung, dass Emotionen Reflexen ähnlich seien. Die meisten Menschen glauben, so schreibt James, wir nähmen die Dinge mental wahr, wir reagierten geistig auf sie und bezeichneten dies dann als Gefühl, und diese Reaktion sei begleitet von einer Reihe körperlicher Veränderungen. Doch damit, so James, spanne man, wie es das alte Wortspiel ausdrückt, Descartes vor das Pferd, da wir doch ohne die entsprechenden körperlichen Reaktionen noch gar keine Emotion hätten. James fasst seine Theorie in einer inzwischen berühmten Passage in seiner *Psychologie* (dt. 1909) zusammen:

Meine Theorie dagegen ist die, dass die körperlichen Veränderungen direkt auf die Wahrnehmung der erregenden Tatsache folgen, und dass das Bewusstsein vom Eintritt eben dieser Veränderungen die Gemütsbewegung ist. Der gesunde Menschenverstand sagt: Wir verlieren unser Vermögen, sind betrübt und weinen; wir treffen einen Bären, erschrecken und laufen davon; wir werden von einem Gegner beleidigt, geraten in Zorn und schlagen zu. Die hier vertretene Hypothese aber behauptet, dass diese Reihenfolge nicht richtig ist, dass der eine psychische Zustand nicht unmittelbar durch den anderen herbeigeführt wird; dass erst die körperlichen Äußerungen dazwischen treten müssen, und dass man infolgedessen behaupten muss, wir sind traurig, weil wir weinen, zornig, weil wir zuschlagen, erschrocken, weil wir zittern: statt zu sagen: wir weinen, schlagen zu oder zittern, weil wir traurig, zornig oder erschrocken sind.

James' Erklärung scheint sich über den gesunden Menschenverstand hinwegzusetzen, da es uns so schwer fällt, die Vorstellung zu akzeptieren, dass es nicht der Gedanke ist, der das Gefühl auslöst. Doch die Theorie erklärt andere Aspekte von Emotion, wie etwa die Tatsache, dass es unmöglich ist, sich ein Gefühl ohne begleitende körperliche Reaktionen vorzustellen.

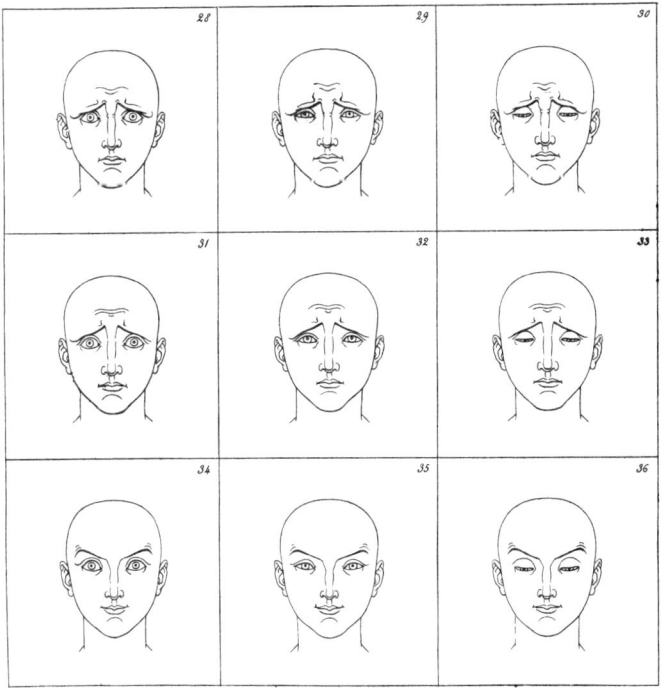

Die neun möglichen Gefühlsausdrücke im Delsarte-System. Aus Alfred Giraudet, Mimique, physionomie et gestes: méthode pratique, d'après le système de F. del Sarte pour servir à l'expression des sentiments *(1895).*

Stellen Sie sich Wut vor, ohne die Anspannung der Kiefernmusku-
latur oder ohne das Rauschen des Blutes in Kopf und Brust. Auch
wenn wir also nicht mit James darin übereinstimmen, dass wir erst
zittern und uns dann ängstigen, so trifft es dennoch zu, dass
wir keine wirkliche Angst empfinden, wenn wir nicht zittern,
wenn unser Herz nicht bis in den Hals hinauf schlägt, unsere
Nackenhaare sich nicht sträuben und wir nicht das Strömen des
Adrenalins spüren. Sobald wir unseren Körper »fühlen«, sobald
wir Informationen aus dem Inneren unseres Körpers erhalten,
erkennen wir unseren emotionalen Zustand. Ohne diese Informationen gibt es kein »Gefühl«. Dabei sind die Informationen keineswegs immer klar: Weinen wir aus Erleichterung, Dankbarkeit
oder aus Verwirrung? Nehmen wir jedoch keine körperliche Veränderung wahr, dann denken wir eben bloß. Um es mit James'
Worten auszudrücken: Wenn wir alle körperlichen Anzeichen
für unsere Wut fortnehmen – die geballten Fäuste, die zusammen-
gepressten Zähne, das laut schlagende Herz, den gesteigerten
Adrenalinfluss, die zusammengezogenen Augenbrauen –, dann
sind wir zwar einer Vorstellung, einer Auffassung oder einer
Bewertung des betreffenden Gefühls fähig, doch die Emotion
selbst *empfinden* wir nicht. Folglich trifft es bis zu einem gewissen
Grad zu, dass wir traurig sind, weil wir weinen, und wütend, weil
wir kochen.

Historiker sprechen sich mittlerweile dafür aus, dass James' Theorie
alles andere als ein Geniestreich ohne Vorläufer war, sondern vielmehr in einer Kultur entstand, die bereits unter dem Einfluss
vergleichbarer Vorstellungen über die Beziehung von Geist und
Körper stand. Robyn Warhol hat auf die Ähnlichkeiten zwischen
James' Emotionstheorie und dem auf der Arbeit des französischen
Philosophen François Delsarte basierenden System für Übungs-,
Tanz- und Schauspieltechniken hingewiesen. Delsartes Anhänger meinten, Emotion drücke sich durch eine Ansammlung äußerst
dezenter körperlicher Veränderungen aus, und Schauspieler – und
mit ihnen das Publikum – empfänden die zugehörige Emotion,
indem sie diese physischen Veränderungen zum Ausdruck brächten.

Diese künstlich herbeigeführten Gefühle seien mit sehr einfachen Bewegungen auslösbar. Jeglicher Ausdruck etwa im Augenbereich beruhe lediglich auf zwei Muskelgruppen: Die eine, welche die Augenbrauen hebe oder senke, und die andere, welche die Augenlider bewege. Da in beiden Fällen nur drei relevante Positionen existierten (auf, zu oder normal), ergebe sich eine Gesamtzahl von neun möglichen Emotionen. Wie James in seiner Theorie gingen auch die Anhänger Delsartes von emotionalen Reaktionen des Körpers ohne Einwirkung bestimmter Gedanken aus. Nach der Auffassung von Joseph Roach führen die monistischen Ansichten einiger viktorianischer Naturforscher (wie etwa George Henry Lewes) direkt zu James' Auffassung von den Emotionen. Und wir können hinzufügen, dass das um die Jahrhundertwende weit verbreitete Interesse an der Eugenik und an rassebedingten Einblicken in die allgemeine menschliche Entwicklung dem Körper auf ähnliche Weise Vorrang einräumt. Dennoch lässt es sich nicht abstreiten: Als ausdrückliche Emotionstheorie enthielt die James-Lange-Theorie tatsächlich vollkommen neue Ansätze.

Wie die Kommentatoren der Theorie jedoch seit Anbeginn (John Dewey bereits 1894) angemerkt haben, ist es wohl doch nicht möglich, dass wir traurig sind, weil wir weinen. Sehr verschiedene Körperzustände, die nach James' Theorie unsere emotionale Erfahrung bedingen, können äußerst unterschiedliche emotionale Bedeutungen haben. Dewey bedient sich des Beispiels zweier Mannschaften, die am Ende eines anstrengenden Spiels das Feld verlassen. Die Körper aller Spieler befinden sich durch den langen Wettbewerb in einem Zustand extremer Aufruhr und Erschöpfung, doch die Gewinnermannschaft jubelt, während die Verlierer missmutig sind. Ursache der voneinander abweichenden Emotionen sind die zu Grunde liegenden unterschiedlichen Gedanken. Dazu kommt noch, dass verschiedene Gefühle den gleichen Gedankenhintergrund haben können. Darauf weist der Musikphilosoph Malcolm Budd hin, wenn er sagt, »Mitleid und Schadenfreude basieren beide auf dem Gedanken an das Unglück oder Unbehagen eines Menschen«, dennoch sind sie grundlegend verschiedene Emotionen. Wir können durchaus in Tränen

ausbrechen, ohne dass hierzu überhaupt irgendein Gedanken-
inhalt erforderlich ist, etwa wenn wir uns den Finger in der Auto-
tür einklemmen.

In den zwanziger Jahren griffen Wissenschaftler und Soziologen
unterschiedlichster Überzeugung die Schlussfolgerungen James'
und Langes an. John B. Watson, der so genannte Vater des Behaviorismus, behauptete 1924, James' Theorie »hat der Emotionspsycho-
logie einen Rückschlag versetzt, von dem sie sich erst seit kurzem
erholt«. Wichtiger für die physiologische Forschung war allerdings
der Harvarder Psychologe Walter Cannon. Er attackierte James'
Theorie und entwickelte in den zwanziger und dreißiger Jahren
einen eigenen emotionsphysiologischen Ansatz, der sich zum einen
auf den Funktionalismus Darwins und zum anderen auf die Forschungsergebnisse der eben erst im Entstehen begriffenen Endokrinologie stützt.

   Cannon, der sich auf das von dem englischen Physiologen C. S.
Sherrington gesammelte Beweismaterial berief, lieferte überzeugende Argumente gegen die James-Lange-Theorie. Sherrington
hatte bei Hunden chirurgisch die inneren Organe vom zentralen
Nervensystem abgetrennt, sodass ihr Gehirn keine Informationen
mehr von Herz, Lunge oder Leber erhielt. Dieser Eingriff hatte
keinerlei Auswirkung auf die emotionalen Reaktionen der Tiere:
Sie zeigten die gleiche Art Angst, Zufriedenheit und Aggression
wie vor dem Eingriff. Cannon wiederholte Sherringtons Experiment mit Katzen und kam zu den gleichen Ergebnissen. Neben
Sherrington zitierte Cannon auch eine französische Untersuchung
(tatsächlich handelte es sich um eine spanische, durchgeführt von
Gregorio Marañon, die in einer französischen Zeitschrift veröffentlicht worden war), in deren Rahmen man Patienten Adrenalin
injiziert hatte. Alle Probanden gaben an, etwas *wie* Gefühle zu
empfinden, doch keines der betreffenden Gefühle selbst: »Ich fühle
mich, als hätte ich Angst«, »als müsste ich in Tränen ausbrechen,
ohne zu wissen warum«. Keiner von ihnen berichtete, die eigentliche Emotion verspürt zu haben. Folglich, so Cannon, könne der
körperliche Zustand allein die Emotion nicht ausmachen.

Im Zentrum von Cannons Arbeit stand sein Bild von der Homöostase – dabei handelt es sich um den Prozess, mittels dessen
der Körper selbst das Gleichgewicht der physiologischen Körper-
funktionen aufrechterhält. Schon früher waren Physiologen zu vergleichbaren Schlussfolgerungen gekommen. George W. Crile zum
Beispiel hatte 1915 vorgebracht, Weinen, und jeglicher emotionaler
Ausdruck, folge, wenn wir in Erwartung irgendeiner physischen
Handlung, die wir dann aber nicht durchführen, Spannung entwickeln. Das Weinen setze nervöse Energie frei und gestatte es dem
Körper, zu seinem normalen Zustand zurückzukehren. Doch Criles
Ergebnisse basierten auf einfachen Messungen von Muskeliner-
vierungen. Cannon (und ein wenig später auch Philip Bard) trugen
zur Anerkennung der Tatsache bei, dass diese muskulären Wirkun-
gen der Regulierung des Körpers durch das autonome Nervensystem und das endokrine System untergeordnet sind. Cannon war
überzeugt, der Thalamus im Zwischenhirn – der Teil des Gehirns,
der die primitiven Strukturen des Hirnstamms mit dem evolutionär
fortentwickelten Großhirn verbindet – sei das Zentrum emotionaler Aktivität. Da der Thalamus ein stammesgeschichtlich alter
Teil des Gehirns sei, so Cannon, erkläre dies unseren Eindruck, von
Gefühlen überwältigt zu werden. »Diese mächtigen Impulse haben
ihren Ursprung in einer Region des Gehirns, die nicht mit kogniti-
vem Bewusstsein in Zusammenhang steht, und lösen daher auf eine
schwer nachvollziehbare und zusammenhangslose Weise die starken Gefühle emotionaler Erregung aus. Dies erklärt den Eindruck,
daß man sich wie von einer äußeren Kraft ergriffen, besessen oder
kontrolliert fühlt.«

Cannon zufolge ist Emotion keineswegs nur eine störende und
irrationale Kraft, Bestandteil einer von ihm als »Weisheit des Körpers« bezeichneten Instanz, die direkt auf die unterschiedlichsten
Notfälle reagiert (wobei die Flucht- und Abwehrreaktion die offensichtlichste ist), sie ausräumt und das Gleichgewicht wiederher-
stellt. Erfolgreich gelang es Cannon damit, die Diskussion von den
logischen oder schlussfolgernden Bedingungen, auf die sich James
und Dewey vorrangig gestützt hatten, hin zur Betonung der Lokalisierung von Gehirnstrukturen und -mustern von Nervenimpulsen

und hormoneller Einwirkung zu verschieben. Anders ausgedrückt, Cannon modernisierte die körperzentrierte Emotionsforschung, und da er sich zugleich auch mit den Gehirnaktivitäten beschäftigte, nahm er einen enormen Einfluss auf die kognitive Erforschung der Gefühle. Spätere kognitive Ansätze, wie die Bewertungstheorie von Magda Arnold an der Loyola Universität und die von Stanley Schachter und Jerome Singer, beide Psychologen an der Columbia Universität, entwickelte Theorie von der kognitiven Erregung, dominierten einen Großteil der Emotionsforschung in den sechziger und siebziger Jahren. Überhaupt nahm die Kognitionspsychologie allgemein großen Einfluss auf die wissenschaftliche Forschung jener Zeit. Schachter, Singer, Arnold und andere Kognitionstheoretiker stützten sich auf Cannons Ergebnisse, führten jedoch die Diskussion fort von der Physiologie und hin zur Bedeutung dieser Arbeit für die Kognitionspsychologie. Silvan Tomkins folgte dem von Cannon gewiesenen Weg auch in der Psychologie und entwickelte eine Theorie des Weinens, die im nachfolgenden Kapitel behandelt wird. Inzwischen sind die physiologischen Aspekte von Cannons Untersuchungen stark ausgebaut worden. Dies ist vor allem neuen Methoden bei der Beobachtung von Gehirnaktivitäten und anderen technologischen Fortschritten zu danken. Der emotionale Körper und das emotionale Gehirn haben sich als weit komplizierter erwiesen, als man sich das noch vor einem halben Jahrhundert vorgestellt hätte.

Das emotionale Gehirn

Die Anatomie des Gehirns lässt sich schwer beschreiben. Die Ursache hierfür sind nicht nur die zwischen zehn Milliarden und einer Billion Nervenzellen und über hundert Billionen Synapsen, wo sich ein übermittelndes Nervenende in unmittelbarer Nachbarschaft zum empfangenden Ende befindet. Im peripheren Nervensystem – also dem neuronalen Bereich außerhalb des Gehirns und des Rückenmarks – sind physiologische Funktionen und anatomische Strukturen leicht zu identifizieren, funktionieren recht

Duchenne, dessen physiologische Forschungen zur Entwicklung der
Elektrotherapie und der Biopsie führten, simulierte emotionale
Gesichtsausdrücke bei Personen, indem er bestimmten Gesichtsmuskeln
Stromstöße versetzte. Die abgebildeten klassischen Skulpturen betrachtete
er als Beweis für die Allgemeingültigkeit emotionaler Physiologie.
Aus G.-B. Duchenne, Mécanisme de la physiognomie humaine;
ou, Analyse électro-physiologique de l'expression des passions *(1862).*

einfach und stehen für gewöhnlich in direkter Beziehung zueinander. Die zuführenden (sensorischen) Nerven, die beispielsweise in unseren Fingerspitzen Empfindungen registrieren, beginnen eindeutig in unseren Fingerspitzen und senden entlang einer Nervenbahn, die man relativ leicht verfolgen kann, Informationen an das Zentralnervensystem; die abführenden (motorischen) Nerven, die Befehle an die Fingermuskulatur übermitteln, legen denselben Weg in umgekehrter Richtung zurück. Das Gehirn dagegen setzt sich aus einem sehr viel komplexeren Netz neuronaler Beziehungen zusammen, von denen nur die wenigsten auf eine einfache Strukturidentität mit den zugehörigen Funktionen reduziert werden können.

Seit dem 19. Jahrhundert versuchen Physiologen, einen genauen Schaltplan der Hirnfunktionen zu erstellen, und eine Zeit lang sah es tatsächlich so aus, als könnte es uns gelingen, eine vollständige Karte zu zeichnen, in der bestimmte neurologische Funktionen bestimmten anatomischen Positionen zuzuordnen sind. Berühmte Fälle von Gehirnverletzungen, Autopsien von Gehirnen mit bekannten Funktionsstörungen und Tierversuche wiesen alle auf spezifische Bereiche im Gehirn hin, die Schauplätze unterschiedlicher Arten von Aktivitäten zu sein schienen. So führen etwa Schädigungen des Wernicke-Zentrums im Gehirn zu zentralen Sprachstörungen. Personen, die eine Verletzung des Wernicke-Zentrums davongetragen haben, sind zwar noch immer in der Lage, Wörter hervorzubringen, können ihnen jedoch keine sinnvolle Reihenfolge mehr geben. Schädigungen des Broca-Zentrums wirken sich auf die Sprache aus, nicht aber auf das Sprachverständnis. Paul Broca und Carl Wernicke, nach denen diese Gehirnbereiche benannt wurden, waren bahnbrechende Neurologen, die Mitte des 19. Jahrhunderts die Beziehung zwischen spezifischen, lokalisierbaren Gehirnverletzungen und spezifischen Behinderungen erkannten. Seit jener Zeit hat man jedoch festgestellt, dass ein ganzes Netz weiterer Gehirnstrukturen am Verstehen und Hervorbringen von Sprache beteiligt ist, darunter beispielsweise die sechs verschiedenen Zentren, die mit dem Hören zusammenhängen, und die vielen Gehirnstrukturen, die das Sehen ermöglichen.

Vor einigen Jahrzehnten wurde Forschern klar, dass zwar die Schädigung eines bestimmten Nervenzentrums die Störung eines Systems bis fast zur Funktionsunfähigkeit bewirken kann, dass es sich bei dem ausgefallenen Bereich aber nicht zwangsläufig um das »Kontrollzentrum« des Systems handeln muss. Zwar kann die Wagenkupplung bei einem der Wagons eines Güterzugs versagen und eine Kette von Wagons auf der Strecke zurücklassen, wie ein Neurophysiologe erklärte, doch die abgehängten Wagons sind noch nicht die Lokomotive. Je mehr komplexe Systeme und Untersysteme von Neurophysiologen und Psychiatern mit der Zeit ermittelt wurden, desto weiter rückte man von einer einfachen Eins-zu-eins-Beziehung zwischen Position und Funktion ab und ersetzte dieses unhaltbare Bild durch kompliziertere Modelle, welche die gegenseitige Beziehung von Nervenzentren hervorhoben. Selbst die drei anatomischen Hauptbereiche des Gehirns (traditionell bezeichnet als Rautenhirn, Mittelhirn und Vorderhirn) erfüllen keine ganz und gar eigenständigen Funktionen.

Allgemein gesprochen wurde das Rautenhirn, vom evolutionären Standpunkt betrachtet der älteste Teil des Gehirns, mit elementaren, niederen Prozessen in Verbindung gebracht und das Vorderhirn mit komplexen rationalen Aktivitäten. Das Rautenhirn trägt zur Koordination von Motorik, Verdauung, Herzfrequenz, Blutdruck und Atmung bei, all dies ein Hinweis auf seine Bedeutung im Zusammenhang mit emotionalen Reaktionen. Doch das Heben einer Hand oder auch das Vergießen gefühlsbedingter Tränen erfordert die Beteiligung aller drei Hirnbereiche. Statt sich also auf eine rein anatomische Herangehensweise festzulegen, haben Neurologen versucht, die Vielfalt lokaler Verknüpfungen, Systeme und Untersysteme zu katalogisieren, die an einer emotionalen Erfahrung beteiligt sind.

Das Mittelhirn stellt die Hauptverbindung zwischen Vorderhirn und Rautenhirn dar. Drei Gebiete des Mittelhirns spielen im Zusammenhang mit Gefühlen eine zentrale Rolle: die Schmerzbahn (oder das periventrikuläre System), die Lustbahn (oder das mediale Vorderhirnbündel) und das retikuläre Aktivierungssystem. Letzteres empfängt Informationen von den Sinnesorganen, um den Erregungszustand des Zentralnervensystems zu regulieren.

Anatomen in der Nachfolge von James W. Papez bezeichneten in den dreißiger Jahren die Ansammlung von Hirnsystemen, die im Verlauf von emotionalen Erfahrungen aktiviert werden (das Rautenhirn, die zuvor genannten drei Zentren und ein paar kleinere Strukturen tief im Vorderhirn), als das limbische System, und ein paar Neurologen bedienen sich dieses Begriffs noch immer; er ist insofern sinnvoll, als er viele der wichtigsten Hirnstrukturen, die mit Emotionen in Verbindung gebracht werden, unabhängig von ihrer genauen Lokalisierung umfasst. Das verlängerte Mark, ein aus evolutionärer Sicht alter Bereich des Rautenhirns, der an zahlreichen unbewussten Prozessen beteiligt ist und in diesem Sinne beispielsweise die Herzfrequenz kontrolliert, stellt einen wichtigen Bestandteil des limbischen Systems dar. Gleiches gilt für die Amygdala, ein mandelförmiger Kern aus grauer Substanz tief im Inneren der Schläfenlappen des Großhirns und aus evolutionärer Sicht noch recht jung. Papez hat dazu beigetragen, dass sich die Konzentration der Emotionsphysiologie von den Nervenzentren zu den Regelkreisen und insbesondere zum limbischen System, das er auch als »emotionales Hirn« bezeichnete, verschob.

Paul D. MacLean, der stark von Papez beeinflusst wurde, hat sich mit dem limbischen System bei verschiedenen Spezies beschäftigt und stellt fest, dass das Gehirn der Säugetiere eine ausgefeilte Version des evolutionär älteren Reptiliengehirns ist, wobei die grundlegendste Veränderung insbesondere in der Ergänzung um die für die Stimmhaftmachung erforderlichen Bereiche besteht. Die evolutionär älteste Vokalisation, so schlägt er vor, war der »Trennungsschrei«, und da die frühen Säugetiere sich nachts in den Wald zurückzogen, half dieser Schrei den Eltern, ihre Jungen wieder zu finden, und ermöglichte zudem die Kommunikation innerhalb der Gruppe. MacLean hält es außerdem für möglich, dass Weinen als Reaktion auf Trennung an andere Grundfaktoren der menschlichen Evolution gekoppelt ist. Doch handelt es sich hierbei ganz offensichtlich um eine Spekulation. Da es Hinweise auf eine Verbindung zwischen der bemerkenswerten

Entwicklung des menschlichen Großhirns und der Entdeckung des Feuers gibt, und da Feuer eine so wichtige Rolle im Leben der frühen Menschen spielte, schlussfolgert MacLean, dass der Rauch, der diesen ältesten Vorfahren in die Augen gelangte, mit zur Entwicklung einer Rasse beitrug, die große Mengen reflektorischer Tränen produzieren konnte. Mit der Zeit, insbesondere seit man die Toten verbrannte, habe dann die Herstellung eines Zusammenhangs zwischen diesen reflektorischen Tränen und dem Abschied den Menschen geholfen, Verlusten mit dem Vergießen von Tränen zu begegnen.

Sei es, wie es sei, klar ist jedenfalls, dass das Gehirn im Verlauf seiner Entwicklung im Rahmen des limbischen Systems eine ganze Reihe äußerst spezialisierter Kerne, Zentren und Strukturen hervorgebracht hat. Zum Beispiel gelang es Neurologen kürzlich, zwei verschiedene Gedächtnissysteme zu isolieren, ein deklaratives und ein emotionales, die sich unterschiedlicher Teile des Systems bedienen. Das deklarative Gedächtnis verfügt im Hippokampus, einer Vorwölbung in den unteren Bereichen der inneren Schläfenlappen, über ein wichtiges Zentrum. Das emotionale Gedächtnis wurde hingegen mit der Amygdala in Verbindung gebracht. Diese beiden Strukturen arbeiten häufig zusammen, aber nicht immer. Joseph LeDoux hat gezeigt, dass Läsionen am Hippokampus keine Auswirkung auf indirekte emotionale Erinnerungen haben. John P. Aggleton hingegen gelang der Nachweis, dass Verletzungen an der Amygdala sehr wohl zum Verlust dieser Erinnerungen führen. Ein Mensch, dessen Amygdala geschädigt, dessen Hippokampus jedoch gesund ist, kann sich möglicherweise klar an ein traumatisches Ereignis erinnern, weiß, was geschah, und versteht sogar, was ihm damals so schrecklich vorgekommen ist, und hat doch keine emotionale Erinnerung daran. Eine Person mit einer unversehrten Amygdala und einem verletzten Hippokampus kann mit großer Angst auf jemanden reagieren, der ihr geschadet hat, ohne sich explizit an die Person oder den zugefügten Schaden zu erinnern.

Doch befinden sich in normalen emotionalen Erfahrungen viele Teile des »emotionalen Hirns« zugleich in Betrieb und mit ihnen andere Systeme, darunter auch das endokrine System und seine Hormone. Das Wort »Hormone«, wenn es im Zusammenhang mit launischen Jugendlichen, Frauen in der Menopause oder aggressiven Männern angewandt wird, reicht manchen Menschen bereits als vollständige Erklärung für komplexes, auffallend emotionales Verhalten aus. Doch auch die Hormone sind nicht das Kontrollzentrum. Zwar vermag die Ausschüttung von Hormonen bestimmte Aktivitäten des Gehirns anzuregen oder zu unterdrücken, doch kann die Ausschüttung der Hormone selbst gehirngesteuert sein. Zu den endokrinen Drüsen zählen die Hirnanhangsdrüse (die, da sie etliche der übrigen Hormondrüsen im Körper reguliert, auch als die »Meisterdrüse« betrachtet wird), die Nebennieren (die nichts mit den Nieren zu tun haben, sondern lediglich an ihnen befestigt sind), die Schilddrüse und die Nebenschilddrüsen, die Bauchspeicheldrüse, die Keimdrüsen und die Zirbeldrüse. Sie alle sind auf die eine oder andere Weise an emotionalen Erfahrungen beteiligt. Gesteigerte Schilddrüsensekretion führt zu stärkerer Tränenherstellung. Hingegen kann das Verkümmern der Schilddrüse die vollkommene Einstellung der Tränenproduktion bewirken. Die Hirnanhangsdrüse schüttet (außer den Releasinghormonen, die wiederum andere Drüsen stimulieren, ihre Hormone freizusetzen) vor allem zwei Hormone aus: Somatotropin, das menschliche Wachstumshormon, und Prolaktin, das die Milchproduktion in der menschlichen Brust anregt und darüber hinaus auch mit der Tränenproduktion in Verbindung gebracht wird.

Und so spielen das Nervensystem, das endokrine System, der Atemtrakt, das Wärmeregulierungssystem und das Herz-Kreislauf-System alle eine wichtige Rolle bei emotionalen Erfahrungen, und das emotionale Erleben wiederum nimmt Einfluss auf all diese Systeme. Doch obwohl Physiologen die Teile des Körpers identifizieren können, die an emotionalen Erfahrungen beteiligt sind, ist immer noch sehr vieles unbekannt. Zwar konnte eine Verbindung zwischen Tränen und den Aktivitäten der Hirnanhangsdrüse hergestellt werden, doch was das zu bedeuten hat, ist bisher noch unklar. Die Autoren mancher Studien haben sich dafür ausgesprochen, dass die Hirnanhangsdrüse emotionale Reaktionen steuert, indem sie mit den von ihr ausgeschütteten Hormonen andere wichtige Drüsen aktiviert, von denen viele emotionale Reaktionen auslösen können (wie etwa Angst), wenn sie künstlich angeregt werden. Andere Forschungen sahen jedoch die Hirnanhangsdrüse selbst durch Emotionen aktiviert, sodass Tränen möglicherweise die Begleitaktivitäten in der Drüse überhaupt erst hervorrufen.

Ein weiteres Beispiel: Emotional vernachlässigte oder traumatisierte Kinder schütten weniger Wachstumshormone aus als andere Kinder. Dieser Umstand veranlasste einige Forscher zu der Schlussfolgerung, ein Mangel an Wachstumshormonen müsse emotionale Beschwerden hervorrufen. In einem Fall wurde ein Junge mit geringer Wachstumshormonausschüttung von seiner depressiven und ihn vernachlässigenden Mutter getrennt und in ein Pflegeheim gegeben. Dort erhöhte sich sein Hormonspiegel umgehend, und ein entsprechender Wachstumsschub setzte ein. Als sich seine Eltern versöhnten und er zu ihnen zurückkehrte, beschleunigte sich sein Wachstum erneut. In diesem Fall wenigstens kann man also davon ausgehen, dass sein Hormonmangel durch seine emotionalen Probleme verursacht wurde und nicht umgekehrt. Hormone – und Hirnzentren, die Herz-/Lungenaktivität und all die übrigen physischen Begleiterscheinungen von Gefühlen – befinden sich in einer Ei-Henne-Beziehung zur emotionalen Erfahrung. Sie stehen in einer offensichtlichen Beziehung zueinander, aber wir sind bisher nicht dazu in der Lage, ihnen letztgültige Prioritäten oder Kausalitäten zuzuordnen.

Die gleichen Schwierigkeiten treten auf, wenn man die Hirnsysteme während der emotionalen Erfahrung bei der Arbeit zu verstehen versucht. Phineas Gage ist vermutlich der berühmteste Patient in den Annalen der Neurologie. Dies ist er unter anderem deshalb, weil sein eigentümlicher Fall als Beweisstück sowohl für als auch gegen die Lokalisierung der Emotion im Gehirn herangezogen werden kann. 1848 arbeitete Gage in Vermont bei der Eisenbahn. Seine Aufgabe war es, Sprengungen vorzunehmen, damit sein Arbeitstrupp einen neuen Schienenweg verlegen konnte. Eine Explosion ging vor der Zeit los, und Gage wurde ein Eisenstab durch die linke Wange gejagt, durchstieß die Schädelbasis, den vorderen Teil seines Gehirns und die Schädeldecke und landete, versehen mit Blut, Gehirn- und Knochenfragmenten, 30 Meter entfernt im Dreck. Obgleich der Metallstab über einen Meter lang war, einen Durchmesser von vier Zentimetern hatte und mehr als sechs Kilo wog und dem Mann mitten durch das Gehirn schoss, tötete er Phineas Gage nicht. Tatsächlich gelang es ihm sogar, aufrecht sitzend fast zwei Kilometer in einem Ochsenkarren zu fahren, mit etwas Unterstützung selbst in die Praxis des Arztes zu gehen und dort während der Untersuchung aufrecht sitzen zu bleiben. Er sprach zusammenhängend, während seine Wunde gesäubert wurde, und beschrieb die Einzelheiten des Unfalls. Gages bemerkenswertes Überleben hat die Neurologen seit jeher fasziniert, und sein Schädel sowie der eiserne Metallstab befinden sich als Ausstellungsstück im medizinischen Warren-Museum in der Universität Harvard. Gages Unfall fand etwa zum gleichen Zeitpunkt statt, als Broca und Wernicke unabhängig voneinander die funktionale Spezialisierung des Gehirns entdeckten und anfingen, die einzelnen Bereiche des Gehirns und ihre Funktionen zu vermessen. Gages Arzt John Harlow zog ebenfalls einige vorsichtige (und, wie sich herausstellte, falsche) Schlüsse über die Gehirnfunktion.

Nach dem Unfall begann für Gage eine schwere Zeit. Er erholte sich körperlich und konnte, bis auf das linke Auge, das er verlor, medizinischen Tests zufolge seine Wahrnehmungs-, verbalen und motorischen Fähigkeiten vollständig weiter nutzen. Doch seine Persönlichkeit machte tief greifende Veränderungen durch. Er war immer ein verantwortungsbewusster, liebenswerter, fröhlicher Mann gewesen, bei den Bahnarbeitern, die er beaufsichtigte, und der ganzen Gemeinde allgemein beliebt. Nachdem jedoch der Eisenstab sein Gehirn durchstoßen und dabei mehrere Kubikzentimeter Gehirnsubstanz fortgerissen hatte, wurde er, wohl kaum überraschend, zu einem anderen Menschen. Dem Arzt zufolge, der ihn nach dem Unfall versorgt hatte und sich auch weiterhin um ihn kümmerte, ist er nun »launisch, respektlos, flucht manchmal auf abscheulichste Weise, was früher nicht zu seinen Gewohnheiten gehörte, erweist seinen Mitmenschen wenig Achtung, reagiert ungeduldig auf Einschränkungen und Ratschläge, wenn sie seinen Wünschen zuwiderlaufen, ist gelegentlich entsetzlich halsstarrig, und doch launenhaft und wankelmütig, macht ständig Zukunftspläne, die er, kaum gefaßt, schon wieder fallenläßt«. Keiner der Ratschläge oder Ermahnungen durch seinen Arzt oder andere haben irgendwelche Wirkung auf ihn. Kaum hat er eine Anstellung gefunden, wird er wegen seines Naturells auch schon wieder entlassen oder wirft selbst plötzlich die Arbeit hin. Eine Zeit lang verdingt er sich mit seinem Metallstab beim Barnum-Museum in New York als Attraktion. Er stirbt 13 Jahre nach dem Unfall im Alter von 38 Jahren, nachdem er von Santiago nach Valparaiso und nach San Francisco gewandert war. Seine Freunde, die behaupteten, dass Gage nach dem Unfall »nicht mehr länger Gage« war, hatten sich schon seit langem von ihm abgewandt.

Dr. Hanna Damasio hat detaillierte klinische Studien bei Patienten mit schweren Gehirnverletzungen, jenen Gages vergleichbar, durchgeführt. Sie hat sich außerdem eingehend mit Gages Schädel beschäftigt und versucht, mit Hilfe von Computerbildern zu rekonstruieren, welchen neuronalen Verlust Gage im Einzelnen hatte hinnehmen müssen. Sie kam zu dem Schluss, dass die Durchtrennung wichtiger Verbindungen zwischen der Großhirnrinde und dem Mittel- und Rautenhirn den bedeutendsten Schaden verursacht habe. Die unteren Strukturen feuerten nun von den Entscheidungen treffenden und Maßstäbe anlegenden Funktionen der Hirnrinde ungehindert ihre Reize ab. Folglich war »das Gleichgewicht zwischen seinen Gefühlen und seinen intellektuellen Fähigkeiten zerstört«. Seine Emotionen, abgeschnitten von seiner Vernunft, verführten ihn zu Streitereien und Wutanfällen, während sein logisches Denken, losgelöst von seinen emotionalen Fähigkeiten, nicht mehr in seinem Interesse funktionierte. In Gages Geschichte wird Oscar Wildes Ausspruch, »Der Vorteil der Gefühle ist, dass sie uns vom Weg abbringen«, auf tragische Weise wahr.

Doch die bedeutendsten Schlussfolgerungen, zu denen Damasio, ihr Mann Antonio Damasio und ihre Kollegen kamen, haben gezeigt, dass Vernunft und Emotion kein Gegensatzpaar sind, dass der Verlust der emotionalen Fähigkeiten sich nachteilig auch auf das logische Denken auswirkt, dass der Verstand das Gefühl braucht, um richtig funktionieren zu können. In einer von Antoine Bechara, Hanna Damasio und Steven Anderson entwickelten Versuchsanordnung spielten Patienten, die schwere Verletzungen der Stirnlappen des Vorderhirns erfahren hatten, ein Kartenspiel um Geld. Die Probanden konnten wählen zwischen einem hohen und einem niedrigen Einsatz. Die Bevorzugung des zweiten, weniger lohnenden, aber auch weniger Strafpunkte einbringenden Spiels brachte den größeren Gewinn, und die meisten Patienten aus der Kontrollgruppe trafen diese Wahl und blieben dabei. Nur die »risikobereiteren« in der Gruppe wechselten gelegentlich zum ersten Spiel, kehrten dann aber bald zum zweiten zurück. Die Patienten, die an den Folgen schwerer Verletzungen der Stirnlappen litten, entschieden sich mehrheitlich für das erste, riskantere Spiel und verloren.

Die Neurologen vertraten den Standpunkt, es sei kein Problem der Informationsverarbeitung. In Tests mit einer Kontrollgruppe aus Patienten, deren Fähigkeit zu mathematischem und logischem Denken durch andere Arten von Verletzungen beeinträchtigt war, gelang es diesen, das Spiel zu erlernen und zu gewinnen. Das Problem sei vielmehr, so Antonio Damasio, dass die Stirnlappen-Patienten nicht über das normale Maß an Zusammenspiel zwischen ihrem limbischen System, den mit Emotion assoziierten Hirnsystemen, und ihrer Großhirnrinde, dem Sitz rationalen Erkenntnisvermögens, verfügten. Alle für diese Ebene der Entscheidungsfindung erforderlichen Nervenzentren waren intakt. Die Patienten besaßen wie Phineas Gage die Fähigkeit zu denken, ihre Möglichkeiten zu erörtern und die erforderlichen Informationen zu verarbeiten. Sie alle konnten fühlen und emotionale Erfahrungen machen. Nur die Verbindungen zwischen ihren Gefühlen und ihrem klaren Verstand war unterbrochen.

In seinem bahnbrechenden Buch *Descartes Irrtum* (1994) über den gegenwärtigen Stand der Emotionsneurologie bringt Damasio vor, Descartes Trennung von Geist und Körper und sein Beharren

auf den rein kognitiven Aspekten von Gefühlen habe sich von Anfang an äußerst schädlich auf die Emotionsforschung ausgewirkt.
Doch Descartes betrachtete, wie wir bereits festgestellt haben, die
grundlegendsten Gefühle nicht nur als Reaktionen auf Stimuli,
sondern als bestimmende Formen menschlichen Denkens und
Handelns. Der tatsächliche Übeltäter in dieser Geschichte der
Körper-Geist-Spaltung, wenn wir denn einen benennen müssen,
ist nicht Descartes, sondern Platon. In seinem *Phaidros* liefert Platon die berühmte Beschreibung von Leidenschaft und Vernunft
als ein schlecht zusammengestelltes Pferdepaar, die den Streit-
wagen »Seele« ziehen. Das rationale Pferd ist weiß, »von geradem
Wuchse, leicht gegliedert, hochhalsig ... und als wahrhafter Meinung freund wird es ohne Schläge nur durch Befehl und Worte
gelenkt«. Die Leidenschaft auf der anderen Seite ist »senkrückig,
plump, schlecht gebaut, hartnackig, kurzhalsig, mit aufgeworfe-
ner Nase, schwarz von Haut, glasäugig und rot unterlaufen, aller
Wildheit und Starrsinnigkeit freund, rauh um die Ohren, taub, der
Peitsche und dem Stachel kaum gehorchend«. Platons Irrtum ist
noch krasser als Descartes', da er Leidenschaft und Vernunft deutlicher gegeneinander in den Ring schickt. Die Gehirnphysiologie
lehrt uns jedoch, dass ein derartiger Körper-Geist-Dualismus immer und zwangsläufig falsch ist. Das weiße Pferd der Vernunft
allein vermag weder Phineas Gage an einem Arbeitsplatz zu halten
noch Damasios Patienten einen Vorsprung bei ihrem Kartenspiel
zu verschaffen.

Manche emotionale Reaktionen sind sogar dazu in der Lage,
die rationalen Zentren des Gehirns zu umgehen, ja, das gesamte
Gehirn außen vor zu lassen und allein durch das Rückenmark Kör-
perreaktionen hervorzurufen. Die »Schreckreaktion« liefert ein ein-
deutiges Beispiel: Kleinkinder zeigen die Schreckreaktion bei jedem
lauten Geräusch, selbst während sie schlafen. Erkenntnis ist nicht
erforderlich. Oder Descartes' Beispiel von dem Freund, der seine
Hand gegen unser Gesicht erhebt. Wir können dabei Angst erleben,
unabhängig davon, wie wir die Situation einschätzen. Manchmal
jedoch ist Erkenntnis alles. Damasio spricht sich dafür aus, dass
wir, insbesondere bei komplexeren Emotionen, »systematische

Verbindungen zwischen Objektkategorien und Situationen einerseits und primären Gefühlen andererseits herstellen«. Wenn bestimmte Bilder in unserem Gedächtnis abgelegt werden, dann werden sie mit dem Label »somatische Information« versehen. Mit den Bildern – etwa eines Streits oder eines zärtlichen Augenblicks mit einem anderen Menschen – legen wir Informationen über die Emotionen ab, die wir während des Geschehens hatten. Diese Gefühle, die als solche natürlich nicht speicherbar sind, können dann gemeinsam mit den Bildern erinnert und wieder erweckt werden. Eine schmerzhafte Erfahrung, die uns zum Weinen gebracht hat, kann auf diese Weise mit Tränen »etikettiert« werden, und die Heraufbeschwörung der Erinnerung löst möglicherweise wieder Tränen in uns aus. Beispielsweise assoziieren wir Hochzeiten mit einer tränenreichen Glückseligkeit, und wenn wir an einer Hochzeit teilnehmen oder nur an einer Kirche vorbeikommen oder durch die Fernsehkanäle zappen und entsprechende Bilder sehen, wühlt uns dies auf. Bei Menschen, denen beim Anblick beliebiger Babys die Tränen kommen, geschieht dies aus dem gleichen Grund.

Falls Damasio Recht hat, ist es also möglich, ohne jeglichen rationalen Gedanken emotional zu reagieren, auch wenn die emotionale Reaktion auf dem kognitiven Prozess der Erinnerung beruht. Wir nehmen eine Situation wahr, erkennen sie, weil sie in eine bestimmte mentale Kategorie passt. Diese mentale Kategorie besteht aus Erinnerungen, die »somatische Marker« tragen, die Gebiete tief im Inneren des Gehirns aktivieren, die Botschaften an das autonome Nervensystem, die Motorik, das endokrine System und so fort schicken und damit ohne eine vorausgehende Gedankenkette, wie Kognitionspsychologen sie für erforderlich halten würden, eine emotionale Erfahrung auslösen.

Außerdem zeigt Damasio, dass diese Hirnstrukturen körperliche Reaktionen gelegentlich »imitieren« können. Sie übertragen dann Informationen, die die emotionalen Reaktionen des Körpers neuronal und ohne sie im Körper tatsächlich auszulösen simulieren. Das bedeutet also, unser Gehirn kann sich selbst Signale schicken, die ihm nahe legen, dass wir soeben eine hormonelle

Stimulierung erfahren, obgleich keine Hormone ausgeschüttet
wurden. Und natürlich gibt es Fälle, in denen all diese Systeme
zugleich in Aktion treten. Dann werden primäre emotionale Reaktionen durch die Art Jamesisches System ausgelöst, demzufolge
der Körper antwortet, bevor das Gehirn wahrnimmt, und gleichzeitig werden sekundäre Reaktionen aufgelöst, mit denen das
Gehirn eine emotionale Bezugnahme verursacht, deren Ursprung
und Ablauf sich ausschließlich im Gehirn selbst befindet und die
dann aber wiederum körperliche Rückwirkungen auslösen (oder
umgekehrt), die vom autonomen Nervensystem registriert und als
neuerliche Information weitergegeben werden und so weiter und
so weiter.

Diese vielfachen Feed-back-Schleifen stehen im Zentrum des »me-
thod acting« von Konstantin Stanislawski und Lee Strasberg und
werden von ihren Nachfolgern noch heute angehenden Schauspielern beigebracht. Die Stanislawski/Strasberg-Methode macht
sich in Bezug auf Gefühle die mentale Sichtweise ebenso zu Nutze
wie das Außenverständnis. Schauspieler werden aufgefordert,
ihre »affektiven Erinnerungen« zu finden, ein Ereignis, das jenem
gleicht, das sie auf der Bühne darstellen sollen. Diese Beschreibung
vermittelt uns den zynischen Eindruck, ein Schauspieler sollte beispielsweise an seinen sterbenden Hund denken, um auf der Bühne
weinen zu können. Doch man verlangt von den Schauspielern auch,
sich auf ihre »sinnlichen Erinnerungen« zu konzentrieren, etwa
darauf, wie sich zu einem bestimmten Zeitpunkt ihre Kleidung auf
der Haut anfühlte, auf die herrschende Temperatur im Raum, das
Empfinden ihres eigenen Herzschlags und ihre Tränen auf ihren
Wangen. Der Gedanke an den toten Hund reicht nicht aus; man
muss sich an den physischen Eindruck des Weinens erinnern und
ihn neu erleben, um sich zu stimulieren und dabei überzeugend einen vor Trauer weinenden Menschen darzustellen.
  Die Mischung von Kognition und Gefühl unterscheidet sich von
einem Schauspieler zum anderen. Eine Schauspielschülerin erzählte
mir, sie sei fähig, jederzeit in Tränen auszubrechen, einfach indem
sie das Weinen in ihrem Körper aufspüre, ohne dass dazu irgend-

welche traurigen Gedanken erforderlich seien. Ich forderte sie zu einer Demonstration auf, und sie beugte ihren Kopf vor und begann, heftig zu atmen. Innerhalb von Sekunden wurde sie von Schluchzen geschüttelt, und die Tränen liefen ihre Wange hinunter. Ein anderer Schauspieler erklärte mir, dass auch er zu Beginn an seinen toten Hund gedacht habe, um Tränen auszulösen, doch dass er jetzt daran arbeite, sich der physischen Empfindung des Weinens zu erinnern.

Tatsächlich sind sich die meisten Schauspieler der emotionalen Arbeit, die sie leisten, gar nicht vollständig bewusst. Ihnen ist kaum klar, an welcher Stelle sie Zugang zu den komplizierten Feed-back-Schleifen der unterschiedlichen beteiligten Gehirn- und Körpersysteme finden. Das Abrufen trauriger Gedanken kann ebenso einen Tränenrausch auslösen wie das Heraufbeschwören physischer Voraussetzungen. Sogar das Herbeiführen der Gesichtskontraktionen oder das schwere abgehackte Atmen, das für gewöhnlich zum Weinen dazugehört, kann, wie Delsarte es vorgeschlagen hat, Tränen zu Tage fördern. Paul Ekman, der ein System verschiedener Gesichtsausdrücke entwickelt hatte, das bestimmte emotionale Zustände veranschaulichte, führte ein Experiment durch, in dem er die Probanden aufforderte, bestimmte Gesichtsmuskeln anzuspannen, ohne ihnen den Grund hierfür zu nennen. Indem er ihre Gemütsverfassung vor und nach dem Experiment einstufte, zeigte Ekman, dass die Kontraktion der Gesichtsmuskeln, wie Delsarte es vermutet hatte, ausreichte, um den empfundenen Kummer der Probanden zu steigern.

Somit sind also der Körper und das Gehirn, trotz der Philosophiegeschichte, untrennbar − eine Vorstellung, der der gesunde Menschenverstand nichts entgegenzusetzen weiß. Was wir über extreme emotionale Erfahrung wissen, sollte die Ansichten der Physiologen von Papez bis Damasio bestätigen. Damasio hebt darüber hinaus noch die Kompliziertheit der Interaktionen zwischen den verschiedenen Bereichen unseres Körpers und des Gehirns hervor. Manchmal haben wir vielleicht den Eindruck, dass Liebe oder Angst oder Besorgnis, von Platon als das verwahrloste, mutwillige Pferd unserer Leidenschaften dargestellt, das schöne weiße Pferd unseres Verstands überwältigt. Doch es ist ebenso leicht zu erkennen, dass wir ohne unseren rationalen Verstand nicht lieben könnten und dass unsere Ratio auch nicht all unsere Ängste abzufangen vermag. Unser Körper überwältigt uns vielleicht, aber dies ist ihm nur mit der Hilfe unseres Geistes möglich. Ebenso zutreffend ist, dass wir jedes Mal, wenn wir eine rationale, moralische Entscheidung treffen, dies nur mit der Hilfe unserer Emotion können.

In Phineas Gage haben wir ein überzeugendes Beispiel dafür, was geschieht, wenn Emotionen einen Menschen überwältigen, wenn also Wut und Frustration die vollständige Kontrolle über das eigene Handeln erlangen. Und man fragt sich, was das Überwältigen bedeutet – fühlte er sich überflutet, verwirrt, besiegt, in die Flucht geschlagen, niedergeschmettert, unterworfen, durcheinander? Die Metapher, die wir wählen, ist von offensichtlicher Bedeutung für unser Verständnis von Tränen, insbesondere in einer Kultur, in der die weit verbreitete Meinung vorherrscht, dass Weinen mit Überwältigung gleichzusetzen ist, wie einige gebräuchliche Redewendungen zeigen: von Tränen überwältigt, in Tränen ausbrechen, ertrinken in einer Flut von Tränen, ersticken an den eigenen Tränen.

Parasympathikus, Lust und der Träneninhalt

Überfließen, Katharsis, Glückseligkeit: Um diese verschiedenen Funktionen des Weinens auf der Ebene der Physiologie verstehen zu können, müssen wir uns die biochemischen Inhaltsstoffe der Tränen und zwei weitere physiologische Systeme ansehen: den Parasympathikus und die Lustbahn.

Physiologen unterteilen das Nervensystem in zwei Bereiche: das Zentralnervensystem (Gehirn und Rückenmark) und das periphere Nervensystem (alle übrigen Nervenzellen im Körper). Das periphere Nervensystem gliedert sich wiederum in das vegetative und das somatische Nervensystem, die beide unterschiedliche, jedoch verwandte Funktionen erfüllen. Das somatische Nervensystem setzt sich zusammen aus den Neuronen, die Informationen von der Haut und den Skelettmuskeln erhalten und beides kontrollieren. Es ist willentlich beeinflussbar. Das vegetative Nervensystem kontrolliert die Organe wie etwa Herz, Lungen, Nieren und Leber. Sie funktionieren normalerweise weitgehend autonom und sind im Allgemeinen dem bewussten Willen nicht unterworfen. Beide, das somatische wie das vegetative Nervensystem, sind an der emotionalen Erfahrung beteiligt.

Das vegetative Nervensystem setzt sich zusammen aus dem sympathischen und dem parasympathischen System, und hier befindet sich unsere Fundgrube. Beide sind physisch und funktional voneinander unabhängige Systeme. Der Sympathikus übermittelt durch eine Reihe vom Rückenmark kommender Nervenbahnen Botschaften beispielsweise an Augen, Speicheldrüsen, Lungen und Herz, während der Parasympathikus mit denselben Organen über einen aus dem Gehirn austretenden Nerv, dem Vagusnerv oder X. Hirnnerv kommuniziert. Das sympathische System, so haben die Physiologen nachgewiesen, kontrolliert die physiologische Aktivität der Eingeweide während außergewöhnlicher Aktivität, das parasympathische System hingegen hat die Oberhand, wenn der Körper zur Homöostase zurückkehrt oder sich in Ruhe befindet. Die Hauptaufgabe des Sympathikus besteht also darin, den Körper auf bestimmte Aktivphasen vorzubereiten, während der Parasympathikus den Körper ins Gleichgewicht zurückführt und dieses aufrechtzuerhalten sucht.

Dieser Unterschied, der im Detail erst in den letzten 50 Jahren erforscht wurde, hat offensichtliche Auswirkungen auf unser Verständnis von der Physiologie der Gefühle. Eines der Argumente war, Gefühle hätten die Aufgabe, den Körper auf Aktivphasen vorzubereiten. Beispielhaft dafür ist die Flucht- und Abwehrbereitschaft, die mit Angst assoziiert wird. Dies würde die Emotion an das sympathische System binden, und mehrere Wissenschaftler haben versucht, dies und damit auch die Regulierung des Weinens durch den Sympathikus nachzuweisen. Das gegnerische Argument lautete, dass die Steuerung des Weinens über das parasympathische System erfolgt. Den Anhängern dieser These zufolge tritt es nach außerordentlichen oder anstrengenden Aktivphasen in Aktion und begleitet unsere Erholung bis zum homöostatischen Gleichgewicht. Zur Debatte steht die Frage, ob Weinen Bestandteil des Erregungs- oder des Erholungsprozesses ist und folglich ob Weinen irgend- welche bedeutenden Änderungen bewirken kann oder ob es nur einfach ein Hinweis darauf ist, dass eine Veränderung bereits statt- gefunden hat.

James Gross und seine Kollegen an der Universität von Kalifor- nien in Berkeley zeigten 150 Frauen einen Film. 33 von ihnen rea- gierten mit Weinen. Bei den Weinenden wurde »ein komplexes Gemisch aus sympathischer, parasympathischer und somatischer Aktivierung« registriert. Dieser Umstand, insbesondere weil bis zum Schluss sympathische Reaktionen zu beobachten waren, unterstützt nach Gross' Auffassung »das physiologische Erregungs- modell des Weinens und nicht die physiologische Erholungshypo- these«. Doch die meisten Forschungsergebnisse der letzten Jahre (und ein Großteil der von Gross selbst ermittelten Daten) weisen auf das parasympathische statt auf das sympathische System hin, und die Mehrheit der Forscher geht nun davon aus, dass der Para- sympathikus die Kontrolle über die Tränen hat. Es hat sich bei- spielsweise gezeigt, dass die Lähmung bestimmter Nerven, die für das sympathische Nervensystem wichtig sind, vermehrtes Weinen zur Folge hat. Die Paralyse des VII. Hirnnerves hingegen, der nur aus parasympathischen Fasern besteht, unterdrückt die Tränen- sekretion. Anders ausgedrückt muss der Weinende offensichtlich über einen intakten Parasympathikus verfügen, während er auf den Sympathikus nicht angewiesen ist. Weitere Forschungsergebnisse zeigen außerdem, dass Weinen nicht auf dem Höhepunkt einer emotionalen Erfahrung stattfindet, sondern erst während der Rückkehr zu einem »normalen« Zustand. Auch dies unterstützt die These von der parasympathischen Kontrolle über die Tränen. Wenn Tränen tatsächlich erst ins Spiel kommen, nachdem der Körper be- reits wieder auf dem Weg zur Homöostase ist, dann bedürfen die zahlreichen psychologischen Theorien von den kathartischen Tränen (die im nachfolgenden Kapitel abgehandelt werden) der Überprüfung.

Als Walter Cannon sich mit der Beziehung zwischen Emotion und Homöostase auseinander setzte, beschäftigte er sich auch mit der Physiologie des Schmerzes und der Lust in ihrem Verhältnis zur emotionalen Erfahrung. Für Cannon beinhaltet Angst Gefühle, die durch die reflektorische Ausschüttung von Adrenalin hervorgerufen werden. Das Adrenalin spielte in seiner Theorie eine so zentrale Rolle, dass er das sympathische Nervensystem in »sympathisch-adrenalines System« umbenannte. Die Forscher, die sich in Cannons Zeit mit dem Schmerz befassten, konzentrierten sich hingegen auf drei parallele Strukturen im Hirnstamm: die Schmerzbahn, die Lustbahn und das retikuläre Aktivierungssystem. Zwar stimmten alle in der Existenz dieser Strukturen und ihrer zentralen Bedeutung für das Lust- und Schmerzempfinden überein, doch gibt es keine vollkommene Einigkeit darüber, wie sie interagieren oder welchen Platz sie im größeren mentalen und emotionalen Zusammenhang einnehmen.

Wenn man bei Menschen und Tieren Elektroden an bestimmten Punkten entlang der Lustbahn anbringt, dann erfolgt eine Selbststimulation in einem unglaublichen Umfang von bis zu eintausendmal pro Stunde. Die Stimulation an einigen Punkten entlang dieser Bahn löst bei manchen Probanden intensive, orgastische Lust aus und bei anderen erheblich abgeschwächtere Gefühle des Wohlbefindens. In einigen Experimenten setzen Probanden die Stimulation bestimmter Punkte einfach deshalb fort, weil sie einen unbestreitbaren Drang hierzu verspüren und obwohl sie von keinerlei Lustgefühlen berichten. Die Reizung der Schmerzbahn an verschiedenen Punkten ergibt eine ähnliche Bandbreite von Reaktionen: Schmerz, leichte Depression oder gar kein Gefühl, außer dem Wunsch, die Wiederholung des Stimulus zu vermeiden. Die Lust- und die Schmerzbahn sind an mehreren Stellen miteinander verbunden. Menschen und andere Tiere streben meist zwar nach der Reizung ihrer Lustbahn und vermeiden die Stimulation ihrer Schmerzbahn, doch ist die Trennung zwischen beiden keineswegs so krass, wie wir es vielleicht vermuten. Oder aber Schmerz- und Lustbahn sind so eng miteinander verbunden, dass nur unsere Interpretation sie voneinander trennt. Das ist selbstverständlich das

Argument, das Masochisten und Sadisten vorbringen, und bis zu einem gewissen Grad werden sie von Physiologen in ihrer Auffassung unterstützt. Außerdem stellt diese Theorie eine verführerische Erklärung für das Mysterium dar, warum sowohl die schmerzhaftesten als auch die beglückendsten Erfahrungen Tränen verursachen. Doch der gegenwärtige Stand der Physiologieforschung hat in diesen Angelegenheiten mehr Fragen als Antworten zu bieten.

Und wir haben noch immer keine Antwort auf die grundlegendste Frage gefunden: Warum Tränen? Einige Physiologen sind der Meinung, dass die Antwort in der genauen chemischen Zusammensetzung der Tränen liegt. Neben Wasser, Schleim und Fetten enthalten

Charles Le Brun (1619–1690), Direktor der Académie Royale, erstellte Zeichnungen der verschiedenen Leidenschaften für die Verwendung im Kunstunterricht. Sie wurden erstmals 1698 veröffentlicht.

Tränen eine Reihe von Proteinen, von denen einige antibakterielle Immunglobuline sind, Glukose, Harnstoff und eine Reihe von Salzen. Im Jahr 1957 führte Robert Brunish, ein Wissenschaftler am University College in Los Angeles, Versuche durch, anhand derer erstmals festgestellt wurde, dass gefühlsbedingte Tränen eine höhere Proteinkonzentration aufweisen als reflektorische Tränen und dass sich auch die Anteile verschiedener Proteine – Lysozym, Globulin und Albumin – in den beiden Tränenarten unterscheiden. Es gelang zwei anschließenden Experimenten im Folgejahr nicht, die Ergebnisse zu wiederholen. Doch 20 Jahre später führte William Frey eine Untersuchung durch, die Brunishs Ergebnisse bestätigten.

Frey setzte seine Probanden Zwiebeln aus und führte ihnen klassische Schmachtfetzen vor, um sie zum Weinen zu bringen. Er veranlasste sie, ihre Tränen in Reagenzgläsern zu sammeln. Er behauptet, dass seine Idee mit den Zwiebeln ihren Ursprung in folgender Szene der *Widerspenstigen Zähmung* hatte:

> *Und wenn der Bursche nicht fähig ist,*
> *Wie Frauen auf Befehl zu weinen,*
> *Dann erfüllt auch eine Zwiebel den Zweck.*

Doch statt Shakespeare nutzte Frey für seine Studie eher zeitgenössische Mittel, um gefühlsbedingte Tränen auszulösen: die Filme *Freunde bis in den Tod*, *Der Champ* und *Befiel du deine Wege*, wobei der letztgenannte von allen Filmen, die Frey zeigte, am meisten auf die Tränendrüsen drückte. Die Tränen, die Freys Probanden sammelten, waren nicht nur umfangreicher als die durch Zwiebeln produzierten, sie beinhalteten auch 20 bis 25 Prozent mehr Proteine. Somit hatte Brunishs Behauptung, dass sich gefühlsbedingte und reflektorische Tränen bezüglich ihrer Inhaltsstoffe grundlegend voneinander unterscheiden, endlich Bestätigung gefunden.

Basierend auf Freys Studien entdeckte N. J. Van Haeringen 1981, dass gefühlsbedingte Tränen viermal so viel Kalium wie Plasma enthalten. Frey beschäftigte sich weiter mit der Anteilsmessung verschiedener Substanzen. Tränen, so fand er heraus, enthalten 30-mal so viel Mangan wie Blut. Hohe Mangankonzentrationen wurden im Gehirn chronisch Depressiver nach ihrem Tod festgestellt. Da die Tränendrüsen Mangan konzentrieren und ausscheiden, könnte Weinen, theoretisierte Frey, möglicherweise Depressionen lindern. Damit erhielte die Vorstellung, dass Weinen die Geistesgesundheit fördere, eine physiologische Basis, schlussfolgerte Frey.

Frey ermittelte außerdem mehrere Hormone in Tränen. Eins, das adrenocorticotrope Hormon oder ACTH, wurde in Blutgefäßen als einer der empfindlichsten Stressindikatoren nachgewiesen. Auch hier gilt, Weinen könnte durch die Absonderung von ACTH Stress vermindern. Frey vertritt daher die Meinung, Weinen sei wie Wasserlassen und Stuhlentleerung einfach eine Möglichkeit des Körpers, Abfälle auszuscheiden. Solche Thesen, die Tränen als Mittel der Elimination betrachten, vernachlässigen eine wichtige Tatsache: Anders als Schweißabsonderung oder Urinieren ist Weinen kein sehr wirkungsvolles Mittel, um Abfallprodukte auszuscheiden, denn schließlich wird ja der überwiegende Teil der Tränen wieder vom Körper absorbiert. Wenn die Ausführungsgänge Tränen abpumpen, dann fließt ein Großteil durch das Tränenpünktchen in den Tränensack und durch den Tränen-Nasen-Gang in die Nasenhöhle. Während heftigen gefühlsbedingten Weinens schaffen die Tränengänge es nicht mehr, den Sturzbach abzuführen, und die Augen laufen über. Dennoch leitet der Tränen-Nasen-Gang einen Großteil der produzierten gefühlsbedingten Tränen weiter und macht Weinen damit höchstens zu einer sehr ineffizienten Form der Elimination.

Einige andere medizinische Untersuchungen sind ebenfalls zu dem Schluss gekommen, dass Weinen der Gesundheit nutzt. Margaret Crepeau von der Krankenschwesternschule an der Universität von Pittsburgh zum Beispiel hat herausgefunden, dass gesunde Menschen mehr weinen und eine positivere Einstellung zu Tränen haben als solche, die unter Kolitis oder Geschwüren leiden. Doch jede dieser Studien basiert lediglich auf einer einfachen Korrelation, die sich in jedem der Fälle auch anders erklären lässt. Eine Person,

die regelmäßig weint, ist möglicherweise gut darin, nach aufreiben-
dem emotionalem Erleben zum Gleichgewicht zurückzufinden.
Oder aber ihr Weinen ist einfach ein Begleitumstand ihres raschen
Wiederfindens ihres Gleichgewichts. Mit anderen Worten, sowohl
der Mangel an Tränen als auch das Geschwür könnten Symptome
ein und derselben Voraussetzung sein – ungelinderten Stresses oder
eines defekten Nervensystems zum Beispiel –, und das Ausbleiben
von Tränen bedeutet schlicht, dass die Person ihren Stresszustand
aufrechterhält. So wie ein durchtrenntes Rückenmark Gehen und
Atmen erschwert – eindeutig sind es bei solchen Patienten nicht
die Atemprobleme, die die Gehbeschwerden verursachen oder umgekehrt –, so kann auch eine depressive Störung zur Bildung von
Manganablagerungen im Gehirn führen und das Weinen einschränken, ohne dass eins die Folge des anderen ist.

Selbst wenn Frey und Margaret Crepeau einen kausalen Zusammenhang entdeckt haben sollten, weisen ihre Studien einen redukti-
ven Charakter auf, behandeln die Komplexitäten der Emotion
einfach als Nebenwirkung des physiologischen Prozesses, auf den
wir wenig Einfluss haben, und betrachten Gesundheit als zufälliges
Produkt der emotionalen Disposition. Wir haben die Feststellungen
über das Typ-A-Verhalten und stressverwandte Erkrankungen integriert und wissen daher, dass zwischen Emotion und Krankheit
ein Zusammenhang besteht, und die meisten Menschen sind darüber hinaus davon überzeugt, dass der Körper der Sitz der Emotion
ist. Uns ist beispielsweise bewusst, dass der Lügendetektor funktioniert, indem er unsichtbare Körpervorgänge misst – elektrische
Veränderungen der Haut, die auf Nervenaktivität, Pulszahl und
Blutdruck basieren –, und wir gehen davon aus, dass Emotionen,
die verborgen werden können, durch genauere physikalische Messungen dennoch zu entdecken sind. Die immer größer werdende
Zahl von Medikamenten gegen emotionale Störungen – Fluctin,
Zoloft und die übrigen – und ihre wachsende Akzeptanz ist sogar
ein noch deutlicherer Hinweis auf die gegenwärtige Kenntnis vom
biochemischen Wesen der Emotion. Und dabei geht es nicht nur
einfach um Biochemie, sondern um die Biochemie des Gehirns. Vor
der Entdeckung dieser neuen psychotropen Medikamente wurde

unser unvollkommener Einblick in die Rolle des Gehirns im Zusammenhang mit emotionalem Erleben sichtbar durch die weit
verbreitete Lobotomie, ein radikaler chirurgischer Eingriff, bei
dem die frontale Großhirnrinde entfernt wird, um emotionale
Beschwerden zu kurieren. Die Entwicklung von Chlorpromazin
(Thorazin/Megaphen) in den fünfziger Jahren setzte der barba-
rischen und infektiösen Praxis ein Ende. Thorazin aber wird als
Medikament begriffen, dessen Wirkung auf der Veränderung der
Hirnchemie beruht. Die Untersuchung, die das Medikament aus-
löste, führte zu der Entdeckung wichtiger Neurotransmitter. Welcher aus dem Herzen oder aus dem Bauch kommenden Metapher
wir uns auch bedienen, wir begreifen das Gehirn als Zentrum des
Gefühlslebens unseres Körpers.

Und trotzdem, die meisten Menschen sind ähnlich wie Descartes
davon überzeugt, dass die Seele der Sitz der Emotionen ist, oder, in
modernerer Sprache ausgedrückt, dass Emotionen zutiefst persönliche psychologische Phänomene sind. Die neuesten Forschungsergebnisse in den Sozialwissenschaften verdeutlichen, dass man
Emotionen nicht begreifen kann, ohne einen Bezug zu der emotionalen Zurschaustellung im Rahmen einer bestimmten Kultur und
einer gegebenen Zeit herzustellen. Das physiologische Wissen über
den Körper ist offensichtlich recht umfangreich und detailliert, und
wir haben in den zurückliegenden Jahrzehnten viel über die physiologischen Korrelationen der Emotion gelernt: über das Feuern der
verschiedenen Neuronengruppen in unterschiedlichen Bereichen
des Gehirns, der Wirbelsäule und des Gesamtkörpers, die Ausschüttung verschiedener Drüsen, die Herstellung von Neurotrans-
mittern, chemische Reaktionen und Ähnliches. Noch immer jedoch
handelt es sich um eine in der Entwicklung befindliche Wissenschaft. Und sobald wir uns erst einmal von der einfachen Aufgaben-
stellung, Abläufe in einer Zelle, einer Drüse oder einem Organ zu
registrieren, ab- und den umfassenderen Fragen der Physiologie –
von jenen der Psychologie oder der Soziologie ganz zu schweigen –
zuwenden, schwindet die wissenschaftliche Einigkeit rasch dahin.
So wie Papez dazu beigetragen hat, die Fragestellung voranzutrei-
ben, indem er Regelkreise statt Nervenzentren als Kontrollmecha-

nismus der Gefühlswelt ausfindig machte, so wissen wir heute, dass diese Regelkreise über das Nervensystem hinaus bis in den gesamten Körper und zuletzt sogar in die soziale Welt hinein reichen. Der Misserfolg der Lobotomien als wirkungsvolles Heilmittel war ein handfester Beweis für die Unzulänglichkeit einer gehirnzentrierten Sicht der Emotion. Die Erfolgschancen für eine »Verbesserung« lagen auch in der Glanzzeit der Lobotomie in den vierziger Jahren nur bei 35 Prozent, und obgleich die bewusste Wahrnehmung von Besorgnis und Depression für viele reduziert wurde, nahm andererseits emotionales Verhalten wie Lachen und Weinen oft auf dramatische Weise zu. Im Licht dessen, was Neurophysiologen heute wissen, macht dies durchaus Sinn: Auch wenn bestimmte Bereiche des Gehirns vielleicht die Fähigkeit besitzen, bestimmtes emotionales Erleben zu unterdrücken oder auszulösen, so sind sie dennoch nur *ein* Bestandteil des Gesamtregelkreises. Sogar Descartes wusste schon, dass die Zirbeldrüse und das Wärmeregulierungssystem beteiligt sind. Und Darwin regte an, auch das Atemsystem und die gesamte Körpermuskulatur mit einzubeziehen. Wie unsere weit verbreitete Metaphorik es nahe legt, sind das Herz (sowie andere Organe) und die Nerven durchaus beteiligt. Und Psychologen, Soziologen und Anthropologen haben nachgewiesen, dass Gefühle darüber hinaus von wesentlicher sozialer Bedeutung sind.

Eine von Freys zusätzlichen Entdeckungen trägt ungewollt zur Bestätigung dieser Sachlage bei. Frey stellte in gefühlsbedingten Tränen einen bedeutend höheren Anteil an Prolaktin fest als in Reiztränen. Prolaktin kontrolliert die Neurotransmitterrezeptoren in den Tränendrüsen und wird zwar von Männern und Frauen gleichermaßen produziert, doch Frauen stellen eine bedeutend größere Menge her und verfügen über doppelt so viele Rezeptoren wie Männer. Prolaktin ist außerdem das für die Milchproduktion verantwortliche Hormon (daher sein Wortstamm lakt-, der sich etwa auch in Laktose oder Laktation wieder findet). Die hergestellte Menge variiert während des Menstruationszyklus, der Schwangerschaft und dem Stillen. Frauen mit einer krankheitsbedingten Erhöhung des Prolaktinspiegels (Hyperprolaktinämie) leiden stärker unter Besorgniszuständen, feindseligen Gefühlen und/oder Depressionen als Frauen mit niedrigerem Prolaktinspiegel. Diese Faktenkombination veranlasst Frey zu zwei Rückschlüssen: Zum einen scheint ihm der Unterschied in der Prolaktinproduktion die Tatsache zu erklären, dass Frauen mehr weinen als Männer; und zum anderen muss es folglich eine weitere Funktion des Weinens sein, überschüssiges Prolaktin auszuscheiden, um Depression abzuwehren.

In einem anderen Experiment (durchgeführt von O'Moore, O'Moore, Harrison, Murphy und Carruthers) berichteten Frauen, die in Entspannungstechniken geschult waren, von weniger negativen Gefühlen und Weinen und wiesen zugleich einen niedrigeren Prolaktinspiegel auf. Anders ausgedrückt, die Höhe des Prolaktinspiegels ist möglicherweise eine Auswirkung und nicht die Ursache der Depression. Ein weiteres Experiment zeigt, dass Männer mit hohem Prolaktinspiegel zwar unter vermehrter Besorgnis leiden, dass das Hormon jedoch keinen feststellbaren Einfluss auf ihr Depressionsniveau nimmt. Die Korrelation zwischen dem Prolaktinspiegel in Verbindung mit Depression und Tränen reicht nicht hin, um über die Funktion von Prolaktin, Depression oder Tränen zu theoretisieren; jedenfalls wird jede Theorie, die wie Freys einen direkten kausalen Zusammenhang zwischen Tränen und physiologischen Funktionen postulieren möchte, zwangsläufig von Untersuchungen widerlegt, die ein anderes Kontrollzentrum nahe legen.

Forscher in den Niederlanden etwa, die Freys Hypothese überprüften, stellten fest, dass Frauen mit einem hohen Prolaktinspiegel nicht mehr Tränen vergossen als die Kontrollgruppe, und auch ihre Auffassung von ihrem Weinen (im Allgemeinen wurde es als Erleichterung empfunden) war mit jener der Kontrollgruppe identisch. Diese Wissenschaftler am Helen Dowling Institut für biopsychosoziale Medizin in Rotterdam ermittelten zwar bei Männern und Frauen eine Korrelation zwischen Weinen und »Neurotizismus«, die sie als Selbstachtungs- und Copingprobleme definierten, jedoch nicht zwischen Weinen und physiologischen Variablen wie etwa dem Hormonspiegel. Die Antwort sei in der Psychologie und nicht in der Physiologie zu finden.

Andere Forscher sind zu dem Schluss gekommen, dass der mengenmäßige Unterschied zwischen männlichem und weiblichem Weinen sich möglicherweise auf andere physiologische Faktoren als erhöhte Prolaktinwerte zurückführen lässt. Wenn Männer eine Aufgabe erfüllen, so ermittelte Fumihiko Okada an der Hokkaidô Universität von Sapporo, dann werden ihre beiden Gehirnhemisphären normalerweise unterschiedlich stark durchblutet. Befinden sie sich aber in Ruhe, dann ist der Blutfluss in beiden Hälften gleich. Frauen und depressive Männer weisen das gleiche Aktivitätsniveau in beiden Hemisphären auf. Das könnte Okada zufolge erklären, warum Frauen mehr weinen und anfälliger für Depressionen sind als Männer. Doch all diese Forschungsergebnisse haben im besten Fall einen vorläufigen Charakter.

Zu viel und zu wenig weinen

Eigenartigerweise haben Frauen auch größere Probleme mit dem Versiegen von Tränen als Männer. Frauen leiden unter trockenen Augen und viel häufiger als Männer unter den damit verbundenen schlimmsten Krankheiten wie etwa dem Sjögren-Syndrom. Bei Männern und Frauen schrumpfen die Tränendrüsen mit dem Alter, und im Alter von 65 Jahren produziert der Körper nur noch 60 Prozent Tränenflüssigkeit. Mit 80 Jahren sind es sogar nur noch 30 Prozent. Das Abnehmen der tagtäglichen Basalsekretion verursacht eine Reizung der Augen und produziert reflektorische Tränen. Somit sind ausgerechnet wässrige Augen ein Symptom für chronisch trockene Augen. Wenn die Tränendrüsen nicht genug Tränen herstellen oder wenn sie die Öle, die das zu rasche Verdunsten der Tränen verhindern, nicht in ausreichendem Maße produzieren können, dann ist das Sicca-Syndrom (siccus lat. für trocken) die Folge. Rötung, Brennen, Empfindlichkeit und ein sandiges Gefühl in den Augen ebenso wie wässrige Augen sind die dazugehörigen Symptome. Bei einer weniger starken Ausprägung der Krankheit werden künstliche Tränenflüssigkeit und Rückfettungssalben verschrieben. In schwerwiegenderen Fällen kann es jedoch erforderlich werden, die Tränenpünktchen oder aber die Tränengänge vorübergehend oder auf Dauer zu verschließen, um den Tränenabfluss zu verlangsamen.

Manchmal jedoch sind blockierte Tränenausführungsgänge die Ursache des Problems. Am häufigsten kommen solche Verschlüsse im Tränen-Nasen-Gang vor und verursachen ununterbrochenes Augentränen, eine Schleimanreicherung im Tränensack und schließlich Entzündungen. Wenn die von den Tränendrüsen kommenden Ausführungsgänge selbst durch solche Entzündungen verstopft werden, kann es zu einer defekten Hornhautoberfläche und zur Narbenbildung kommen. Die schwerwiegendsten Fälle von »trockenen Augen« werden durch das Sjögren-Syndrom verursacht, eine degenerative Erkrankung der Tränendrüsen. Es verursacht chronische Entzündungen und schließlich die vollkommene Zerstörung der Tränendrüse, was eine ununterbrochene manuelle Schmierung der Augen erforderlich macht.

Das Sjögren-Syndrom ist eine schreckliche Krankheit mit verheerender Wirkung. (Dr. J. Daniel Nelson, Chefophthalmologe und Direktor des Dry Eye and Tear Research Center im St. Paul Ramsey Medical Center in St. Paul, Minnesota, beschäftigt sich unter anderem eingehend mit dem Sjögren-Syndrom und bietet über das Internet und E-Mail Unterstützung an.) Frauen bekommen es häufiger als Männer mit dieser Erkrankung zu tun. Bis zu zehn Millionen Frauen in den USA leiden unter periodisch auftretenden Sicca-Symptomen, und am schlimmsten betroffen sind sie zu Zeiten erhöhter hormoneller Aktivität: während der Schwangerschaft, des Stillens, der Menstruation und bei der Verwendung oraler Verhütungsmittel. Diese Tatsache hat Wissenschaftler am Doheny-Augeninstitut in der Universität von South California veranlasst, die Hormonspiegel der von Sicca-Symptomen Betroffenen näher zu untersuchen.

Überraschenderweise, berichtet der Kopf der Forschergruppe, Ana Maria Azzarolo, ist ein niedriges Niveau von Androgenen der am weitesten verbreitete physiologische Faktor im Zusammenhang mit trockenen Augen bei Frauen. Zwar unterstützte die Doheny-Studie die Auffassung, dass das »weibliche« Hormon Prolaktin für die Tränenproduktion erforderlich sei, doch kam sie auch zu dem Schluss, dass Testosteron und andere »männliche« Sexualhormone, unter dem Sammelbegriff Androgene zusammengefasst, nicht minder bedeutend sind. Frauen stellen diese Hormone in kleineren Mengen her als Männer, und wenn ihre Testosteronproduktion spürbar abnimmt, schrumpfen auch ihre Tränendrüsen und versagen. Testosteron und Prolaktin interagieren bei der Regulierung der Drüsen, und da Männer erheblich mehr Testosteron und Frauen bedeutend mehr Prolaktin bilden, besteht gemäß Dwight W. Warren, einer der Autoren der Doheny-Studie, »ein deutlicher struktureller und biochemischer Unterschied zwischen den Tränendrüsen von Männern und Frauen«. Doch bei Männern und Frauen kann sowohl zu viel *als auch* zu wenig Prolaktin oder Testosteron ein angemessenes Funktionieren der Tränendrüsen verhindern. So erklärt sich, warum Frauen in der Stillphase häufig unter trockenen Augen leiden.

Auf der gegenüberliegenden Seite des Spektrums befinden sich die Fälle anormaler Tränenfülle. Der durchschnittliche Erwachsene in Amerika weint den zugänglichen Untersuchungen zufolge drei- bis viermal im Monat ungefähr fünf Minuten am Stück (wobei die Unterschiede zwischen Frauen und Männern, wie wir gesehen haben, sehr groß sein können). Kleinkinder weinen natürlich sehr viel mehr. Jedoch ist nicht abschließend geklärt, wie viel mehr. Manche Untersuchungen haben 30 Minuten Weinen pro Tag als normal ermittelt; andere kamen zu einem Ergebnis von etwas über zwei Stunden. Die meisten Ärzte stimmen darin überein, dass alles über zwei Stunden pro Tag zu viel ist und bezeichnen solch anormales Weinen als kolisch und die Säuglinge mit einer derart hohen Tränenproduktion als Schreibabys. Kolisches Weinen kommt bei 15 bis 33 Prozent (abhängig von der Quelle) aller Kleinkinder in den Vereinigten Staaten vor, und zwar im Alter zwischen zwei und elf Monaten. In dieser Zeit schreit das Kind von zwei bis 18 Stunden täglich. Dieses Muster ist weltweit verbreitet, und in Verbindung mit ihm auch die Tatsache, dass das Weinen für gewöhnlich am späten Nachmittag seinen Höhepunkt erreicht. Ärzte und Eltern vermuten, wie es ja bereits das Wort nahe legt, einen Zusammenhang zwischen kolischem Weinen und Dickdarm (Kolon), und tatsächlich leitet sich der Begriff auch vom griechischen *kôlikos, kôlon*, Kolon ab. Cynthia Stifter von der Universität des Staates Pennsylvania sucht inzwischen nach den Ursachen für kolisches Weinen, indem sie die Elektrogastrogramme von Schreibabys untersucht, um festzustellen, ob es bei ihnen ein lokalisierbares Entwicklungsproblem gibt. Und einige akustische Analysen des Weinens selbst legen nahe, dass sie sich auf dem richtigen Weg befinden könnte. Das Weinen kolischer Babys klingt nervöser, bebender, lauter und angespannter als das gesunder Kleinkinder. Dass diese Kinder eher unter regulativen Störungen leiden, als einfach nur temperamentvoller zu sein, ist daher eine nahe liegende Vermutung. Andere Ärzte haben eine ganze Reihe von Krankheitsursachen vorgeschlagen (psychosoziale, intestinale, nervliche, temperamentabhängige, hormonelle), und einige unterteilen kolisches Weinen in zwei Arten: eine, die besänftigt, und eine, die nicht besänftigt werden kann; eine Unterscheidung, für die der gesunde Menschenverstand keine Argumente findet. Bei der ersten Art wird die Situation durch Wiegen, Baden oder Kuscheln verbessert, bei der zweiten nicht. Eine gesicherte Ursache oder ein entsprechendes Heilmittel ist mit dieser Einteilung nicht verbunden.

Immer wenn in Fällen wie diesen die Symptome die Krankheit definieren, wächst die Wahrscheinlichkeit einer Fehldiagnose. Manche Krankenschwestern behaupten, 90 Prozent allen kolischen Weinens sei falsch diagnostiziert. Wieso, ist unklar, da doch »kolisches Weinen« nichts anderes als zu viel Weinen bedeutet. Babys werden von Ärzten häufig als kolisch diagnostiziert, wenn sie tatsächlich (auch) unter einem so genannten gastro-ösophagealen Reflux leiden, wobei der untere Speiseröhrenschließmuskel versagt und es der aufgenommenen Nahrung und der Magensäure gestattet, in die Speiseröhre zurückzukehren, was Sodbrennen, Verdauungsstörungen und Schmerzen verursacht. Doch hat man auch Fälle von Reflux beobachtet, bei denen sich das kolische Weinen auch nach der Behandlung fortsetzte. Somit ist klar, dass kolisches Weinen auch andere Ursachen haben kann, auch bei Babys, die unter Reflux leiden.

Laien und Alternativ-Mediziner haben zahlreiche Erklärungen angeboten und sich dabei auf mögliche Ursachen wie Milchallergien, Darmgase, Magenrhythmusstörungen, Temperament, Stress, Überstimulation, Kalziummangel, erbliche Prädisposition, Überfütterung, mangelnde Fürsorge oder auf »das übermäßige Vorhandensein von Wut, Angst oder Aufregung im Haushalt [und] einer Vielzahl vermutlicher anderer, noch unbekannter Faktoren« berufen. Die Länge dieser Aufzählung macht deutlich, wie wenig Wissenschaft und wie viel anekdotenhaftes »Beweismaterial« in die Diskussion eingeflossen sind. Hinzu kommt, dass jede dieser Ursachen durch anders lautende Darstellungen widerlegt wurde. So ist man sich beispielsweise nicht einig darüber, ob Darmgase eine Ursache oder eine Auswirkung sind – zwar mögen die Schmerzen verursachenden Gase das Weinen herbeiführen, doch das Weinen selbst könnte das Kind veranlassen, so viel Luft zu schlucken, um wiederum Blähungen zu bewirken. Der von Angst beherrschte Haushalt könnte ebenso gut das Ergebnis wie die Ursache des jeden Tag stundenlang schreienden Säuglings sein.

Kolisches Weinen ist eine in sich begrenzte Störung. Das heißt, sie verschwindet von alleine und ohne äußere Einflussnahme oft innerhalb von drei und immer innerhalb von 18 Monaten, doch für die bedrängten Eltern nie früh genug. Sie probieren alles aus, was ihnen nur einfällt, und nehmen jeden noch so kleinen Rat an, den sie bekommen können, nur um ein bisschen Frieden zu finden: automatische Wiegenschaukeln, Autofahrten, Windelwechsel, Simethicon und andere Medikamente gegen Blähungen, berücksichtigen mögliche Allergien in der Ernährung, bedienen sich einer »positiven Einstellung«, versuchen es mit Tragetüchern, Schaukeln, gleichmäßigen Geräuschen (Staubsauger, Wäschetrocknern oder sogar mit Geräten, die ein »weißes Rauschen« erzeugen), Wärmflaschen oder Wärmekissen, Kräutertees, Schnullern, gründlichem Aufstoßen, mechanischem Schwingen, Spazierenfahren mit der Sportkarre, Pumpen mit den Beinen, um die Darmgase entweichen zu lassen, mit verdauungsunterstützenden Enzymen, säurebindenden Mitteln und warmen Bädern. Stillenden Müttern wird geraten, auf Antibiotika, den Konsum von Milchprodukten und Koffein, Zwiebeln, Kohl, Bohnen, Brokkoli und anderen Blähungen verursachenden, stark gewürzten oder reizenden Nahrungsmittel zu verzichten und zusätzlich Kalzium einzunehmen. Chiropraktischen Einrenkungen und homöopathischen Mitteln wird ebenso wie das in den USA beliebte Nurse Harvey's Gripe Water, das aus Dillöl oder Dillwasser, Natron und drei bis fünf Prozent Alkohol besteht, der Vorzug gegeben. Und natürlich findet jedes dieser Mittel einen energischen Gegner. Terry Woodford, ein früherer Schallplattenproduzent und Liedermacher, begann 1985 damit, Kassetten mit dem menschlichen Herzschlag zu vermarkten. Seiner eigenen Werbebroschüre zufolge schlafen 94 Prozent der Babys ohne Fläschchen und Schnuller friedlich ein, wenn das Band spielt. Mittlerweile hat er mehr als eine Million Exemplare seiner Kassette verkauft. Doch eine Untersuchung an der Douglas K. Detterman of Case Western Reserve Universität hat ergeben, dass der Klang des menschlichen Herzschlags keinerlei beruhigende Wirkung weder auf kolisch weinende noch auf andere Kinder hat. Die Osteopathen schimpfen auf die Chiropraktiker, und das medizinische Establishment spottet über homöopathische Mittel. »Grip Water« ist in Amerika sogar verboten und wird immer wieder von Zollbeamten aus dem Verkehr gezogen. Im Internet empfehlen Eltern Mittel, die in ihrem Fall geholfen haben, oder solche, die zwar bei ihnen nichts bewirkten, es ihrer Meinung nach aber vielleicht bei anderen tun könnten.

Viele müssen erst die ganze oben aufgeführte Liste an Volksheilmitteln durchgehen, bis sie eines finden, das bei ihrem Schreibaby »funktioniert«. Doch da das Syndrom irgendwann ohnehin verschwindet, können sich die Eltern nie sicher sein, ob sie das richtige Mittel gefunden haben, oder ob das Kind gerade von selbst aufgehört hat. Da Eltern andauernd irgendetwas Neues ausprobieren, befinden sie sich immer mitten in einem Experiment. »Man kann ein Rezept gegen ein anderes austauschen«, erklärte einer der Ärzte von der Nemours Foundation. »Für gewöhnlich ist das Baby, bis man mehrere von ihnen ausprobiert hat, drei Monate alt, und damit ist die normale Dauer kolischen Weinens vorüber. Die meisten Leute glauben aber, eines ihrer Mittelchen hätte das Wunder bewirkt.«

Die Empfehlungen mancher Ärzte richten sich eher an die Eltern und sind weniger für die Kinder gedacht. Sie raten zu Ohrwatte oder zum gelegentlichen Mieten eines Babysitters. Manche Eltern probieren Dutzende von Mitteln aus, nur damit sie das Gefühl haben, irgendetwas zu tun. Eine Mutter in einer Internet-Selbsthilfegruppe regte Weinen als Hilfsmittel an – sie rief in solchen Fällen eine Freundin an und heulte sich bei ihr am Telefon aus. Eine andere Frau erklärte, nachdem sie eine ganze Liste der üblichen Mittel aufgezählt hatte, »wenn alles andere versagt, dann gehe ich in ein anderes Zimmer und schlage mit den Fäusten an die Wand«. In einer von Kinderärzten an der medizinischen Fakultät der Universität von Utah durchgeführten Studie, die wissenschaftliche Präzision geradezu zu parodieren scheint und in der Zeitschrift *Clinical Pediatrics* veröffentlicht wurde, kommen die Autoren zu dem Schluss, dass bei Eltern mit kolischen Babys die Wahrscheinlichkeit, dass sie bei Stresstests hohe Werte erzielen, 5,7-mal höher ist. In einer anderen Untersuchung, die am Kinderkrankenhaus in Columbus, Ohio, durchgeführt wurde, stellte Belinda J. Pinyerd fest, dass Mütter mit kolischen Kleinkindern »sehr viel öfter von physischen Störungen, Ängsten, Orientierungslosigkeit, Depression, Besorgnis, Erschöpfung, feindseligen Gedanken sowie von impulsiven Gedanken und Handlungen berichteten und sich obendrein häufiger persönlich unzulänglich oder minderwertig fühlten«. Cynthia Stifter und ihre Absolventin Julia Braungart zeigten in einer Untersuchung mit Kleinkindern und Müttern, dass die Kinder mehrere Monate nach den Koliken unter keinen sichtbaren Nachwirkungen litten, dass sich jedoch die Mütter oft auch weiterhin unzulänglich fühlten. Eine Mutter zum Beispiel behauptete, dass sie, nachdem ihr Baby vier Monate lang 18 Stunden am Tag geschrien hatte, sich auch nach sechs Monaten nicht mit ihrer Tochter richtig verbunden fühlte.

Am anderen Ende der Lebensspanne kann es in der Folge eines Schlaganfalls ebenfalls zu ununterbrochenem Weinen kommen. Das Phänomen wird als pathologisches Weinen oder pathologisches Lachen und Weinen bezeichnet (PLC); gelegentlich begegnet es einem auch als emotionale Labilität, pseudobulbärer Affekt oder emotionale Inkontinenz. Unter der einen oder anderen dieser Bezeichnungen wurde pathologisches Weinen seit dem späten 19. Jahrhundert als Manifestation einer Gehirnverletzung erkannt. Die Läsionen oder Schädigungen können in vielen Bereichen des Gehirns auftreten – an der Varolsbrücke, im Mittelhirn, im Zwischenhirn, an den Stirnlappen, an den Bahnen, die in die bulbären Kerne hineinführen. Das Syndrom kann viele unterschiedliche Formen annehmen, angefangen bei ununterbrochenem Lachen und Weinen bis hin zu anfallsweise auftretenden oder konvulsiven Lach- oder Weinkrämpfen. Nachdem der Schaden erst einmal geschehen ist, meist in der Nachfolge eines Gehirnschlags und daher gewöhnlich bei älteren Menschen, tritt das Syndrom spontan auf ohne irgendeinen auslösenden Faktor und ohne irgendwelche begleitenden Gefühle. Es kommt vor, dass ein Patient stundenlang weint und seinem Arzt dennoch versichern kann, er sei von den eigenen Tränen unberührt, weder besonders glücklich noch besonders unglücklich.

Und das Weinen ist ungewollt. Der Patient kann es nicht willentlich herbeiführen und auch nicht willentlich abstellen, wenn es erst einmal begonnen hat. Da sich der Patient selbst dabei nicht zwangsläufig schlecht fühlt, sind es vor allem die Kinder, Enkel und Ehepartner, die am meisten darunter leiden. Manche Weinkrämpfe können 24 Stunden und länger fortdauern, und die Menschen, die dem betreffenden Patienten nahe stehen, versuchen das zu ignorieren, was ihnen eine fortwährende Botschaft der Qual zu sein scheint. Zwar wissen wir, dass diese Tränen die Folge einer Gehirnverletzung sind, mehr aber wissen wir auch nicht. Die genauen Gründe für diesen Tränenüberfluss und ihre Beziehung zu normalen Tränen sind noch immer ein Geheimnis.

Kolisches und pathologisches Weinen, davon gehen wir aus, sind rein physische Probleme. Ihnen fehlen die kulturellen oder psychologischen Determinanten etwa der trockenen Augen von stoischen Männern oder des »wetterlosen« Zustands, der bei schweren Formen von Depressionen durch den vollständigen Verlust der Fähigkeit zu weinen gekennzeichnet ist. Und doch hat auch kolisches Weinen eine soziale Dimension, wirkt sich auf die grundlegenden

Beziehungen zwischen Eltern und Kindern sowie auf die zwischen Ehepartnern aus. Physiologische Erklärungen dieser Puzzles abnormen Weinens können nur wenig dazu beitragen, um sie als soziale Tatsachen zu verändern. Gleiches gilt für die neuen Erkenntnisse in der Hormonforschung. Frauen weinen öfter und ausdauernder als Männer, und das hat etwas mit einigen der physiologischen Unterschiede zwischen den Geschlechtern zu tun. Doch damit ist unser Wissen zu diesem Gebiet im Wesentlichen erschöpft. Anders ausgedrückt ist uns zwar bekannt, dass Anatomie und Physiologie ein Teil des Schicksals jedes Weinenden sind, aber sie sind eben nur ein Teil. Sehr viel bedeutsamer sind die sozialen Unterscheidungen, die Verhaltensregeln, die Etikette und die Rollen, die in verschiedenen Gesellschaften die Beziehung zwischen Männern und Frauen festlegen. Die Tränenproduktion ist ein physiologischer Prozess, doch wir können Weinen nicht verstehen, es sei denn, wir beschäftigen uns damit auch in sozialer und psychologischer Hinsicht.

3

Die Psychologie der Tränen

Zu Beginn des Schauspiels *Three Tall Women* (1994) von Edward Albee fängt eine alte Frau an zu weinen. Ihr Weinen, so die Regieanweisungen, »beginnt mit Selbstmitleid, wird fortgesetzt um seiner selbst willen und endet, weil das Weinen hatte sein müssen, mit Wut und Abscheu vor sich selbst«. Als es vorbei ist, kommt die Altenpflegerin herein, schüttelt das Kopfkissen auf und äußert eine weit verbreitete, krankenschwesterliche Plattitüde: »Na also. Fühlen wir uns jetzt besser? Ordentliches Ausweinen schafft Erleichterung.« Die alte Frau erwidert bissig: »Und was erreicht man mit einem unordentlichen Weinen?« Zu alt und zu mürrisch, um sich leicht besänftigen zu lassen, fordert sie die Vorstellung heraus, dass ordentliches Ausweinen aufgestauten, unterdrückten Gefühlen Ausdruck verleiht und Erleichterung schafft. Der kurze Sermon der Schwester umfasst eine komplexe Ansammlung menschlicher Erfindung und Aktivität, und wie die meisten gepredigten Weisheiten steht auch diese nicht nur für eine Kerneinsicht, sondern auch für eine Art willentliche Blindheit: Schon der Ausdruck »ordentliches Ausweinen« legt nahe, dass es auch noch andere Formen des Weinens geben muss. Manchmal, so lässt Albee wissen, ist Weinen weniger eine Erleichterung als vielmehr Selbstmitleid, Zorn oder Abscheu vor sich selbst, Gefühle, denen man sich mit Genuss hingibt.

Und trotzdem hatte die Schwester einen medizinischen Standardrat, der so alt ist wie Hippokrates und so aktuell wie William Frey: Weinen ist kathartisch und daher gut für uns. Die Katharsis hat eine lange, komplizierte Geschichte, die sich aus physiologischem, moralischem, psychologischem, ästhetischem und spirituellem Gedankengut auf promiskuöse Weise zusammensetzt. Sich aus einer Ekstase ästhetischer Besorgnis heraus »ordentlich auszuweinen« unterscheidet sich grundlegend von Freys Vorstellung von einer anständigen Tränenflut, die überschüssiges Mangan aus dem Körper abführt. Und wenn einige paar Psychologen der Meinung sind, dass die »heiligen Tränen«, vergossen von mittelalterlichen Mystikern, dem kathartischen Weinen ihrer Klienten in der Therapie vergleichbar sind, könnte der heilige Augustinus ganz anderer Meinung sein.

Zwar standen kathartische Vorstellungen im 20. Jahrhundert im Mittelpunkt der Populärpsychologie und vieler therapeutischer Kuren, doch die Mehrheit der experimentellen Psychologen hat sich auf andere Aspekte konzentriert. Wir leben in einem psychologischen Zeitalter, und das Weinen hat nur wenige Facetten, die nicht von einer psychologischen Warte aus betrachtet werden können. Hierzu gehört auch die Physiologie, über die wir uns im vorangegangenen Kapitel einen Überblick verschafft haben. Doch die Psychologie ist alles andere als eine einige Wissenschaft. 1927 schrieb P. T. Young: »Die Verwirrung und die Widersprüche, die man heute in der affektiven Psychologie antrifft, sind berüchtigt. Selbst bei den grundlegensten Angelegenheiten gibt es unter den Psychologen wenig Einigkeit.« 70 Jahre später dominiert noch immer die Vielfalt, und gängige Lehrbücher geben einen Überblick über 20 oder mehr konkurrierende Emotionstheorien. Zwangsläufig muss also ein selektiver Überblick folgen.

Die kathartischen, behavioristischen und kognitiven Theorien, die nachfolgend zur Sprache kommen, befanden sich gemeinsam mit dem physiologischen Ansatz in diesem Jahrhundert im Zentrum der akademischen und klinischen Psychologie, und sie umfassen eine Vielzahl von Möglichkeiten. Für manche kognitive Theorien ist Weinen einfach eine physiologische Nebenwirkung bedeutenderer mentaler Prozesse, während sie für andere einen wesentlichen Bestandteil der sozialen Welt und der kommunikativen Fähigkeiten einer Person darstellt. Manche behavioristische Ansätze erwähnen Weinen überhaupt nicht, andere halten es für schädlich. Einige Psychologen, wie etwa John B. Watson, haben dazu geraten, Weinen selbst bei Kleinkindern zu ignorieren, da ein Kind sonst Neurosen entwickeln und schließlich den Rest seines Lebens weinend auf der Couch eines Psychoanalytikers zubringen würde. In manchen Therapieformen ist Weinen eine bedeutungslose Begleiterscheinung, für andere hingegen ist es das Tor zu geistiger Gesundheit.

Katharsis

Etwa ein Jahrhundert nach Hippokrates erwähnt Aristoteles die Katharsis in seinem Regelbuch der klassischen Tragödie, in seiner *Poetik*. Er verwendet den Begriff nur ein einziges Mal und tut dies in einem Satz, der als der am häufigsten diskutierte in der Ästhetikgeschichte gilt:

> Die Tragödie ist Nachahmung einer guten und in sich geschlossenen Handlung von bestimmter Größe, in anziehend geformter Sprache, wobei diese formenden Mittel in den einzelnen Abschnitten je verschieden angewandt werden – Nachahmung von Handelnden und nicht durch Bericht, die Jammer und Schaudern hervorrufen und hierdurch eine Reinigung [Katharsis] von derartigen Erregungszuständen bewirkt.

Aristoteles könnte den Begriff »Katharsis« im Sinne von »Reinigung« gebraucht oder aber eine allgemeinere Vorstellung von »Läuterung« zum Ausdruck gebracht haben. Sorgt das Ansehen einer Tragödie dafür, uns *von den* Leidenschaften zu reinigen, uns von ihnen zu befreien? Oder sind es die Leidenschaften, die gereinigt werden sollen? Wir würden uns vielleicht gerne von Furcht reinigen, aber von Mitleid? Was könnte es andererseits bedeuten, solche Gefühle zu »reinigen« oder zu läutern?

In der vorliegenden Übersetzung von Manfred Fuhrmann überträgt der Autor den Schlüsselbegriff in seine Muttersprache. Andere Übersetzer belassen es bei dem ursprünglichen Begriff Katharsis und passen ihn lediglich der gültigen Rechtschreibung an. Wieder andere entscheiden sich für den Begriff »Reinigung von den Leidenschaften«. Doch Letzteres scheint den Sinn des Texts nicht abschließend zu erfassen. Aristoteles will uns ebenso wenig von der Befähigung zur Furcht und zum Mitleid befreien wie Hippokrates, der die Menschheit auch nicht von all ihren Körpersäften, die für das Leben notwendig empfunden werden, reinigen wollte. Die hippokratischen kathartischen Therapien waren darauf ausgerichtet, überschüssige Körpersäfte zu eliminieren und den Körper von solchen Abfallstoffen zu reinigen, dabei jedoch die richtige Menge der vier Säfte in einem gereinigten und geläuterten Zustand im Körper zu belassen. Diese Wirkung, so könnte man annehmen, beanspruchte Aristoteles auch für die Tragödie: dass sie am Ende weder zu viel noch zu wenig Mitleid und Furcht erzeugt und es uns gestattet, diese Gefühle in einer geläuterten und gesunden Art zu erleben.

Aristoteles' Tragödientheorie wird seit langem als Antwort auf Platons Verurteilung des Theaters in seiner *Politeia* erkannt. Tragödie und Komödie erwecken nach Platons Auffassung Leidenschaften, und somit gehören sie zu den destabilisierenden Faktoren, die er aus einem idealen Staat verbannen wollte. In einem vollkommenen Staat sollte ein Philosoph die Regierungsgeschäfte führen, und der Kopf, die Ratio, eines jeden über seine Gefühle und Wünsche herrschen, die sich Platon zufolge zwangsläufig im Krieg mit dem Intellekt befinden.

Es ist die Art, mit der das Drama die Leidenschaften anzieht, die Platon – und seither eine lange Reihe von Zensoren – abschaffen wollte. Aristoteles, der das Schauspiel verteidigt, stellt die Theorie auf, dass es Leidenschaften eben nicht hervorruft, sondern sie vielmehr reinigt oder läutert. Welche Leidenschaften das Schauspiel einem Menschen auch zu entlocken vermag, nach

Aristoteles Auffassung ist die Wirkung am Ende eine kognitive; Gefühle von Furcht und Mitleid werden erregt, doch da sie durch den gleichen Prozess entweder gereinigt oder geläutert werden, ist der Geist am Schluss von launischen Leidenschaften befreit. Die Tränen, die wir angesichts eines Dramas weinen, sind ein Zeichen dafür, dass wir unser psychisches Haus aufräumen, um unsere Vernunft und unsere Emotionen wieder an den rechten Platz zu stellen. So also führte Aristoteles die kognitive Dimension der kathartischen Erfahrung ein.

Auf die eine oder andere Kombination der aristotelischen und hippokratischen Ansichten beriefen sich viele Autoren der klassischen Periode. Im ersten Jahrhundert v. Chr. schrieb Ovid: »Durch Weinen zerstreuen wir unseren Zorn ... Weinen schafft Erleichterung; die Trauer wird zufriedengestellt und von den Tränen fortgewaschen.« Und ein halbes Jahrhundert später meint Seneca, »Tränen erleichtern die Seele«. Die Griechen und Römer standen natürlich mit ihrem Verständnis von der Nützlichkeit des Weinens nicht allein da. In einem alten Hindu-Sprichwort heißt es, »Tränen sind gut für den Teint«, und ein jiddischer Spruch unbekannter Herkunft behauptet, »Weinen erleichtert das Herz«. Auch in diesen Weisheiten kommt zum Ausdruck, dass Weinen gut für den ganzen Körper ist, aber insbesondere auch für das Herz, den Verstand, den Geist, die Stimmungen, die Veranlagung – und all dies in den verschiedensten Verhältnissen zueinander. Diese Verkettung von emotionalen, spirituellen, mentalen und körperlichen Zuständen, dieses Überlappen und Miteinanderverschmelzen steht seit Jahrtausenden im Mittelpunkt unseres Verstehens und Missverstehens der Tränen und seit einem Jahrhundert im Zentrum der Psychotherapie.

Hippokrates Vorstellung von der Reinigung der vier Körpersäfte blieb bis ins Mittelalter erhalten, und Gleiches gilt für die Einschätzung von Katharsis in so unterschiedlichen Bereichen wie Ästhetik, Ernährung und Religion. Alain von Lille schrieb im zwölften Jahrhundert, Weinen »ist die wichtigste Medizin bei der Heilung von der Sünde«. Der Einfluss kathartischen Denkens ist im katholischen Beichtritual, das im 13. Jahrhundert institutionalisiert wurde, deutlich erkennbar. Diese ursprüngliche »Redekur« wurde als läuternd und reinigend wie auch als Buße empfunden und war häufig von Tränen begleitet. Wie wir sehen werden, erfüllte das Weinen im Gebet auch noch andere Bedürfnisse, doch seine kathartischen Vorteile waren immer gegenwärtig. Der Theologe und Philosoph Ralph Cudworth schrieb 1678, »so wie dieser irdische Körper mit Wasser gewaschen wird, so wird jener spirituelle Körper mit kathartischen Ausdünstungen gereinigt«. Der Amerikaner Cotton Mather plädiert in seinem *The Angel of Bethesda* (1724), einem Führer zu spiritueller und körperlicher Gesundheit, ebenfalls dringend für die Säuberung von Körper und Geist. Im 19. Jahrhundert schließlich wurde eine etwas weniger religiöse, aber noch immer klar als kathartisch erkennbare Einschätzung der Tränen durch Sir Henry Maudsley formuliert: »Kummer, der keinen Ausdruck in Tränen findet«, schreibt er, »könnte schon bald andere Organe zum Weinen bringen.«

Diese Aufzählung lässt sich bis in unsere Zeit fortsetzen. In seinem vor kurzem erschienenen Buch über das Weinen in der Psychotherapie greift der Psychologe Jeffrey A. Kottler kathartisches Weinen mit der Erklärung auf, wir verfügten über emotionale Speicher, in denen wir unsere Tränen sammelten, bis diese zu voll seien. Was zu viel sei, schwappe über und ergieße sich aus unseren Augen. Diese Reduzierung überschüssiger Tränen sei erforderlich, denn ohne sie bauten wir Druck auf, der Neurosen verursachen könne. Kottler bedient sich hier nur einer Metapher, doch handelt es sich um eine, welche die psychologische Literatur des vergangenen Jahrhunderts durchdringt. Kathartische Tränen sorgen dafür, dass Angst und Negativität, die sich in unserem Körper angesammelt haben, abfließen können.

Vermischte Metaphern, in denen es um ungeweinte Tränen geht, die Druck erzeugen, der sich dann sintflutartig entlädt, beseelen auch einen Großteil der psychologischen Forschung, wie zum Beispiel Freys Fürsprache für die Rolle der Tränen bei der Beseitigung von Giften, die sonst möglicherweise Depression verursachten. Die Katharsis war die beharrlichste Vorstellung im stattlichen Aufmarsch der neuen Therapien dieses Jahrhunderts. Alle Therapeuten, die ich dazu befragt habe, stimmten zu, dass Weinen hilft, und sie alle bedienten sich der vertrauten Formeln, um zu erklären, was sie meinten. Die Leute müssen »mit ihren Gefühlen in Berührung kommen«. Das Unterdrücken oder Zurückhalten von Gefühlen ist schädlich. Wir müssen »alles rauslassen«. Die meisten Therapeuten gaben zu, im Verlauf ihrer Ausbildung sei nie direkt über das Weinen gesprochen worden, man habe darüber nicht theoretisiert oder in den Kursen diskutiert und es sei einfach davon ausgegangen worden, dass die Vorteile des Weinens offensichtlich sind und für sich selbst sprechen. Und damit stehen die Psychotherapeuten nicht alleine da: Ärzte warnen vor Stress, feministische Kritiker vor männlicher Selbstbeherrschung und zahlreiche weitere populäre Halbgötter des Gefühlsausdrucks haben das Weinen zwar nicht zum Ziel, aber zum Instrument für die Erlangung von Gesundheit, Erfolg, Erleichterung und Erlösung gemacht. Eine Untersuchung bei Krankenschwestern in Texas ermittelte, dass innerhalb des gesamten Berufszweigs – angefangen bei den Schwesternschülerinnen bis hin zu den Ausbildungsschwestern – übereinstimmend an die positive und gesunde Kraft des Weinens geglaubt wird.

Trotz ihrer scheinbaren Einfachheit liegt der Vorstellung, dass Weinen nützlich ist, eine Reihe äußerst komplexer Annahmen zu Grunde, von denen kaum eine einer genaueren Überprüfung standhält. Nachdem ein Jahrhundert lang auf dem Gebiet der Psychotherapie theoretisiert und geforscht wurde, gibt es noch immer keine Beweise dafür, dass Tränen wirklich kathartisch wirken. Doch es gibt einige, die nahe legen, dass sie es nicht sind. Wir alle wissen, was es bedeutet, sich nach dem Weinen besser zu fühlen. Doch die meisten von uns wissen auch, dass man sich nach ein paar Gläsern Wein, einem sättigenden Mahl oder dem Rauchen legaler oder illegaler Substanzen ebenfalls besser fühlt. Aber deshalb glauben wir noch lange nicht, dass das unsere geistige Stabilität und unsere emotionale Gesundheit erhält. Die meisten von uns haben sich, auch wenn sie es nicht gerne zugeben, nach einem Wutanfall besser gefühlt. Doch auch hier gehen wir nicht davon aus, dass laut vernehmliches Schimpfen für unser emotionales Wohlbefinden erforderlich ist. Sich wie eine Straßengöre aufzuführen wird nicht als kathartisch erachtet. Nur das Weinen hat diesen besonderen Stellenwert in unserer Gefühlswelt inne. Da wir auch das Schröpfen mit Blutegeln nicht mehr als vernünftiges Heilmittel betrachten, ist es an der Zeit, das angebliche kathartische Wesen der Tränen neu zu überdenken. Sigmund Freud, der am Anfang seiner Karriere dem Wert der Katharsis vertraute, tat genau dies.

Als Freud in den 1870er Jahren mit seiner medizinischen Ausbildung begann, schloss er Freundschaft mit Josef Breuer, einem bekannten und angesehenen Arzt und Wissenschaftler, der 15 Jahre älter war als er und sich auf die Behandlung von Hysterie spezialisiert hatte. Hysterie, eine Diagnose, mit der eine etwas gestaltlose Gruppe von Symptomen und Funktionsstörungen belegt wurde, hielt man 1870 für eine Folge entweder einer physischen Schädigung des Nervensystems oder für hypochondrisches Simulantentum. Breuer vertrat jedoch zusammen mit Freud die Meinung, Hysterie sei stattdessen eine durch ein psychologisches Trauma verursachte Neurose. »Der Hysterische«, so schlossen Freud und Breuer in ihrem gemeinsam verfassten Werk *Studien über Hysterie* (1895), »leidet größtenteils an Reminiszenzen.« Auf diese Weise wurden die Symptome der Hysterie direkt mit dem auslösenden Trauma in Beziehung gesetzt: Eine Frau, deren Arm einschlief, als sie am Totenbett eines Verwandten Totenwache hielt, litt später unter einer spontanen traumatischen Armlähmung; ein Mann, der der Hüftoperation seines Bruders beigewohnt hatte, wurde später von einem ständigen Schmerz in seiner Hüfte geplagt. Freuds und Breuers Erklärung fußt auf einer hippokratischen Vorstellung von Reinigung. »Das psychische Trauma, respektive die Erinnerung an dasselbe«, schrieben sie, wirkt »nach Art eines Fremdkörpers ... welcher noch lange Zeit nach seinem Eindringen als gegenwärtig wirkendes Agens gelten muß«. Das Therapieziel ist die Säuberung von diesem fremden Krankheitserreger, und um dieses Ziel zu erreichen, entwickelten sie die von ihnen so bezeichnete »kathartische Methode« der Psychotherapie.

Von 1880 bis 1882, während Freud noch mit seinen medizinischen Examina beschäftigt war, behandelte Breuer eine Frau namens

Bertha Pappenheim. In »Anna O.« umbenannt (gemäß der Praxis, die Namen von Patienten in veröffentlichten Fallstudien zu verändern), wurde Bertha Pappenheim zu einer der berühmtesten Patientinnen in der Geschichte der Psychoanalyse. Es war sie, und nicht Freud oder Breuer, die zum ersten Mal den Ausdruck »Redekur« gebrauchte, um die Methode ihres Arztes zu beschreiben, und es ist diese Redekur und nicht die kathartische Methode, die sich schließlich in das Zentrum von Freuds Werk schob.

In der kathartischen Therapie wurde der Patient ermutigt, sich an das traumatische Ereignis zu erinnern und die negativen Gefühle »so lebhaft als möglich« zu wiederholen. Anna O. hatte eine Aversion gegen das Wassertrinken entwickelt und war schon hochgradig dehydriert. Um ihren Durst zu bekämpfen, aß sie nichts als wasserhaltiges Obst. Breuer versetzte sie in Hypnose. Spontan fing sie an, von einer Freundin zu berichten, die es ihrem Hund gestattet hatte, aus einem ihrer Wassergläser zu trinken. Als sie die Geschichte erzählte, spürte und verbalisierte sie all ihren Ärger und Ekel, den sie vor ihrer Gefährtin verborgen und niemals zum Ausdruck gebracht hatte. Gleich danach bat die Patientin um ein Glas Wasser und konnte hinfort ohne weitere Schwierigkeiten Wasser trinken. Breuer schreibt, er sei von diesem plötzlichen Verschwinden des Symptoms außerordentlich überrascht worden und bezeichnet diesen »Unfall« als den Ursprung der kathartischen Theorie. Breuer gelang es in der Folge, auf die gleiche Weise jedes ihrer anderen hysterischen Symptome zu entfernen – Neuralgie, Zittern, Augenbeschwerden (Diplopie, Amblyopie, Makropsie), Husten, eine Leseunfähigkeit, das »Sehen eines Totenschädels statt des Kopfes ihres Vaters«. Ihre entsetzlichen Halluzinationen etwa verschwanden, als es ihr unter Hypnose gelang, »vor Angst und Entsetzen zitternd«, die vollständige Erfahrung der Halluzination und die vollständige Erfahrung der traumatischen Erfahrung, welche die Halluzination überhaupt erst hervorgerufen hatte, zu wiederholen. Ihr Geist war danach vollkommen »erleichtert«.

Die Einführung zu den *Studien über Hysterie* fasst die Methode zusammen: »Die einzelnen hysterischen Symptome verschwanden sogleich und ohne Wiederkehr, wenn es gelungen war, die

Erinnerung an den veranlassenden Vorgang zu voller Helligkeit zu erwecken, damit auch den begleitenden Affekt wachzurufen, und wenn dann der Kranke den Vorgang in möglichst ausführlicher Weise schilderte und dem Affekte Worte gab.« In der Praxis war dies alles andere als einfach. Sich in chronologischer Reihenfolge zurückerinnernd, wiederholte Anna O. nahezu dreihundert Gelegenheiten beeinträchtigten Hörens (allesamt pflichtschuldig von Breuer katalogisiert), bevor sie zurück zu dem traumatischen Ereignis fand, welches das betreffende Symptom, nur eine ihrer zahlreichen Beschwerden, ursprünglich ausgelöst hatte.

Erst ein Jahrzehnt nachdem Anna O. Breuers Patientin gewesen war, fängt Freud an, die kathartische Therapie selbst anzuwenden, sie zu verändern und theoretisch neu zu untermauern. Sein erster Fall ist eine 40-jährige Frau, die er als »Frau Emmy von N.« bezeichnet. Freud beschreibt die Symptome, die ihm während der Behandlung an ihr auffallen: ausgeprägte Ticks, Schnalzgeräusche, mit denen sie sich selbst immer wieder in ihrer Rede unterbricht, und laute Zwischenrufe wie »Seien Sie still – reden Sie nichts – rühren Sie mich nicht an!«, bei denen er annimmt, dass es sich um Formeln zur Abwehr wiederkehrender grauenvoller Halluzinationen handelt. Außerdem äußert er sich über seine Behandlungsmethoden. Ihr wird jeden Tag ein Bad bereitet, und Freud verabreicht ihr eigenhändig zweimal täglich unter Hypnose eine Ganzkörpermassage (Rühren Sie mich nicht an! in der Tat). Während dieser Massagen unter Hypnose legt Freud ihr nahe, über das zu sprechen, was sie quält, und versucht, die ursprünglichen Ursachen ihrer Symptome zu analysieren. Sie »abreagiert« viele Erinnerungen – also die emotional wiederholten schmerzlichen Ereignisse –, und Freud gewinnt den Eindruck, dass er die Ursache einiger ihrer Symptome gefunden hat. Doch er gibt auch zu, dass trotz mehrfacher erfolgreicher Katharsen eine vollständige Heilung ausbleibt.

So zweifelt Freud schon beim Aufschreiben seines ersten mit kathartischer Therapie behandelten Falls an der Wirksamkeit der Methode. Freud und Breuer hatten die Begriffe »Katharsis« und »Abreaktion« mehr oder weniger austauschbar eingesetzt, so als sei jede schmerzhafte Erinnerung zwangsläufig auch von therapeutischer Wirkung. In den darauf folgenden Jahren benutzte Freud schließlich nur noch den zweiten Begriff, wobei er die emotionale Entladung immer seltener hervorhob. In der späteren freudschen Theorie kann die emotionale Befreiung allein niemals eine Heilung bewirken, da er erkannt hatte, dass die kathartische Erfahrung ein bestimmtes Symptom auflösen, zugleich aber das zu Grunde liegende Problem unberührt lassen kann. Kathartische Erfahrungen können sogar dann stattfinden, wenn sich ein Symptom für einen längeren Verbleib festsetzt. In einer Anmerkung in der Neuauflage der *Studien* von 1924 schrieb Freud, vielleicht verfrüht: »Ich weiß, daß kein Analytiker heute diese Krankengeschichte ohne ein mitleidiges Lächeln lesen kann.«

Ein weiterer Fall, den Freud nebenbei in den *Studien über Hysterie* bespricht, kommt einer reinen kathartischen Kur sehr viel näher. »Fräulein Mathide H.« war ein gut aussehendes 19-jähriges Mädchen, das unter einer teilweisen Lähmung der Beine und ein paar Monate später unter Depression litt. Freud versetzte sie, wie es damals üblich war, in Hypnose und gab ihr »Befehle und Suggestionen« für ihre Besserung. »Sie hörte sich diese im Tiefschlaf an, begleitet von einer Tränenflut«, schreibt Freud, doch seine Suggestionen hatten keine erkennbare Wirkung auf ihren Zustand. Eines Tages sprach sie über die auslösende Ursache ihres Problems – eine gelöste Verlobung –, und sie weinte heftig. In nachfolgenden Sitzungen konnte sie nie mehr dazu veranlasst werden, über das Ereignis zu sprechen, obwohl Freud sie während und nach der Hypnose dazu zu bewegen versuchte. Freud hypnotisierte sie weiterhin und verabreichte ihr zielgerichtete Suggestionen, von denen jede einzelne sie in Tränen ausbrechen ließ, ohne dass sie jemals antwortete. Eines Tages, etwa ein Jahr nach der Verlobungslösung, verschwand ihre Depression, und die Befürworter der kathartischen Therapien haben seither behauptet, dies sei der Beweis dafür, dass emotionale Entladungen als Kur ausreichen. Freud selbst war anderer Meinung und schrieb mit einem gewissen Sarkasmus, dass der Fall ihm »die Anerkennung für einen großen therapeutischen Erfolg eingebracht« habe.

Dieser »Erfolg« wurde in eine Fußnote verbannt, weil Freud in den *Studien über Hysterie* (auch wenn die theoretischen Erklärungen erst in ein paar Jahren folgen würden) sich bereits auf die Erkenntnis zu bewegte, dass in Breuers kathartischer Therapie nicht die emotionale Entladung, sondern das Kleiden der Erfahrung in Worte von Bedeutung war. Die verbalen Beschreibungen waren entscheidend, erkannte Freud, weil sie bewiesen, dass die einmal verdrängte Erfahrung nun wieder ins Bewusstsein zurückkehrte. Gefühle, die während der Analyse neu durchlebt werden, bestätigen die Genauigkeit der Erinnerung, sind aber ansonsten ohne Belang, denn tatsächlich geht es darum, die mit der Erinnerung verbundenen emotionalen Assoziationen zu überarbeiten und ihre Macht durch die neuerliche Verbildlichung aufzulösen. Das Weinen während einer Analysesitzung bedeutet, dass man einen Zugang zu der vollständigen Bedeutung und Macht der Erinnerung gefunden hat. Wenn man die traumatische Erinnerung mit Worten beschreibt, dann holt man sie aus der unwiederbringlichen Vergangenheit zurück und integriert sie in das gegenwärtige Bewusstsein. Doch das Weinen, das eine solche Bewusstwerdung begleiten mag, hat keinerlei eigenen therapeutischen Wert.

In den Vorlesungen, die Freud 1909 an der Clark Universität hielt und mit denen er die Psychoanalyse in den Vereinigten Staaten einführte, griff er zum Teil auf die Geschichten in den *Studien über Hysterie* zurück und führte sie etwas näher aus. In diesen Vorlesungen baute er seine Argumentation aus, dass traumatische Erfahrungen Gefühle wachrufen, die der Patient unterdrückt, und dass diese Gefühle »gefangen gehalten« werden und sich in Symptome verwandeln. Doch Freud führte auch einen neuen Begriff ein, der in dem früheren Text noch nicht theoretisch ausgearbeitet ist, den Begriff von den im Konflikt befindlichen Wünschen. Ein Patient neigt dazu, Wünsche zu unterdrücken, die aus ethischen oder ästhetischen Gründen inakzeptabel sind, um nicht gegen die Regeln des Anstands zu verstoßen. Es ist der unterdrückte Wunsch, nicht das unterdrückte Gefühl, der sich in Symptome verwandelt. Somit ist also der psychische Haushalt, dem die Analyse eine neue Struktur gibt, kein emotionaler, sondern ein libidinöser – das heißt, wir lagern frustrierte Wünsche und nicht frustrierte Emotionen ein.

Der Unterschied ist bedeutend. Wenn libidinöse und nicht emotionale Energie in die Neurose umgeleitet oder mit ihr unterdrückt wird, dann bewirkt der Ausdruck des mit ihr verbundenen Gefühls allein gar nichts. Wenn das Weinen eines Patienten die Gefühle ausdrückt, die während des traumatischen Todes eines Elternteils unterdrückt wurden, dann wird dieses Weinen es dem Patienten schließlich gestatten, das Trauma »durchzuarbeiten« und seinen Auswirkungen ein Ende zu setzen. Doch wenn der Patient weint, weil sein äußerst realer Wunsch nach der Gegenwart des Elternteils nicht in Erfüllung geht, dann kann auch fortgesetztes Weinen dem nun ausgetretenen Trampelpfade zu seiner Trauer keine neue Richtung geben. Patienten müssen lernen, sich mit ihren Wünschen abzufinden, nicht mit ihren Verlusten.

Daher Freuds Diktum aus den zwanziger Jahren: Wo Es war, da soll Ich sein. Es sind die unerreichbaren Träume und Wünsche des Es, die bewusst gemacht werden müssen, schlussfolgerte er, damit sie ihre Macht verlieren. Die Emotionen, die wir empfinden, wenn wir vergangene Erfahrungen von neuem durchleben, sind einfach ein Nebenprodukt des Prozesses, in dessen Verlauf uns unsere Wünsche bewusst werden. Wir können die gleichen Gefühle gar nicht empfinden, denn sie liegen viel zu lange zurück. Es ist nicht möglich, Emotionen jahrelang im Körper abzuspeichern und darauf zu warten, dass sie wie ein Virus oder wie die Kohlensäure in einer Mineralwasserflasche wieder zum Vorschein kommen. Wir können natürlich auf ähnliche Weise weinen wie damals, als unsere Wünsche zum ersten Mal frustriert wurden, doch nicht, weil die Tränen irgendwo im Inneren auf diesen Augenblick gewartet haben. Wir weinen, weil die Ereignisse oder die Wünsche noch immer starke Gefühle in uns wachrufen, wenn wir uns an sie erinnern oder sie erkennen, zum Teil auch deshalb, weil sich unser Verständnis der Ereignisse nicht weiterentwickelt hat. Wie im Fall von »Fräulein Mathilde H.« oder im Fall der Trauertränen Jahre nach einem Tod, hat das Weinen an sich und aus sich heraus keinerlei therapeutischen Wert. Außerdem kann das im Verlauf einer

Analyse ausgelöste Weinen auch auf eine neu hinzugekommene Trauer um ein gewünschtes Objekt, das im Verlauf der Analyse »verloren gegangen« ist, zurückzuführen sein.

Obgleich Freud die kathartische Therapie verwarf, taten es viele andere Mediziner nicht. 1937 behauptete Dr. Thomas M. French, dass bei seinen Patienten Asthmaanfälle aufhörten, wenn sie anfingen zu weinen, und schlug damit Weinen als Heilmittel gegen Asthma vor. Saul und Bernstein beobachteten 1941, dass Nesselsucht verschwand, wenn der Patient weinte, und auftrat, wenn er nicht weinte. H. J. Shorvon und W. B. Sargent schrieben 1947 im *Journal of Mental Science* anerkennend über die Korybanten, eine griechische Sekte, die durch orgiastische Ritualtänze heilte. Gregory Zilboorg, der zwar Historiker und kein Arzt war, lobte in seinem Buch *History of Medical Psychology* (1941) griechische und römische Ärzte, weil sie bei ihren Patienten aus Gründen der Reinigung beängstigende Erinnerungen stimulierten. Moshé Feldenkrais behauptete in seinem *The Body and Mature Behavior* (1949), dass die freudsche Couch funktionierte, weil sie es dem Körper leichter machte, sich auf kathartische Weise von seiner Anspannung zu befreien. 1954 gab Percival Symonds im *American Journal of Orthopsychiatry* einen Überblick über die therapeutische Literatur und kam zu der Überzeugung, dass die meisten Erfolge in der Psychotherapie auf die Katharsis zurückzuführen seien.

Feldenkrais, Symonds und viele andere, die solche körperzentrierten Argumente für die Katharsis vorbrachten, waren unter den Einfluss von Wilhelm Reich geraten, ein enger Kollege Freuds, der mit Vehemenz zu dem Konzept zurückgekehrt war, das Freud verworfen hatte. Reichs verrückte Überzeugungen und Verhaltensweisen – Regenmachen gehörte mit dazu – führten zu seinem Ausstoß aus den Reihen der professionellen Psychotherapeuten. Er entwickelte eine Theorie von einer massefreien Energie, die er als Orgon bezeichnete und die seiner Vorstellung nach das Universum durchdrang. Orgon reichere sich in Menschen an und verursache Neurosen, und nur regelmäßiger Geschlechtsverkehr könne das eigene Orgongleichgewicht aufrechterhalten. Reich unterstützte neben anderen körperorientierten Therapien Weinen, Schreien, Berühren, Treten, Kissenboxen und die Stimulation des Brechreizes, um die »Abwehr« des Körpers zu zerschlagen, die Rüstung, die viele Menschen sich aneigneten, um eine Teilnahme am Erwachsenenleben zu vermeiden. Der Akt, der laut Reich für jeden Patienten die abschließende Heilung ankündigte oder ermöglichte, war der freudige, erfüllende Geschlechtsverkehr. Die freudsche Therapie ziele darauf ab, die psychische Abwehr zu durchbrechen, woraufhin körperliche Symptome wie der traumatisch gelähmte Arm verschwänden. Die reichsche Therapie hingegen bezwecke, die Abwehrmechanismen des Körpers anzugreifen, um in der Folge Veränderungen des Charakters und eine psychologische Integration zu ermöglichen. Obwohl viele von Reichs Theorien von den Vertretern der psychologischen Hauptrichtungen übereinstimmend zurückgewiesen wurden, haben seine Hervorhebung des Körpers und Aspekte seiner Techniken den Weg in verschiedene nachfolgende Therapien gefunden.

In den siebziger Jahren erfreuten sich die kathartischen Therapien einer umfassenden Renaissance. Ein Haufen neuer psychotherapeutischer Techniken und Schulen kam auf, die der Gegenkultur der Sechziger mit ihrer hoch bewerteten Selbstdarstellung und ihrer Intensivierung des, wie Philip Rahv ihn nannte, »Erfahrungskults« in der amerikanischen Gesellschaft viel zu verdanken hatte. Ein 1976 erschienener Konferenzbericht mit dem Titel *Emotional Flooding* glaubt, die Wiederauferstehung der emotiven Therapien sei ausdrücklich den Anforderungen dieser »gegenwärtigen jungen Generation, die auf vielerlei Art ihr fehlendes Vertrauen in die Wortfülle proklamiert und sich an intellektuellen Lösungen emotionaler Probleme versucht hat«, zu verdanken. Der Psychologe Paul Olsen, der die Herausgabe des Bandes besorgte, hielt dies für eine gute Sache. »Die direkte Stimulation von Emotion bei den Patienten«, schrieb er, »ist vielleicht der aufregendste und bedeutsamste therapeutische Trend, den der mit der geistigen Gesundheit befaßte Berufsstand in den vergangenen zwei Jahrzehnten miterlebt hat.« Für Olsen und die meisten der Therapien, die er vorstellt, ist »Emotion« ein primär physisches und weniger ein psychologisches Gebilde, das häufig auf physischem Wege stimuliert und anhand der Intensität seiner physischen Manifestation gemessen wird.

Olsen räumt ein, dass die Übertragung des Interesses vom Intellekt auf den Körper, die diese emotionale Stimulation andeutet, Reich viel zu verdanken und außerdem durch seinen Einfluss zahlreiche neue Wendungen hervorgebracht hat. *Emotional Flooding* enthält Aufsätze über Gestalt-Therapie, Psychodrama, strukturelle Integration (Rolfing), bioenergetische Analyse, Trauerarbeit und eine ganze Reihe anderer, kurzlebigerer Schulen. Ihre gemeinsame Basis ist der Ausdruck von Emotion als entscheidender Bestandteil der therapeutischen Begegnung, denn schließlich, wie einer der Mitautoren der Aufsatzsammlung es formulierte, ist die »Neurose eine Erkrankung der Gefühle«.

Arthur Janovs Primär- oder Urschreitherapie beispielsweise verlangt »das Öffnen des ganzen Wesens für den vollständigen Ausdruck der tiefsten und primitivsten Gefühle«. In der dreiwöchigen Initialphase, mit der die Therapie beginnt, wird der Patient vollständig von der Außenwelt abgeschnitten und ermuntert, in sein frühkindliches Stadium, inklusive Weinen und Schreien, zu regredieren. »Schreien und Weinen wird uns aberzogen«, schreibt Sidney Rose, ein Primärtherapeut und Psychiater. Von Eltern und anderen Versorgungspersonen werden wir gezwungen, unsere emotionalen Reaktionen zu unterdrücken. Die Primärtherapie nun gestattet es dem Patienten, »alte Drehbücher zu Ende zu bringen und einen wirklichen Abschluß zu erreichen ... die Emotionen zu spüren, die damals verwehrt waren«. In der nachfolgenden ein Jahr oder länger dauernden Therapie lernt der Patient langsam, »sich mit seinen tiefsten Gefühlen abzufinden, die nicht zu spüren er sich ein Leben lang abgemüht hat«.

In *Der Urschrei: Ein neuer Weg der Psychotherapie* (1970) macht Janov deutlich, dass alltägliches Weinen nicht ausreicht. Die Tränen, die wir etwa bei einem Film oder einem Theaterstück vergießen, sind im Allgemeinen »eher die Folge der Befreiung des Gefühls als die Erweiterung zu totalen Urgefühlen. Erst der Befreiungsprozeß trägt zur Auflösung des vollständigen Gefühls bei. Er widerlegt das Gefühl, führt es ab und mindert damit den Schmerz.« Eine sehr viel vollständigere und extremere Katharsis, als Aristoteles sie sich vorgestellt hatte, sei erforderlich, erklärte Janov. Der Patient muss schreien und heulen. Rose, der seinen Ableger als »Therapie intensiver Gefühle« bezeichnet, ist überzeugt, die Wirksamkeit der Technik werde schließlich dafür sorgen, dass sie sich durchsetzt. Janov behauptet, mit seiner Technik 90 Prozent seiner Patienten zu »heilen«. Keine unabhängige Untersuchung hat ihre Behauptungen jemals bestätigt.

Noch viele andere psychotherapeutische Schulen versprachen Heilung durch Weinen. Daniel Casriel verwendete in seiner auf eine neue Identität abzielenden Therapie ebenfalls Weinen als grundlegendes therapeutisches Mittel: »Weinen vermag seit der Kindheit unterdrückte Emotionen freizusetzen, und die Befreiung durch die Entladung kann bedeutende positive Persönlichkeitsveränderungen hervorrufen.« Vamik D. Volkan, ein Psychiatrieprofessor an der medizinischen Fakultät der Universität von Virginia, erfand in den siebziger Jahren die Trauerarbeit für Patienten, die den Tod eines Anverwandten nicht wirkungsvoll betrauern konnten. Sie werden angeregt, »die Gefühle, die der Verlust in ihnen ausgelöst hat, zu erleben und auszudrücken«. Dieser Prozess stelle zugleich Therapie und Heilung dar. Henry Jackins war ein früherer Gewerkschaftsfunktionär, der versuchte, einem Freund in einer Lebenskrise beizustehen. Irgendwann fiel ihm auf, dass der Freund jedes Mal zu weinen anfing, wenn sie miteinander sprechen wollten. Er kam zu dem Schluss, es sei wichtiger, seinem weinenden Freund einfach nur zuzuhören, als die Lösung des Problems auf der Verstandesebene anzustreben. Jedes Mal, wenn der Mann weinte, schien er sich hinterher besser zu fühlen, vernünftiger und zufriedener zu sein, jedenfalls für eine gewisse Zeit. Jackins entwickelte auf der Basis dieser Einsichten die »Neubewertungstherapie«. Je unterdrückter Gefühle seien, desto irrationaler sei in der Folge das Handeln der betreffenden Person. Folglich stehe die Gefühlsentladung im Dienst einer vernünftigeren Lebensführung. Die Neubewertung folge spontan der Katharsis.

Thomas J. Scheff, ein emeritierter Soziologieprofessor von der Universität in Santa Barbara und ein Wegbereiter des wachsenden

Felds der Emotionssoziologie, stellte seine eigene Katharsistheorie in seinem Buch *Explosion der Gefühle: Über die kulturelle und therapeutische Bedeutung kathartischen Erlebens* (1979) dar. Bis heute, so gesteht er ein, sei die Forschung ungenügend, um wirklich zuverlässige Schlussfolgerungen über Katharsis zu ermöglichen. Doch basierend auf seiner eigenen Arbeit als Laientherapeut und dann als lizensierter Ehe-, Familien- und Kinderberater kam Scheff zu dem Schluss, dass Freud und Breuer Recht hatten. »Gefühlsausdrücke wie Weinen [sind] biologische Notwendigkeiten«, schreibt Scheff. »Das Weinen selbst ist ein Instinkt. Das Baby kommt aus dem Mutterleib mit der Fähigkeit, zu schreien und zu weinen. Diese Fähigkeit ist nicht angelernt. Gelernt ist die Fähigkeit, das Weinen zu unterdrücken. Ich möchte behaupten, dass die erlernte Unterdrückung des Weinens und anderer kathartischer Prozesse besonders wichtige Konsequenzen hat, sowohl für Personen wie für Gesellschaften.« Obwohl sich Scheff inzwischen anderen Projekten zugewandt hat, ist er überzeugt davon, dass Weinen von tief greifendem therapeutischem Nutzen sein kann.

Zwei der langlebigsten der in den siebziger Jahren entstandenen emotiven Therapien sind die von Dr. Alexander Lowen entwickelte bioenergetische Therapie und die auf Ida P. Rolf zurückgehende strukturelle Integration. Rolf, die ihr landläufig unter dem Begriff »Rolfing« bekanntes Konzept am Esalen Institut entwickelte, setzt direkte physische Manipulation ein, um intensive Gefühle auszulösen. »Psychologische Komplexe«, schreibt Rolf, »werden im Körper, in Fleisch und Knochen aufgezeichnet und bewahrt.« Ihre Technik, mittels derer sie die Gelenke durch kraftvolles, außerordentlich schmerzhaftes Massieren und Manipulieren »befreit«, soll helfen, den Körper, der durch Aufruhr der Gefühle aus dem Gleichgewicht geraten ist, in seinen vier »Hauptsegmenten« wieder aus- und aufzurichten. Der Schmerz und die Tränen, die mit Rolfing einhergehen, sind das notwendige Ergebnis der Freisetzung sowohl körperlicher als auch psychologischer Spannungen.

Die Flut von Gefühlen und Tränen, von der Personen berichten, die sich einer Rolfing-Therapie unterzogen haben, sind so tief greifend, dass es nicht allein der Schmerz der Massage, der erheblich ist, sein kann, der sie verursacht. Patienten haben, ihren eigenen Berichten zufolge, eine halbe Stunde und länger geweint, und zwar intensiver als je zuvor in ihrem Leben. Für die Personen, mit denen ich über ihre Rolfing-Erfahrungen gesprochen habe, war die Intensität der Erfahrung der Beweis dafür, dass sie »Zugang zu sehr tief liegendem Material« erhalten hatten oder dass »tief verschüttete Gefühle wieder ins Leben zurückgeholt wurden«.

In den siebziger Jahren veranlasste Alexander Lowen, der Erfinder der »bioenergetischen Analyse«, Leute überall im Land, in ihre Kissen zu weinen und zu schlagen und in den Räumen ihrer Therapeuten »tiefes« Weinen zu praktizieren, damit sie über ihre unterdrückten Gefühle mit sich selbst in Kontakt kämen. Lowen sieht den Körper als Speicher psychologischer oder charakterlicher Probleme und interpretiert die Anspannungen in den Gesichtsmuskeln, den langen Skelettmuskeln und den Gelenken, um Aufschluss über die Beschwerden seiner Patienten zu erhalten. Einige Bioenergetiker wie John Bellis vom Institut für bioenergetische Analyse fördern emotionale Ausbrüche als Bestandteil der Therapie, die auch kognitive Arbeit beinhaltet. Doch Lowen selbst ist der Meinung, das ausgelöste emotionale Erleben genüge sich selbst. In *Körperausdruck und Persönlichkeit: Grundlagen und Praxis der Bioenergetik* (1958) und *Bioenergetik als Körpertherapie: Der Verrat am Körper und wie er wiedergutzumachen ist* (1967) gab Lowen die Unterscheidung zwischen psychischer und physischer Energie zu Gunsten einer »fundamentalen Energie des menschlichen Körpers« auf, die er als »Bioenergie« bezeichnete. Ein Gefühl des Verlusts schreie nach Tränen, schreibt Lowen, und wenn die Tränen nicht flössen, dann verwandle sich der Verlust in körperliche Anspannung. Emotionen setzen sich immer dann im Körper fest, wenn sie nicht zum Ausdruck gebracht werden, und so sind die hoch gezogenen Schultern der Angst, die eingefallenen Schultern der Schuldgefühle, der steife, gerade Rücken des emotional Unflexiblen und Unnachgiebigen allesamt das Ergebnis zurückgehaltener Tränen. Die so entstandene körperliche Verkrampfung wiederum verhindert emotionales Erfahren und setzt eine Spirale in Gang, die zur Depression führen kann. Folglich ermutigt Lowen seine Patienten, die Couch mit Füßen und Fäusten zu bearbeiten und damit Wut freizusetzen. Diese Entladung befreit den Körper von seiner einer Rüstung ähnlichen Anspannung und gestattet es dem Patienten, sich selbst wieder zu spüren, was in ihm Tränen auslöst.

Bewusstes Verstehen der eigenen Anspannung und Verdrängung allein, meint Lowen im Gegensatz zu Freud, ist keine Hilfe. Die Anfälle und Tränen sind notwendig: »Es ist eine Sache, zu erkennen, daß man traurig ist; es ist eine andere, auch weinen zu können.« Wie viele, die im Bereich der Populärpsychologie arbeiten, wirft Lowen mit tautologischen Umschreibungen um sich, als bewiesen sie seine Theorie. »Weinen, also Schluchzen, ist die früheste und tiefste Art des Spannungsabbaus«, schreibt er, und weiter, »jeder Streß, der im Körper Anspannung hervorruft«, muss also durch Weinen abgebaut werden. Der bioenergetische Analytiker hat die Möglichkeit, den durch Spannungen hervorgerufenen Abwehrpanzer des Körpers durch Massage und Körperarbeit zu durchbrechen und dem Patienten auf diesem Weg zum Weinen zu verhelfen. Hierbei leistet das Weinen und nicht die Massage die eigentliche Arbeit.

In einem seiner späteren Bücher, *Narzißmus: Die Verleugnung des wahren Selbst* (1983), spricht sich Lowen erneut dafür aus, dass »Personen, die in Schwierigkeiten sind, weinen müssen«. Er gibt zahlreiche Fallgeschichten wieder, in denen Patienten außerordentliche Fortschritte auf ihrem Weg zur geistigen Gesundheit gemacht hätten, weil er ihnen dazu verholfen habe zu weinen. »Zum Glück war es mir gelungen, Mary dabei zu helfen, mit ihrer Traurigkeit in Berührung zu kommen und durch Weinen einiges davon abzubauen«, schreibt Lowen über eine Patientin. »Damit wurde es ihr möglich, ihr Leugnen aufzugeben, ihre Wirklichkeit zu sehen und Verbindung mit ihrem körperlichen Selbst aufzunehmen, was ihr eine Kraft verlieh, die sie niemals zuvor besessen hatte.« Lowen bietet keine Erklärung für den Ablauf und seine Konsequenzen an – allein die Tatsache, dass es sich so verhielt, reichte ihm als Erklärung.

Im Zuge der in den siebziger und achtziger Jahren gern zitierten Selbstfindung wurde Weinen zu einer Technik der Psyche, einer Art Urfertigkeit, die es ermöglichte, die ganze Fülle menschlicher Kraft anzuzapfen. All diese Therapien haben Patienten oder Ex-Patienten, die für ihre Wirksamkeit die Hand ins Feuer legen. Ja, sie alle haben Patienten, die ebenso bereitwillig wie die Therapeuten selbst Bekehrungsarbeit leisten. Die entschiedensten Aussagen über die Vorteile des Weinens wurden mir von den Personen unterbreitet, die während einer solchen therapeutischen Sitzung tränenreiche, tief greifende Erfahrungen gemacht haben. Diese Erfahrungen sind, auf einer Ebene, ohne Zweifel kathartisch, da ja die Personen, die sie gemacht haben, sie so beschreiben. Sie fühlen sich transformiert, also müssen ihre verheulten therapeutischen Sitzungen irgendwie kathartisch gewesen sein. Doch eine vor kurzem veröffentlichte Doktorarbeit von Wendy Ellen Davis zieht eine andere Möglichkeit in Betracht. Davis untersuchte die Gewohnheiten und Einstellungen in Bezug auf Weinen bei fast 200 Mitstudenten und stellte fest, dass die Frauen (die häufiger weinten und Weinen öfter als Bewältigungsstrategie nutzten als Männer) von den positiven Auswirkungen des Weinens in psychologischer Hinsicht wie auch bezüglich ihrer Lebensqualität berichteten. Als Davis jedoch standardisierte Stresstests und Gesundheitsfragebögen zur Anwendung brachte,

Radierung aus einer Serie von Darstellungen der zum emotionalen Ausdruck eingesetzten Gesichtsmuskulatur, die, basierend auf den Zeichnungen des Anatomen George Stubbs, für wohlhabende Hobbykünstler hergestellt wurden. Aus C. Knight, Stipple engravings: Ecorche expressions of emotions *(1815).*

stellte sich heraus, dass Weinen mit *schlechterer* statt mit besserer Gesundheit assoziiert wurde und dass Tränen nichts zur Stresslinderung beitrugen. Die Selbsteinschätzung ihrer tränenreichen Episoden und die objektive Bestandsaufnahme ihrer Gesundheits- und Stresslevels passten nicht zusammen.

Die Vorstellung von der Katharsis als Reinigung durch Purgieren findet ohne Zweifel Widerhall im Körperlichen – Erbrechen kann zur Ausscheidung von Giften und Pathogenen führen; niemand hat gerne Verstopfung. Und der Akt des Weinens ist ein Akt der Ausscheidung, wobei es bei den meisten Ausscheidungsformen – Wasserlassen, Schwitzen, Stuhlgang, Auswurf – um die Entfernung ungewollter Abfallstoffe aus dem Körper geht. Auch die religiösen Begleitassoziationen dürfen nicht unterschätzt werden. Beichte, Taufe, Exorzismus, Fasten, Weihwasser, Schwitzhütten – derartiges spirituelles Reinigen und Läutern stellt äußerst lebendige Rituale und Metaphern dar, auch wenn einige von ihnen stark verweltlicht sind. Keine der von Therapeuten angebotenen Erklärungen befindet sich jedoch im Einklang mit der zeitgenössischen Nervenheilkunde, und keine dieser Therapien hat bisher wiederholbare Untersuchungen ihrer Wirksamkeit durchgeführt. Einige Psychologen erklären diesen Umstand mit der grundlegenden Verwechslung von mentalen und physischen Katharsisformen. Andere liefern eine noch einfachere Erklärung: Weinen, behaupten diese Wissenschaftler, begleitet die von den Patienten empfundene Entladung, bewirkt sie jedoch nicht.

Vielleicht ist das der Grund, warum die Katharsis fortbesteht und warum wir auch weiterhin davon ausgehen, ordentliches Ausweinen sorge dafür, dass wir uns besser fühlen. Trotz der Tatsache, dass Freud und die Mehrheit der wissenschaftlich orientierten Psychologen und Neurologen die Katharsishypothese zurückweisen, bleibt sie im gesellschaftlichen Bewusstsein tief verwurzelt. Sie findet sich in allen nur denkbaren Bildern wieder, angefangen bei dem Kultfilm *Die phantastische Reise*, in dem ein Mann weinen muss, um das eingeschrumpfte U-Boot, das in seinen Adern umherfährt, auszuscheiden, bis hin zu einer kürzlichen Joop!-Jeans-Werbekampagne, in der zusammenhanglos verkündet wurde,

Tränen seien ein Frostschutzmittel der Seele. Doch wenn die Physiologen und Experimentalpsychologen mit ihrer Annahme Recht haben, dass Tränen vom parasympathischen Nervensystem erzeugt werden, dann muss irgendetwas anderes die Seele zum Schmelzen bringen, bevor Tränen laufen können.

Behaviorismus

Als Freud seine Ich-Psychologie entwickelte und Cannon die Emotionsphysiologie neu erfand, trat eine weitere psychologische Schule hervor, die ebenfalls etwas über das Weinen zu sagen hatte. Obgleich der Behaviorismus aus Pawlows Versuchsräumen der klassischen Konditionierung kam, erhielt er seinen Namen und sein theoretisches Grundgerüst als Methode durch John B. Watson. Die Behavioristen stützten sich ganz und gar auf Laborversuche mit Versuchstieren und Menschen und lehnten die introspektiven und philosophischen Tendenzen der James'schen Psychologie und Freuds Theorien vollständig ab. Um als wirkliche Wissenschaft anerkannt zu werden, so Watson, müsse sich die Psychologie an messbares, beobachtbares Verhalten und an rein wissenschaftliche Methoden der Hypothesenbildung und Beweisführung halten. In der Praxis bedeutete dies unter anderem, dass Watson emotionale Reaktionen beobachtete, indem er mit einem Hammer auf eine riesige Stahlplatte schlug, die sich direkt hinter den Köpfen von Kleinkindern befand, um ihre Schreckreaktion zu messen, eine elementare emotionale Reaktion, wie man damals meinte. Obwohl spätere Kritiker wie Noam Chomsky der Auffassung waren, Behavioristen könnten mit solchen Methoden nicht einmal eine Taube von einem Dichter unterscheiden, war der Behaviorismus von den zwanziger Jahren bis hin zur Glanzzeit von B. F. Skinner in den sechziger Jahren die dominierende Schule innerhalb der akademischen Psychologie der Vereinigten Staaten. Der Behaviorismus veränderte die wissenschaftliche Psychologie und war vollständig in sie eingebunden, doch wie bei der klassischen Psychoanalyse Freuds oder der in den zwanziger Jahren entwickelten Physiologie

wurden auch die Übertreibungen und Schwächen des Behaviorismus mit jedem Jahrzehnt immer offensichtlicher. In den zwanziger
Jahren jedoch wähnte man sich mit dieser neuen Schule, die darauf
beharrte, dass die Psychologie eine Wissenschaft des Verhaltens
und nicht des Bewusstseins sein müsse, in vorderster Linie der Sozialwissenschaften, und Watson war der Mann, der sie dorthin gebracht hatte.

Watson, der »Vater« des Behaviorismus, war eine der faszinierendsten Gestalten in der Psychologiegeschichte. Er war nicht
nur Professor an der Johns Hopkins Universität in Baltimore,
der Herausgeber des *Journal of Experimental Psychology* und ein
kontroverser, doch respektierter Erforscher menschlichen und tierischen Verhaltens. Er war auch einer der bekanntesten Psychologen
des Landes, unter anderem deshalb, weil er sich nicht auf das
Schreiben gelehrter Wissenschaftsbeiträge beschränkt hatte, sondern auch als Autor zahlreicher Bücher und Illustriertenartikel
für die breite Öffentlichkeit hervorgetreten war. 1920 wurde er *in
flagranti* mit einer Doktorandin erwischt (auf seinem Schreibtisch,
der inoffiziellen Legende zufolge) und ohne viel Federlesens seines
Postens enthoben. Er nahm eine Anstellung in der Werbeagentur
von J. Walter Thompson an, deren Vizepräsident er bald wurde.
Dort brachte er die Psychologie in der Werbewirtschaft zur praktischen Anwendung. Auch in dieser Zeit schrieb er weiterhin Psychologiebücher für das breite Publikum, und sein Handbuch über
Kindererziehung, *The Psychological Care of Infant and Child* wurde gleich nach seinem Erscheinen 1928 zum Bestseller. Obgleich
einigen Rezensenten die Ratschläge des Buches zu modern waren,
beugten sich die meisten Watsons Autorität.

Im 19. Jahrhundert stimmten die meisten Autoren über Kindererziehung und Kindheitstränen darin überein, dass der Mensch bei
seiner Geburt gut sei und dass er zwar falsch angeleitet werden könne, sich jedoch bei richtiger Unterweisung zu einem moralischen
und gut angepassten Erwachsenen entwickeln würde. Bis dahin lebte das Kind in einer Art Paradies, in dem Tränen der Kindheit wie
andere gefühlsselige Bodenschwellen in einem ansonsten idyllischen Lebensabschnitt verstreut seien. Derartige Gedankengänge

stellten von Rousseau bis zu den Romantikern eine Hauptströmung in der Beurteilung der Kindheit dar, und zahlreiche Psychologen im 20. Jahrhundert hingen weiterhin solchen Vorstellungen an. Der deutsche Psychologe William Stern etwa schrieb in seiner *Psychologie der frühen Kindheit bis zum sechsten Lebensjahr* (1924), Weinen sei ein kurzes Zwischenspiel in einem ansonsten chronischen Zustand des Wohlergehens und der Freude. Stern wendet sich bewusst gegen den Trend der Psychoanalyse und gegen das, was Freud als die »Plage« psychoanalytischer Vorstellungen von Sexualität und Aggression in der Kindheit bezeichnete.

Freudsches Gedankengut hatte bereits in den zwanziger Jahren Einfluss auf Erziehungsratgeber genommen. Die natürliche Verderbtheit von Kindern wurde hervorgehoben und damit auch die Bedeutung von elterlicher Kontrolle, strenger Disziplin und Argwohn. In den von Freud beeinflussten Handbüchern ist folglich ein ausgeprägtes Misstrauen gegenüber Tränen anzutreffen und die Vermutung, kindliches Weinen sei nicht einfach nur eine Ausdrucksform, sondern diene der Manipulation. Diese zynische Einschätzung ging davon aus, dass Kinder immer im Begriff waren, sich zu Hause zu kleinen Tyrannen aufzuschwingen – eine üble Situation, die man meinte, nur durch entsprechende Disziplinierungsmaßnahmen unterbinden zu können. Indem er sich freudscher Ideen bediente, sie jedoch in neue behavioristische Formen goss, kam Watson zu dem Schluss, alles Weinen werde am besten vollständig ignoriert. Mutterschaft sei nicht vor allem eine von Liebe bestimmte Beziehung, sondern müsse als Beruf wie etwa der des Ingenieurs betrachtet werden. Offenbar hatten Mütter seit Jahrtausenden herumgepfuscht und ihren Nachkommen und der Menschheit allerlei Schaden zugefügt. Watson war der Meinung, es sei an der Zeit, die wichtige Arbeit, die Mütter leisten, professioneller anzugehen. Watson propagierte das genaue Gegenteil dessen, was wir heute, da Mütter in wachsendem Maße außerhalb ihres Zuhauses arbeiten und die Familie noch einmal neu erfunden wird, zu hören bekommen. Wenn wir heute meinen, dass Eltern nicht ausreichend Zeit mit ihren Kindern verbringen, dann lässt sich Watsons Credo knapp in einer seiner Kapitelüberschriften wiedergeben: »Zu viel Mutterliebe.«

Zu viel Mutterliebe sei, unter anderem, für das übermäßige Weinen von Kleinkindern verantwortlich. »Die Tatsache, dass unsere Kinder fortwährend weinen und jammern, macht ihren unglücklichen, ungesunden Zustand, in dem sie sich befinden, deutlich. Ihre Verdauung ist gestört und auch ihr ganzes Drüsensystem ist vermutlich durcheinandergebracht.« Und daran ist allein die Mutter schuld.

> Seit Eva haben Mütter zugesehen, wie ihre Kinder in die Welt treten und langsam erwachsen werden. Sie wissen, daß im Laufe der Zeit mehr und mehr Dinge daheim sie zum Weinen bringen. Wenn das Baby hundertmal am Tag weint, was bei vielen Millionen von ihnen der Fall ist, dann nennen wir es »verzogen«. Und wir machen das Kind dafür verantwortlich, statt, wie es eigentlich der Fall sein sollte, die Verantwortung hierfür auf die Schultern zu legen, auf die sie gehört.

Spätere Behavioristen vertraten die Auffassung, dass wir, wann immer wir uns unseren Kindern zuwenden, sie tatsächlich belohnen. Wenn wir uns ihnen jedes Mal, wenn sie weinen, widmen, werden sie mit ihren Tränen immer dann unsere Aufmerksamkeit fordern, wenn es ihnen gerade passt. Doch Watson geht es hier um etwas anderes. Er meint, Kinder würden nicht deshalb verzogen, weil Mütter und Kindermädchen sie durch ihre Reaktion auf ihre Tränen belohnten, sondern weil sie dies durch Umarmungen und Küssen täten.

Und darin läge die Gefahr:

> Die Mutter weiß, das Kind kann vor Freude lächeln und glucksen und lachen. Sie weiß, daß es girren und seine pummeligen Ärmchen ausstrecken kann. Was könnte für eine junge Mutter rührender und süßer, hinreißender sein! Und um diese Freudenschauer zu bekommen, nimmt eine Mutter einiges auf sich. Sie hebt das Kind auf, küßt und knuddelt es, wiegt es, streichelt es und nennt es »Mamas kleines

Lämmchen«, bis das Kind sich schließlich immer dann unglücklich und schlecht fühlt, wenn es keinen direkten Körperkontakt mit der Mutter hat.

Watson zufolge bestehe das wirkliche Problem darin, dass dieser »physische Kontakt mit der Mutter« für das Kind so reizvoll und angenehm sei, dass es gar nicht genug davon bekommen könne. Es sei daher kein Zufall, dass »skrupellose Kinderfrauen« zu allen Zeiten dazu übergegangen seien, schwierige Kinder durch direkte genitale Stimulation zu beruhigen (eine Praxis, die bei so unterschiedlichen Kulturen wie den Kogi und den Havasu üblich ist). Auf diese Weise verwöhnte Kinder entwickelten sich zu Erwachsenen, die ein Leben lang nach Liebe und Stimulation suchten, und da Erwachsenen solch umfassende Liebe oder derartige sexuelle Freuden verschlossen seien, erklärte Watson weiter, seien sie schließlich frustriert und unglücklich. Am besten sei es, wenn Eltern ihr Kind im Alter von nur wenigen Monaten in den Hinterhof setzten, ein paar Löcher grüben, in das es hineinfallen und wieder herausklettern und auf diese Weise seine Problemlösungsfähigkeiten entwickeln könne. Auf sich gestellt und in die Löcher fallend, meinte Watson, entwickle sich das Baby zu einem selbstständigen Individuum.

Mit dieser Ächtung von Umhegen und Trösten schien sich Watson, obgleich er ein erklärter Feind der Psychoanalyse war, schwer auf freudsche Vorstellungen bezüglich des typischen mütterlichen Umgangs mit ihrem Kind zu stützen, wie dieser sie etwa in *Drei Abhandlungen zur Sexualtheorie* (1905) darlegt:

> Der Verkehr des Kindes mit seiner Pflegeperson ist für dasselbe eine unaufhörlich fließende Quelle sexueller Erregung und Befriedigung von erogenen Zonen aus, zumal da letztere – in der Regel doch die Mutter – das Kind selbst mit Gefühlen bedenkt, die aus ihrem Sexualleben stammen, es streichelt, küßt und wiegt und ganz deutlich zum Ersatz für ein vollgültiges Sexualobjekt nimmt. Die Mutter würde wahrscheinlich erschrecken, wenn man ihr die Aufklärung gäbe,

daß sie mit all ihren Zärtlichkeiten den Sexualtrieb ihres Kindes weckt und dessen spätere Intensität vorbereitet. Sie hält ihr Tun für asexuelle »reine« Liebe, da sie es doch sorgsam vermeidet, den Genitalien des Kindes mehr Erregungen zuzuführen, als bei der Körperpflege unumgänglich ist.

Obwohl also Freud der Auffassung ist, dass die Mutter das Kind sexuell erregt, meint er andererseits auch, dass sie sich deshalb nicht zwangsläufig schlecht fühlen muss. Nur auf ein »Zuviel von elterlicher Zärtlichkeit« muss geachtet werden. Die durchschnittliche Mutter, schreibt er, würde, wenn sie um die Bedeutung der Triebe für das Seelenleben wüsste, sich

alle Selbstvorwürfe ersparen. Sie erfüllt nur ihre Aufgabe, wenn sie das Kind lieben lehrt; es soll ja ein tüchtiger Mensch mit energischem Sexualbedürfnis werden und in seinem Leben all das vollbringen, wozu der Trieb den Menschen drängt. Ein Zuviel von elterlicher Zärtlichkeit wird freilich schädlich werden, indem es die sexuelle Reifung beschleunigt, auch dadurch, daß es das Kind »verwöhnt«, es unfähig macht, im späteren Leben auf Liebe zeitweilig zu verzichten oder sich mit einem geringeren Maß davon zu begnügen.

Zwar stellt ein solches Übermaß ein Problem dar, Freud empfindet es jedoch nicht, wie Watson, als die Regel. Eine normale mütterliche Versorgung, wie sexualisiert sie auch sein mag, erscheint Freud für eine normale Entwicklung erforderlich.

Watson jedoch behauptet hartnäckig, bereits die »normale« Versorgung sei schädlich. In den zwanziger Jahren, eine Zeit, in der die Menschen vor einem Zuviel an Emotionen Angst hatten, wurden Freuds und Watsons Vorstellungen in amerikanischen Zeitungen und Zeitschriften heftig diskutiert. Den Ersten Weltkrieg sah man als Folge zu großen Nachgebens gegenüber unzivilisierten Leidenschaften, und die raschen sozialen und kulturellen Veränderungen der zwanziger Jahre wurden von einigen als Angriff unreifer

Backfische und durch ihren neuen Wohlstand verdorbener Herzensbrecher gegen die Zivilisation interpretiert. Die Funktion des Drüsensystems wurde nach und nach entdeckt, und die intellektuelle wie die populäre Presse trug zur Verbreitung von Vorstellungen hinsichtlich der erforderlichen Kontrolle von primitiven, grundlegend biologischen Emotionen bei. Ein leicht verständlicher Zeitschriftenartikel etwa warnte seine Leser (Überschrift): »Ihre Gefühle gewinnen die Oberhand, wenn Sie nicht aufpassen!« Und wenn es um kindliches Weinen ging, dann warf man »überängstlichen« und »nachgiebigen« Müttern vor, weinerliche, trübselige Erwachsene zu produzieren, die Sklaven ihrer eigenen primitiven Triebe waren. 1924 warnte das amerikanische Jugendamt Mütter davor, ihre Kinder zwischen den Mahlzeiten aufzunehmen, da sie sonst nur »verwöhnte, schwierige Kinder und Haustyrannen« hervorbrächten, deren ständige Forderungen die Mutter versklavten.

Die Zurückweisung von körperlicher Zuneigung zu Gunsten einer mehr wissenschaftlichen Herangehensweise beschränkte sich also nicht allein auf den Behaviorismus. In Anbetracht von Watsons trauriger Berühmtheit überrascht es nicht, dass eine ganze Reihe behavioristischer Ableger oder zumindest Neubenennungen entstanden. Albert P. Weiss machte die allgemeine Verbreitung des Behaviorismus für die Verwässerung seiner wissenschaftlichen Strenge verantwortlich und bezeichnete 1928 seine eigene Sorte von Behaviorismus als »biosoziale Psychologie«. Für Weiss lag die Überlegenheit des Behaviorismus und der biosozialen Psychologie in deren Wissenschaftlichkeit. Die Mehrheit der übrigen oder vorausgegangenen Schulen empfand er hingegen als rein »literarisch«. Behavioristen weigerten sich, unbewiesene Verallgemeinerungen zu konstatieren und ungerechtfertigte Exkurse in das Bewusstsein anderer zu unternehmen. Dies brachte Weiss zu dem Schluss, »was traditionell unter dem Begriff Emotion zusammengefaßt wurde«, könne doch eigentlich nur als »literarische Umschreibung der biologischen Faktoren Förderung und Störung« betrachtet werden. Förderung findet statt, wenn wir angenehme Gefühle haben, die unser Handeln unterstützen. Unangenehme Gefühle hingegen stellen eine Störung dar und unterbinden unser Handeln. Andere

Behavioristen hatten eine ähnlich eingeschränkte Vorstellung von Emotion. Harvey A. Carr schrieb 1925, dass »ein Gefühl vorläufig als somatische Korrektur definiert werden kann, die instinktiv durch eine stimulierende Situation veranlaßt wird und ihrerseits eine wirkungsvollere Anpassungsreaktion an diese Situation fördert«. 1938 erweiterte B. F. Skinner dieses Konzept und sagte: »Die Emotion stellt in erster Linie gar keine Reaktion dar, sondern einen Stärkezustand, der in vielerlei Hinsicht mit einem Trieb vergleichbar ist.« Damit legt er zugleich nahe, Emotion sei lediglich im Hinblick auf ihre Auswirkungen auf Handeln oder Verhalten von Bedeutung.

Aus dieser behavioristischen Perspektive kann sich die alte Frau in Albees Schauspiel gar nicht »ordentlich ausweinen«. Entweder erfüllt ihr Weinen die Funktion der Förderung von etwas anderem oder es dient einfach dem Zweck, die Altenpflegerin herbeizuholen, womit es vollkommen überflüssig ist. Oder aber es handelt sich um eine Störung, und in Anbetracht von Albees Regieanweisungen scheint dies am wahrscheinlichsten. Wie die Abscheu vor sich selbst stellt sich Weinen einfach nur den eigenen praktischen und sozialen Wünschen in den Weg. Genau das ist es, was nach Auffassung der Behavioristen »unordentliches Ausweinen« bewirkt. Der entscheidende Beitrag, den die frühen Behavioristen zur Erforschung des Weinens geleistet haben, besteht in ihrem Beharren auf der Untersuchung des Weinens als Verhalten, wozu der Wissenschaftler keiner Kenntnis von der Kognition des Weinenden bedarf. Die Schwäche ihrer Methode aber war, dass sie nicht erklären konnte, welchen Unterschied die Kognition macht.

Alle Experimentatoren und die meisten Kliniker sind mittlerweile, wenigstens bis zu einem bestimmten Grad, Behavioristen; das bedeutet, sie alle schenken experimentellen Ergebnissen Glauben, die keine Beschreibung von Gedanken und Gefühlen durch den Probanden voraussetzen, und verlassen sich stattdessen auf messbare physische Veränderungen, Bewegungen, Handlungen und konzentriertere physiologische Messungen. Das ursprüngliche Verbot, sich mit dem Bewusstsein zu beschäftigen, wurde inzwischen aufgehoben, und die meisten Psychologen gehen von der Kombination einer Vielzahl von Faktoren aus (und untersuchen sie auch), deren Gesamtheit sich nicht ordentlich in den Glaubenssatz einer einzelnen Psychologieschule pressen lässt. Silvan Tomkins, einer der wichtigsten amerikanischen Emotionspsychologen der sechziger Jahre, freute sich, als er feststellte, dass die strengeren, archetypischeren Formen des Behaviorismus ihre Kontrolle über die Disziplin verloren. »Seit einem halben Jahrhundert, in dem sich die Psychologie ausschließlich dem Verhalten ohne den Segen des Bewußtseins verschrieben hat, schlafwandelt sie in einem unbekümmerten, traumlosen Schlaf«, schrieb er 1964. »Nun wurde sie aus diesem Zustand erweckt und gewinnt langsam das Bewußtsein zurück.«

Kognition

Am 19. Oktober 1927 fand im Wittenberg College in Springfield, Ohio, eine bemerkenswerte Versammlung von Psychologen statt. Alfred Adler kam aus Wien, Pierre Janet aus Paris, William Stern aus Hamburg, Carl Jörgenson aus Kopenhagen und Walter Cannon, Harvey Carr, Carl Seashore, Robert Woodworth, Joseph Jastrow, Morton Prince, William McDougall, Kight Dunlap, James Catell, Edwin Slosson und zwei Dutzend weitere Psychologen aus den Vereinigten Staaten und der Welt kamen zu einem Symposion über Emotion zusammen. E. B. Titchner, der Psychologieprofessor aus Cornell, der wesentlich zur Etablierung der experimentellen Psychologie in Amerika beigetragen hatte, sollte den Vorsitz übernehmen, doch er starb ein paar Monate vor Beginn der Konferenz. Die wenigen international anerkannten Forscher in Sachen Emotion, die nicht kommen konnten – Dewey, Koffka, Thorndike, Yerkes und andere – übermittelten ihr »aufrichtiges Bedauern und ihre besten Wünsche für den Erfolg der Versammlung«.

Die damals aktuellen Methodenlehren wurden durch Behavioristen, Funktionalisten, Physiologen, Psychoanalytiker und Statistiker vertreten. In Vorträgen wie Jastrows »The Place of Emotion in Modern Psychology«, Avelings »Emotion, Conation, and Will«

und Margaret Washburns »Emotion and Thought« kristallisierte sich eine neue Herangehensweise an den Gefühlsbereich. Später wurde er als der kognitive Ansatz bezeichnet. Jastrow sagte voraus, die Entwicklung der psychologischen Einschätzung von Emotionen würde Forscher schließlich zu sowohl das Denken als auch das Fühlen umfassenden »Motiven« führen. Aveling beschrieb Experimente, die die Wirkung von Gefühlen auf die Kognition zeigten, und Washburn lieferte zum gleichen Thema theoretische Argumente, indem sie sich in ihrer Arbeit auf die »Motorik-Hypothese« oder die Physiologie stützte. Allen Konferenzteilnehmern waren die Vorstellungen des Behaviorismus geläufig – ein paar von ihnen ließen sich zu Angriffen gegen die Schule und ihren in Ungnade gefallenen Begründer hinreißen –, und der Einfluss von behavioristischem Denken wurde ersichtlich aus der vermeintlichen Notwendigkeit, sich auch dann auf körperliche Abläufe zu konzentrieren, wenn man das untersuchte, was man in früheren Zeiten als rein mentale Prozesse isoliert hätte.

Dieser doppelte Brennpunkt bewahrte sich seit Ende der zwanziger Jahre seine entscheidende Bedeutung in der Entwicklung der Kognitionspsychologie. Durch die gesamte Disziplin zog sich die Konvergenz aus quasi-physiologischem freudschem Denken, fanatischem physiologisch-behavioristischem Gedankengut, labororientiertem Experimentalismus und gründlichem Misstrauen gegenüber »literarischem« Theoretisieren, was eine Vielzahl von Syntheseversuchen aus Kognition, Sinneswahrnehmung, Empfindung, Konditionierung und Biologie bewirkte. Paul Young etwa definierte 1943 Emotion folgendermaßen: »Eine akute Störung des Individuums in seiner Gesamtheit, die unter Einbeziehung von Verhalten, bewußter Erfahrung und viszeralen Funktionen psychologischen Ursprungs ist.« Im Laufe der Jahre gewann die Kognitionspsychologie an Anhängern und löste nach und nach den Behaviorismus ab, wobei sie die überwiegende Mehrzahl behavioristischer Methoden integrierte. Mit der Zunahme von Informationstheorien, die eine Folge der Computerforschung waren, wurde Kognition immer weniger als Gegenstand der Introspektion betrachtet, sondern in wachsendem Maß mit Regelkreisen, Beurteilungen und Berechnungen in Verbindung gebracht. Dem Körper maß man auch weiterhin vorrangige Bedeutung bei, doch der Mittelpunkt somatischen Interesses verlagerte sich von der Endokrinologie zur Neurophysiologie.

Michael Nichols und Melvin Zax, die sich Ende der siebziger Jahre mit der Welle kathartischer Therapien beschäftigten, unterschieden zwischen somatisch-emotionaler und kognitiv-emotionaler Katharsis. Die erste ist eine rein körperliche Erfahrung, und die zweite, wie in Freuds Abreaktionstheorie, vor allem Sache der Psyche, auch wenn somatische Veränderungen den Prozess begleiten. Somatisch-emotionale Theorien wie jene von Reich, Janov und Rolf stützen sich auf die Vorstellung gespeicherter Emotionen, ein Konzept, das nun, zum Jahrhundertwechsel, schließlich unhaltbar geworden ist. Hingegen werden Patienten in kognitiv-emotionalen Therapien nicht einfach nur ermutigt, traumatische Emotionen neuerlich zu erleben. Man fordert sie vielmehr auf, Erinnerungen wachzurufen und neuerlich zu erleben, die sie auf Grund der negativen Gefühle, die sie hervorrufen würden, bisher zu vermeiden versucht haben, einzig um sie in der Therapie kognitiv in einen neuen Zusammenhang zu stellen.

Der Unterschied, den Nichols und Zax zwischen somatisch-emotionaler und kognitiv-emotionaler Katharsis machen, lässt sich an den von Joseph LeDoux festgestellten unterschiedlichen Funktionen von Hippokampus und Amygdala festmachen (siehe erstes Kapitel). Wie LeDoux zeigt, verlangen die Fähigkeit, eine Emotion zu fühlen, und die Fähigkeit, die Bedeutung eines emotionalen Augenblicks zu konstruieren oder zu erinnern, die Tätigkeit unterschiedlicher Gehirnbereiche, die dabei unabhängig voneinander oder koordiniert in Aktion treten können. Dies erklärt, warum manche Appelle an emotionales Verstehen keinen Einfluss auf die Gefühle nehmen, und warum Gefühle möglicherweise ohne Wirkung auf den Verstand bleiben. Also kann ein Schauspieler, der sich der Erinnerung an ein vergangenes Trauma hingibt, zugleich über die Wirkung seines Weinens auf sein Publikum nachdenken. Selbst wir Nichtschauspieler sind oft fähig, in aller Aufrichtigkeit

Tränen zu vergießen und gleichzeitig unser Weinen um der stärkeren Wirkung willen sorgfältig zu modulieren. Und wir sind fähig, in der Therapie wieder und wieder zu weinen, ohne je Einfluss auf die Erinnerungen, die unseren Tränenausbruch auslösen, zu nehmen und vielleicht sogar ohne je einen bewussten Zugang zu ihnen zu finden.

In kognitiven Theorien wird die Auffassung vertreten, dass es Erinnerungen sind, die wir speichern, nicht Gefühle. Nach dem Verständnis von Kognitionspsychologen ist die Vorstellung, dass wir ungefühlte Emotionen in uns aufbewahren und dass Tränen solche unterdrückten Gefühle fortwaschen, eine Selbstüberlistung durch unsere eigenen Metaphern. Vielmehr seien Erinnerungen, Antonio Damasio zufolge, so »markiert«, dass sie die physiologischen Reaktionen auslösen, die auch die ursprünglichen Ereignisse ausgelöst haben. Jedes Mal, wenn wir über ein vergangenes Ereignis Tränen vergießen, tun wir dies, weil die Erinnerung daran mit Tränen gekennzeichnet ist, und versehen sie damit erneut mit dem Marker »Weinen«. Wenn wir uns das nächste Mal an das Ereignis erinnern, werden wir wieder weinen, es sei denn, wir haben unser Verständnis dieser Situation überarbeitet und versehen sie mit einem anderen emotionalen Etikett. Das Besinnen auf eine Enttäuschung oder auf eine Beleidigung kann uns, wenn wir das Wesen von Enttäuschungen überdenken oder uns gegen Beleidigungen besser zu schützen lernen, von Jahr zu Jahr, von Jahrzehnt zu Jahrzehnt andere Erinnerungen entlocken. Die Erinnerung bewahrt viele gleich bleibende Bilder, doch jedes Mal, wenn wir sie erneut hervorholen, steht es uns frei, die mit ihr verbundenen emotionalen Assoziationen zu revidieren.

Barry Guinagh zufolge, einem Professor für Lernpsychologie an der Universität von Florida, bedienen sich somatisch-emotionale Katharsistheorien eines »Containermodells« mit der Begründung, dass sich nicht zum Ausdruck gebrachte Gefühle ansammeln und dass sie entlassen werden müssen, damit die betreffende Person richtig funktionieren kann. Freuds Containermodell in seinen *Studien über Hysterie* ergibt sich aus seiner (erst seit kurzem bekannt gewordenen) Forschung über Neuronen, die, wenn sie energetisch aufgeladen sind, das optimale Gleichgewicht des Nervensystems umstoßen. Das aufgeladene Neuron muss also feuern, damit das Gleichgewicht wiederhergestellt werden kann. Die meisten kathartischen Theorien bedienen sich so genannter Container- oder »hydraulischer« Modelle, etwa wenn Janov von der Notwendigkeit schreibt, den »primären Schmerzpool« trockenzulegen. Fritz Pearls, der bekannteste Apostel der Gestalt-Therapie in den sechziger Jahren, verwendete stattdessen das Modell der »unerledigten Angelegenheiten« und bezeichnete das Containermodell als »aristotelische und freudsche Entleerungstheorie«. Indem er seine Theorie auf Wünschen aufbaut, versucht er, wie Freud, kathartisches Denken fast völlig zu vermeiden. Emotionen, so Pearls, seien Ausdruck des Bedürfnisses, etwas zum Abschluss zu bringen: Furcht ist der nicht zum Abschluss gebrachte Wunsch nach Flucht; Sehnsucht ist der unerfüllte Wunsch, einem anderen Menschen nahe zu sein. Wenn die unerledigte Angelegenheit – also die sozialen oder psychologischen Bedürfnisse oder Zwänge, die den Wunsch zu handeln auslösen – unerledigt bleibt, dann wird das Gefühl der Dringlichkeit, werden die Emotionen, welche die frustrierte Aktion ursprünglich ausgelöst hat, immer wieder auftauchen. Emotionen drängen uns also zum Handeln.

Pearls Auffassungen sind der »Bewertungstheorie« seiner Zeitgenossin Magda Arnold vergleichbar. Sie hat mit ihrer Arbeit großen Einfluss auf die akademische Psychologie genommen, und ihr Buch *Emotion and Personality* (1960) wurde von Psychologen häufig als der Anfang kognitiver Emotionstheorien bezeichnet. (Doch die Psychologie verfügt von allen Disziplinen vermutlich über das ungenaueste und unkultivierteste Gespür für die eigene Geschichte; wie wir festgestellt haben, traten andere mit Vorstellungen, die jenen Arnolds vergleichbar sind, bereits in den zwanziger Jahren hervor.) Arnold war der Meinung, ein Gefühl sei »eine gefühlte Neigung hin zu allem, was als gut bewertet, und fort von allem, was als schlecht bewertet« werde. Folglich ist Furcht eine Neigung fort von einem Stimulus, Liebe eine Neigung hin zu einem Objekt. Arnolds Sichtweise ist Bestandteil einer alten Tradition, die das Werk des holländischen Philosophen Baruch Spinoza und des englischen

Philosophen David Hume einschließt. Spinoza vertrat im 17. Jahrhundert die Auffassung, Emotionen erfüllten die Aufgabe, Handlung entweder zu erschweren oder zu erleichtern, und für Hume, der Spinozas Thesen ein Jahrhundert später aufgriff und um mentale Aktivität oder Kognition erweiterte, bewirkten Gefühle Kognition und damit Handlung. Arnold unterscheidet weiter zwischen

Kopien der Zeichnungen von Le Brun und Chodowiecki in Lavaters Physiologiekompendium. Johann Caspar Lavater, Physiognomische Fragmente zur Beförderung der Menschenkenntnis und Menschenliebe *(1775).*

expressiven und qualvollen Emotionen. Qualvolle Emotionen sind frustrierte Aktivitätsimpulse (Traurigkeit ohne Weinen, Furcht ohne Flucht) und somit das Gegenteil von expressiven Emotionen (Traurigkeit mit Tränen, Furcht mit Schreien), bei denen der Gefühlsausdruck eine Handlung ersetzt. Da Emotionen Neigungen zum Handeln sind, kann die durch sie motivierte Handlung Erleichterung von ihrer Erregung schaffen. Das Weinen des Säuglings und das des Mannes, behauptet Arnold, basieren beide auf einer Bewertung: das des Kindes darauf, dass es hungrig ist und etwas zu essen haben möchte, und das des Mannes darauf, dass er wütend ist, seine Wut aber nicht ausdrücken kann.

Solche Bewertungen können mit einem Mindestmaß an Kognition erfolgen – schon der Anblick eines Bären im Wald verursacht Furcht –, doch diese raschen »Re-Kognitionen« sind genau das: Die Furcht vor dem Bären ist das Wiedererkennen eines früheren Verstehens. Frühe Reiz-Reaktions-Experimente zeigen, dass Kleinkinder ohne Angst mit einer Schlange oder einem Hasen spielen, dass jedoch beide durch Konditionierung zur Quelle unmittelbarer Furcht werden können. Im Zusammenhang mit diesen äußerst instinktbezogenen Beispielen unterscheidet sich Arnolds Theorie nicht wesentlich von jenen der zahlreichen Physiologen, auf die sie sich beruft. Doch die Bewertungen, die in Emotionen resultieren, können auch das Ergebnis weit bewussterer und komplizierterer Gedankenprozesse sein.

Arnolds kognitive Emotionstheorie wurde in den sechziger Jahren durch eine Reihe anderer Psychologen weitergeführt. Am wichtigsten waren hier Stanley Schachter und Jerome Singer, die 1962 ein Modell einführten, das unter dem Namen Kontexttheorie, Emotionstheorie »kognitiver Erregung«, Zwei-Faktoren-Theorie oder einfach als Schachter-Singer-Theorie bekannt wurde. Sie griffen Marañons Experiment von 1924 auf, in dem dieser 210 Patienten Adrenalin gespritzt und sie aufgefordert hatte, ihre Gefühle zu beschreiben, und das bereits Cannon als Beweis für seine Theorien herangezogen hatte. (Diese Rückbesinnung auf die zwanziger Jahre ist ein weiterer Hinweis darauf, dass die Beschäftigung mit Gefühlen auf einer kognitiven Basis dort und nicht in den sechziger

Jahren ihren Ursprung hat.) Adrenalin ist als »sympathomimetisches« Medikament bekannt, da es die Aktivität des sympathischen Nervensystems imitiert. Es leitet unter anderem eine Zunahme des Blutdrucks, der Herzfrequenz, der Atmung und des Blutflusses in die Muskeln und das Gehirn ein. Über zwei Drittel von Marañons Versuchspersonen hatten von körperlichen Empfindungen ohne emotionale Überlagerung berichtet und etwas weniger als ein Drittel von quasi-emotionalen Reaktionen. Doch die große Mehrheit der Personen hatte erklärt, sie fühlten sich, »als ob« sie glücklich seien oder Angst hätten. Bei einigen seiner Probanden hatte Marañon emotionale Themen angesprochen, und sie hatten in der Folge echtes emotionales Erleben geschildert. Auf der Basis dieser Ergebnisse war Marañon zu dem Schluss gekommen, dass erst die emotionalen Themen die Versuchspersonen veranlasst hatten, das in ihren Adern schneller fließende Blut als Emotion zu interpretieren.

Schacher und Singer entschlossen sich, Marañons Versuch noch einmal aufzunehmen und entwickelten ein Experiment, in dem sie den Probanden mitteilten, dass sie eine Vitaminspritze erhalten würden, um den Einfluss von Vitamingaben auf das Sehvermögen zu überprüfen. Jedoch erhielten einige Adrenalin und andere ein Placebo. Wie es die Versuchsanordnung nahe legt, war die Kognitionspsychologie noch immer aufs Engste mit dem Studium des limbischen Systems verbunden. Das Experiment sollte zeigen, welche Rolle Kognition bei der Interpretation der stimulierten Reaktionen des limbischen Systems spielt. Daher erhielt die mit Adrenalin behandelte Gruppe verschiedene Anweisungen. Einigen wurde gesagt, dass die Vitamine Nebenwirkungen zeigen könnten, darunter eine beschleunigte Herzfrequenz, zitternde Hände und ein heißes, gerötetes Gesicht. Andere setzte man nicht über mögliche Nebenwirkungen in Kenntnis. Und wieder andere bereitete man auf ein möglicherweise auftretendes taubes Gefühl in den Beinen, ein kribbeliges Gefühl und leichte Kopfschmerzen vor. Folglich war eine Gruppe korrekt, eine gar nicht und eine falsch informiert worden.

Schachter und Singer brachten dann einige Probanden einzeln mit einem »Handlanger« zusammen, einem Vertrauten der Versuchsleiter, der Einfluss auf das emotionale Verhalten der Probanden nehmen sollte. Einige Personen aus jeder Gruppe mussten einzeln mit dem Vertrauten der Versuchsleiter, der sich entweder euphorisch oder ärgerlich verhielt, auf die Wirkung der Injektion warten. Die Probanden, die von den Nebenwirkungen in Kenntnis gesetzt worden waren, und jene, die das Placebo erhalten hatten, blieben den Provokationen des Vertrauten gegenüber relativ immun. Die Personen jedoch, die gar nicht oder falsch informiert worden waren, charakterisierten ihre Erregung als Ärger oder Euphorie. Schachter und Singer schlossen daraus, dass die Bedingungen sich nicht nur auf den Beginn emotionalen Erlebens auswirken, sondern auch beeinflussen, wie diese Erfahrung interpretiert wird. Die Erregung allein macht die Emotion nicht zu dem, was sie ist. Erst die Erregung im Kontext der kognitiven Bewertung des Gefühls macht das emotionale Erfahren aus. Auf der Basis dieser Logik kann Weinen nur die Bedeutung haben, die wir ihm zuvor beimessen.

Silvan Tomkins, der seine wichtigsten Werke in den sechziger und siebziger Jahren veröffentlichte, entwickelte ebenfalls eine Theorie über die Beziehung von Kognition zum vegetativen Nervensystem und insbesondere zum Weinen. Tomkins war einer der vielen Psychologen, der das Schachter-Singer-Experiment, wie er schrieb, als »gravierend fehlerhaft« empfand, »sowohl in empirischer als auch in theoretischer Hinsicht«. Obgleich die Untersuchung einen nicht zu leugnenden Einfluss auf das Feld nahm, indem sie die Aufmerksamkeit auf mit dem emotionalen Erleben in Zusammenhang stehende kognitive Faktoren richtete, widersprachen doch einige ihrer Ergebnisse den gezogenen Schlüssen: Fast ein Drittel der ursprünglichen Probanden wurden aus den verschiedensten Gründen aus der Analyse ausgeschlossen, und Versuche, die Ergebnisse von Schachter und Singer zu wiederholen, sind bisher gescheitert (insbesondere der 1978 von Christina Maslach unternommene Versuch). Tomkins kritisiert außerdem, dass die beiden Versuchsleiter Ergebnisse der Neurophysiologie nicht mit einbezogen, die die Diskrepanzen der Daten, darunter die Entdeckung der relativen funktionalen Unabhängigkeit des limbischen Mittelhirn-Systems und des vegetativen Nervensystems, hätten erklären können. »Warum«, fragt sich Tomkins, »wurden [die Ergebnisse der Neurophysiologie] fast 20 Jahre lang so ausschließlich den Sozialpsychologen auf die Brust gebunden?« Er erklärt, dass die Fronten zwischen Kognitionspsychologen und Behavioristen vermutlich unverrückbar abgesteckt waren und dass sich die Kognitionspsychologen an Schachters und Singers Schlussfolgerungen wie an einem Manifest festbissen. Der von den beiden Versuchsleitern festgestellte Erregungsmechanismus verfügte über eine biologische Basis, doch sie kamen zu kognitiven Schlussfolgerungen. Ihre Theorie war eine, die »im Rahmen des platonischen Bilds von Pferd und Reiter ein neurophysiologisch respektables Es lieferte«, schrieb Tomkins 1980, »gezähmt und von der kognitiven Seele am Zügel geführt«. Folglich konnten die Kognitionspsychologen »die Wunschvorstellung beibehalten, daß Denken das Es zu dem macht, was es ist – und sogar unsere Gefühle produziert«.

Und so scheint es kaum denkbar, Tomkins in diese Diskussion innerhalb der Kognitionspsychologie einzuschließen. Schließlich stellt Robert Plutchik, ein anderer früher Kritiker von Schachter und Singer, noch dazu fest, dass es »streng genommen eine Kognitionspsychologie ebenso wenig gibt wie eine Psychologie des vegetativen Nervensystems oder eine Psychologie des Gefühlszustands«. All dies, meinen Plutchik und andere, muss Bestandteil einer umfassenden Diskussion sein. Tomkins widmete seine Karriere dem Versuch, eine Synthese herbeizuführen. Er war überzeugt, dass Gefühle die primären Stimulatoren menschlichen Handelns seien und dass selbst Triebe wie Hunger und sexuelles Begehren sich um der Motivation willen der Gefühle bedienen. Wie Magda Arnold betrachtete also Tomkins Emotionen als Neigungen zum Handeln, und wie Arnold erkannte er, dass Bewertungen oft schon zu Beginn der Emotion wichtig sind. Doch Tomkins stellte auch fest, dass nicht alle Emotionen durch kognitive Bewertungen aktiviert werden.

Tomkins widersprach einem der zentralen Glaubensbekenntnisse von Kognitionspsychologen und Psychotherapeuten: dass sich etwas an der Kognitions- oder Persönlichkeitsstruktur ändern muss, damit die betreffende Person zu geistiger Gesundheit zurückkehren kann. Wenn sich zwei Menschen mit identischen Persönlichkeitsstrukturen in Behandlung begäben und der eine von ihnen eine bedeutende Verringerung negativer Gefühle erführe, dann zeige diese Person eine deutliche Verbesserung, auch ohne dass sie sich auf einer anderen Ebene irgendwie habe anders besinnen müssen. Allein schon die Verringerung der Anspannung lasse größere Gedankenklarheit zu, eine Wahrnehmung des Lebens, die über die des eigenen Körpers hinausgeht, und damit eine Anpassungsfähigkeit, welcher Art auch immer, die es ermögliche, einen eigenen Beitrag zu leisten. Darin, fand Tomkins, bestehe der große Vorteil pharmakologischer Fortschritte. Die Vorläufer von Medikamenten wie Prozac und Zoloft, die bereits in den siebziger Jahren erhältlich waren, reduzierten negative Affekte, »ohne auf irgendeine Weise die grundsätzliche Persönlichkeitsstruktur zu verändern«. Sie ermöglichten es den Patienten, ohne emotionale Not weiter zu leben.

Tomkins physiologische Basis war die Theorie von der Homöosthase, der zufolge der Organismus nach einem Leiden oder einer emotionalen Erregung immer in einen Zustand der Ruhe zurückkehren möchte. Leiden kann sowohl kognitive wie auch soziale Ursprünge haben: Ein hungriger Mann, der kein Essen bestellt, weil er kein Geld hat, ein sexuell erregter Mann, der sich Sex versagt, eine wütende Frau, die ihren Provokateur nicht schlägt – all diese »Handlungen« werden durch die Bewertung der jeweiligen Situation in Relation zur Sozialisation der betreffenden Person determiniert. Die verhinderten Handlungen erzeugen Muskeltonus oder muskuläre Anspannung. Der erhöhte Muskeltonus schickt Botschaften an das Gehirn, das einen hohen Stimulationsgrad aufrechterhält. Dies löst Notreaktionen aus, die ihren Beitrag zum allgemeinen Zustand der unangenehmen Erregung leisten. Weinen, wozu wir uns möglicherweise entschließen, um Hilfe oder Trost zu erhalten, das jedoch auch unfreiwillig durch das parasympathische Nervensystem ausgelöst werden kann (Stichwort: Homöosthase), assoziieren wir mit der Zeit und gewohnheitsmäßig mit Erleichterung. Der Körper hat zu einem Zustand relativer Ruhe zurückgefunden, sodass der Weinende, wenn er schließlich aufhört, sich erleichtert fühlt.

Weinen kann also ausgelöst werden durch eine Bewertung des inneren Zustands, der Umwelt oder durch einen physiologischen Prozess. Tomkins schilt daher all jene, die meinen, Weinen setze Kognition voraus, und spottet über Theorien, die »von einem auf seinem Weg durch den Geburtskanal seine Gedanken sammelnden Fötus ausgehen, der, kaum dass er geboren ist, zu weinen anfängt, weil er die extrauterine Welt als ein Tal der Tränen erkannt hat«. Jede Theorie des Weinens müsse sowohl erlernte wie auch angeborene »Aktivierungsaffekte« und Gefühle erklären, die das Ergebnis von Bewertung sind, und solche, die auf unbewertete physische Reize oder auf Sinneswahrnehmungen beruhen. Zum Beispiel, schreibt Tomkins, »ist das Weinen unmittelbar nach der Geburt ein Weinen der Not. Es ist eine Notreaktion auf das sehr hohe Reizniveau, dem das Neugeborene nach der Geburt plötzlich ausgesetzt ist«. Das Weinen von Säuglingen allgemein sei eine Reaktion auf ein »toxisches« Reizniveau, ob es nun durch Hunger, eine piksende Sicherheitsnadel oder durch Furcht verursacht werde. Doch diese einfache Reiz-Reaktions-Aktivität erklärt Tränen nicht zur Gänze. Weinen ist auch kommunikativ, stellt einen Versuch dar, das Ich und andere »negativ zu motivieren, um etwas zur Verminderung des Weinens beizutragen«. Und als solches ist Weinen rasch gesellschaftlich akzeptabel. Wenn auf Weinen positiv reagiert wird, was bei Neugeborenen meist der Fall ist, dann lernt das Kind, Hilfe zu erwarten, und kann entscheiden zu weinen, um Hilfe anzufordern. Mit der Zeit »wird der Versuch, durch Weinen die Eltern zu kontrollieren, von diesen als solcher erkannt«, und die Sympathie kann durch Gleichgültigkeit, Geringschätzung oder Ärger ersetzt werden. Wie Tomkins feststellt, können Tränen eine große Zahl weiterer Reaktionen auslösen: Weinen werde möglicherweise als Verstoß gegen die elterliche Autorität, als Hinweis auf Verwöhntheit, als Kontrollverlust gewertet oder andererseits als »niedlich« empfunden, als Bestätigung der Allgemeingültigkeit des Leids oder als Hinweis auf die Ungerechtigkeit einer Autoritätsperson (etwa durch einen Bruder oder eine Schwester, der oder die das weinende Geschwister tröstet). Tomkins war davon überzeugt, dass solche Reaktionen nicht nur durch die Kultur erzeugt werden, sondern diese auch formen. Negative, autoritäre Reaktionen auf kleinkindliches Weinen seien auf eine »rechte Ideologie« der Gefühle zurückzuführen und förderten sie zugleich. Ihr zufolge werde von einem Menschen Selbstgenügsamkeit und Anpassung an die bestehenden Autoritäten erwartet. Positive, tröstliche Reaktionen auf die Tränen von Säuglingen hingegen komme von und resultiere in einer »linken Ideologie« der Emotionen, der zufolge der Mensch Hilfe und Unterstützung durch die Gemeinschaft verdient und erwarten darf.

In den letzten Jahren wurden weniger synthetische Theorien vorgeschlagen und wieder hervorgeholt, von denen man zum Beispiel behauptete, dass sie zum ersten Mal kulturelle Unterschiede berücksichtigten. Oder aber man fand neue Argumente, um zur James-Lange-Theorie zurückzukehren. Doch die besten psychologischen Ansätze finden jene, die wie Tomkins annehmen, dass Gefühle über zahllose mögliche Beziehungen zur Kognition verfügen; dass nicht alle Gehirnregelkreise oder physiologischen Systeme oder kognitiven Prozesse, die Bestandteil emotionalen Erfahrens sein *können*, auch an allen Gefühlen beteiligt sein *müssen*; und dass eine angemessene Theorie die ist, die die gesamte Bandbreite der Perspektiven ein- statt ausschließt und nicht versucht, Emotion ein für alle Mal zu erklären.

Aletha Solter, die 1995 im *Pre- and Peri-Natal Journal* schrieb, ist beispielsweise der Auffassung, dass parasympathische Stimulation von Tränen frühkindliches Weinen teilweise erklärt. Wie bereits Tomkins vermutete, sei der Säugling unfähig, seinen zahlreichen Neigungen zum Handeln zu folgen und leide folglich unter Stress. Er weint, um diese Anspannung abzubauen. Eine Kommunikationstheorie könne vielleicht erläutern, warum Säuglinge schreien. Doch wie alle Eltern wissen, sei nur ein Teil der kindlichen Tränen auf kommunikatives Weinen zurückzuführen. Schmerzen verursachten ebenfalls kindliche Tränen. Doch zum Teil würde Weinen eben auch durch parasympathische Stimulation verursacht, nämlich dann, wenn der Säugling – nachdem seine Bedürfnisse befriedigt, sein Schmerz gelindert oder sein Leid auf andere Weise gemildert sei – zur Homöostase zurückkehre.

Beispiele für Untersuchungen, die vor ähnlich synthetischem theoretischem Hintergrund durchgeführt wurden, sind mittlerweile weit verbreitet, und ich werde später mehrere solcher Theorien im Zusammenhang mit Männern, Frauen und Kindererziehung aufgreifen. Doch gibt es noch einen weiteren Strang in der Kognitionspsychologie, den ich bisher aus strategischen Gründen ausgespart habe, und dies ist die Sozialpsychologie. Das Schachter-Singer-Experiment und nachfolgende Versuche basieren offensichtlich auf einer Kognition, die durch soziale Interaktion initiiert, gesteuert und kontrolliert wird, und für Tomkins sind jene, die solche Experimente durchführen, »Sozialpsychologen« im Unterschied zu jenen, die seine eigene Sparte Kognitionspsychologie praktizieren. Die nächste Welle psychologischen Nachdenkens über Tränen war tatsächlich ein äußerst soziologischer Ansatz, bei dem sich Psychologen und Soziologen zusammentaten.

4

Männer und Frauen, Säuglinge und Kinder

In einem Gespräch über Albert Camus' *Der Fremde* erzählte mir eine Studentin, dass weder sie noch ihr Bruder jemals weinten. Höchstens, fügte sie hinzu, als sie noch sehr klein gewesen seien, doch keines der beiden Geschwister könne sich erinnern, in den letzten 15 Jahren Tränen vergossen zu haben. Ihnen bereitete daher die bevorstehende Beerdigung ihrer Großmutter Sorgen, da sie befürchteten, für herz- und lieblos gehalten zu werden, wenn sie bei dieser Gelegenheit nicht weinten. Obwohl beide ihre Tränenlosigkeit gleichermaßen verlegen machte, hatte sich die junge Frau tadeln und für ihre vermeintliche Kaltherzigkeit beschimpfen lassen müssen, während ihrem Bruder ob seiner Fähigkeit zur Selbstkontrolle gratuliert worden war. Zu ihrer großen Erleichterung gelang es der Studentin, auf dem Friedhof schließlich doch zu weinen, doch sie fühlte sich auch danach noch von einer Kultur auf unfaire Weise verachtet, die an ihr die fehlende Bereitwilligkeit zum Weinen kritisiert.

In jeder Gesellschaft, zu jedem Zeitalter spielen Alter und Geschlecht des Weinenden hinsichtlich der Bedeutung immer eine entscheidende Rolle. In einem berühmten von John und Sandra Condry durchgeführten Experiment wurde zwei Gruppen (die sich zur Hälfte aus Männern und zur Hälfte aus Frauen zusammensetzten) das gleiche Video von einem Säugling gezeigt, der beim Anblick eines plötzlich herausspringenden Schachtelmännchens in

Fotografien von weinenden Babys, in Auftrag gegeben von Charles Darwin. Aus Charles Darwin, Der Ausdruck der Gemütsbewegungen bei dem Menschen und den Tieren *(1872).*

Tränen ausbricht. Der einen Gruppe wurde mitgeteilt, dass es sich bei dem Säugling um ein Mädchen handelte, der anderen, dass es ein Junge sei. Die große Mehrheit der Probanden (beider Geschlechter) nahm an, dass das kleine Mädchen aus Angst, der kleine Junge aus Wut weine. Ähnliche Versuche haben diese Ergebnisse bestätigt. Ein und dasselbe Weinen wird je nach Geschlecht unterschiedlich gedeutet.

Soziologen, Sozialpsychologen und Anthropologen haben sich allesamt mit solchen Unterschieden beschäftigt und festgestellt, dass sie eng mit der Zeit und dem Raum verbunden sind, in denen sich das Weinen ereignet. Sie fanden außerdem heraus, dass Tränen offenbar durch Rituale ausgelöst werden. Personen brachen weniger deshalb in Tränen aus, weil sie an Beerdigungen und Hochzeiten teilnahmen und weil es sich hierbei um Ereignisse mit starker Gefühlsbeteiligung handelte, sondern es waren die Rituale, die in Wahrheit die Tränen zum Fließen brachten. Mary Edith Durham, die sich Anfang des Jahrhunderts mit der montenegrinischen Kultur beschäftigte, berichtete von Männern, die bei Beerdigungen mehr weinten als andere und von denen Tränen erwartet wurden, selbst wenn sie den Verstorbenen nicht näher kannten: »Die Männer ... kannten meist den Namen des armen Jungen gar nicht und mussten zunächst in die Einzelheiten eingeweiht werden, bevor sie mit ihrem Wehklagen beginnen konnten, doch innerhalb von ein, zwei Minuten weinten sie bitterlich. Auf dem Nachhauseweg sprachen die Leute darüber, wer am besten geweint hatte.« 1931 schilderte Martin Gusinde die Männer auf Feuerland als sehr viel reservierter, wenn es um das Herauslassen von Gefühlen geht. Von Männern und Frauen wird gleichermaßen erwartet, dass sie bei der Vorbereitung einer Totenfeier und bei den dazugehörigen Ritualen Tränen vergießen, doch sollen sie dies zu jeweils unterschiedlichen Zeitpunkten und Frauen außerdem häufiger tun. Wenn Männer jedoch während der Beerdigung weinen, dann ergießen sich mitunter Ströme von Tränen über ihre verwitterten Wangen, und ihre Herzen werden so weich wie die von empfindsamen Mädchen.

Mehrere Dinge werden deutlich, wenn man solche anthropologischen Berichte näher betrachtet. Zum einen ist es unmöglich, Tränen zu verstehen, wenn nicht die Anforderungen an die emotionale Zurschaustellung von Männern und Frauen einbezogen wird: Montenegrinische Männer beweinen den Tod eines ihnen unbekannten Dorfbewohners also nicht, weil sie besonders sensibel sind, sondern weil ein solches Verhalten Bestandteil ihrer sozialen Verantwortung ist. Zum anderen kann die kulturelle Prädisposition des Beobachters sein Verständnis einschränken und tut dies in der Regel auch – Gusinde vergleicht die Männer mit empfindsamen Mädchen, verunglimpft damit Emotion ganz allgemein und straft seine eigene Charakterisierung der Männer als »reserviert« Lügen. Die Uneinigkeit unter Anthropologen zeigt, dass solche Voreingenommenheit des Beobachters auf seine Persönlichkeit und auf seinen kulturellen Hintergrund zurückzuführen ist. Die Beobachtung eines Anthropologen, dass samoanische Männer aus Angst weinen dürfen und samoanische Frauen nicht, dass jedoch beide Zornestränen vergießen, wird von anderen Anthropologen angefochten. Solche Kontroversen über die Bedeutung von Gefühlsbezeugungen entstehen in der Regel, wenn sie von mehr als einem Feldforscher untersucht werden.

Die Mehrzahl der Anthropologen und Soziologen stimmt jedoch darin überein, dass in den meisten Kulturen die »emotionale Arbeit« ungleichmäßig zwischen Männern und Frauen verteilt ist. Manchmal ist dies offensichtlich, wie etwa im Fall der Tiv, einem afrikanischen Stamm, bei dem sich die Männer nur in seltenen Ausnahmen am Trauern beteiligen. Tiv-Frauen sind allein für das umfangreiche formale Wehklagen verantwortlich. Zum Beispiel schreiben und singen sie die Beisetzungslieder, die eine wichtige Form kulturellen Ausdrucks mit eigenen Regeln, Klassikern und Modeerscheinungen sind. Die Frauen der Tiv sind weitgehend für die Organisation der mit dem Tod in Zusammenhang stehenden Gefühle der Gemeinschaft verantwortlich, obwohl man genauso argumentieren könnte, dass die Zurückhaltung der Männer ebenfalls zur Steuerung des Gefühlslebens der Gruppe beiträgt. In einigen wenigen Kulturen übernehmen Männer die Führung im emotionalen Ausdruck bei Beerdigungsritualen, in anderen teilen sich die Geschlechter die Trauerarbeit, wobei Männer sich um alle physischen Vorbereitungen und Ritualhandlungen kümmern, während Frauen für das Weinen und Wehklagen verantwortlich sind.

Die Soziologin Arlie Hochschild ist die Autorin, die dieser Art Verpflichtungen den Namen »emotionale Arbeit« gegeben hat. Seit ihrer Studie über Flugbegleitpersonal in den siebziger Jahren haben sie und andere Forscher, die sich ihres Grundkonzepts bedienen, gezeigt, auf welche Weise Frauen in den Vereinigten Staaten den Gefühlshaushalt der Menschen in ihrem Umfeld dirigieren, sei es nun im privaten oder im beruflichen Zusammenhang. Bronislaw Malinowski vertrat (lange vor Hochschild) die Auffassung, diese Art »Arbeit« sei Bestandteil einer »allgemeinen Kulturökonomie«. In Melanesien müsse eine Frau den Unterkieferknochen ihres verstorbenen Mannes ein paar Jahre lang bei sich tragen, um ihn angemessen zu betrauern. »Doch wird die Abmachung durchaus im Rahmen eines Austauschs eingehalten«, schrieb Malinowski in den Zwanzigern. »Bei der ersten großen Verteilungszeremonie ungefähr drei Tage nach dem Tod ihres Ehemanns erhält die Frau von seinen Verwandten eine durchaus beträchtliche rituelle Zahlung für ihre Tränen; und bei späteren zeremoniellen Festmahlen erhält sie weitere Zahlungen für ihre fortgesetzten Trauerdienste.«

Hochschilds Verständnis von emotionaler Arbeit basiert wie jene von Malinowski auf der Vorstellung, dass diese einen sehr realen Wert besitzt und dass sie auf vielerlei Art belohnt wird. In Dienstleistungsbetrieben ist die Belohnung – die Überweisung eines Gehalts – eindeutig fassbar. Flugbegleiter kümmern sich (neben dem gelegentlich aggressiven oder betrunkenen Passagier) um die Flugangst, Platzangst und andere Ängste einer für mehrere aufeinander folgende Stunden künstlich zusammengeworfenen Gemeinschaft, die keine Möglichkeit zur Flucht hat. Hochschild stellte fest, dass Passagiere von männlichen und weiblichen Flugbegleitern unterschiedliche emotionale Arbeit erwarten, wobei Frauen eher für Trost und Fürsorge zuständig sind als Männer. Frauen in solchen Jobs sollen also die Funktion übernehmen, die sie allgemein bereits erfüllen.

Wenn Weinen auf der Tagesordnung steht, dann sind es in vielen Kulturen Frauen, die diese Aufgabe übernehmen. Bei den Stämmen, die im Gran Chaco leben, der großen Tiefebene, in der die Grenzen von Paraguay, Argentinien und Bolivien aufeinander treffen, leisten nur Frauen und Kinder das Weinen und Klagen, das einen zentralen Stellenwert bei den Begräbnisritualen innehat. Bei den Hopis trauern ebenfalls nur die Frauen. Die Frauen der Aranda weinen und schreien laut auf bei der Beerdigung, während die Männer mit gesenktem Kopf dasitzen und ihre Tränen in aller Stille vergießen. Bei den Tzeltal vergießen sowohl Männer als auch Frauen Tränen, doch gehen die Männer im Verlauf des zweitägigen Trauergebots abends zum Schlafen nach Hause, während die Frauen weinend die Totenwache halten. Die Bara auf Madagaskar bedienen sich nach einem Todesfall zweier für Männer und Frauen verschiedener Hütten, der *tranadahy* oder »Männerhütte« und der *trano be ranomaso* oder der »Hütte vieler Tränen«.

Tom Golden zufolge, eines in Maryland tätigen Psychotherapeuten, gestatten es diese beiden Trauerhütten den Bara, »durch ihre gleichgeschlechtlichen Gemeinschaftsmitglieder geheilt zu werden« und außerdem »den unterschiedlichen Trauerstil von Männern und Frauen zu berücksichtigen, indem sie dem Einzelnen die Möglichkeit einräumen, sich jenen anzuschließen, die so trauern, wie es ihnen gemäß ist«. Diese nette relativistische Interpretation mit ihrer esoterischen Selbsthilfeaura mag eine gewisse Berechtigung haben. Doch in den meisten Fällen folgt die Aufteilung der Trauernden nach ihrer Geschlechtszugehörigkeit einfach nur der allgemeinen in der Kultur gängigen Praxis. In seiner Aussage über die Cubeos bringt Irving Goldman dies deutlich zum Ausdruck: »Die Frauen sind Weinende und spielen im Ritual im Wesentlichen eine passive Rolle. Stimuliert durch von Männern eingeleitete Aktivitäten brechen Frauen in Weinkrämpfe aus, ihre einzige aktive rituelle Rolle.« Es ist die Aufgabe der Männer, die Zeremonien zu leiten, die die Frauen mit ihren Tränen begleiten. Die Männer leisten die zeremonielle Arbeit, die Frauen die emotionale.

In den Vereinigten Staaten wird, Hochschild zufolge, von Frauen eine emotionale Arbeit gefordert, »die das Wohlergehen und den Status anderer bestätigt, verstärkt und würdigt«. Zwar trifft diese Aussage im Kern zu, doch entgeht ihr andererseits die Reichweite emotionaler Interaktionen in unserer Gesellschaft. Der durchschnittliche Football-Trainer an einem amerikanischen College leistet emotionale Arbeit in großem Umfang, indem er das Wohlergehen und den Status seines Teams bestätigt und feiert, auch wenn er dies tut, indem er Wut, Verachtung und Abscheu zum Ausdruck bringt, statt ausschließlich Lob. Die von der Flugbegleiterin zur Schau gestellte Fürsorge und das Toben des Trainers sind beides Masken, die aufgesetzt werden, um andere Aufgaben zu erfüllen. Der tüchtige Schlag auf den Rücken und die gutmütigen Beleidigungen, die Männer in Kneipen austauschen, sind ebenso eine Form emotionaler Arbeit wie das Unterdrücken von Tränen in der Öffentlichkeit. Der Knabe, der seine weinende Mutter tröstet, und der Vater, der seinen weinenden Sohn zurechtweist, leisten beide emotionale Arbeit: Sie erfüllen rollenspezifische Aufgaben, mit deren Hilfe Gefühle gemanagt werden.

Emotionale Arbeit ist immer komplizierter, als es auf den ersten Blick scheint, denn ihre Regeln und Grenzen sind durch kulturelle Veränderungen ständig in Bewegung. Manchmal bestraft die Gesellschaft diejenigen, die sich darüber hinwegsetzen, manchmal belohnt sie sie aber auch. In Camus' Roman, der in Algerien spielt, erschießt der Antiheld Mersault einen Mann, vielleicht in Notwehr, vielleicht aus Versehen. Im Verlauf der Gerichtsverhandlung ruft der Ankläger mehrere Zeugen auf, die aussagen, dass Mersault bei der Beerdigung seiner Mutter vor einer Woche nicht eine einzige Träne vergossen hätte. Dieses Detail besiegelt sein Schicksal, und seine scheinbare Kaltblütigkeit bringt ihm die Todesstrafe ein. Man vergleiche dieses erfundene Szenario mit einem tatsächlichen – etwa als Jackie Kennedy auf Grund der Tatsache, dass sie bei der Beerdigung ihres Mannes keine Tränen vergossen hatte, zu einer fast mythischen Heldin wurde –, und es wird deutlich, dass der Versuch, genaue Regeln für Weinen zu formulieren, eine unlösbare Aufgabe ist.

Und doch setzten Soziologen und Anthropologen alles daran, solche Regeln zu definieren. Seit ihrer Entstehung als Lehrfach war Soziologie an Gefühlen nicht interessiert. Einer ihrer Begründer, Emile Durkheim, behauptete bereits 1895, Emotionen seien *représentations collectives* oder eine grundlegende Möglichkeit für den Menschen, sich seine eigene Welt darzustellen. Wie viele andere Disziplinen auch kündigt die Soziologie immer wieder neue, manifeste Methodologien an, die abwechselnd verworfen oder bestätigt werden. Augenblicklich kreisen die theoretischen Argumente darum, ob es sinnvoller ist, die Regeln des Gefühlsausdrucks als

»kognitive Struktur«, Vokabular, Grammatik, Drehbuch, Diskurs, eine Reihe von Werten oder »sinngebenden Rahmen« zu begreifen. Die verschiedenen soziologischen Lager können sich auch nicht auf ein gemeinsames Modell des Prozesses emotionaler Sozialisation einigen, unterscheiden sich in ihrer Bereitschaft, Dinge wie Physiologie und Biologie allgemein zu erklären und sind verschiedener Auffassung darüber, welches Gewicht den einzelnen beteiligten Variablen – etwa der relativen Bedeutung von Macht, Geschlechtszugehörigkeit, Ethnizität, Verwandtschaft und ähnlichem – zugesprochen werden soll. Aus der Perspektive des Fachfremden handelt es sich hier weitgehend um Haarspalterei, da doch die meisten Soziologen darin übereinstimmen, dass Emotionen durch soziale Interaktionen determiniert werden und im Wesentlichen weder angeboren noch allgemein gültig sind. Sie vertreten außerdem die Meinung, dass sich Gefühle, wenn sie erst einmal entstanden sind, »natürlich« anfühlen, und was sich natürlich anfühlt, muss auf der sozialen Position der betreffenden Person basieren. Und sie teilen die Einschätzung, dass man die Soziologie des Weinens am besten bei Säuglingen und anhand des Unterschieds zwischen Männern und Frauen studieren kann.

Säuglinge und Kinder

In einem der berühmtesten Verse über weinende Kleinkinder schreibt Tennyson: »Ein Kind weint in der Nacht/ Ein Kind weint nach Licht/ Sprachlos bis auf sein Weinen.« Tennyson beschreibt hier nicht einfach nur eine alltägliche Szene, er beschwört eine bestimmte Einstellung zu dem weinenden Kind herauf. Weinen signalisiert den Kummer und die Machtlosigkeit des Säuglings und vermag in uns Gefühle von Unzulänglichkeit, Augenblicke erbärmlicher Entfremdung und Ängste vor der eigenen Hilflosigkeit wachzurufen. Und gleichzeitig kann es wie in Tennysons Gedicht ein Abbild unserer tiefsten Wünsche sein: Ein Symbol für unseren Wunsch nach dem Licht der Einsicht, für unseren manchmal abgeschnürten Wunsch danach, uns mitzuteilen und zu teilen, für unsere Sehnsucht nach Zuhörern, die uns nicht nur antworten, sondern uns außerdem von der Dunkelheit ins Licht führen.

Der viktorianische Hofdichter Tennyson war weder der Erste noch der Letzte, der dem Weinen eines Kleinkinds solch metaphorische Lasten auferlegte. Die französische feministische Theoretikerin Catherine Clément zum Beispiel liefert in ihrem Buch *Syncope* ein verwandtes Bild: »Denken Sie doch an den Säugling, der anfangs oft nichts als Tränen hat, um seine Bedürfnisse kundzutun; dann wütendes Schluchzen, das in einen schniefenden Schluckauf mündet, bevor es schließlich unvermittelt in befriedigtem Schlaf endet«, schreibt sie. »Das sich entwickelnde Individuum, dem die Worte noch vorenthalten sind, ... rettet sich oft ins Wasser der Tränen.« Tennyson glaubte, wie die meisten Menschen im viktorianischen Zeitalter, Kinder seien einfach kleine, unschuldige, unkundige Versionen von Erwachsenen. Clément hingegen schreibt nach Piaget und akzeptiert daher die Tatsache, dass ein Kind Stufen biologischer Reifung durchläuft, die in ihrer Funktion einer sich mit der Zeit entwickelnden Sprache ähnelt. Sowohl Tennyson als auch Clément gehen von einem angeborenen Mitteilungsbedürfnis des Säuglings aus, der angesichts seines Unvermögens von Frustration ergriffen wird. Und beide betrachten dies als Sinnbild auch für Gefühlszustände Erwachsener. Eine andere französische Feministin, Luce Irigaray macht dies deutlich, indem sie Frauen auffordert, lieber zu reden als zu weinen: »Weint nicht. Eines Tages werden wir lernen, uns selbst zum Ausdruck zu bringen. Und was wir zu sagen haben, wird weit schöner sein als unsere Tränen.«

Doch die Annahme, dass ein Baby den Wunsch hat zu sprechen, stattet es mit einem größeren Wissen über Kommunikation aus, als es tatsächlich hat. Sie setzt voraus, dass das Weinen des Kindes an sich keine eigenständige Kommunikationsform ist, sondern Ausdruck der Unfähigkeit, sich besser mitzuteilen, und widerspricht sich damit selbst. Und sie legt ferner nahe, dass der Antrieb zur formalen Sprache nicht erlernt, sondern ererbt wird, eine Einschätzung, die mindestens durch die wenigen Berichte über so genannte »Wildkinder« widerlegt wird. Es ist natürlich äußerst schwierig, Berichte von dieser Seite zu erhalten, da Kleinkinder sich uns nun einmal nicht mitteilen können. Doch die Theorien über frühkindliches Bewusstsein und Vorbewusstsein sind zahlreich, reichen von Freuds Oralphase über Karen Horneys und Melanie Kleins psychoanalytische Argumente über kindliche Aggression und Entfremdung bis hin zu Hélène Cixous' Romantisierung der vorpatriarchalen, vorsprachlichen Welt des Kleinkinds, dessen Weinen keine Forderung, sondern ein »Lied« ist.

Dass Eltern und andere Erwachsene gewohnheitsmäßig komplizierte Gefühle auf ihre Babys projizieren, erfüllt eine wichtige Funktion, denn solche Projektion ist für die emotionale Erziehung des Kindes entscheidend. Indem wir uns vorstellen, dass das Kind Liebe verspürt, rufen wir seine Liebe hervor. Indem wir uns vorstellen, dass es Scham und weniger Wut über eine Zurechtweisung empfindet, bringen wir ihm Scham bei – das heißt, wir können das Kind an Scham gewöhnen und ihm Wut abgewöhnen, indem wir seine Gefühle wiederholt auf diese Weise interpretieren. Und im gleichen Prozess bringen wir dem Kind außerdem bei, welche Situation Tränen rechtfertigt und welche nicht, indem wir ihm klar machen, welche Tränen Trost bringen und welche nicht.

Es ist klar, dass das Kleinkind, »sprachlos bis auf sein Weinen«, über eine bestimmte beredsame und erhabene Eloquenz verfügt. Vor allem bewirkt kindliches Weinen die Beachtung durch die Eltern, womit mehr als nur die praktischen Bedürfnisse erfüllt werden. John Bowlby und mehrere andere Sozialpsychologen, insbesondere Mary Ainsworth und Silvia Bell, haben die unter diesem Begriff bekannt gewordene Bindungstheorie entwickelt. Sie verstehen Weinen seitens des Kindes nicht nur als das, was die erwünschte Fürsorge eines Erwachsenen auslöst, sondern auch als Mittel, um ein Band zwischen Kind und Eltern zu knüpfen. Die Auffassung des auf evolutionäre Fragen spezialisierten Anatoms Paul MacLean, dass Weinen eine Säugetierreaktion auf die Eltern-Kind-Trennung ist, erscheint ebenfalls vernünftig: Schließlich bedienen sich Menschen des Weinens als eines Mittels, eine bestehende Beziehung aufrechtzuerhalten. Tränen tragen zur Entstehung und zur Aufrechterhaltung der Zuneigung bei, die das hervorstechende Merkmal in der Eltern-Kind-Beziehung sind. Und das Bindungsverhalten ist auch nach Beendigung der Mahlzeit weiterhin wichtig. Einige von Ainsworths und Bells Untersuchungen lassen vermuten, dass Bindungsverhalten einem routinemäßigen Entwicklungszeitplan folgt. So ergaben sich beispielsweise anhand einer einjährigen Studie über Kleinkinder und ihre Mütter zwei Hauptzeiten für Trennungsweinen, wenn die Mutter den Raum verließ: die eine in der 33. Woche und die andere in der 45. Woche. Dies lässt vermuten, dass sich hier sowohl die biologische Uhr als auch ein Sozialisierungsprozess auswirkt.

Manche Forscher meinen, dass zwischen zwei und drei Monaten eine »Verhaltensverlagerung« stattfindet, in der das Kleinkind seine unwillkürliche Kontrolle über das Weinen durch willkürliche ersetzt. Dies geschieht, während es zugleich andere interaktive Fähigkeiten entwickelt wie etwa Reaktionslächeln sowie Augenkontakt und langsam ein breites Spektrum von Gefühlen mit seinem Weinen ausdrückt, darunter auch Langeweile und den Wunsch nach Aufmerksamkeit.

Daniel N. Stern hat gezeigt, dass die Eltern-Kind-Kommunikation mit einer Art musikalischem Ruf- und Antwortaustausch beginnt. Die Eltern reagieren, indem sie jedes Glucksen des Kindes mit Worten oder Girren imitieren, und das Kind ahmt seinerseits die Sprache der Eltern nach. Dieser Prozess, den Stern als »Affekteinstimmung« bezeichnet, beinhaltet die sprachliche Umsetzung durch die Eltern als Reaktion auf die Gesten des Säuglings und Gesten als Antwort auf sprachliche Umsetzungen. Das Kleinkind lernt auf diese Weise, welche Wirkung man mit Ausdruck und Handlungen erzielen kann, und wird vertraut mit der komplizierten Aufgabe emotionaler Beziehungsaufnahmen.

Auf einer bestimmten Ebene kann kindliches Weinen als recht mechanischer Kunstgriff verstanden werden – das Baby weint, wenn es die Eltern braucht. Die Eltern reagieren und erfüllen seine Bedürfnisse. Doch wissen alle Eltern, dass das Weinen eines Säuglings sehr viel mehr bedeutet und keineswegs nur als An- und Ausschalter fungiert. Die Art und Weise, wie wir auf das Weinen des Kindes reagieren, vermittelt ihm seine wichtigste Vorstellung von menschlichen Beziehungen. Hinter den Tränen des Kindes und der Antwort der Eltern verbergen sich primitiver menschlicher Instinkt und ein entwickelter Kompass der Liebe.

Doch ob die Eltern nun gut sind oder schlecht oder gar nicht vorhanden, Weinen ist mit der frühen und der späteren Kindheit untrennbar verbunden. Wenn ein Kind auf die Welt kommt, ohne zu weinen, dann erhält es Klapse auf den Po, bis die Tränen fließen. Weinen erreicht irgendwo zwischen sechs und zehn Wochen seinen Höhepunkt, ist jedoch auch Jahre danach noch eine regelmäßig wiederkehrende Aktivität – eine Untersuchung erbrachte ein Ergebnis von durchschnittlich 4000 Tränenausbrüchen im Verlauf der ersten zwei Lebensjahre. Eine unglaubliche Masse von Erziehungsratgebern, sozialpsychologischen Experimenten, medizinischer Forschung und elterlicher Qualen richtete sich auf die Beantwortung der immer wiederkehrenden Frage, wie oft und wie rasch Eltern denn auf die Tränen ihres Kindes reagieren sollten. Die Antworten reichen von John B. Watsons Rat, sie gar nicht erst zur Kenntnis zu nehmen, um das Kind nicht unnötig zu verziehen, bis hin zu den Vorschlägen moderner Erziehungsratgeber, weinende Kinder immer zu trösten, um ihnen ein Gefühl der Sicherheit und Bindung zu vermitteln. Ein Ansatz, auch wenn er selten vorgebracht wird, hält das Abnehmen der Tränen mit fortschreitendem Alter für eine einfache biologische Tatsache, vergleichbar der Reduzierung von zehn auf drei Mahlzeiten pro Tag. Vielleicht essen und weinen wir mit dem Heranreifen unseres Körpers auf ganz natürliche Weise weniger. Träfe dies zu, dann wäre ein Großteil des elterlichen Energieaufwands nichts als grauenhafte Zeitverschwendung. Andererseits ging ein Psychologe in den fünfziger Jahren so weit zu behaupten, Weinen sei ein keineswegs natürliches kindliches Verhalten, und Kinder lernten auch nicht langsam, ihre Tränen zu kontrollieren, vielmehr brächten wir unseren Säuglingen überhaupt erst bei zu weinen, indem wir sie mit der Brust oder der Flasche oder mit Wiegenliedern oder allerlei anderen Ablenkungen belohnten. Mit anderen Worten, die 4000 Tränenausbrüche in den beiden ersten Lebensjahren zeigten nicht die Natur, sondern die Kultur bei der Arbeit. Dies würde elterliche Versuche, den Tränenfluss ihrer

Kleinen durch Zuwendung einzudämmen, zu einer traurigen Komödie machen.

Wissenschaftler zahlreicher Disziplinen haben sich auf das frühkindliche Weinen konzentriert. Eine Vielzahl spektrographischer Analysen wurde durchgeführt, um festzustellen, ob vielleicht kulturübergreifende Normen für »normales« Weinen feststellbar sind oder ob möglicherweise unregelmäßige akustische Muster im Weinen eines Kindes Hinweise auf bestimmte Krankheiten enthalten. Im Rahmen der eigenen Kultur weinen Kleinkinder, wenn sie gesund sind, auf sehr ähnliche Weise. Eine frühe amerikanische Untersuchung ermittelte, dass die meisten Säuglinge bei der Geburt mit ihrem Weinen ein C oder ein Cis anstimmen und nur einen Halbton Spielraum haben beziehungsweise auf die Töne beschränkt sind, die in der Klaviertastatur unmittelbar nebeneinander liegen. Mit der Zeit weinen Babys in verschiedenen Tonhöhen, und ihre Tränenausbrüche weichen in Intensität, Dauer und Qualität voneinander ab. Bis zum Alter von etwa zwei Monaten werden Tränen, einer anderen amerikanischen Untersuchung zufolge, in wachsendem Maß vergossen und nehmen dann bis zum Alter von etwa vier Monaten ab, wonach sie während des ersten Jahres konstant bleiben. Einer japanischen Studie zufolge nahm das Weinen von der Geburt bis zu einem Höhepunkt am dritten Tag zu, verringerte sich ab der achten Woche und wies danach Schwankungen auf, wobei kürzeres Weinen und expressivere Fluktuation eine größere Rolle spielten. Eine andere amerikanische Erhebung ermittelte jedoch eine während der ersten zwölf Lebenswochen stabile Weindauer und Grundfrequenz. Wieder eine andere Studie ergab, dass im Alter von acht Wochen der Stimmumfang von einem Halbtonschritt auf eine Vierteloktave – von C bis E – angewachsen war. (Gähnen erreichte vor dem Weinen den Umfang einer vollständigen Oktave.)

Und selbst diese einander leicht widersprechenden Durchschnittswerte können sich als irreführend erweisen. Kleinkinder, die als Föten nicht richtig wachsen konnten, weinen in einer höheren Tonlage und mit größerer Bandbreite als normale Kleinkinder, vielleicht, wie Forscher meinen, weil sie mehr Hilfe brauchen und ihrem Weinen daher eine größere Dringlichkeit verleihen müssen. Doch einige Babys weinen, wenn sie auf den Rücken gelegt werden, andere, wenn man sie in die Bauchlage bringt; manche werden von Geräuschen zum Weinen gebracht, die ein anderer Säugling kaum wahrnehmen würde. Eine Studie beschäftigte sich mit der Nervenaktivität des Gehirns von 13 Kleinkindern, von denen die Hälfte weinte, wenn die Mutter den Raum verließ, und die andere nicht. Bei den weinenden Babys wies die rechte Gehirnhälfte kurz vor der Trennung mehr Aktivität auf, bei den nicht weinenden Babys war es hingegen die linke Gehirnhälfte. Es ist nicht klar, was solche Unterschiede zu bedeuten haben, klar ist aber, dass das Muster der Gehirnaktivität des Babys, wenn es ruhig ist – was erblich bedingt oder auch angeboren sein kann –, den Zeitpunkt und die Dauer des Weinens beeinflusst.

Soziologen haben ihren größten Beitrag zur Erforschung frühkindlicher Tränen geleistet, indem sie das Weinen und seine Wirkung im Rahmen verschiedener simulierter sozialer Situationen maßen. Manchmal hat es jedoch den Anschein, dass Soziologen wenig mehr tun, als allgemein Verständliches in eine obskure akademische Sprache zu übersetzen. Als Donald Barthelme in seinem Roman *Snow White* (1996) einen Professor beschrieb, der soziologische Forschung hinsichtlich des »Weinens in den Schlafzimmern der Fakultät in der Universität von Bridgeport« betrieb, ging er davon aus, dass solche Studien nichts sagend, kurzsichtig und infantil wären und dass sie zu unserem Verständnis von menschlichem Leid und Schmerz nichts beitragen können. Zwar werden alle Disziplinen gelegentlich von Laien wegen ihres hochtrabenden Jargons verspottet, doch die Soziologen müssen besonders viel einstecken, weil ihre in die Alltagssprache rückübersetzten Aussagen so wenig Spektakuläres enthalten. Der Kolumnist Dave Barry parodierte die Aussage von Soziologen über Tränen: »Methodologische Beobachtungen der soziometrischen Verhaltenstendenzen zu früh von der Mutter isolierter Kinder zeigen, dass zwischen abwärts gerichtetem Tropismus und lakrimatorischen Verhaltensformen oder ›Weinen‹ ein kausaler Zusammenhang besteht.« Mit anderen Worten, wenn Kinder fallen, dann weinen sie meistens.

Aber einige soziologische Untersuchungen über Weinen scheinen sich tatsächlich der von Barry persiflierten Sprache zu bedienen. Das Hauptergebnis einer Studie »stützt die Hypothese, dass akustische Merkmale frühkindlichen Weinens ein Maßstab der biologischen Integrität des Kleinkinds sein könnten«. Anders ausgedrückt, Babys weinen, wenn sie krank sind. Eine andere vertritt die Auffassung, dass »das Wesen und die Selektivität sozialer Interaktion im ersten Lebensjahr des Kindes ein Vorläufer der komplizierten, umfassenden und anspruchsvollen sozialen Fertigkeiten, die sich im Verlauf eines ganzen Lebens entwickeln, zu sein scheint.« Weinen, meint das, ist eine frühe Kommunikationsform.

Doch indem Sozialpsychologen sich um ein umfassenderes Verständnis des Weinens bemühten, stießen sie auch auf einige wichtige, der Intuition widersprechende Funktionen von Tränen, und die Ergebnisse ihrer sorgfältigen Experimente stellen einen nützlichen Kontrapunkt zu Alltagsberichten dar und zum psychologischen Denken, das Unterschiede in Geschichte und Kultur ignoriert. Diese Studien versprechen, unter anderem einige der am weitesten verbreiteten und zugleich verblüffendsten Fragen der Kindererziehung zu beantworten.

Zahlreiche dieser Untersuchungen widersprechen einander. Eine von ihnen, die U. A. Hunziker und R. G. Barr in Quebec durchführten, kam zu dem Schluss, dass Babys, die während der ersten zwölf Wochen doppelt so lang in den Armen gehalten wurden (vier Stunden täglich statt nur zwei), im Vergleich weniger weinten. Ein koreanisches Team von Kinderärzten stellte ebenfalls fest, dass umfangreichere mütterliche Fürsorge Weinen reduziert. Doch australische Kinderärzte ermittelten, dass das Tragen des Säuglings in einem Tragetuch – eine Methode, die von den gefühlsduseligen Erziehungsratgebern der siebziger Jahre favorisiert wurde – keinerlei Einfluss auf die Gesamtdauer des Weinens hat. Die am Körper der Mutter getragenen Kinder vergossen nicht weniger Tränen und zeigten längere Erregungsphasen als jene in der Kontrollgruppe. Forscher am Erziehungswissenschaftlichen Institut der Universität

von London, die sich speziell mit der kindlichen Entwicklung beschäftigen, verglichen Mütter in Manali, Indien mit Müttern in
London. Die Manali-Mütter überließen ihre weinenden Kinder sehr
viel seltener sich selbst, nahmen sie öfter mit zu sich ins Bett und
gaben ihren Babys häufiger (und bis zu einem fortgeschrittenen Alter) die Brust. Doch sowohl in Manali als auch in London weinten
die Kinder nicht nur gleich viel, sie weinten auch zu ähnlichen Zeiten, und beide Gruppen erreichten den Höhepunkt in den frühen
Abendstunden. In beiden Gruppen war der abendliche Höhepunkt
des Weinens im Alter von sechs Wochen am ausgeprägtesten. »Für-
sorgliches« Verhalten scheint kaum Einfluss auf die Menge der vergossenen Tränen eines Babys oder auch nur auf den Zeitpunkt des
Weinens nehmen zu können.

Als der Erziehungsguru Magda Gerber von Eltern, die fürch-
teten, ihre Kinder könnten mit sechs Monaten noch immer zu viel
weinen, um praktische Hinweise bedrängt wurde, riet sie ihnen,
sich zu entspannen: »Das Kind wird es schon noch lernen, sich verständlicher auszudrücken.« Und natürlich erlangen Kinder die
Fähigkeit, um etwas zu essen zu bitten, statt darum zu weinen. Einem bestimmten Zweck dienliches so genanntes »instrumentelles«
Weinen, das mehr der Erlangung von Aufmerksamkeit dient als
der Erlösung von »realeren« Kümmernissen, entwickelt sich nach
und nach im Alter von drei Wochen, und im Alter von zehn Monaten ist die große Verschiebung bereits abgeschlossen. Statt vorrangig dann zu weinen, wenn sie alleine sind, weinen Kleinkinder nun
vor allem, wenn ihre Bezugsperson anwesend ist. Dies lässt den
Schluss zu, dass die Mehrheit der Tränenausbrüche instrumenteller
Natur sind.

Doch die ausschließliche Konzentration auf Häufigkeit und
Bindung als einziges Maß für die Einschätzung frühkindlichen
Weinens könnte unangebracht sein. Ruth H. und Robert L. Mun-
roe führten in den achtziger Jahren eine Langzeitstudie an Kin-
dern in Kenia durch und stellten fest, dass einige Mütter eine Art
»Distanzierungs«-Training durchführten und sich weigerten, ihre
Kinder aufzunehmen, wenn sie weinten. Diese Distanzierung
wurde als Möglichkeit gesehen, eine bessere Wahrnehmung der

Umgebung zu fördern. Je distanzierter die Bezugsperson, desto wahrscheinlicher zeigte das Kind im Alter von fünf Jahren (bei standardisierten Tests) überlegene kognitive Leistungsfähigkeit. Und auch andere Untersuchungen – wie etwa jene in Guatemala, bei der Kinder, deren Nahrung man Zink zusetzte, weniger weinten, oder dass Steuerungsprobleme jeglicher Art zu vermehrtem Weinen führen – zeigen, dass die Häufigkeit des Weinens ein sehr unzuverlässiger Maßstab für die Eltern-Kind-Beziehung oder für die soziale beziehungsweise die psychologische Reife des Kindes sein kann.

Und dennoch, das Weinen von Kindern zu stoppen wird fast überall als eines der wichtigen alltäglichen Ziele betrachtet, und sei es nur, damit die Eltern schlafen können. In den zwanziger Jahren wurde Charles Chewings beim Überqueren des Macumba Creek in Mittelaustralien an der Macumba-Bahnstation von einem »schrecklichen Anblick« schockiert. Es war ein Junge, dem die Unterlippe fehlte. Entsetzt fragte er einen der Ortsansässigen, was dem Jungen denn zugestoßen war. Man erklärte ihm, der Junge habe nicht aufhören wollen zu weinen. Die Schamanen hätten sich zur Beratung getroffen und seien zu dem Schluss gekommen, dass nur das Abschneiden der Unterlippe seinem fortgesetzten Weinen ein Ende setzen würde.

Obwohl nur wenige Lösungen so drastisch waren wie diese, haben Menschen doch seit jeher versucht, Mittel zu ersinnen oder zu verbessern, um kindlichem Weinen Einhalt zu gebieten. Schlaflieder, Bestechungen, Drohungen, Bestrafungen, genitale Stimulation, Mahlzeiten, Wiegen – all dies wird eingesetzt in dem Bemühen, Babys zum Schweigen zu bringen, und manchmal funktioniert es sogar. »Übermäßiges« Weinen wurde als Folge von familiären Spannungen, frühkindlichen Neurosen, Verwöhnung, Steuerungsbeschwerden, Veranlagung, Störungen des Nervensystems und eines unterentwickelten Verdauungssystems interpretiert.

In manchen Kulturen wird das Weinen von Kleinkindern als Unheil verkündendes Vorzeichen gewertet, als Zeichen dafür, dass nicht nur etwas mit dem Kind nicht stimmt, sondern mit der Welt. In den Celebes-Bergen glauben die Toradja frühen holländischen Anthropologen zufolge, dass das Weinen eines Kleinkinds einen Fluch auf die Eltern zieht. Daher binde man einen Frosch in einem mit Wasser gefüllten Behälter fest und spritzte etwas von dem Wasser auf das Kind, um das Weinen auf den Frosch zu übertragen, der dann die ganze Nacht weine (oder quake). Dies bringe, so sagte man den Anthropologen, »das Kind zu sich, und es höre auf zu weinen«, womit die Toradja die grundlegende Entfremdung aufgriffen, die Weinen verursacht. In anderen Kulturen glaubt man, dass kindliches Weinen Regen verursacht oder abhält, was immer auch für die Bauern der Region schlimmere Auswirkungen hat.

Aus diesen und anderen Gründen wird Weinen bei Kindern in manchen Kulturen kaum toleriert. Carlos R. Gallardo, ein Staatsmann und Wissenschaftler, der um die Jahrhundertwende in Feuerland forschte, stellte fest, dass die Kleinen dort nur selten weinen oder nur dann, wenn sie damit auf eine Krankheit oder auf körperliche Schmerzen reagierten. Martin Gusinde, ein deutscher Anthropologe, der in den zwanziger Jahren denselben Stamm studierte, fiel sofort die bemerkenswerte Stille in den Hütten der Indianer auf:

> Nach meinem ersten Rundgang durchs Lager am Rio del Fuego hockte ich mich an einem Hüttenfeuer nieder. Kaum daß die Indianer ihre Neugierde über mein Erscheinen befriedigt hatten, wiederholten mir einige Frauen nachdrücklichst: »Jenes Kind dort schreit!« Aus einer Nachbarhütte vernahm man ein anhaltendes Weinen. Erst am nächsten Tage wurde ich drüber aufgeklärt, was man mir bedeuten wollte; nämlich daß Kindergeschrei hier eine Seltenheit ist.

Das Kind, stellte sich heraus, litt unter einer ernsten Darmerkrankung und starb ein paar Wochen später. Die Erwachsenen behaupteten, Weinen zu hören sei wie schreckliche Ohrenschmerzen. Wenn ein Kind weint, dann schreien und brüllen die Eltern ihm so laut ins Ohr, dass es sofort ruhig wird, oder schütteln es so stark und wütend, bis es aufhört. Folglich weinen die Babys dieses Stamms auf Feuerland nur sehr wenig.

In anderen Kulturen wurde Weinen auf ähnliche Weise unter-drückt. Marion Pearsall berichtete nach einem Besuch bei den Klamath im Jahr 1875, dass Kinder mit den Worten gewarnt wur-den, »die Eule wird kommen, dir die Augen ausreißen und dich in eine Höhle verschleppen«. Wenn das nichts half, dann wurden der Bär und der Koyote heraufbeschworen. Bei den Dogon im Sudan bedarf die Angst, laut Denise Paulme, einer Mittelsperson, da Eltern die für das Kleinkind verantwortliche ältere Schwester schlagen, wenn das Baby weint. Ein weit verbreitetes Schlaflied der Dogon endet mit den Worten:

> *Hör auf zu weinen,*
> *Weine nicht, sonst schlägt mich der Vater,*
> *Weine nicht, sonst schlägt mich die Mutter.*

Und in manchen Kulturen wird Weinen unterbunden, indem die Erwachsenen es ignorieren. Bei den Kurden in der Türkei und im Iran und bei den Kogi in Kolumbien wird weinenden Säuglingen lange Zeit keine Aufmerksamkeit geschenkt. Margery Wolf, die in den sechziger Jahren taiwanesische Mütter und Kinder beobach-tete, teilte mit, dass Kinder entweder ignoriert oder ausgeschimpft wurden, wenn sie weinten. Norma Joyce Diamond zufolge, die ebenfalls in den Sechzigern über Taiwan schrieb, wurden Kinder manchmal geschlagen und ausgeschimpft, oder man redete ihnen gut zu und bestach sie. Sie meinte, die praktizierten Bestechungen müssten bei den Kindern zu der Vorstellung führen, dass sie mit Jammern Geld oder andere Vergünstigungen erlangen würden.

Die genannten Kulturen erklären ihre Beziehung zum Weinen unterschiedlich. Die Kurden sagen, »Weinen entwickelt die Stim-me«. Die taiwanesischen Mütter erklärten Wolf, Weinen helfe dem Kind und sei eine Form frühkindlichen Trainings. Manche von ih-nen glaubten, Weinen sorge dafür, dass die Därme des Kindes wüchsen (»offenbar ein erwünschtes Merkmal«), oder beriefen sich auf das Sprichwort, nach dem »ein Kind weinen muss, um zu wachsen«. Andere erklärten, die Kinder würden sich erkälten oder Luft schlucken und erbrechen, wenn ihr Mund durch das Weinen zu lange offen stehe. Zu viel Weinen ließ außerdem die Hoden des Knaben anschwellen (offenbar ein unerwünschtes Merkmal), erklärten die Frauen Wolf.

Wenn Eltern manchmal nicht wissen, wie sie auf die Tränen ihrer Kinder reagieren sollen, so gilt Gleiches für Kinder, die mit dem Weinen Erwachsener konfrontiert sind. Zwar ahmen Kinder mitunter das tröstende Verhalten nach, das ihre Eltern für sie an den Tag legen, doch der Anblick weinender Erwachsener kann sie verwirren und ängstigen. Die mexikanische Sagengestalt »La Llorona« ist eine Frau, die nachts in den Wäldern und anderenorts spukt und sich, wie zahlreiche andere Schreckgespenster auch, kleine Kinder holt. Das Schrecklichste an La Llorona, deren Name wörtlich »weinende Frau« bedeutet, ist jedoch, dass sie ohne Unterlass weint.

Ein kurzer Beitrag in der Zeitschrift *Parenting* erinnerte Frauen kürzlich daran, dass »Mutterschaft eine emotionale Zeit« sei, dass sie sich daher auf Tränen einstellen sollten und dass dieses Weinen gut für sie sei. Obwohl es keinen physiologischen Beweis dafür gibt, dass Weinen irgendeinen physiologischen Nutzen hat, weist der Artikel darauf hin, dass »85 Prozent der Frauen zugeben, sich nach dem Weinen besser zu fühlen«. Da Kinder sich jedoch wegen ihrer weinenden Mütter Sorgen machen könnten, gibt die Zeitschrift den Rat von Dr. Mardi Horowitz, der Direktorin des Zentrums für Stress und Persönlichkeit an der Universität von Kalifornien in San Francisco, weiter, die vorschlägt, Mütter könnten ihrem Kind beispielsweise sagen: »Mami ist gerade traurig, aber sie ist nicht böse auf dich. Manchmal, wenn Eltern traurig sind, dann weinen sie, und danach fühlen sie sich besser.« Solche Ratschläge stehen für die gegenwärtige Einigkeit bezüglich des Umgangs mit der Angst von Kindern vor weinenden Erwachsenen und sind vermutlich durchaus vernünftig.

Zwei holländische Anthropologen, N. Adriani und Albert Kruyt, nahmen in den Celebes-Bergen eine Mutter auf, die ihrem Kind das nachfolgende Lied vorsang. Es versucht, die Tränen von

Erwachsenen zu erklären und ist eine komplexe und anspruchs-
volle Anwort auf das Problem:

> *Meine Tränen tropfen herunter,*
> *Ich weine sie im Wechsel mit Lachen.*
> *Das Tropfen meiner Tränen,*
> *Ich lasse es im Wechsel mit Reden geschehen.*
> *Lass nun, mein Kind, da dein Vater fort ist,*
> *Nicht dein Verlangen sprechen.*
> *Gib dich nicht Heimweh hin,*
> *Nun da dein Vater verschwunden ist.*

Hier lässt die Mutter nicht durchblicken, dass Weinen einfach eine
Technik ist, mit deren Hilfe man sich besser fühlt. Sie untersucht
ihre eigenen Tränen, erklärt ihre Fähigkeit, sie »im Wechsel« mit
Lachen und Reden zu weinen, und belehrt ihr Kind über die Beziehung zwischen Tränen und Verlangen. Zwar kann man sich die
Verwirrung des Kindes auf diese komplexen Verse vorstellen, doch
sie sind zweifellos eine eindringlichere Antwort als der Satz, »es ist
schon in Ordnung, dass Mami traurig ist«.

Jedenfalls hält das Weinen von Erwachsenen in der Regel nicht
lange an und kommt den von zeitgenössischen Forschern ermittelten durchschnittlichen sechs Minuten erheblich näher als die
fortwährenden Tränen von La Llorona. Die eigene Ohnmacht angesichts elterlicher Tränen ist es, die dem Kind Angst macht, vergleichbar der Machtlosigkeit, die Eltern im Umgang mit einem
Schreibaby empfinden. Noch beängstigender als die Tränen einer
Bezugsperson ist jedoch ihr Zorn, und nichts macht viele Eltern
wütender als ein weinendes Kleinkind.

Die Frustration, die Wut und sogar Feindseligkeit, die beim klassischen Ringen um Schlaf aufkommen können, wird sichtbar in den
Zeilen eines berühmten amerikanischen Schlafflieds: »Wenn der Ast
bricht, fällt die Wiege, und mit ihr das Kind.« Weinen kann gewalttätige Fantasien provozieren. Kleinkinder, die unter kolischem Weinen leiden und stundenlang mit ganzer Kraft brüllen, können Eltern
zum Wahnsinn treiben. Und selbst moderates Weinen von Kindern

verursacht häufig Spannungen und Stress oder verschlimmert bereits existierenden Stress. Eine Studie über gefährdete Bezugspersonen (solche, die als Kinder selbst misshandelt wurden und über ein höheres »Misshandlungspotenzial« verfügen) berichtete von gesteigerten Feindseligkeitsgefühlen und Verzweiflung angesichts eines weinenden Babys. Eine Zunahme einfühlsamer Gefühle verzeichnete sie nicht. Eine andere Untersuchung bestätigte, dass häufiges oder unaufhörliches Weinen zu den häufigsten Auslösern von Misshandlungen gehören.

In einem verwandten Experiment empfanden männliche Studenten mit hohem und mit niedrigem Misshandlungspotenzial kindliches Weinen als beunruhigend. Die Probanden wurden informiert, dass sie an einem Geschmackstest von alkoholischen Getränken teilnahmen, und ihr Alkoholkonsum mit dem Weinen eines Babys oder dem Schrillen eines Rauchmelders konfrontiert. Beide Gruppen konsumierten als Reaktion auf das weinende Kind erheblich mehr Alkohol als beim Schrillen des Rauchmelders. »Unabhängig davon, ob sie der Risikogruppe angehören«, schrieben die Forscher, »berichteten die Probanden, die das weinende Kind zu hören bekommen hatten, über stärkere Aversionen, größere Erregung und Verzweiflung, als jene, die dem Rauchmelder ausgesetzt waren. Das Weinen eines Kindes ist ein stressiges und abscheuliches Ereignis, das zu gesteigertem Alkoholkonsum motivieren kann.« Stress und Aversion waren sowohl bei den Männern mit hohem als auch mit niedrigem »Misshandlungspotenzial« zu beobachten. Die Schlussfolgerung lautet hier, dass das Weinen von Kleinkindern einen unabhängig vom »Misshandlungspotenzial« zum Trinken veranlassen kann. Und weitere Studien haben gezeigt, dass Frauen ebenso feindselige Gefühle entwickeln. Ein in Neuseeland durchgeführtes Experiment ermittelte, dass 80 Prozent der beteiligten Frauen wenigstens gelegentlich ihr weinendes Baby am liebsten schlagen würden.

Manche geschlechtsbedingten Unterschiede sind, wie erwartet, offensichtlich. John Furedy und seine Kollegen an der Universität von Toronto maßen die Herzfrequenz männlicher und weiblicher Studenten, während diese emotionale Szenen auf Video ansahen.

Dem kulturellen Stereotyp entsprechend, nahm die Herzfrequenz der Männer bei erotischen Sequenzen und die der Frauen beim Anblick weinender Babys zu. Doch Ann Frodi führte ein ähnliches Experiment durch, das andere Ergebnisse lieferte. Sie ließ Väter und Mütter einen Film mit einem lächelnden und einen weiteren mit einem weinenden Baby ansehen. Das lächelnde Kind löste positive Gefühle, jedoch zu vernachlässigende physiologische Reaktionen aus, während das weinende Kind bei den Probanden den diastolischen Blutdruck und die Hautleitfähigkeit hob. Frodi liefert hierzu den folgenden interessanten Kommentar: »Mütter und Väter unterschieden sich weder in ihrer Reaktion auf das stimulierende Baby noch in ihrer Wahrnehmung ihres eigenen Babys, obwohl die Mütter extremere Beschreibungen ihrer Gefühle und Stimmungen lieferten als die Väter.« Die Berichte der Eltern könnten einen also zu der Schlussfolgerung veranlassen, dass die Mütter stärker als die Väter reagierten, doch die physiologischen Messungen ergaben bei beiden die gleichen Ergebnisse.

In einem anderen Experiment arbeiteten Lawrence Stein und Stanley Brodsky an der Universität von Alabama mit 100 weiblichen und 100 männlichen Studenten und maßen ihre Bereitschaft, Gefühle zum Ausdruck zu bringen, indem sie sie einem schreienden Baby aussetzten. Die Frauen gewannen; die Männer zeigten sich allgemein weniger bereitwillig als die Frauen, den Versuchsleitern ihre Gefühle zu offenbaren. Der Hälfte der Männer und der Hälfte der Frauen wurde ein Film von einem jämmerlich weinenden Baby gezeigt. Die Männer, die dieses Video sahen, waren noch weniger bereit, ihre Gefühle zu zeigen, als die Männer in der Kontrollgruppe. Bei den Frauen hingegen gab es keine wahrnehmbaren Unterschiede, und folglich schlossen die Wissenschaftler, dass Männer größere Schwierigkeiten haben, mit weinenden Säuglingen fertig zu werden, als Frauen. Zwar vermag die Versuchsanordnung im Labor die normale Erfahrung nicht zu reproduzieren – Männer könnten zum Beispiel bereit sein, ihren Ehefrauen, Partnerinnen oder Freunden zu erzählen, wie das weinende Baby auf sie wirkt, aber eben nicht den Versuchsleitern –, die Studie bestätigt dennoch, was wir bereits wissen: In der Regel fühlen sich

Frauen in der Nähe von fremden weinenden Babys wohler als Männer.

Dies trifft für viele Kulturen zu. Gerardo Reichel-Dolmatoff zum Beispiel beschäftigte sich in den vierziger Jahren mit den Kogi, ein in der Sierra Nevada Kolumbiens lebender Stamm, und stellte fest, dass ein Kogi-Vater ein Baby nur im Notfall für kurze Zeit aufnehmen wird, und selbst dann macht er »durch Gesten und seinen Gesichtsausdruck deutlich, wie unangenehm diese Aufgabe für ihn ist«. Und dennoch stellt die Geschlechtszugehörigkeit nicht die einzige Trennungslinie dar. Andere Experimente zeigen: Jugendliche und erwachsene Mütter reagieren unterschiedlich auf Weinen (jugendliche Mütter sind beispielsweise weniger dazu in der Lage, den Tonhöhenunterschied wahrzunehmen, der mit bestimmten kongenitalen Schädigungen einhergeht); erstgebärende Frauen leiden mehr unter dem Weinen als solche, die bereits mehrere Kinder haben; Frauen mit Babys, die übermäßig weinen, leiden besonders unter Stress; und so fort. Und außerdem kann die Geschlechtsvariable viele verschiedene Bedeutungen haben. Eine Untersuchung etwa machte deutlich, dass Mütter ihre weinenden Säuglinge negativ bewerteten, während sie zugleich ihre Eignung als Mutter hoch einschätzten. Hingegen lässt Weinen Väter sowohl an ihrer eigenen wie auch an der Eignung der Mutter zweifeln, ohne dass sie deshalb ihr Kind negativ sehen.

Indem Eltern (andere Erwachsene und ältere Geschwister) es durch verschiedene Methoden – durch Nahrungszuführung, gutes Zureden, Veränderung der Lage, Ablenkung, Einschüchterung oder systematisches Ignorieren – schaffen, dass das Kind zu weinen aufhört, wird Verschiedenes erreicht. Kleinkinder lernen eines von drei Dingen: Entweder ihr Weinen bewirkt Erleichterung, oder es bewirkt manchmal Erleichterung oder so gut wie nie. Wenn auf Tränen mit Ärger und Bestrafung reagiert wird, dann entwickelt das Kind häufig ein Bedürfnis nach negativer Verstärkung oder eine Art Stoizismus. Doch in unserer gegenwärtigen Kultur reagieren Eltern, egal wie streng sie auch sein mögen, regelmäßig (oder wenigstens gelegentlich) mit irgendeiner Art von Tröstung auf Tränen – mit einer offenen Zurschaustellung ihrer Zuneigung oder mit einer zusätzlichen Mahlzeit oder mit Aufnehmen und Wiegen oder indem sie den verloren gegangenen Schnuller zurück in den schreienden Mund schieben. Weinen ist, wie der Psychologe Silvan Tomkins es ausdrückt, eine »Negativmotivation« für die Eltern, die Bedürfnisse ihres Säuglings zu erfüllen. Schließlich werden Windeln gewechselt und Münder gefüttert, und jedes Mal, wenn eine solche fürsorgliche Handlung dem Weinen folgt, wird die Vorstellung verstärkt, dass Weinen Trost zur Folge hat. Wir werden mit dem Wissen geboren, wie man weint, und finden rasch heraus, was man damit bewirken kann.

Die tiefgreifendste Veränderung in der amerikanischen Kultur der Eltern-Kind-Beziehung in den letzten paar Jahrzehnten zeigt sich in der Wandlung von der Kinderaufzucht zur Elternschaft. Die »Kinderaufzucht« ist eine Ansammlung von Verantwortungen, Techniken und Aufgabenstellungen, »Elternschaft« hingegen schafft Identität, umfasst Attribute wie Sensibilität, Intuition und Fürsorge.

Die Kinderaufzucht oder die verfahrenstechnische Herangehensweise war im Verlauf der Menschheitsgeschichte diejenige mit der weitesten Verbreitung. Paul und Laura Bohannan geben in ihrer Beschreibung der Tiv, eines Stammes in Nordnigeria, ein Beispiel für diese technologische Auffassung. Wenn bei den Tiv ein Baby zu weinen anfängt, wird es von den Erwachsenen sofort aufgefordert, »mit dem Geschrei aufzuhören«. »Eine erstaunliche Anzahl von Säuglingen gehorcht diesem Befehl schon sehr früh. Seine Bedeutung wird ihnen von den Müttern beigebracht, die ihnen die Hand leicht auf den Mund legen und ihnen dabei die Nase zuhalten.« Und die Tiv verfügen noch über weitere Techniken:

Wenn ein Mann ein Kleinkind in den Armen hält, das plötzlich zu weinen beginnt, dann versucht er es sofort loszuwerden, indem er eine Bezugsperson, die Mutter oder irgendeine andere anwesende Frau herbeiruft. Ist der Mann mit dem Kind allein, dann lässt er es auf seinen Knien vorsichtig hopsen und sagt ihm, dass seine Mutter schon bald zurückkehren und es füttern wird. Nur ein paar Männer behaupten, ein Baby unter solchen Umständen ruhig zu halten, gelänge nur durch Schlagen. Eine Mutter bietet ihrem weinenden Säugling die Brust und tut dies manchmal sogar bei Kindern, die bereits abgestillt sind, um sie einen Augenblick zur Ruhe zu bringen. ... Bei einer anderen Technik, die häufig eingesetzt wird, um ein weinendes Baby zu beruhigen, stimmt die Bezugsperson oder Mutter in das Schreien des Kindes ein, übertrifft es darin und bricht dann in lautes Lachen aus. Bei einigen Kleinkindern funktioniert dies, andere jedoch macht es wütend; im letzteren Fall lachen die Tiv sogar noch lauter und aufrichtiger. Bezugspersonen ... lassen Grashalme vor seiner Nase baumeln, legen etwas Stroh auf seine Stirn, damit das Kind es sehen kann, schütteln den Säugling sanft oder kneifen ihn mit den Lippen vorsichtig ins Gesicht.

Die Tiv halten sich, basierend auf diesen Techniken, weder für gute noch für schlechte Erzieher. Kinder werden zum Schweigen gebracht, weil ihr Weinen lästig ist, und nicht weil die Eltern sich verantwortungsbewusst ihrer Rolle stellen. Der Vater übergibt sein Kind, schlägt es oder lässt es auf seinen Knien hopsen, gerade wie die Situation es verlangt. Man zieht die Kinder unter Zuhilfenahme der vorhandenen Techniken auf, mehr gibt es da nicht zu tun.

Elternschaft ist anders, weniger häufig und doch weit verbreitet. Beispielsweise gibt es, dem Anthropologen E. A. Dry zufolge, bei den Hausa, einem Nachbarstamm der Tiv im nördlichen Afrika, keine »guten« oder »bösen« Kinder, nur gute oder schlechte Eltern. Die Betonung liegt auf der Befähigung des Erwachsenen, für die Zufriedenheit seines Kindes zu sorgen. Wenn ein Baby schreit, dann wirft dies ein schlechtes Licht auf die Mutter, folglich wird dem Baby schon beim kleinsten Wimmern die Brust geboten. Für die Hausa ist es das einzig Richtige, auf das Weinen eines Säuglings zu reagieren und es zu beenden. Nur unzureichende Bezugspersonen würden andere Maßnahmen ergreifen.

Die amerikanische Kultur der Elternschaft ist insofern ähnlich, als sie ebenfalls die Rolle der Eltern betont. Wenn Eltern ihre Rolle richtig ausfüllen, dann wachsen Kinder praktisch wie von selbst auf; wenn Kinder sich schlecht aufführen, dann wurden sie von den Eltern schlecht aufgezogen. Dr. William Sears rät Eltern, auf das Weinen ihrer Kinder zu reagieren: »Die unverzügliche Reaktion auf das Weinen Ihres Babys fördert Ihre Einfühlung in Ihr Kind. Einfühlungsvermögen wiederum trägt zur Fortentwicklung Ihrer elterlichen Intuition bei.« Einfühlsam auf die Tränen des eigenen Kindes zu reagieren ist ein entscheidender Bestandteil dessen, worum es bei Elternschaft geht – um elterliche Intuition.

Die Hinwendung zur Elternschaft in den Vereinigten Staaten ist erst seit relativ kurzer Zeit zu beobachten und verabschiedet sich von der langen Tradition, kindliches Weinen möglichst zu ignorieren. Das ganze 19. Jahrhundert hindurch warnten Erziehungsratgeber davor, Kleinkinder zu verzärteln, und erst als Dr. Benjamin Spock 1946 sein Buch *Säuglings- und Kinderpflege* veröffentlichte, begann sich die Vorstellung durchzusetzen, dass weinende Kinder getröstet und die Leute weniger Angst davor haben sollten, ihre Kinder zu verwöhnen. Spocks Empfehlungen wurden verschiedentlich angegriffen, weil sie angeblich Nachgiebigkeit förderten, doch in den folgenden Jahrzehnten ist das Pendel weit über das hinaus ausgeschlagen, was Spock im Sinn hatte.

Das Buch *Säuglings- und Kinderpflege* verkaufte sich in den Vereinigten Staaten mehr als 40 Millionen Mal, es wurde in 39 Sprachen übersetzt, und es ist offensichtlich der Prüfstein für die zweite Hälfte des zurückliegenden Jahrhunderts. In seinem Ratgeber reagiert Spock eindeutig auf die strengen Ermahnungen von John B. Watson und seinen Anhängern. Er versichert Eltern, dass sie ihr Kind nicht ruinieren, wenn sie es aufnehmen, weil es mitten in der Nacht weint, und dass sie es auch nicht verwöhnen, weil sie es zwischen den Mahlzeiten in die Arme nehmen. Spock ist aber kein Kuschelpapst. Er warnt Eltern davor, ihr eigenes Leben zu ruinieren, wenn sie ihrem Kind nicht ab und zu die Gelegenheit geben, sich auszuweinen, und er rät zur goldenen Mitte zwischen Trösten und Nichttrösten. Seit Spocks Aufstieg in den fünfziger

Jahren wurde diese Ausgewogenheit zur bestimmenden Regel. Zwei Befürworter des Gleichgewichts sollen hier als Beispiele genügen. Dr. Grace Ketterman, Autorin von Erziehungsratgebern und Sprecherin des Christian Lecture Circuit vertritt die Auffassung, »dass ein Kleinkind in Maßen weinen muss, um seine Lungen und seine gesunde Seele zu trainieren«. Eltern sollten sich um eine ausgewogene Herangehensweise bemühen, »da das Kind, dessen Bezugsperson sein Weinen ignoriert oder es zu sehr behütet, leidet«. Und Penelope Leach, Autorin des Bestsellers *Die ersten Jahre deines Kindes* (1986), rät Eltern, keine Angst davor zu haben, dass sie ihre Kinder zu sehr verwöhnen könnten. Es sei wichtig, Kindern beizubringen, wie sie ihren Fall rational vorbringen können, wenn sie etwas wollen, und rationale Argumente zu akzeptieren, auch wenn sie ihren Wünschen zuwiderlaufen. Doch ebenso wichtig sei es für sie zu lernen, andere Menschen zu bezaubern oder zu beeinflussen. Eltern trügen zur Entwicklung dieser anderen Formen zwischenmenschlichen Machtspiels bei, indem sie ihren Kindern die Gelegenheit gäben, sich darin zu üben. Für Kinder sei es außerdem wichtig zu wissen, dass ihre Eltern sie genug liebten, um auf ihre Tränen der Not und der Frustration zu reagieren. Wenn ein Baby zur Schlafenszeit weint, solle man zurück in sein Schlafzimmer gehen, es jedoch nicht aufnehmen. Auf diese Weise schaffe man ein Gleichgewicht zwischen dem Bedürfnis des Kindes nach Aufmerksamkeit und dem Elternwunsch nach Ruhe.

Als zweites legt Spock Eltern Konsequenz ans Herz. Als diese Idee Fuß fasste, machten sich selbst Anthropologen darüber Sorgen, mit welcher Willkürlichkeit Eltern anderer Kulturen sich ihrer Aufgabe widmeten. Thomas Gladwin und Seymour Sarason, die in den fünfziger Jahren über das Atoll Truk im Südpazifik schrieben, schilderten, wie Kinder manchmal für ihr Weinen gescholten und manchmal belohnt wurden. Die Eltern, so kam es den Anthropologen vor, entschieden auf Grund von Launen:

Sobald [das Kleinkind] die ersten Schritte macht, ... fällt es natürlich gelegentlich hin. Dann wird es entweder aufgehoben oder aber vollkommen ignoriert und vor Wut und Schmerz weinend im Staub liegen gelassen. Wenn seine Mutter oder eine andere Bezugsperson, die sich um es kümmert, mit etwas anderem beschäftigt ist, aber meint, es könne sich wirklich wehgetan haben, dann eilt sie herbei, sieht, dass ihm nichts fehlt, und lässt es zurück, ohne es weiter zu trösten. Das Kind kann weder anhand der Art seines Missgeschicks noch auf Grund seiner eigenen Reaktion darauf vorhersagen, ob man es bemuttern und trösten oder einfach ignorieren wird; dies hängt fast ausschließlich von der momentanen Neigung und Beschäftigung der Bezugsperson ab.

Gladwin und Sarason zufolge wurde weinenden kleinen Kindern damit gedroht, die Amerikaner würden sie auffressen, was es schwierig machte, sie zu befragen: »Monatelang ergriffen kleine Kinder entsetzt die Flucht, wenn sie nicht eine Phalanx aus Erwachsenen zwischen sich und den gefräßigen Amerikanern wussten.« Es kamen auch andere Tricks zur Anwendung. Wenn etwa sehr kleine Kinder nach ihrer Mutter weinten, dann sagte ein Erwachsener: »Hör auf zu weinen, deine Mutter kommt ja schon.« Wenn sich das Kind umsah, erkannte es natürlich, dass die Mutter gar nicht kam, fing vielleicht wieder zu weinen an, blieb jedoch auch gelegentlich still, da es ja sein Weinen bereits eingestellt hatte. Im Wechsel wurden Kinder aller Altersgruppen geschlagen oder erhielten Klapse, je nach der »momentanen Neigung« der Bezugsperson.

Laut Reichel-Dolmatoff herrscht unter den Kogi ebenfalls Willkür. In der überwiegenden Zahl der Fälle werden Kleinkinder ignoriert. »Die Babys weinen verzweifelt, da aber keiner der Erwachsenen in Aktion tritt, um ihr Verlangen nach Nahrung oder Wärme zu stillen, da niemand ihnen irgendetwas gibt, hört ihr Weinen bald auf, und es gibt nur selten Babys, die, wenn sie älter als einen Monat sind, noch weinen. Ab diesem Zeitpunkt werden Kälte, Hunger und physische Anstrengung stoisch erduldet. Niemand beklagt sich darüber, denn es wäre vollkommen sinnlos.« Mütter, die schwere Lasten über beschwerliche Bergpfade schleppen und auf den Feldern arbeiten, haben wenig Zeit, sich um das

Weinen ihrer Babys zu kümmern. Doch selbst wenn die Mutter gerade nichts zu tun hat, ignoriert sie die Tränen ihres Kindes. Das Problem besteht darin, dass Mütter doch gelegentlich mit Fürsorge, Trost oder Nahrung auf das Weinen ihrer kleinen Kinder reagieren, und diese wissen daher nie, ob ihnen ihre Tränen elterlichen Zorn, Vernachlässigung oder Zuneigung einbringen werden.

Reichel-Dolmatoff, Gladwin und Sarason, Wolf und die anderen Anthropologen der fünfziger und sechziger Jahre, denen diese Widersprüchlichkeiten aufgefallen waren, hatten ihr Stichwort von Spock und anderen Erziehungsexperten erhalten, die sich für methodisches und konsequentes Vorgehen aussprachen. Garry Cleveland Myers, Autor des populären *The Modern Family* (1934), um nur ein Beispiel zu nennen, legte großen Wert auf »strenge Routine« und die »Ausbildung von Gewohnheiten«, mahnt Eltern, konsequent im Umgang mit dem Kind und im Umgang miteinander zu sein, denn sonst lerne das Kind nur, sich »mit seinen Tränen einen Weg zu bahnen«. Fast ein halbes Jahrhundert später schrieb Dr. William Homan in *Kinder brauchen Liebe – Eltern brauchen Rat* (1970), die erste Regel bei der Disziplinierung eines Kindes laute: »Konsequent sein.«

Vor kurzem haben sich Elternschaftsexperten wie Leach dafür ausgesprochen, Konsequenz in der Erziehung müsse bedeuten, Tränen unter keinen Umständen zu ignorieren. Magda Gerber, die die treibende Kraft hinter dem *RIE Manual for Parents and Professionals* ist, das 1994 seine achte Auflage erreichte, hält Weinen für natürlich und fordert Eltern auf, dem Weinen ihrer Kinder immer mit Aufmerksamkeit und Respekt zu begegnen: »Respektieren Sie das Recht des Kindes, Gefühle oder Stimmungen auszudrücken, ob es dies mit einem Lächeln oder durch Weinen tut.« William Sears stimmt dem zu und meint, es sei immer gut, ein weinendes Kind zu trösten. Gute Eltern seien solche, die die tränenreiche Sprache ihrer Kinder verstehen. Solche Empfehlungen legen nahe, dass wir nicht nur unsere Vorstellung von Hege und Pflege, sondern auch unser Verständnis von Elternschaft verändert haben.

Endlich sind Eltern nicht mehr das wichtigste Abschreckungsmittel. Kinder lernen, wie Gerber sagt, sich besser mitzuteilen, unter anderem auch deshalb, weil sie begreifen, was Weinen sie kostet, und weil sie herausfinden, wie sie Weinen durch andere Kommunikationstaktiken ersetzen können. Selbst wenn Weinen nicht aktiv verhindert wird, bleibt gelegentliche elterliche Missbilligung oder Zurückhaltung nicht ohne Wirkung, und Kinder finden rasch heraus, dass ihre Tränen das Gegenteil des Erwünschten bewirken können. Außerdem neigen Eltern viel leichter dazu, sich durch manipulatives Weinen beeinflussen zu lassen als Freunde oder Klassenkameraden. Wie Marie Faust Evitt schreibt: »Kinder wissen nur zu gut, dass Weinen nicht cool ist, selbst im zarten Alter von sechs oder sieben nicht. Sobald Kinder die Vorschulzeit hinter sich gebracht haben, betrachten sie weinende Kameraden leicht als Verlierer.« Nachdem sie erst einmal von ihren Klassenkameraden gedemütigt wurden, finden sie rasch heraus, was ihre Eltern schon wissen, dass es nur sicher oder lohnend ist, für sich oder vor Vertrauten Tränen zu vergießen. Und natürlich kennen Jungen und Mädchen in diesem Alter auch bereits unterschiedliche Inseln der Sicherheit.

Die Autoren einiger Studien haben herausgefunden, dass Familien auch weiterhin von Bedeutung sind für die Weingewohnheiten von Jugendlichen und jungen Erwachsenen. Beispielsweise verfolgte eine Langzeitstudie zur Sozialisierung von Gefühlen die Entwicklung von 43 Jugendlichen in New England und stellte fest, dass jene, deren Familien »ihre Gefühle deutlicher zum Ausdruck gebracht und besser akzeptiert hatten«, als die Jugendlichen zehn Jahre alt waren, sich besser von traditionellen »Gefühlsrollen« befreien konnten: Jungen fiel es leichter zu weinen und Mädchen gelang es besser, Wut auszudrücken. Größere emotionale Ausdruckskraft wurde allgemein mit sozialer und psychologischer Anpassung assoziiert, mit einer bemerkenswerten Ausnahme: Während Weinen bei den Männern mit besserer Anpassung in Beziehung gesetzt wurde, wurde es bei den Frauen mit schlechterer Anpassung in Verbindung gebracht.

Da männliche Ausdrucksfähigkeit in der heutigen Zeit, wie eine

Reihe von Arbeiten zeigt, mit dem Einkommensniveau korreliert, könnte es sein, dass gesellschaftliche und kulturelle Determinanten mindestens ebenso wichtig sind wie familiäre. Die Zahlen, denen man entnehmen kann, in welchem Alter Jungen und Mädchen in ihrem Weinverhalten voneinander abweichen – bei Jungen läuft die Häufigkeit des Weinens mehrere Jahre vor den Mädchen auf das Erwachsenenmaß zu –, unterstützen die Vermutung, dass sozialer Druck außerhalb der Familie, sobald die Kinder erst einmal zur Schule gehen, eine größere Wirkung erzielt als die Familie selbst. In Anbetracht des ständigen Wechsels geschlechtsspezifischer Ideologien kann man davon ausgehen, dass sich die soziologischen Daten auch weiterhin verändern.

Männer und Frauen

Der Unterschied zwischen männlichen und weiblichen emotionalen Ausdrucksformen und Veranlagungen wurde im Laufe der Jahrhunderte von verschiedenen Völkern und aus unterschiedlichen Perspektiven studiert, einige von ihnen auf wissenschaftlicher Basis, andere nicht. In der Geschichte dieser Nachforschungen tauchen immer wieder die gleichen Fragen auf: Warum weinen Männer und Frauen und warum nicht zu den gleichen Anlässen? Wie entwickeln sich diese Unterschiede? Wie fühlen sie sich an? Die Geschichte liefert auf diese Fragen andere Antworten als die Soziologie.

Der früheste wissenschaftliche Versuch, das unterschiedliche emotionale Verhalten von Männern und Frauen zu analysieren, geht zurück auf Aristoteles:

> Die Frau ist leidenschaftlicher als der Mann, läßt sich leichter zu Tränen rühren und ist zugleich eifersüchtiger, nörglerischer, neigt leichter dazu, zu schimpfen oder zuzuschlagen. Sie neigt außerdem mehr als der Mann zu Niedergeschlagenheit und zu Hoffnungslosigkeit, ist ohne Scham und Selbstrespekt, neigt zu Lügen und Täuschungen und besitzt ein aufnahmefähigeres Gedächtnis. Sie ist außerdem wachsamer,

schreckt leichter zurück, läßt sich schwerer zum Handeln bewegen und bedarf einer geringeren Menge an Nährstoffen.

Der Text des Aristoteles mag sich nicht besonders wissenschaftlich anhören, liefert jedoch das detaillierteste Stück beschreibende Biologie, das die Welt zum damaligen Zeitpunkt kannte, und daran änderte sich bis zur Renaissance nichts. Ein Großteil des übrigen Texts befasst sich mit den spezifischen Eigenschaften von Spezies wie etwa mit der Frage, wie viele Zähne ein Pferd hat oder wie sich

Hagar, die ägyptische Sklavin, die Abraham einen Sohn gebar, war vom 17. bis zum 19. Jahrhundert ein beliebtes Thema. Hagar weinte, nachdem sie von Abraham mit Gottes Segen in die Wildnis verbannt worden war; Gott sah ihre Tränen und errettete sie. Gerbrand van den Eeckhout, Die weinende Hagar *(Anfang der 1640er Jahre).*

Schlangen fortpflanzen. Doch Aristoteles betreibt auch vergleichende Ethologie, beschäftigt sich artübergreifend mit Eigenschaften. Er entdeckt zahlreiche emotionale Tendenzen von Frauen, wie etwa Schamlosigkeit und Feigheit, im Tierreich wieder: »Wenn der [weibliche] Tintenfisch von einer Harpune getroffen wird, dann bleibt der männliche an ihrer Seite, um ihr zu helfen«, schreibt Aristoteles, um damit grundlegend und artübergreifend die Unterschiede zwischen männlich und weiblich zu belegen, »doch wenn das Männchen getroffen wird, dann ergreift das Weibchen die Flucht.« Da es ausschließlich Menschen sind, die weinen (Aristoteles zweifelt dies nicht an), basiert seine Auffassung, Frauen seien »leichter zu Tränen zu rühren«, nicht auf dem vergleichenden Studium von Verhalten, sondern stellt ein Argument dar, das auf seiner eigenen Beobachtung beruht und somit eine Art amateurhafte qualitative Soziologie ist.

Selbst wenn Aristoteles über hieb- und stichfeste Fakten in Bezug auf die Häufigkeit, Dauer und Intensität des Weinens seiner Zeitgenossen verfügt hätte, sein Schluss, dass man Frauen »leichter zu Tränen rühren« kann, wäre dennoch falsch. Auf Grund ihrer Rolle als Hauptbezugsperson könnten sich Frauen anders als Männer einfach in einer Position befinden, die häufiger Tränen verlangt. Da sich die Anlässe für männliches und weibliches Weinen von Kultur zu Kultur unterscheiden, sind beide zu verschiedenen Zeiten mehr oder weniger »leicht zu Tränen zu rühren«. Dennoch war es Aristoteles, der als Erster versuchte, den emotionalen Unterschied zwischen Männern und Frauen zu ergründen.

Solche Unterschiede lassen sich leider nur allzu schwer festmachen. Johann Huizinga, der Autor von *Herbst des Mittelalters*, beschreibt das 14. Jahrhundert als eine Zeit unglaublich freizügiger Emotionalität. Die Menschen weinten, schrien, schluchzten und jaulten auf offener Straße aus nichtigsten Anlässen. Als der Franziskanermönch Richard seiner Zuhörerschaft in Paris mitteilte, dass dies seine letzte Predigt sei, »weinten Groß und Klein so herzzerreißend und rührend, als wohnten sie dem Begräbnis ihres Freundes bei, und er tat es ihnen gleich«. Bei Beerdigungen »war das Wehklagen in der ganzen Stadt zu hören«. Zur gleichen Zeit beschrieb

Giannozzo Manetti, ein Humanist des 15. Jahrhunderts, seine Trauer über den Tod seines Sohns. Er meinte, seine Tränen rechtfertigen zu müssen unter Zuhilfenahme biblischer und klassischer Beispiele wie etwa Jesu Weinen am Grab des Lazarus. In Anbetracht dessen, was von Männern allgemein erwartet wurde, bedurfte Manetti keiner Rechtfertigung, doch als Philosoph hielt er es für erforderlich, seine durch Trauer erzwungenen Tränen zu erklären, denn der Diskurs über die Leidenschaften stand von den Stoikern bis Platon im Mittelpunkt seiner philosophischen Tradition. Manetti hatte viele Identitäten – er war Mann, Italiener, Humanist, Philosoph, Vater, Ehemann, Bürger und so fort. Jede dieser Identitäten bringt emotionale Anforderungen und Verpflichtungen mit sich, und diese sind nicht immer deckungsgleich. Historiker und Soziologen sind sich darin einig, dass diese Art Multiplizität Bestandteil des emotionalen Lebens von Männern und Frauen in der Moderne ist. Sie verlangt von den Menschen in wachsendem Maße, private und öffentliche Identitäten zu entwickeln, und außerdem »identifiziert« sie den einzelnen Menschen anhand seines gesellschaftlichen Standes, seines Status, Berufs, seiner politischen Orientierung, seiner ethnischen Zugehörigkeit und so fort. Die Schreihälse in den Straßen, die Huizinga beschreibt, kannten vielleicht ebenfalls Augenblicke, in denen sie meinten, sich für ihr Weinen rechtfertigen zu müssen. Doch es besteht kein Zweifel, dass die Moderne die Identitäten, mit denen wir durch unser Sozialleben navigieren, vermehrt hat, und mit dieser Vermehrung geht eine komplexe Sammlung emotionaler Protokolle einher.

Die Wissenschaftler des 16. und 17. Jahrhunderts hatten eine viel einfachere Erklärung dafür, warum manche Menschen mehr weinen als andere: »Weinen fällt jenen leichter, die auf Grund ihrer Konstitution und ihres Wesens oder auf Grund ihres Alters, ihrer Geschlechtszugehörigkeit oder Kultur schwächer und feuchter sind«, schrieb der Physiologe Joubert 1579 in Übereinstimmung mit der Säftelehre, »was auch der Grund dafür ist, warum Phlegmatiker wie auch Kinder, Alte und Frauen sofort tränen.« Da Frauen und Kinder »feuchter« sind als Männer, ist ihr Gehirn dem Zustand des Weinens grundsätzlich näher. Die Literaturhistorikerin Marjory E.

Lange weist darauf hin, dass zwar die »Feuchtigkeit« ihre erklärende Kraft einbüßte, als sich modernere medizinische Vorstellungen entwickelten, nicht aber die Schwäche. 1658 schrieb der Philosoph Thomas Hobbes: »Jene, die am meisten weinen, sind die, die wie Frauen und Kinder am wenigsten Hoffnung in sich selbst und am meisten in Freunde setzen.« Für Hobbes vergießen wir aus Machtlosigkeit Tränen, womit er erklärt, warum Kinder weinen, wenn sie erkennen, dass sie nicht haben können, was sie wollen. »Aus dem gleichen Grund neigen Frauen mehr zu Tränen als Männer«, ergänzte Hobbes seine Aussage an anderer Stelle. Und da Frauen »mehr daran gewöhnt sind, ihren Willen durchzusetzen«, hat ihre Enttäuschung die Nebenwirkung, sie an ihre tatsächliche Machtlosigkeit zu erinnern.

Die Säftelehre stellt natürlich keine vernünftige physiologische Grundlage für die Erklärung des unterschiedlichen Weinpotenzials dar. Doch Machtlosigkeit spielt in unserem modernen Kulturverständnis von den Tränen noch immer eine Rolle. Der Psychoanalytiker Robert Sadoff zum Beispiel bringt die Gedanken einer Schule zum Ausdruck, indem er sagt: »Weinen ist ein regressives Phänomen, welches die Gefühle der Schwäche und Hilflosigkeit des Kindes erfasst, das um Hilfe und Unterstützung fleht.« Und es ist fair, den folgenden Ende des 20. Jahrhunderts weit verbreiteten Mythos für den vorherrschenden zu halten: Männer sind durch ihre soziale Ausbildung, die ihnen beigebracht hat, Weinen als Zeichen der Schwäche zu werten, verkrüppelt. Weil Männer nicht weinen, sind sie zu aggressiv, wissen sie nicht, wie man Nähe oder Fürsorge schenkt oder wie man mit den eigenen Gefühlen in Beziehung tritt. Und weil Frauen ihre emotionale Arbeit für sie erledigen, müssen sie nicht lernen, sich selbst zu helfen. Die Sozialisation von Frauen erfolgt in einem ausdrucksstärkeren Rahmen, folglich weinen sie mehr. Viele empfinden dies als gute Sache und meinen, Männer sollten es ebenso halten. Doch da Weinen nach wie vor als Schwäche begriffen wird, halten einige Tränen für die Komplizen weiblicher Unterdrückung.

In Anbetracht all dessen, was wir über die lange Geschichte männlichen Weinens wissen, fällt es schwer, eines dieser beiden

Argumente zu akzeptieren – dass nämlich Männer mehr oder Frauen weniger weinen sollen, um auf diese Weise das Machtungleichgewicht zwischen Männern und Frauen anzugehen. »Männlich« zu sein hat etwas mit der Art zu tun, wie Männer über Frauen Kontrolle ausüben. Doch setzte diese Männlichkeit, historisch belegbar, auch viele verschiedene Arten des Weinens voraus. Auf dem Höhepunkt der im 18. Jahrhundert gefeierten Empfindsamkeit wurde Rousseau gefragt, welche Eigenschaften ein Held haben müsse. Seine Antwort lautete »Männlichkeit!«, und damit meinte er nicht nur den Abenteuergeist der Entdecker und Ähnliches, sondern die Fähigkeit, die stärksten Gefühle zu empfinden und auszudrücken, durch Tränen. Für einen anonymen Autor des 18. Jahrhunderts ist

moralisches Weinen ein Zeichen edler Leidenschaft, sodass es fraglich ist, ob jene richtige Männer sind, die nie bei irgendeiner Gelegenheit weinen. Sie mögen sich so heldenhaft präsentieren wie sie wollen und stolz auf ihre stoische Empfindungslosigkeit sein; doch bei den wahren Richtern menschlicher Wesensart wird dies niemals als Tugend durchgehen.

Im Verlauf der nächsten beiden Jahrhunderte wurden Männer auf vielerlei Arten zu Männlichkeit angehalten, von denen manche Rousseau (oder Laclos oder Goethe) vielleicht nicht als solche erkannt hätte. In Amerika veränderten sich die Standards für männliches Verhalten eindeutig in Relation zu der sich wandelnden ökonomischen Wirklichkeit.

Der neue Männlichkeitsstil, so könnte man sagen, wurde in den Vereinigten Staaten 1829 im Wahlkampf eingeführt, als der ungehobelte, populistische Soldat Andrew Jackson den eleganten, aristokratischen John Quincy Adams besiegte. Insbesondere in der Folge der industriellen Revolution entstanden in Amerika und Europa neue Rollen für Männer – die des Unternehmers, des Managers, des Profis, des Finanziers und ähnliche –, die im Zusammenhang mit männlicher Identität unter anderem neue Ängste hervorbrachten. Die neue Männlichkeit ermutigte Männer, ihren emotionalen

Ausdruck zu zügeln, wenigstens zu bestimmten Zeiten. Ein Geschäftsmann und Reformer namens John Kirk schrieb 1852 an seine Mutter, dass er ihre Lektionen und Ermahnungen nicht vergessen habe und dass sie »Tränen reuiger Trauer und Zuneigung aus seinen weinenden Augen fließen ließen«. Wie der Historiker Anthony Rotundo feststellte, spielte solche Rührseligkeit in einem Brief, den John Kirk im gleichen Jahr an seinen Vater schrieb, keine Rolle. In seinem Brief an die Mutter gab er sich als traditioneller Gentleman; in dem an seinen Vater als moderner Geschäftsmann. Zwar mochte der Gentleman noch Tränen vergießen, der neue Geschäftsmann tat es nicht.

Doch Kirks Stoizismus muss im Zusammenhang betrachtet werden. Mitte des 19. Jahrhunderts, im Zeitalter großer amerikanischer politischer Redekunst, wurde von Politikern noch immer erwartet, dass sie bei einer Rede an der richtigen Stelle Tränen vergossen. Ein Zeitungsreporter beschrieb, wie Daniel Webster, einer der besten Redner seiner Zeit, bei seiner eigenen Rede weinte: »Eine brennende Träne sammelte sich in seinem Auge, lief langsam über seine blasse

Laurel und Hardy stellen die Pole männlicher Emotionen dar – Zorn und Tränen. Aus Dick und Doof in geheimer Mission *(1942).*

Wange und zeigte, wie tief der Redner selbst bewegt war.« Weinen wurde als erforderlicher Bestandteil der Rhetorik betrachtet und stand bei diesem wie bei anderen Foren nicht im Widerspruch zum Männlichkeitsbild – der Ausdruck »männliche Tränen« wurde regelmäßig gebraucht. Männer weinten weiterhin in der Literatur und über Literatur, im Theater und an anderen traditionellen Orten. Doch in den vom Industriekapitalismus und seinen rational organisierten Beziehungen und Verpflichtungen neu geschaffenen Rollen und öffentlichen Räumen war Weinen – und jeglicher emotionaler Ausdruck – weitgehend verpönt.

Dies ist selbstverständlich eine starke Vereinfachung der Art und Weise, wie Männer und Frauen tatsächlich lebten und fühlten. Ich habe sie wiedergegeben, um darauf aufmerksam zu machen, dass der »traditionelle« geschlechtsspezifische Unterschied, auf den sich die Leute (und Sozialwissenschaftler) gerne beziehen, als Tradition nicht wirklich existiert, sondern vielmehr eine ständig in der Veränderung begriffene und sich entwickelnde Reihe von Thesen und eine äußerst unterschiedliche Sammlung von Lebensweisen ist. Selbst Mitte des 20. Jahrhunderts, als der männliche Mann, wie wir ihn kennen – der Stoiker, der jede Verletzung ohne Tränen zu vergießen ertragen kann –, als Ideal angeblich in Erscheinung trat, verkörperten die Schauspielerstars und Schnulzensänger konkurrierende Ideale. Und manche dieser Stoizismusverkörperungen, die diese Tradition repräsentieren – wie etwa Hemingways unter Kriegsneurosen leidende Charaktere –, sind moralisch und sexuell so zweideutig, dass sie mehr wie Ausnahmen wirken. Frauen wurden ebenfalls durch die widersprüchlichen kulturellen Botschaften bezüglich ihres Weinens durcheinander gebracht: Adelte es nun oder war es nur hysterisch? Bewies es oder widerlegte es ihre Weiblichkeit? Frauen stand es frei, ihre Tränen einzusetzen, um entweder ihre Missachtung oder ihr Einverständnis mit der Geschlechterrolle auszudrücken. Tränen konnten zu den »Waffen der Frauen« werden, wie Shakespeare es ausdrückte, oder für die Aufrechterhaltung des Märchens sorgen, dass sie schwächer und auf Männer angewiesen waren. Männer hingegen durften ab und an eine Träne vergießen, um zu zeigen, dass sie nicht nachgeben und weinen würden.

»Weinen ist heutzutage«, schrieb Gretta Palmer in den vierziger Jahren im *Ladies' Home Journal*, »ein Monopol der Frauen.« Sie zitiert einen Kreditmanager in einem großen New Yorker Kaufhaus, der festgestellt hatte, dass »ein Drittel aller Kundinnen, die mit ihren Zahlungen im Rückstand sind, vor seinem Schreibtisch weinen; er hält eine Schachtel mit Papiertaschentüchern in einer obersten Schublade bereit, holt schweigend eines hervor und reicht es der weinenden Kundin«. (Normalerweise, so sagt er, »hören sie dann auf zu weinen. Warum weiß ich nicht«.) Amerikanische Männer der Vierziger weinen weniger als Frauen, sagt Palmer, und dies aus zwei Gründen: »Erstens ist offenes Weinen Männern in Anbetracht des strengen Verhaltenskodexes heutzutage nicht mehr gestattet; und zweitens weinen moderne Frauen viel häufiger, als aufrichtige Gefühle allein dies fordern.« Jungen wird mit der Aufforderung »Sei ein Mann!« das Weinen verboten, doch Mädchen tröstet man, wenn sie Tränen vergießen.

Palmer geht davon aus, dass es irgendwann vor In-Kraft-Treten des strengen Verhaltenskodexes ihrer Tage ein goldenes Zeitalter gleichgewichtigen emotionalen Ausdrucks und ebensolcher Kontrolle gegeben haben muss und hofft, dass wir eines Tages wieder zu solcher Harmonie zurückfinden werden. Doch der gegenwärtige Kodex lehre eine Frau, und darin sieht Palmer das Hauptproblem, Tränen als »nützliche Gaunerei« einzusetzen, »um ihren Willen durchzusetzen«, und sie beklagt die Schwäche und Unaufrichtigkeit, die solche Kriegslisten bei Frauen fördern. Frauen sollten sich schämen, schreibt Palmer, und Männer sollten sich ebenfalls für ihren Stoizismus schämen, da doch Psychiater und Physiologen darin übereinstimmen, dass es »der Gesundheit des amerikanischen Mannes förderlich wäre, wenn er sich gelegentlich gründlich ausweinte (wie dies lateinamerikanische Männer manchmal tun)«.

Hatten die Menschen von den Endokrinologen der zwanziger Jahre die Lektion gelernt, ihre Gefühle unter Kontrolle zu halten, argumentierten die Physiologen der Vierziger, dass bestimmte Formen emotionalen Ausdrucks erforderlich seien. Sie entdeckten, dass Lysozym, ein stark antiseptisch wirkendes Enzym und daher für die Selbstreinigung der Augen wichtig, bei Patienten mit

Magengeschwüren in anormal hohen Konzentrationen auftrat. Überschüssiges Lysozym, produziert in Zeiten emotionaler Aufgewühltheit, zersetze die Auskleidung des Magens, folgerten die Physiologen, und vier von fünf Personen, die unter solchen Geschwüren litten, seien Männer. Weinen diene daher sowohl dem Dampfablassen als auch der Ausscheidung von Lysozym. Männer, die nicht weinten, vergifteten sich selbst und müssten daher das Weinen von neuem erlernen.

Manche Autoren der späten dreißiger und vierziger Jahre ermahnten Männer und Frauen auch weiterhin dazu, sich zu kontrollieren. *Reader's Digest* beispielsweise druckte 1945 einen Beitrag mit dem Titel »Wie man emotional Haltung bewahrt«. Darin wird der Leser unterrichtet, wie Menschen, die »leicht in Aufruhr geraten«, »Selbstmeisterschaft« erlangen können. Und auch die ultraernsthafte *North American Review* beschäftigte sich 1939 mit dem Thema, wie man »Emotionen erzieht«, damit man sie zwar spürt, aber dabei immer unter der Kontrolle der Vernunft hält. Doch eine wachsende Zahl von Experten war inzwischen zu dem Schluss gekommen, dass die Leute weniger Kontrolle benötigten als vielmehr das, was der Autor des Gesundheitsmagazins *Hygeia* 1945 als »emotionale Ventile« bezeichnete – ein Begriff, der sofort Verbreitung fand. Ein Artikel, den Louisa Church 1945 für die Zeitschrift *American Home* schrieb, regte an, dass Frauen, die unter »Unruhe, Unsicherheit, Angst, Schüchternheit, Zögerlichkeit und anderen unerwünschten Eigenschaften« litten, für sich ein »emotionales Ventil« finden sollten, indem sie ihre Begabungen und Fähigkeiten in der realen Welt entwickelten. Die *Newsweek* veröffentlichte 1948 einen Beitrag, der ähnlich argumentierte wie Gretta Palmer und vor der »kumulativen Wirkung nagender Emotionen auf die physische Gesundheit frustrierter Erwachsener« warnte. Männer müssten sich mehr als Frauen Sorgen wegen der aus solchem Gefühlsstau resultierenden Magengeschwüre machen, weil auf ihnen der Druck, »unverhohlenen emotionalen Ausdruck zu verhindern«, schwerer laste.

Doch ungeachtet der journalistischen Ratgeber waren die amerikanischen Männer der dreißiger bis fünfziger Jahre keineswegs ohne Tränen. In einer Zeit, in der maskuline Männlichkeit höher

gewertet wurde als irgendwann sonst seit der Glanzzeit von Theo-
dore Roosevelt, weinten Männer bei zahlreichen Gelegenheiten in
der Öffentlichkeit. Lou Gehring weinte, als er 1939 seine Ab-
schiedsrede hielt, und Babe Ruth vergoss 1948 im Yankee-Stadion
Tränen, als bekannt gegeben wurde, dass er Krebs hatte. Mickey
Mantle schluchzte im Umkleideraum, als Verletzungen seine Teilnahme an den World-Series-Spielen von 1951 verhinderten. Der
Country-and-Western-Star Roy Acuff war berühmt dafür, dass ihm
beim Singen die Tränen über die Wangen liefen. Johnnie Ray, »der
weinende Schnulzensänger«, wurde 1951 mit der Veröffentlichung
seiner Single »Cry« einer der größten singenden Stars seiner Tage,
die erste Single, deren A- und B-Seite es auf den ersten und den
zweiten Platz in der Hitliste schaffte (die B-Seite war »The Little
White Cloud That Cried«). Der »Nabob der Tränen« führte weiter
die Charts an, bis Elvis Presley die Bühne betrat. Auch wenn einige
seiner Spitznamen ironisch waren, zum Beispiel Prince of Wails und
America's Number One Public Weeper, so waren die amerikanischen Plattenkäufer doch eindeutig in sein Heulen verliebt. In einer
Zeit, in der Weinen angeblich das Monopol der Frauen war, wurden
Männer, die Tränen vergossen, in höchstem Maße verehrt und an-
sehnlich belohnt.

Mittlerweile haben »männliche Tränen« in der Gesellschaft wieder an Boden gewonnen, und die Bezeichnung »sensibler Mann«
wird in vielerlei Zusammenhängen als Kompliment aufgefasst. Weinen wird einem Mann inzwischen eher als Stärke ausgelegt. Und bei
Frauen empfindet man Weinen heute eher als emotionale Insta-
bilität. In den sechziger Jahren geriet die Vorstellung, Frauen seien
»emotional« und Männer eher »rational«, als sexistische Ideologie
unter Beschuss. Denn schließlich wurde in einer Kultur, die klar
dem Rationalen den Vorzug gab, Emotionalität zwangsläufig niedri-
ger bewertet. Doch zur gleichen Zeit gewann ein entgegengesetztes
Argument an Fahrt – die Vorstellung, dass weibliche Emotionalität
moralische Überlegenheit bedeute: Kühle Rationalität verbreite
Krieg und Unterdrückung, emotionale Annäherung an das Leben
hingegen fördere Einfühlung und Harmonie. Die »patriarchale Tradition« hatte Emotionen degradiert. Einige Feministinnen stellten

dieses Argument nun auf den Kopf und behaupteten, Emotion stelle die vollständige menschliche Fähigkeit dar, von der rationales Denken nur ein Teil sei. Wer diesem Denkansatz zufolge auf Rationalität beharre, der beschränke sich auf einen Bruchteil seiner Möglichkeiten, um sich und seine Mitmenschen zu verstehen.

In diesem Zusammenhang gewannen zwei schmeichelhafte Thesen über das Weinen Anhänger. Frauen waren so sozialisiert, dass sie weinten, statt ihre Wut auszudrücken, und Männer, die gelernt hatten, Tränen zu fürchten, neigten dazu, Wut auszudrücken, wenn sie eigentlich weinen sollten. Frauen würden also aufhören müssen zu weinen und sollten endlich wütend werden, während Männer ihre Wut durch Tränen zu ersetzen hätten. Dass diese beiden Thesen sich miteinander im Widerstreit befinden könnten, schien niemanden weiter zu stören. Niemals zuvor wurde derart lärmend nach Veränderungen der emotionalen Beschaffenheit der Menschen verlangt. Die biologischen und sozialen Wissenschaften wurden beide aufgerufen, zugleich das Wesen des Geschlechtsunterschieds und die kulturelle Kontingenz der Geschlechter und damit die Formbarkeit dieser Unterschiede zu beweisen.

Die erste detaillierte Untersuchung amerikanischer Weingewohnheiten erfolgte erst Ende der siebziger und in den frühen achtziger Jahren. Erhebungen legten nahe, dass Frauen tatsächlich mehr und länger weinen als Männer. In ihrer Studie behaupteten Hastrup, Baker, Kraemer und Bornstein, dass Frauen durchschnittlich bis zu 30-mal und Männer nur weniger als sechsmal im Jahr weinten. William Freys Untersuchung brachte es bei Frauen auf durchschnittlich 64 Tränenausbrüche im Jahr und bei Männern auf 17 – also nicht einmal ganz ein Viertel des weiblichen Weinpotenzials.

Frey überreichte seinen Probanden einen Fragebogen über ihre Weingewohnheiten und forderte sie auf, über ihr Weinen Buch zu führen. Er stellte fest, dass Männer für ihren Tränenausbruch durchschnittlich vier Minuten benötigen, während es bei Frauen etwa sechs sind. Am deutlichsten wurde der Geschlechterunterschied in den Extremen: Eine Frau weinte 29-mal im Monat und nur sechs Prozent der Frauen weinten nie, hingegen behaupteten 45 Prozent

der Männer, nie Tränen zu vergießen. Doch eine Reihe anderer von
Frey ermittelter Statistiken weist eine größere Zahl von Gemeinsamkeiten auf: Bei den Frauen waren 40 Prozent der Tränenausbrüche und bei den Männern 36 Prozent auf nahe persönliche
Beziehungen zurückzuführen; bei 14 Prozent der Frauen und zehn
Prozent der Männer beinhalteten sie auch Schluchzen; bei 47 Prozent der Frauen und bei 29 Prozent der Männer waren sie mit
fließenden Tränen verbunden; 27 Prozent der Tränenausbrüche bei
Frauen und 36 Prozent bei Männern erfolgten in Reaktion auf einen
Kino- oder Fernsehfilm.

Bedauerlicherweise weist Freys Fragebogen in der entscheidenden Frage einen Fehler auf: »Wie oft im Monat vergießen Sie auf
Grund von emotionalem Stress durchschnittlich Tränen?« Nicht jeder würde etwa während eines Films aufsteigende Tränen als Stressreaktion erkennen, einige aber doch. Die Frage setzt die Kenntnis
dessen, was Weinen genau ist, voraus. Bei einer Erhebung, die 1950
in England zur Reaktion auf Filme vorgenommen wurde, behaupteten mehrere Männer, dass sie nie wegen eines Films weinten,
gaben jedoch zu, dass sie einen Kloß im Hals spürten, feuchte Augen bekamen oder Ähnliches. »Mich hat gelegentlich ein Film so
bewegt, dass ich feuchte Augen bekam«, erklärte ein 28-jähriger
Staatsbeamter, »aber richtig geweint habe ich noch nie.« Ein 35-jähriger Mann sagte: »Ich würde nie zugeben, dass ich im Kino weine,
obwohl ich schon öfter etwas unterdrücken musste, was mich verdächtig an Tränen erinnerte.« Ein 32-jähriger Journalist behauptete
glatt und doch geheimnisvoll: »Ich weine nicht so, wie eine Frau
das tut.« Freys Aufforderung, über das eigene Weinen Buch zu führen, ließ noch für andere Möglichkeiten Raum, denn er verlangte
von den Probanden, gefühlsbedingte Tränen, Reiztränen und »andere Tränen« zu dokumentieren. Doch wissen wir von Sexualitätsforschern, dass die Selbstbeurteilung manipuliert wird, um den
Erwartungen der Gesellschaft möglichst nahe zu kommen. Auch
wenn in unserem Fall die Kontrolle schwierig ist (in der Sexualitätsforschung ist sie möglich, wenn etwa die Gesamtzahl der von Männern angegebenen Sexualkontakte mit Frauen doppelt so hoch liegt
wie die von Frauen genannte mit Männern), können wir dennoch

davon ausgehen, dass die Daten bis zu einem gewissen Grad fehlerhaft sind. Zwar konnten Versuchsleiter die Angaben von Müttern über die Dauer und Häufigkeit des Weinens ihrer Babys unter Zuhilfenahme von Audiomitschnitten korrigieren, doch gibt es bisher keine solchen Audiomitschnitte (und schon gar keine Videomitschnitte) über die Weingewohnheiten von Erwachsenen.

James R. Averill, Randolph R. Cornelius und T. R. Sarbin argumentierten in den achtziger Jahren aus leicht voneinander abweichenden Perspektiven, dass Erwachsene weinen, um Einfluss auf ihre soziale Umgebung zu nehmen. Insbesondere versuchen wir mit unserem Weinen die negative Haltung anderer in Unterstützung zu verwandeln, und meist sind wir damit erfolgreich: Wer einen anderen weinen sieht, neigt dazu, ihm Trost zu spenden, vor allem wenn der Weinende eine Frau ist. Die Ergebnisse anderer Studien unterstützen diese These und haben festgestellt, dass sowohl Männer als auch Frauen weinenden Frauen helfen und mit ihnen mitfühlen und dass Frauen mit größerer Wahrscheinlichkeit einem weinenden Mann helfen und mit ihm mitfühlen. Die Untersuchungen von Hoover-Dempsey, Plas und Wallston ergaben, dass Weinen am Arbeitsplatz, egal ob von Männern oder Frauen, Stirnrunzeln hervorruft. Dies lässt darauf schließen, dass all diese Studien auf eine Weise situationsabhängig sind, wie sie von Versuchsleitern bisher nicht berücksichtigt wurde.

Um einige der situationsabhängigen Variablen zu fassen zu bekommen, führten Susan Labott, Randall B. Martin, Patricia S. Eason und Elaine Y. Berkey eine Reihe von Experimenten durch, bei denen sie die Reaktionen von Probanden beobachteten, die im Beisein eines Verbündeten der Versuchsleiter einen Film ansahen. Sowohl Männer als auch Frauen erwiesen sich in ihrem Verhalten erheblich stereotypischer – das heißt, die Frauen weinten mehr und die Männer weniger –, wenn sie den Film in Gesellschaft einer gegengeschlechtlichen Person ansahen. Hingegen bewirkte die Gegenwart eines Zuschauers gleichen Geschlechts keine solchen Reaktionssteigerungen. In der durch das Experiment geschaffenen Situation sprachen also Männer und Frauen gleichermaßen auf sehr komplex gestaltete Erwartungen an. Dies legt einerseits den

Schluss nahe, dass keine der anderen Erhebungen über ausreichende Kontrollmechanismen verfügt, und bestätigt andererseits die Hypothese, dass die durch die Kultur vermittelten Erwartungen an den geschlechtsbedingten Unterschied die Ergebnisse verzerren. Doch ein weiterer vom selben Team 1993 durchgeführter Versuch zeigt, dass gerade dieser kulturelle Kontext einer raschen Wandlung unterworfen ist. In diesem Experiment wurden 168 Studenten beim Betrachten eines Films mit einem Mann oder einer Frau zusammengesetzt, der beziehungsweise die entweder lachte, weinte oder neutral blieb. Die Mehrheit stimmte darin überein, dass ihr die Männer besser gefielen, wenn sie weinten, und die Frauen, wenn sie nicht weinten, und jene, die weinten, wurden zwar als emotionaler, nicht aber als femininer empfunden im Vergleich zu jenen der Komplizen, die lachten oder neutral blieben. Labotts Schlussfolgerung: Die Erwartungen an das Rollenverhalten verändern sich.

Und dies trifft tatsächlich zu. Bereits 1984 stellten Catherine Ross und John Mirowsky bei einer Erhebung mit 1360 Männern und Frauen fest, dass die Männer, die an traditionellen Geschlechterrollen festhielten, mit geringerer Wahrscheinlichkeit weinten als solche, die andere Vorstellungen hatten. Anfang der achtziger Jahre veröffentlichten Cretser, Lombardo, Lombardo und Mathis eine ganze Reihe von auf Experimenten basierenden Studien, die ähnliche Veränderungen nahe legten. Sie fragten fast 600 Studenten nach ihren Reaktionen auf weinende Männer und weinende Frauen und wollten außerdem wissen, wie ihrer Meinung nach andere Leute auf einen solchen Anblick reagieren würden. Die Studenten stimmten darin überein, dass Frauen häufiger und leichter weinen als Männer, doch in gewissem Maße wurde dieser Auffassung von ihren eigenen Angaben über sich selbst widersprochen. Und die meisten der Probanden meinten, dass »die Leute« mehr Schwierigkeiten mit weinenden Männern haben würden als sie selbst. Diese Gruppe sah ihre eigene Akzeptanz männlicher Tränen eindeutig nicht als die traditionelle Auffassung.

Catherine Kohler Riessman hat darauf hingewiesen, dass die Messstandards der Soziologen ebenfalls Verzerrungen verursachen.

Sie führte umfassende Interviews mit in Scheidung befindlichen Männern und Frauen durch und beurteilte sie zugleich unter Verwendung standardisierter soziologischer Tests. Die standardisierten Ergebnisse bei den Frauen zeigten, dass sie sehr viel stärker als die Männer unter Depressionen und Verzweiflung litten. In ihren Interviews beschrieben jedoch auch die Männer ein Verhalten, das auf ernsthafte Verzweiflung schließen ließ – schweres Trinken, Überarbeitung, Ruhelosigkeit, Kontrollverlust –, jedoch spiegelte sich dies in ihren Testergebnissen nicht wider. »Abgesehen davon, dass die üblichen standardisierten Tests Frauen ›kränker‹ aussehen lassen«, schreibt Riessman, »verzerren sie systematisch die Musterbildung von Emotionen durch Geschlechtszugehörigkeit und unterbewerten männliche Gefühle angesichts tatsächlicher Lebensereignisse.«

Muriel Egerton stellte unter Verwendung von James R. Averills Theorie über emotionale Schemata fest, dass Männer und Frauen dazu neigten, den Begriff »Leidenschaft« unterschiedlich einzusetzen. Männer interpretierten Wut als Folge von Leidenschaft und daher als von außen verursacht und unkontrollierbar. Bei Frauen war dies nicht der Fall. Sie empfanden Weinen als Folge von außen verursachter unkontrollierbarer Kräfte. Obwohl sich also die Vorstellung von der Akzeptanz des Weinens ändert, können viele der zu Grunde liegenden Auffassungen mehr oder weniger unverändert bleiben.

Ein Teil dieser Literatur geht davon aus, dass der Ausdruck von Gefühlen gut und ihre Unterdrückung schlecht ist und dass Weinen somit expressiv und Nichtweinen repressiv ist. Andere Untersuchungen verbinden mit ihren Ergebnissen politische Behauptungen, die durch ihre Forschungsresultate keineswegs gerechtfertigt werden. In der von Hoover-Dempsey und seinen Kollegen durchgeführten Untersuchung über Weinen am Arbeitsplatz wird zum Beispiel behauptet, in von Frauen geleiteten Büros wäre ein fürsorglicheres und akzeptierenderes Klima im Hinblick auf Weinen die Norm. Studien über den Managementstil von Frauen stützen dies jedoch nicht. Und einige Theoretiker haben sogar unterstellt, dass Männer, indem sie lernten zu weinen, lediglich ihren Stil änderten und nicht ihre Substanz, dass ihr Weinen einfach eine neue Maske darstelle. »Männer wären froh, wenn sie den ›Preis‹ für ihre Männlichkeit nicht mehr bezahlen müssten«, behauptet Michael Messner, der sich selbst nicht in seine Betrachtungen einschließt, in der akademischen Zeitschrift *Theory and Society*. Männer würden lediglich ihre Machostile durch sensible ersetzen, während sie zugleich alle Rangabzeichen der Macht beibehielten. Diese Interpretation erscheint ein wenig paranoid – verbirgt sich denn hinter der Tatsache, dass Männer überall im Land zu weinen und ihre Gefühle auszudrücken lernen, nur ein Trick, um weiterhin ihre traditionellen Vorrechte beibehalten zu können?

Gewiss, einige der unangenehmsten Formen männlicher Macht spielen noch immer eine wesentliche Rolle in unserer Gesellschaft. Sarah E. Ullman und Raymond A. Knight untersuchten Polizeiberichte und Gerichtsakten in 274 Vergewaltigungsfällen und fanden heraus, dass Frauen, die während des Übergriffs weinten, bedeutend mehr körperliche Verletzungen aufwiesen. Ein einfaches Konzept zum Stellenwert von Tränen bei den Geschlechtern, mit dessen Hilfe eine derart grausige Tatsache erklärt werden könnte, gibt es eindeutig nicht. Und wie wir bereits gesehen haben, kann Weinen auch für Säuglinge und Kinder außerordentlich gefährlich und ein Auslöser für die Misshandlung durch Männer und Frauen gleichermaßen sein. Wenn Männer lernen zu weinen, dann wird dies natürlich nicht automatisch das soziale System ändern. Der Soziologe Norbert Elias vertrat die Auffassung, das Zähmen der Emotionen stehe im Mittelpunkt dessen, was er den »Zivilisationsprozess« nannte. Kinder wiederholten diesen Prozess, indem sie im Laufe ihrer Entwicklung die Emotionen regelnden Bestimmungen erlernten. Diese Vorstellung enthält, wie James Averill festgestellt hat, nicht nur die regelnden, sondern kann noch um die konstitutiven Bestimmungen erweitert werden. Das bedeutet, »wenn Frauen vom Heim zum Arbeitsplatz wechseln«, wenn Männer »größere häusliche Verantwortung übernehmen« und so fort, dann setzen diese »Übergänge grundlegende Werte- und Glaubensveränderungen voraus« und die Veränderungen selbst bewirken »radikal veränderte Emotionen«. Anders ausgedrückt, Weinen wird soziale Vereinbarungen nicht verändern, doch wenn sich die sozialen Vereinbarungen für Frauen und Männer gleichermaßen ändern, dann wirkt sich dies auch auf die Bedeutung aus, die Weinen für beide Geschlechter hat.

Und die Veränderungen gehen weiter. Weinende Männer kann man überall sehen. Man muss nur auf die Filmschauspieler der letzten fünf Jahre verweisen – Leonardo DiCaprio, Brad Pitt und Tom Hanks, aber auch Actionstars wie Mel Gibson, Sylvester Stallone und Bruce Willis –, um zu erkennen, dass der begehrte Mann von neuem und in wachsendem Maße derjenige ist, der weint. Michael Jordan weinte ungehemmt, als die Chicago Bulls ihren ersten NBA-Titel (National Basketball Association) holten, und niemand fühlte sich verpflichtet, dies irgendwie zu kommentieren; er weinte wieder – warf sich auf den Boden, rollte sich in einer Fötushaltung ein und weinte, sobald das Spiel vorüber war –, als sie den Titel 1996 zum zweiten Mal gewannen. Die Fernsehansager erklärten, dass Jordans Vater erst vor anderthalb Jahren ermordet worden sei, dass das Spiel an einem Vatertag stattgefunden habe und dass ihm soeben ein wunderbares Come-back nach zwei Jahren Zurückgezogenheit geglückt sei. Dieses zufällige Zusammentreffen von Umständen, schienen sie sagen zu wollen, machte dieses ansonsten übertriebene Weinen verständlich. Beim Eiskunstlauf werden Männern wie Frauen gleichermaßen die Augen feucht, wenn die Punktrichter ihre Noten verlesen, während sie selbst auf der Bank sitzen, die auch als die »Box der Küsse und Tränen« bekannt ist. Amerikanische Baseball-Spieler dürfen weinen, wenn sie die World Series (Endspielserie der Meistermannschaften von American League und National League im Baseball) gewinnen, auch wenn ihnen dies ansonsten nur selten gestattet ist. Boxer, die als Verlierer bekannt sind, dürfen weinen, wenn sie gewinnen, während Favoriten, die ihre Kämpfe leicht gewinnen, es nicht dürfen, und weder besiegte Verlierer oder Favoriten können weinen, ohne ihr Gesicht zu verlieren. Tatsächlich hat jede Sportart ihre eigenen Regeln emotionalen Ausdrucks, und natürlich gibt es immer Ausnahmen und Möglichkeiten, eine tränenreiche Geschichte so zu erzählen, dass sie irgendwie in die Regeln passt.

Floyd Patterson zum Beispiel weinte herzzerreißend, als er 1965 den Titelkampf gegen Muhammad Ali verlor. Ali hatte Patterson als »Onkel Tom« beschimpft und ihn im Ring beleidigt: Ein Reporter verglich Alis Leistung bei dem Kampf mit einem Jungen, der einem Schmetterling die Flügel ausreißt, und Alis eigene Betreuer in seiner Ecke flehten ihn an, Patterson den Rest zu geben, damit der Kampf beendet werden konnte. Als Patterson dann weinte, da wurden seine Tränen in mythische Begriffe verpackt, wobei man Patterson zu dem großen, gefallenen Helden machte, der von einem neuen, noch größeren Krieger zu Boden geworfen worden war. Heutzutage dürfen die Tränen eines Athleten auch einfach ein Wesenszug sein. Derek Loville, ein Running Back (Footballspieler mit der Aufgabe, den Ball durch die Verteidigungsreihe des Gegners zu tragen) bei den San Francisco 49ern, weint vor den Spielen, nicht jede Woche, aber doch häufig, und tat dies schon immer, seit er in die Football-mannschaft seines Colleges aufgenommen worden war. Sein Team-kollege Adam Walker sagt, anfangs »ist mir das komisch vorge-kommen«, doch er nimmt an, »das ist die Art für ihn, mit seinen Gefühlen fertig zu werden, weil er das Spiel so sehr liebt«. Diese Aussage fördert zwar keine tiefen Einsichten zu Tage, zeigt aber deutlich, wie einfach es heutzutage ist, scheinbare Verstöße gegen die Männlichkeitsetikette zu erklären. Der *San Francisco Examiner* druckte eine Geschichte über Lovilles Weinen unter der Überschrift »49er Loville weint Tränen der Stärke«. Doch das augenfälligste Beispiel der neuen männlichen Tränen zeigte sich in Gestalt des Ringers Kurt Angle, der eine geschlagene halbe Stunde weinte, nachdem er 1996 die Goldmedaille bei den Olympischen Spielen gewonnen hatte. Obwohl über diese in der Geschichte des moder-nen Sports schamloseste Zurschaustellung von Tränen viel geredet wurde, interpretierten die Nachrichtenberichte das Ereignis ohne Spott und Scherze.

Ein 1994 im *Glamour* erschienener Artikel von Cindy Chupak sieht das Witzige in männlichen Tränen. Chupak meint, männliches Weinen sei nun nicht nur möglich, sondern sei als Bestandteil des rituellen Werbens um Frauen sogar erforderlich. Wenn also ein jun-ger Mann im Schoß seiner Familie nicht gelernt hat zu weinen, dann wird er es sehr wahrscheinlich dann lernen müssen, wenn er zum ersten Mal mit einem Mädchen ausgeht. Doch Chupak lästert weiter, irgendein Weinen reiche hierzu nicht aus. Ein Mann darf in Tränen ausbrechen, weil seine Freundin so schön anzusehen ist, doch wenn er weint, weil er sein Konto überzogen hat, dann hat er verspielt. Natürlich wollen wir wissen, dass unsere Männer weinen *können*, schreibt Chupak, aber wir wollen nicht, dass sie »aus Angst, Frustration oder Schwäche« weinen. Ideal ist es, wenn Männer genau einmal weinen, spottet Chupak, nämlich zu Beginn einer Beziehung. Danach sollte er nie, nie wieder in Tränen ausbrechen.

Als in *Eine Klasse für sich* (1992) eine der Frauen in Tom Hanks Baseballteam im Unterstand zu weinen beginnt, da brüllt er sie an: »Was ist denn das? Das können doch keine Tränen sein? Weißt du auch warum? *Beim Baseball wird nicht geweint!*« Das soll natürlich ein Witz sein, denn wir akzeptieren ja Weinen im Sport. Tatsächlich sind wir sogar auf dem besten Wege zurück zu der geschlechterübergreifenden Rührseligkeit des 18. Jahrhunderts. Die Jungen, die ausziehen, um sich den Film *Titanic* ein Dutzend Mal anzusehen und mit nass geheulten T-Shirts aus den Kinos kommen, sind die Söhne von Männern, die selten Tränen vergossen und dies schon gar nicht als Vergnügen betrachteten. Wir können nicht wissen, wie lange es vorhält, doch die Vermischung von männlichen und weiblichen Tränen ist zurückgekehrt.

Elisabeth Badinter, die französische Historikerin, wurde in der italienischen Zeitschrift *L'Espresso* interviewt und gefragt, warum Männer jetzt auf einmal häufiger weinen als früher: »Sie beweinen die Malaise der Maskulinität, weil sie nicht wissen, wie sie mit diesen neuen Frauen fertig werden sollen. Vor allem aber weinen sie, weil sie nicht mehr wissen, wer sie eigentlich sind.« Man kann sich durchaus Männer vorstellen, für die dies zutrifft, doch soziologische Gültigkeit besitzt diese Aussage nicht. Nora Ephron in ihrem Roman *Heartburn* (mit Meryl Streep und Jack Nicholson 1985 verfilmt, lief in Deutschland unter dem Titel *Sodbrennen*) widersprach dem weinenden Mann aus einem anderen Blickwinkel:

In den vergangenen Jahren wurde viel darüber geschrieben, dass Männer nicht genug weinen. Weinen wird für eine wünschenswerte Angelegenheit gehalten, für ein Zeichen reifer männlicher Sensibilität, und es wird allgemein davon ausgegangen, dass Männer, denen als kleine Jungs männliche Tränen als unmännlich geschildert wurden, als Erwachsene nicht mit Schmerz und Trauer und Enttäuschung und ganz allgemein mit Gefühlen umgehen können. Ich möchte dazu zwei Dinge anmerken. Erstens war ich schon immer der Meinung, dass Weinen eine im hohen Maß überschätzte Aktivität ist: Ohne Frage übertreiben Frauen es damit, und das Letzte, was wir uns wünschen sollten, ist, dass es zu einer allgemein verbreiteten Übung wird. Zweitens möchte ich Folgendes sagen: Man hüte sich vor Männern, die weinen. Es stimmt, dass Männer, die weinen, sensibel und auf Tuchfühlung mit Gefühlen sind, doch die einzigen Gefühle, für die sie empfänglich und mit denen sie auf Tuchfühlung sind, sind ihre eigenen.

Ephron, Badinter und Chupak stützten sich allesamt auf das Wissen, dass sich die soziale Welt verändert hat. Sie alle gehen davon aus, dass Männer weinen und so viel weinen, dass es für Badinter in den Mittelpunkt ihrer sozialen Diagnose gerückt ist und für Chupak und Ephron Komödienfutter abgibt. Alle drei nehmen auf eine Weise, zu der die wissenschaftliche Soziologie noch nicht ganz aufgeschlossen hat, an, dass es zu einer Neubewertung männlicher Ausdruckskraft gekommen ist, dass die Revolution bereits eingeleitet ist. Und alle drei meinen in unterschiedlicher Ernsthaftigkeit, dass es nun an der Zeit für einen gewissen sozialen Gegendruck ist, der männliche Tränen daran hindert, zu einer Art »universeller Exzess« zu werden. Die Rückkehr weinender Kinohelden und der Politikertränen im zurückliegenden Jahrzehnt sind, wie wir noch sehen werden, ein weiterer Beweis dafür, dass alle soziologischen Rückschlüsse über Weingewohnheiten außerordentlich rasch veralten.

5

Kulturen des Trauerns

In der frühen Phase dieses Jahrhunderts beobachteten Anthropologen eine sehr merkwürdige Sitte sowohl bei den Andaman-Insulanern, die vor den Küsten von Thailand und Malaysia leben, als auch bei den Maori auf Neuseeland. In beiden Kulturen ist es üblich, dass sich zwei Freunde oder Verwandte, die getrennt waren, auf sonderbare Weise begrüßen. Der eine setzt sich auf den Schoß des anderen, umschlingt ihn mit den Armen, und beide weinen mehrere Minuten lang gemeinsam. Laut E. H. Man, der die Andaman-Inseln in den siebziger Jahren des 19. Jahrhunderts aufsuchte, weinen und klagen Verwandte, die nur wenige Wochen voneinander getrennt waren, so heftig, wenn sie einander wieder sehen, dass »kein Unterschied zwischen diesen Bekundungen der Freude und solchen der Trauer beim Tod« eines nahen Verwandten feststellbar ist. Wie Alfred Reginald Radcliffe-Brown 1922 in seinem Buch *The Andaman Islanders* schrieb, nahm er anfangs an, dass es sich um Freudentränen handelte. Die Insulaner korrigierten ihn indessen und erklärten, sie betrauerten die Personen, die seit ihrem letzten Beisammensein gestorben seien.

Radcliffe-Brown fand bald heraus, dass auch geweint wurde, wenn niemand gestorben war und die Weinenden nur eine Woche voneinander getrennt waren. Dies veranlasste ihn zu der Hypothese, die Inselbewohner bezögen sich bei dieser Form der Trauer auf ihren Ursprung und nicht auf ihre gegenwärtige Bedeutung. Ebenso wie sich der Ursprung des europäischen Händeschüttelns oder Küssens auf beide Wangen im Dämmerlicht der Geschichten verloren habe, so habe auch diese Form der Begrüßung ursprünglich zwar der Ehrung der Toten gedient, sei inzwischen aber zu einer rein konventionellen, gewohnheitsmäßigen Angelegenheit geworden.

Diese Erklärung klingt ausgesprochen plausibel, und doch steht sie im Widerspruch zu dem, was die Andamaner und Maori selbst sagen – das heißt im Widerspruch zu den Angehörigen dieser Ethnien selbst. Wir fänden es schließlich ebenfalls zwar amüsant, aber falsch, wenn Sozialwissenschaftler der Maori oder Andamaner uns erklärten, unsere im Kino vergossenen Tränen seien lediglich die Wiederholung einer ritualisierten Zeremonie, deren Ursprünge wir vergessen haben. Jedes Mal, wenn wir versuchen, das Gefühlsleben unserer eigenen oder einer anderen Kultur zu verstehen, stoßen wir auf ähnliche Probleme. Bis zu welchem Grad ist die Zurschaustellung von Gefühlen rein förmlich, eine Demonstration von Etiketten, oder Ausdruck wirklicher Gefühle? Oder verschmelzen diese Dinge einfach miteinander? Erkennen wir die Aussage der Beteiligten an, oder kommen wir der Wahrheit näher, wenn wir ihre Aussage ignorieren und eigene Erklärungen finden? Ist die Art, wie der Einzelne seine Tränen einordnet, entscheidend für die tatsächliche Bedeutung seines Weinens?

Es gibt reichlich Beweise, dass selbst bei äußerster Trauer ein paar Tränen weitgehend »performativ« sind, ein Ausdruck, den Linguisten gebrauchen, um eine Äußerung wie »Ich entschuldige mich« zu beschreiben, die in Wirklichkeit eine Handlung und keine Aussage darstellt. Bei anderen Tränen handelt es sich einfach um die Erfüllung einer Pflicht: »Unsere Tränen – sie sind da, um von den Verwandten unseres Vaters gesehen zu werden«, erklärte ein trauernder Trobriand-Insulaner Bronislaw Malinowski. Doch ein anderer behauptet ihm gegenüber, dass der ganze Unterklan leidet, wenn jemand stirbt, und daher weint, denn er ist durch den Verlust eines Angehörigen verstümmelt worden, »als sei eine Gliedmaße abgeschnitten oder ein Ast von einem Baum abgehackt«. In den Tränen der Trobriander verbindet sich der Eindruck eines gemeinsamen Verlusts, den die Insulaner als vollkommen natürliche Tatsache empfinden, mit dem Eindruck einer gemeinsamen Verpflichtung, die im Wesentlichen als soziale Tatsache wahrgenommen wird. Wie Alcionilio Bruzzi Alves da Silva in seiner Beschreibung der Uaupes in Brasilien nahe legt, wechseln manche Gruppen auch ab: »Vor ihrem eigenen toten Bruder brechen sie in verzweifeltes Weinen aus, und mit der gleichen Hingabe wechseln sie zu lautem und höchst unpassendem Lachen über.« Hans Becher zufolge vermischen die Yanoama von Brasilien lautes Verlustklagen mit »anhaltenden, schrillen« Freudenschreien darüber, dass die Seele des Verstorbenen nun »Zugang zum Mond gefunden hat«. Verlust, Freude, Trauer, Zeremonie: All dies schwebt im Raum und bringt doch die mit einer Beerdigung verbundenen Gefühle nicht vollständig zum Ausdruck.

Zwar mag Tod universell sein, doch die Reaktion des Menschen auf ihn ist es nicht. Alle Kulturen mühen sich, das erbarmungslose persönliche und soziale Chaos des Todes auszudrücken, zu fassen, zu feiern und zu kontrollieren, und sie alle finden ein wenig andere Wege. Trauerzeremonien ritualisieren Tränen auf unterschiedliche Weise, kanalisieren das Leid in einer Reihe von Begräbnisformen. Die Endgültigkeit des Todes hat Praktiken und Symbole hervorgebracht, die in den Augen des Betrachters kunstvoll, intensiv, schön, unangemessen, fremd, ungehörig oder unzulänglich erscheinen können, egal ob es sich nun um die Sitten einer fernen Kultur oder unserer eigenen handelt. Doch findet Weinen während Begräbnispraktiken mit einer Ausnahme bei allen in den »Human Relations Area Files« vorgestellten Kulturen statt, dem Versuch des amerikanischen Außenministeriums, alle vorhandenen Veröffentlichungen über die Kulturen der Welt zu sammeln. (Die Ausnahme stammt, wie ich bereits in der Einleitung erwähnte, aus Bali, wo zwar auf den Tod selbst mit Weinen reagiert wird, bei der Beerdigung aber, die erst mehrere Jahre später abgehalten wird, keine Tränen vergossen werden.) Die Neigung, den Tod zu beweinen, ist universell.

Doch die Zeremonien sind sehr unterschiedlich. Der britische Soziologe Geoffrey Gorer schrieb 1955 einen Artikel über die »Pornografie des Todes« in der englischen Kultur Mitte des

20. Jahrhunderts. Der Tod von Freunden oder Verwandten werde, so stellt er fest, in der höflichen Konversation vermieden, in der Anwesenheit von Kindern grundsätzlich nicht besprochen und im besten Fall unter Anwendung von Euphemismen indirekt umschrieben. Über den Tod spreche man hinter verschlossenen Türen und verstohlen, so wie über Sexualität im 19. Jahrhundert – eine Zeit, in der hingegen der Tod offen angesprochen werden konnte. Und auch ein halbes Jahrhundert später trifft es noch immer zu, dass die meisten Beerdigungssitten überall auf der Welt Weinen und Klagen in größerem Maß einbeziehen als die unseren. Und trotzdem, letzten Endes weinen auch wir.

Heutige Anthropologen betonen nachdrücklich, dass die meisten Beschreibungen von Gefühlen zwangsläufig von den Werten, Sitten und Einsichten der Feldforscher beeinflusst sind und dass eine mangelhafte Relativierungsfähigkeit zu einer langen Geschichte fehlerhafter Beschreibungen des Gefühlslebens fremder

Johann Kaspar Lavater, ein Freund und manchmal Mitarbeiter Goethes, machte diese Darstellung der Vielfalt des Trauerns zum Bestandteil seines vierbändigen Werks über Physiognomie. Aus Johann Caspar Lavater, Physiognomische Fragmente, zur Beförderung der Menschenkenntnis und Menschenliebe *(1775).*

Kulturen geführt hat. Solche zweifelhaften Übersetzungen, beklagen sie, beeinträchtigten nicht nur die Arbeiten von Reisenden, Kolonialisten und Missionaren, sondern auch die früheren Anthropologengenerationen. Und wenn man die anthropologische Literatur der vergangenen hundert Jahre begutachtet, stößt man auf verschiedene Formen von Begünstigung, Sexismus, Infantilisierung und Ähnliches. Frühe europäische Besucher entfernter Gefilde waren tatsächlich mehr daran interessiert, die von ihnen studierten Kulturen zu bewerten, statt sie zu beschreiben.

Margaret Mead beispielsweise bringt in ihrem Buch *Kindheit und Jugend in Samoa* (1928) ihre Meinung zum Ausdruck, dass die Samoaner ein paar Einstellungen haben, denen man nacheifern könnte, dass sie über Auffassungen des Gefühlslebens verfügen, die zu imitieren für uns nützlich wäre. Über andere Kulturen etwas zu erfahren, »sollte unsere Fähigkeit stärken, genauer zu prüfen, und der eigenen mehr Verständnis entgegenzubringen«. Die anthropologische Auffassung zum damaligen Zeitpunkt besagte, dass emotionale Verschiedenheiten die Folge kulturellen Trainings seien, dass sie nicht natürlich, sondern erlernt seien und folglich auch wieder verlernt oder durch neue ersetzt werden könnten. Ruth Benedict, Meads Kollegin an der Columbia Universität, brachte 1934 in ihrem Klassiker *Urformen der Kultur* zum Ausdruck, was inzwischen eine anthropologische Binsenwahrheit war: Völker entwickeln verschiedene emotionale Stile in Übereinstimmung mit ihrer Kultur. Benedict zufolge existiert ein breites Spektrum von Möglichkeiten, und jede Kulturgruppe macht sich in einem beliebigen Bereich nur einen Teil dieser Möglichkeiten zu Nutze. Zum Beispiel sind Menschen dazu in der Lage, eine unendliche Zahl von Vokallauten hervorzubringen, doch jede Sprache bedient sich jeweils nur einer beschränkten Zahl von ihnen. Und alle Menschen können mit der Zunge Schnalzlaute erzeugen, doch nur wenige Völker integrieren diese Schnalzlaute in ihre Sprache. Gleiches gilt für Emotionen – aus den unendlich vielen Möglichkeiten greifen sich die Kulturen nur jeweils ein paar heraus.

Das bedeutet nicht, dass emotionale Stile deshalb durch und
durch relativ oder »willkürlich« sind, wie seither einige behauptet haben, sondern einfach, dass sie sich von Kultur zu Kultur erheblich unterscheiden können. Das Gefühlsleben der Zuni etwa, so
Benedict, sei in Anbetracht ihrer Lebensbedingungen in der Wüste
sinnvoll, jenes der Japaner in Anbetracht ihrer »vertikalen« Sozial-
strukturen und so fort. Die Anthropologen wandten sich ebenso
wie ihre Vorläufer in der Aufklärung gegen die Vorstellung, dass
Gefühle einfach im Körper der Menschen als Bestandteil ihrer natürlichen Ausrüstung sitzen und auf entsprechende Situationen warten,
die sie stimulieren oder aktivieren. Emotionen werden in der Interaktion erlernt. Charles Darwin zog bereits in den sechziger Jahren
des 19. Jahrhunderts diesen Schluss, dass nämlich die Bewohner der
Sandwich-Inseln weinen würden, wenn sie glücklich sind.

In den vierziger Jahren berichtet Weston Labarre von einer Peyo-
te-Versammlung, »bei der ein großer kräftiger Wichita-Indianer ...
plötzlich mit einer Selbstvergessenheit zu flennen begann, wie es
sich kein westlicher männlicher Erwachsener in der Öffentlichkeit
gestatten würde. Mit der Zeit fand ich heraus, dass es sich um eine
stereotype Annäherung an die übernatürlichen Mächte handelt, bei
der leidenschaftliches Weinen kindliche Machtlosigkeit ausdrücken
soll, um ihr Mitleid hervorzurufen und sie um die Gabe ihrer Me-
dizinmacht anzuflehen«. Labarre mit seinem »kräftigen«, »flennen-
den« Indianer, der unpassend in Tränen ausbricht, ist wohl kaum
der Relativist, wie man es von einem Anthropologen erwarten
würde, dennoch wurden seine Ergebnisse als neuer Beweis für die
kulturelle Struktur der Emotionen aufgefasst. Der tatsächliche
Gegenstand von Labarres Kritik war die vorgefasste Meinung seiner
Leserschaft darüber, was Tränen bedeuten. Wenn es sich beim Weinen lediglich um eine kulturell strukturierte Handlung vergleichbar
der Verbeugung oder dem Händeschütteln handelt, dann ist es eine
relative, sozial erworbene Form und nicht der entfesselte Erguss
reinen Gefühls.

Welche kulturellen Scheuklappen frühe Anthropologen, Reisende
und Missionare also bei der Entdeckung neuer emotionaler Stile
auch getragen haben mögen, es gelang ihnen dennoch, Gefühle als

Bestandteil der Kultur statt einfach als natürliche Reaktion zu erkennen. Wie die Anthropologen heute begriffen sie, dass Emotionen
sich von Kultur zu Kultur unterscheiden und zugleich integrale
Bestandteile dieser Kulturen sind. Einige erkannten, dass manche
Völker andere Vorstellungen von Körper, Geist und Gruppe haben –
so andersartig, dass die Kategorien »Körper«, »Geist« und »Gruppe« sich oft gar nicht übertragen lassen. Und dass sich auch die
verschiedenen Vokabularien zur Beschreibung von Gefühlen meist
nicht übersetzen lassen, stellten ebenfalls die meisten von ihnen fest.

Die gelegentliche Verständnislosigkeit, mit der frühe Anthropologen und Reisende Trauerbräuchen begegneten, ist an sich bereits
lehrreich und unterstützt uns darin, die sachdienlichen Verschie-
denartigkeiten dieser grundlegendsten menschlichen Aktivität zu
erfassen. Die Rituale, deren Beschreibung von den Wertvorstellun-
gen dieser Reisenden durchdrungen waren, stellen eine unglaublich
verschiedenartige Welt menschlicher Reaktionen auf den Tod dar.
Bei einem taoistischen Begräbnis in Taiwan zum Beispiel zeigt
der Priester schauspielerisch und mit musikalischer Begleitung die
Reise eines Boten in die Geisterwelt. Enthalten in dieser drei bis
vier Stunden dauernden, reichlich mit Weinen und Ermahnungen
ausgestatteten Abfolge von Zeremonie und Slapstickaufführung
sind auch Szenen, in denen die Götter mit Wein bestochen werden,
in denen allgemeine Besäufnisse stattfinden, akrobatische und Fall-
künste und Verfolgungsjagden wie aus Polizeifilmen aufgeführt
werden. Noch verblüffender sind die Rituale der Selbstverstümmelung: Wie kann sich selbst zugefügter Schmerz ein Gegenmittel
gegen Verlustschmerz darstellen? Weinen die Menschen, um zu erinnern oder um zu vergessen? Anthropologen denken außerdem
über den Brauch nach, bei Hochzeiten Tränen zu vergießen: Was
haben Hochzeiten und Beerdigungen gemeinsam? Weinen die Leute nur deshalb, weil die Sitten und Gebräuche ihrer Kultur sie dazu
ermuntern? Ist das Weinen ein Zeichen für den Veränderungen ent-
gegengebrachten Widerstand oder ein Zeichen der Akzeptanz?
Und selbst wenn Anthropologen uns mit einer angemessenen Antwort auf diese Fragen dienen könnten, die zentrale Frage bliebe
noch immer bestehen: Warum Tränen?

Professionelle und andere Trauernde

In den vierziger Jahren des 18. Jahrhunderts stieß der französische Forschungsreisende Antoine Edmé Pruneau de Pommegorge im heutigen Senegal auf den Wolof-Stamm und war fasziniert von dessen Brauch, Trauernde zu mieten. 1789 veröffentlichte er in Amsterdam einen Reisebericht, in dem er mit gewisser Skepsis die Arbeit der Wolof-Frauen während der traditionellen achttägigen Bestattungsrituale beschrieb:

> Es handelt sich um gemietete Klageweiber, von denen die meisten den Verstorbenen gar nicht kennen. Jene, die in dieser Funktion mit ihren Schreien und Klagen die größte Trauer bekunden, sind die besten; sie befinden sich in den vordersten Reihen der Prozession und der Familie. Wenn der Verstorbene in die Erde gelegt wird und die Zeremonie beendet ist, begeben sich die Frauen zur Tür seiner Hütte, um dort in der Gegenwart der Witwe weiter zu wehklagen. Sie unterbrechen ihr Weinen und ihre Schreie nur, um Lobreden auf den Verstorbenen und seine zurückgebliebene Frau zu halten. Danach betreten sie die Hütte und nehmen das Lob der Familie und der Gesellschaft entgegen, für die sie ihre Rolle so gut gespielt haben, und sie trinken so viel Branntwein, wie sie nur bekommen können.

Sein Landsmann L. J. B. Berenger-Feraud schrieb 90 Jahre später in einem über die Senegalesen in Paris veröffentlichten Buch, dass die Reichen ihre Herzlosigkeit mit solchen Dienstleistungen verschleiern: »Aus Mangel an wirklicher Trauer«, folgerte er, »kommen die Reichen zu Tränen und Klageschreien, indem sie sich gewisse Frauen für diese Rolle mieten.«

Viele Missionare, denen wir die meisten der frühen Beschreibungen über kulturelle Unterschiede verdanken, betrachten professionelle Trauernde ebenfalls mit Verachtung. Als der Missionar Edwin Gomes 1911 sein *Seventeen Years Among the Sea Dyaks of Borneo* veröffentlichte, beschrieb er mit Geringschätzung die Fertigkeiten gemieteter Trauernder. Auf Borneo war es Sitte, Speisen und Schmuckgegenstände als Opfergaben an die Götter und Toten in den Dschungel zu werfen. Doch »bei Stämmen, die sich professioneller Trauernder bedienen, ist es nicht genug, Nahrungsmittel aus dem Fenster an der Rückseite des Hauses zu werfen. Die Klageweiber müssen außerdem dafür sorgen, dass diese Nahrungsmittel in den Hades gelangen«, indem sie sie in den Schnabel eines von den professionellen Trauernden mitgebrachten gemalten Vogels stecken. Gomes meint, der Vogel würde als Erstes das Haus der Klageweiber ansteuern, um seine Gaben dorthin zu schaffen. Der Priester William Howell, ein Missionar auf Borneo, der insbesondere den allgemeinen Mangel an zivilisierter Würde bei solchen Veranstaltungen beklagt, stellt fest, dass »zwar die Frauen aufmerksam der faszinierenden Poesie der Klageweiber zuhören, deren Aufbau manchmal herzzerreißend und manchmal beruhigend ist, dass jedoch die Männer sich inzwischen mit dem Austragen von Hahnenkämpfen beschäftigen«.

Professionelle Trauernde sind selbst innerhalb ihrer eigenen Kultur häufig für ihre Unaufrichtigkeit und ihre Profitsucht angegriffen worden. Wie die Beerdigungsunternehmer in Evelyn Waughs *Tod in Hollywood* (1948) und in anderen Parodien oder wie die Figur des komischen Standardpfarrers oder -priesters, der Trauerreden über eine Person hält, der er nie begegnet ist, scheinen sie mehr durch ihre Geschäftsinteressen als durch tatsächliches Mitgefühl motiviert. Professionelle Trauernde existieren, weil sie für die Hinterbliebenen bei der Gewöhnung an den Verlust eine wichtige Rolle spielen. Sie sind bezahlte Fürsprecher, die den zurückbleibenden Familienangehörigen und Freunden Mut machen sollen, so vergeblich dies auch erscheinen mag. Sie verstärken und ehren die tränenreichen Forderungen der Hinterbliebenen, deren erste es ist, dass der Tote nicht tot sein möge. Wie Säuglinge, die außer Hörweite weinen, richten zurückgebliebene Verwandte und Freunde ihren unerfüllbaren, durch Weinen und Klagen ausgedrückten Wunsch, der Tote möge zurückkehren, an niemanden bestimmten, und die professionellen Trauernden bestreiten ihren Lebensunterhalt damit, dass sie vorgeben, bei dieser imaginären Transaktion vermitteln zu können.

Im klassischen Zeitalter Griechenlands und Roms sowie im Mittleren Osten und später in der islamischen Welt blühte der Beruf des professionellen Trauernden und war zugleich verachtet. In Listen gering geschätzter Berufe werden sie oft in einem Atemzug mit Kriminellen und Geldverleihern genannt. Im frühen 6. Jahrhundert v. Chr. beschränkte Solon die Verwendung professioneller Trauernder per Gesetz. Der heilige Paulus wetterte gegen sie. Der heilige Johannes Chrysostomos, Ende des 4. Jahrhunderts Bischof in Konstantinopel, schimpfte über die Verwendung »gemieteter Frauen ... als Trauernde, nur um die Intensität der Trauer zu steigern und das Feuer des Leids anzufachen«, und drohte jedem, der Klageweiber anstellte, mit Exkommunikation. Das Wort »Placebo« wurde genutzt, um servile Schmeichler und die bei Totenfeiern von professionellen Trauernden gesungenen Klagelieder zu bezeichnen; erst im 18. Jahrhundert erhielt der Begriff seinen gegenwärtigen medizinischen Sinn. Das lateinische »placeo« bedeutet ursprünglich »gefällig sein«, und die Tränen der Klageweiber gefielen ohne Zweifel, auch wenn dem Beruf als Mittel des Broterwerbs nur Verachtung entgegengebracht wurde.

Im zwölften Jahrhundert waren professionelle Trauernde so allgegenwärtig, dass der Cid, die zentrale Figur des Epos gleichen Namens und der mythische Held der christlichen spanischen Reconquista, sich damit brüsten konnte, dass er nur seine Frau Jimena benötige, damit sie um ihn weine:

> *Wenn ich sterbe, so hört meinen Rat:*
> *Mietet keine Klageweiber, damit sie um mich weinen.*
> *Es ist nicht nötig, Tränen zu kaufen;*
> *Jene Jimenas sind mir genug.*

Im späten Mittelalter gewann der Ethos personalisierter Trauer des Cid die Oberhand, und die klassischen Klageweiber des alten Schlags wurden in Europa sehr viel seltener.

An ihre Stelle trat eine neue Gruppe professioneller Trauernder: Die Priester, die, wie Philippe Ariès zeigt, das Geschäft mit der Organisation und Leitung von Begräbnisriten übernahmen. Die Kirche

und ihre Hüter erwarben sich sogar ein Monopol im Trauer-
geschäft, was vielleicht erklärt, warum die Missionare konkurrierende professionelle Trauernde in Afrika mit derartiger Vehemenz
ablehnten. Es wurde Sitte bei den Reichen, in ihren Testamenten
Waisenhäusern und Klöstern Schenkungen zu hinterlassen, damit
die Waisen und Mönche an den Begräbnisprozessionen und den
Messen teilnahmen. Je größer die Hinterlassenschaft, desto prächti-
ger die Beerdigung.

Auch moslemische Geistliche erhoben Anspruch auf das Geschäft und bekämpften ihre Konkurrenten. In islamischen Geset-
zesauslegungen wurden professionelle Trauernde auf eine Stufe
gestellt mit Dieben und Prostituierten. Die Vormundschaftsgesetze
für Kinder etwa schrieben vor, dass eine Mutter, der die Erzie-
hungsberechtigung zugesprochen werden sollte, »einen guten Leu-
mund haben muss, denn wenn nachgewiesen werden kann, dass sie
durch verbotenen Sex oder Diebstahl oder einen niedrigen Stand
wie etwa den eines Klageweibs oder einer Tänzerin verdorben ist,
dann verliert sie ihr Vormundschaftsrecht«. Heutige Priester und
Imame überlassen das Weinen der Familie und den Freunden des
Verstorbenen, während sie sich um die Prozessionen kümmern und
ihre leisen, düsteren Rituale intonieren. Man meint zwar, dass im
Verlauf des vergangenen Jahrtausends professionelle Trauernde aus
dem Alltagsbild verschwunden sind; doch tatsächlich haben sie
einfach Talare angezogen und das Weinen eingestellt.

Forschungsreisende, Anthropologen und Missionare waren nicht
nur von professionellen Trauernden fasziniert, sondern von allen
Aspekten, mittels derer fremde Kulturen auf den Tod reagierten.
Diese Faszination belegte den zweiten Platz hinter ihrem Interesse
für den sexuellen Sittenkodex. Zum Beispiel berichteten Reisende
und Missionare, die im 19. Jahrhundert Korea besuchten, von den
kunstvollen Trauerkleidern, Trauerriten sowie von angemessenen
Zeiten und Orten für das Vergießen von Tränen, die nicht nur durch
Gewohnheit, sondern durch Gesetzgebung geregelt waren. Mehrere
zeigten sich überrascht, dass koreanische Beamte einen »Leitfaden
für Trauernde« veröffentlicht hatten, der genau vorschrieb, wie viele Gürtel und Schärpen von jedem einzelnen Trauernden zu tragen

seien, und verlangte, dass die Leiche in einen Sarg gelegt werde, der zuvor mehrere Monate in einem besonders vorbereiteten und eigens für dieses Ereignis dekorierten Raum aufzustellen sei. »Der Anstand verlangt es, nur in diesem Totenzimmer zu weinen«, erzählte ein William Elliot Griffis, der sich in den achtziger Jahren des 19. Jahrhunderts in Korea aufhielt, »doch dies muss drei- oder viermal täglich geschehen.« Überdies muss der Trauernde, bevor er das Totenzimmer betritt,

> ein bestimmtes Gewand anlegen, welches aus einer grauen Baumwollkutte besteht und so zerrissen, geflickt und verschmutzt wie möglich sein sollte. Für den Gürtel müssen Stroh und Seide miteinander zu einem handgelenkdicken Seil verdreht werden. Eine weitere Kordel von der Dicke eines Daumens wird um den von schmutzigem Leinen bedeckten Kopf geschlungen, wobei die Enden der Kordel auf die Wangen fallen. Eine besondere Art von Sandalen werden getragen, und ein großer knotiger Stock vervollständigt das Kostüm des Jammers. In der vorgeschriebenen Tracht betritt der Trauernde am Morgen nach dem Aufstehen und vor jeder Mahlzeit das Totenzimmer. Er trägt einen kleinen Tisch, auf dem sich Speisen befinden, und stellt ihn auf ein Tablett, welches sich neben dem Sarg befindet. Die Person, welche der Herr der Trauernden ist, steht jeder Zeremonie vor. Sich auf den Boden werfend und mit dem Stock bearbeitet, gibt er ein schmerzliches Stöhnen von sich. Ist ein Elternteil verstorben, dann hört es sich wie »ai-ko« an, handelt es sich um einen anderen Verwandten, dann klingt es wie »oi, oi«.

Andere, von der barocken Komplexität der Kleidung und des Anlasses faszinierte europäische Autoren beschreiben die Einzelheiten noch detaillierter.

Viele von ihnen entdecken ein gewisses Maß an Unaufrichtigkeit in solchen rituellen Elaboraten, ähnlich wie sie es zuvor bei professionellen Trauernden getan hatten, und Griffis hält das rituelle Weinen bei koreanischen Beerdigungen sogar für verlogen: »Je lauter und länger das Stöhnen und Weinen ist«, schreibt er skeptisch, »umso besser fällt die Meinung der Öffentlichkeit aus.« In einer englischen Anthropologiezeitschrift beschreibt 1896 E. B. Landis, nachdem er die übliche koreanische Beisetzungsliturgie skizziert hat – sieben in den Boden gerammte Pfähle, rituelles Klagen bei der Befestigung von Gaben für die Geister an jedem Pfahl, eine Reihe ritueller Fußfälle, die vorgeschriebene Kleidung und Accessoires für alle Beteiligten –, das erste von vielen »Trankopfern«:

> Der Trauernde kniet sich dem Rauchfass gegenüber nieder. Sein Begleiter wird dann leere Becher nehmen, sie mit Wein füllen und sie kniend dem Trauernden reichen, der dreimal Wein auf den Sand gießt und die Becher dann an seinen Begleiter zurückgibt, damit er sie erneut füllt und vor der Tafel aufstellt. Der oberste Trauernde zieht sich dann ein wenig zurück und rezitiert das Gebet für den Abstieg des Geistes. Während dieser Zeit stellt der Trauernde sein Wehklagen ein. Wenn alles vorüber ist, nimmt er sein Weinen wieder auf und alle Anwesenden werfen sich zweimal zu Boden.

Der Trauernde zieht sich nach dem Opfer in seine Hütte zurück, lehnt sich auf seinen Stab und weint. Genau diese Fähigkeit der Trauernden, ihre Tränen nach Belieben an- und abzustellen, und ihre ausgesprochene Gewandtheit in der Sprache der Trauer ist es, die sie in den Augen von Fremden suspekt macht.

Walter Baldwin Spencer und Francis James Gillen, die Anfang des Jahrhunderts die Aranda Ozeaniens studierten, interpretierten die unkontrollierte Trauer dieser Zivilisation tatsächlich als kindlichen Kontrollmangel: »Es kann keinesfalls davon ausgegangen werden, dass der selbstauferlegte Schmerz und das laute Klagen ein Maß für die tatsächlich gefühlte Trauer sind«, schrieben sie. Zwar ist der Aranda »ohne Zweifel wirklicher Trauer und wahrer Zuneigung zu seinen Kindern fähig ... doch die geistige Entwicklung der australischen Eingeborenen befindet sich auf dem Stand jener unserer Kinder. Einen Moment lang kann er sich leidenschaftlich der Trauer oder dem Zorn hingeben, und im nächsten Augenblick, ganz nach

Lust und Laune, verändert sich seine Stimmung, und Tränen weichen dem Lachen«.

Francis Lambrecht, der in den zwanziger Jahren auf einer katholischen anthropologischen Konferenz von seinem Aufenthalt bei den Ifugao auf den Philippinen berichtete, zweifelte an der Aufrichtigkeit der Frauen, die alle paar Minuten zur Leiche zurückkehrten, um zu weinen, wobei eine jede »lauter zu schreien und wilder zu gestikulieren versuchte als die übrigen«, um damit ihre Könnerschaft in Sachen Klagen unter Beweis zu stellen. »Tatsächlich scheint es so, als seien all ihre Klagen auf Befehl abrufbar. Sie weinen und klagen und im nächsten Augenblick stellen sie all ihr Schreien abrupt ein und setzen sich zu den anderen, kauen Betelnüsse, lachen und schwatzen mit ihnen, so als befänden sie sich auf einem Festmahl; und wenn das Totenmahl bereitet ist, dann zeigen ihre Gesichter deutlich, dass dies der eigentliche Grund ihres Kommens ist.« Die Rituale des Todes kamen den Anthropologen und Missionaren wie eine gekünstelte, gefühllose Übung vor, in der Ersatzweinen eine Ersatztrauer vertrat.

Otto Klineberg von der Columbia Universität und Beatrice Blackwood von der Oxford Universität liefern typische Beispiele, wie willkürliche emotionale Reaktionen von Anthropologen Mitte des 19. Jahrhunderts dargestellt wurden. »Bei den Huichol-Indianern Mexikos«, berichtet Klineberg, »war ein Mann, der [bei einem religiösen Anlass] weinte, jederzeit fähig, sein Weinen einzustellen ... sobald es vorüber war, fand er zur gewohnten Fröhlichkeit zurück.« In *Both Sides of Buka Passage* (1935) berichtet Blackwood von einem Mädchen auf den Salomonen, das gewaltsam von einem Sarg fortgezogen werden musste, weil es so heftig weinte, das jedoch wenige Minuten später mit den anderen Mädchen lachte. Die Anthropologen wollen damit nicht nur zum Ausdruck bringen, wie künstlich, ja trivial der Ausdruck von Trauer bei anderen Kulturen sein kann, sondern auch, dass Weinen eine Konvention ist und dass damit auch unser Respekt vor Tränen in Frage gestellt werden muss.

J. Robert Moose, ein Missionar, der 1911 aus Korea schrieb, erklärte eine der Beziehungen zwischen Sitte und Unaufrichtigkeit:

»Wenn ein Vater stirbt, dann versammelt sich die gesamte Familie um den Jungen [*sic!*] und beginnt zu wehklagen ... Dieses Wehklagen erfolgt gemäß fester Regeln und kann nicht als Ausbruch wirklicher Trauer oder echtes Leid betrachtet werden.« Allein schon die Tatsache, dass der emotionale Ausdruck unter Beachtung fester Regeln erfolgt, macht es unmöglich, wahre Gefühle zu zeigen. Diese Einschätzung wird dem Missionar natürlich von seinen eigenen Vorstellungen vorgegeben, nach denen Emotionen ein spontaner, natürlicher Erguss sind, dem keinerlei kulturell bedingte Fesseln auferlegt sind. Auch Spencer und Gillen gehen davon aus, die Unaufrichtigkeit der Aranda sei auf die Tatsache zurückzuführen, dass »jede ihrer Handlungen durch Sitten gebunden sind und eingeschränkt werden«.

Dass die Missionare des 19. Jahrhunderts sich nicht als fähige Relativisten hervortaten, ist selbstverständlich nicht neu, und sie waren natürlich auch nicht die Einzigen mit diesem Mangel. Die Mbuti-Pygmäen beispielsweise bedienen sich im Rahmen einer auf der Welt weit verbreiteten Sitte zweier Begriffe, um ihre nächsten Nachbarn, die Bantu, zu umschreiben: »Wilde« und »Tiere«; die Bantu verwenden Entsprechungen in ihrer eigenen Sprache für die Mbuti. Anthropologen bemühen sich vielleicht, ihren Eindruck unversöhnlicher Andersartigkeit zu überwinden, doch sie bleiben dennoch Außenstehende. Der Zuni-Begriff für »Mensch« ist *zuni*, und die Anthropologen, die die Zuni studierten, waren eben keine *zuni*. Renato Rosaldo, einer der angesehensten Anthropologen in den Vereinigten Staaten, hat sich mit dieser Frage im Hinblick auf Emotion befasst. Rosaldo reiste regelmäßig auf die Philippinen, wo er und seine Frau, die Anthropologin Michelle Rosaldo, umfassende Feldarbeit leisteten. Renato Rosaldo beschäftigte sich mit den Ilongot, einem Stamm, der für seine Kopfjäger berühmt ist, und analysierte die emotionalen und sozialen Funktionen der Kopfjagd als Form der Rache. Bei einem Aufenthalt 1981 auf den Philippinen rutschte Michelle Rosaldo auf einem Bergpfad aus und stürzte 20 Meter in einen Abgrund; sie starb an ihren Verletzungen. Einige Jahre später beschrieb Rosaldo in einem Essay die Wut, die er beim Tod seiner Frau empfunden hatte, und wie diese Wut ihm einen neuen Einblick in die Trauerraserei verschaffte, die die Ilongot-Männer zu ihrer Kopfjägerei trieb. Rosaldos These in diesem Essay beinhaltet im Wesentlichen das, was die Ethnographie ausmacht, die Mischung aus »Blindheit und Verstehen« (ein Begriffspaar, das er von Paul de Man entlehnt), die Bestandteil der sozialen Prozesse ist, an denen Anthropologen und Einheimische gleichermaßen beteiligt sind. Er sei sich keineswegs plötzlich der endgültigen Bedeutung der Kopfjägerrituale bewusst geworden, berichtet er. Er habe nur einfach zum ersten Mal die unglaubliche Macht des Wunsches nach Rache gespürt. Er befand sich nun nicht mehr in der Position desjenigen, der den Trauerprozess von außen betrachtet, sondern war ein Betroffener.

Doch abgesehen von den grundlegenden ethnographischen Fragen haben einige Missionare und Anthropologen die Beziehung zwischen Ritual und Emotion eindeutig missverstanden. Sie zogen häufig nicht in Betracht, dass Rituale auch emotionale Reaktionen hervorrufen können, statt ihnen lediglich eine Präsentationsfläche zu liefern. Folglich hielten sie regelmäßig Teilnehmer wichtiger Rituale für unaufrichtig, weil sie von den Emotionen der Gemeinschaft mit fortgerissen wurden. Personen, die bei Hochzeiten weinen, tun dies nicht immer auf Grund bestimmter Gefühle, die sie für die Braut oder den Bräutigam hegen, sondern auf Grund dessen, was die Zeremonie für sie bedeutet. Wer bei Beerdigungen Tränen vergießt, tut dies häufig trotz und nicht wegen der Beziehung, die er zu dem Verstorbenen hatte. Wichtige Rituale sind eigens so beschaffen, damit sie starke Gefühle auslösen, und den Beteiligten erscheint dies immer natürlich und richtig.

Am meisten Schwierigkeiten hatten die frühen Interpretatoren mit Beisetzungen, in denen die Anwesenden Freude zeigten. Moose stellt fest, dass nicht alle Beteiligten bei koreanischen Beerdigungen auf angemessene Weise ernst sind. »Viele derer, die an der Prozession teilnehmen, sind weder Verwandte noch Freunde des Verstorbenen, sondern lediglich darauf aus, eine gute Zeit zu haben und so viel wie möglich von dem kostenlosen Wein zu trinken. Häufig haben die Männer, die die Bahre tragen, so viel schlechten Wein getrunken, dass sie kaum gehen können und daher beim Gehen hin und her schwanken«, beschreibt Moose. Dennoch weinen und jammern sie ebenso viel wie die Familienangehörigen. »Die Träger und Trauernden erhalten ein Klagegeschrei aufrecht, das man nicht beschreiben, aber auch nicht vergessen kann, wenn man es erst einmal gehört hat. Man kann es leicht über die Entfernung von fast einem Kilometer hinweg vernehmen, und ein merkwürdigeres Geräusch ist kaum vorstellbar.«

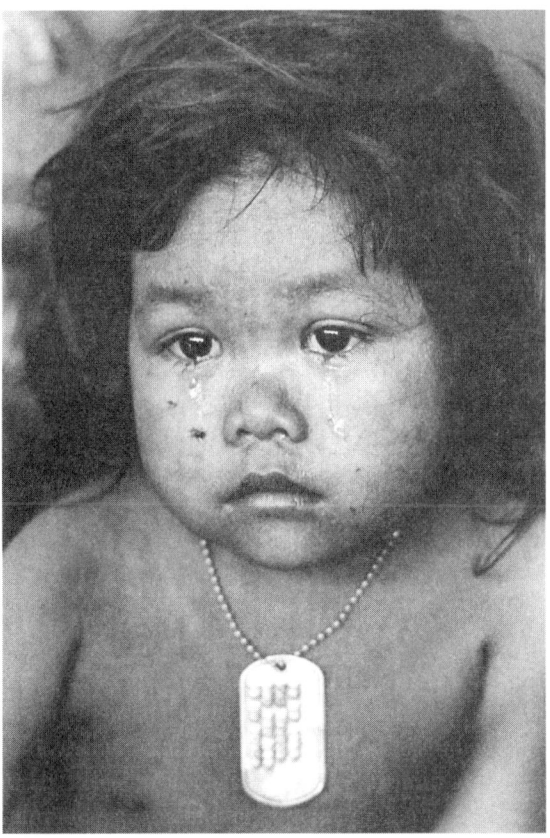

Weinendes kambodschanisches Mädchen,
Phnom Penh, März 1975. David Hume Kennerly,
Kambodschanisches Mädchen *(1975).*

Dieses fragwürdige Weinen bei teuren Beisetzungen in Korea wird dem Anthropologen Eugene Knez zufolge zusätzlich verstärkt durch »professionelle Fang-shang-Trauernde, die böse Geister vertreiben, und andere professionelle ›Klageweiber‹«, womit die Besudelung der Vorgänge durch Aberglauben und fragwürdigen Kommerz zugelassen wird. Anfang des 20. Jahrhunderts traf Laurentius Bollig in Mikronesien eine ähnliche Kombination von Berechnung und schlechten Manieren bei den Kanakas auf dem Atoll Truk an:

> Klagende Truk-Frauen sehen wie Hyänen aus, so schmutzig sind sie, so unordentlich und aufgedunsen vor lauter Weinen. Doch es wird als gefühllos erachtet, wenn man sich reserviert zeigt und sich nicht von ihrem Anblick rühren lässt. Echtes Mitleid ist unter den Kanakas selten. Das Beklagen eines Todesfalls ist eher traditionell und mit dem Wunsch verbunden, den Beweis dafür zu erbringen, dass man den Verstorbenen mochte. Die gleichen Frauen, die jetzt auf eine Weise wehklagen, die Steine erweichen könnte, kann man zwei Minuten später zusammensitzen, lachen und rauchen sehen. Ich selbst wollte einmal die Ernsthaftigkeit einer solchen Situation überprüfen, und es war mir möglich unter Zuhilfenahme eines Stücks Tabak jegliche Trauer sofort zu vertreiben.

An den Koreanern und Trukesen wird weniger ihre »merkwürdige« Zurschaustellung kritisiert als ihre Unaufrichtigkeit. Indem diese Trauernden auf ein Zeichen hin mit dem Weinen anfangen und ebenso rasch wieder aufhören können, indem sie übergangslos zwischen Einhaltung der Regeln und alltäglichen Freuden hin und her wechseln, brechen sie eine scheinbar grundsätzliche europäische Regel des Weinens: Sie scheinen Hintergedanken zu haben; ihre Trauer scheint nicht überwältigend zu sein.

Natürlich entwickelten nicht alle europäischen Besucher eine so verbitterte oder zynische Betrachtungsweise, und einigen gelang es sogar, fremdländische Rituale in einen europäischen emotionalen

Sprachgebrauch zu fassen. In seiner Studie über die Tlingit in Alaska sprach sich Livingston F. Jones dafür aus, dass sie die gleiche Unterscheidung zwischen wahrer und vorgetäuschter Trauer machten wie er und seine Leser, wie stark auch sonst die Sitten und Rituale voneinander abweichen mögen. »Witwen malten ihre Gesichter zum Zeichen der Trauer schwarz an«, erklärte Jones. »Wenn die herablaufenden Tränen Furchen in der schwarzen Farbe hinterließen, dann bemitleideten die Leute die Witwe, weil sie annahmen, dass sie aufrichtig um ihren Mann trauerte. Waren jedoch keine solchen Streifen auf ihrem Gesicht sichtbar, dann wurde die Witwe verabscheut, man redete über sie und nahm an, dass sie ihrem Mann nicht wirklich zugetan war.« Uns mag die Sitte, den Kopf zu rasieren oder das Gesicht schwarz anzumalen, merkwürdig erscheinen, jedoch Jones schreibt: »Wir dürfen nicht vergessen, dass dies ein Ausdruck ihrer Trauer ist. Kein Volk auf der Welt leidet größere Qualen über den Verlust eines geliebten Menschen als die Einwohner von Alaska. Wir haben bei ihnen ein Wehklagen vernommen, das auch das versteinertste Herz zu Tränen rühren würde.«

R. S. Rattray, der Anfang des 20. Jahrhunderts über die Ashanti berichtet, weist auf das Offensichtliche hin, indem er daran erinnert, dass bei einer Beisetzung die Last der Trauer nicht gleichmäßig auf alle Schultern verteilt ist. Bei einer typischen Ashanti-Totenfeier tragen »das Abfeuern von Gewehren, das Weinen und Wehklagen, die halb betrunkene Ausgelassenheit der Menge, die Gesänge, das Tanzen, das Trommeln, der Übelkeit erregende Gestank der Leiche, die Hitze und der Staub alle gemeinsam dazu bei, europäische Beobachter von solchen Szenen fern zu halten«. Doch obgleich

> sich alle Anwesenden in der Regel schrecklich betrinken ...,
> sollten wir dies nicht zum Anlass nehmen, um ein hartes Urteil zu fällen. Trauer und Gram sind äußerst wirklich, wenn es um die Klanverwandten (die Blutsverwandten) geht, denn die von sozialen Gebräuchen geforderten Tränen sind nichtsdestoweniger ein Zeichen aufrichtiger Trauer. Für andere als

die Klanangehörigen und die Frauen sind solche Gelegenheiten möglicherweise nicht so tragisch, und daher mögen diese Riten dem Unwissenden, da Frohsinn und Heiterkeit nicht vollständig fehlen, eher wie herzlose Aufführungen vorkommen.

Zahlreiche Anthropologen haben erkannt, dass Frohsinn bei einer Beerdigung nicht bedeutet, dass ein Volk herzlos ist. Genauso wenig muss ritualisiertes Weinen heißen, dass die Tränen falsch sind. Clyde Harrell, der in den siebziger Jahren über Beerdigungsrituale in Taiwan schrieb, weist auf den Unterschied hin: »Das laute, fast melodiöse Klagen ist für manche Trauernde erforderlicher Bestandteil des Rituals, und wenn ein alter Mensch am Ende eines erfüllten Lebens stirbt, dann findet es oft nur der Form halber statt. Doch bei jemandem, der zu einem Zeitpunkt gestorben ist, welcher der Höhepunkt seines Lebens hätte sein sollen, ist die Trauer echt und mit ihr auch die Tränen.« Die Dogon im Sudan unterscheiden auf ähnliche Weise. Beim Begräbnis eines Kindes sind Traurigkeit und Tränen die Regel, und die ganze Gemeinde schließt sich der Familie beim Weinen und Klagen an. Der Tod eines alten Menschen jedoch »ist ein Anlass, um zusammenzukommen, zu tanzen und zu feiern; die jungen Männer, die aus benachbarten Dörfern kommen, sind mehr damit beschäftigt, den Mädchen den Hof zu machen, als daran zu denken, den Verstorbenen zu beweinen. Die Tänze dauern die ganze Nacht fort«.

Rituelles Trauern wird häufig von der Auffassung bestimmt, die eine Kultur vom Jenseits hat. Die ländliche Bevölkerung Chinas weint, laut Emily Ahern, auch deshalb, um den Übergang von dieser in die nächste Welt zu gewährleisten. Sie glaubt, dass der Verstorbene sieben Tage nach der Beerdigung

einen letzten Blick auf seine lebende Verwandtschaft werfen darf. In der Erwartung der schrecklichen Trauer und des Leids, welche der Vorfahre an diesem Tag ertragen muss, stehen seine Nachkommen früh auf, um Opfer darzubringen und um ihn zu beweinen. Sie sagen, »Wenn wir früh genug aufstehen, um zu klagen, bevor der Vorfahre herausgefunden hat, dass er tatsächlich tot ist, dann wird dies sein eigenes Leid verringern. Je mehr wir weinen, desto weniger muss er es tun.«

Hier wird im wahrsten Sinne des Wortes *für* den Verstorbenen geweint.

Die Aymara in Peru glauben, so wie es die Menschen im viktorianischen Zeitalter taten, dass die Seelen von Kindern, da sie unschuldig sind, direkt in den Himmel kommen. Beerdigungen für Kinder sind daher freudiger als die für ältere Personen. »Tatsächlich ist es sogar unbedingt erforderlich«, schreibt der Anthropologe Harry Tschopik, »dass die Eltern eines verstorbenen Kindes nicht um es weinen, da sonst seine Seele daran gehindert wird, in den Himmel aufzufahren.« Viele in Brasilien halten ein verstorbenes Kind ebenfalls für einen »kleinen Engel«, der nicht beweint werden darf. Euclides da Cunha schrieb 1944, dass »der Todestag eines Kindes ein Festtag ist. In der Hütte der armen Eltern vermischt sich das Klimpern der Gitarre mit ihren Tränen ...«. Landis berichtet, dass beim Tod eines Kindes unter acht Jahren keine Trauerkleidung getragen wird. »Für einen Säugling unter drei Monaten«, schreibt er, »gibt es nicht einmal eine Totenklage.«

Eine Frau, die mehrere Jahre lang ehrenamtlich in einem Gesundheitszentrum in Mali gearbeitet hatte, erzählte mir, dass sie streng zurechtgewiesen worden war, als sie beim Tod eines Kindes der Fulani-Familie, bei der sie lebte, weinte. Es war zulässig, den Tod einer älteren Person zu beweinen, jedoch den Tod eines Kindes zu beklagen, bedeutet die Weisheit Allahs in Frage zu stellen, der entschieden hatte, das Kind fortzunehmen. Die Frau interpretierte diese Erklärung für sich – oder ließ sie vielmehr für sich nicht gelten – und kam zu dem Schluss, dass das Trauerverbot es leichter machen sollte, unter so schweren Bedingungen das Gleichgewicht zu bewahren. In einer Kultur, in der die Kindersterblichkeit so hoch ist, wäre es emotional zu kostspielig, sich seiner Trauer hinzugeben.

In *Death Without Weeping* (1992), eine Studie über Tod und Gewalt im ländlichen Brasilien, beschäftigte sich Nancy Scheper-

Hughes mit dem gleichen Thema. Sie stellte fest, dass die freudigen
Beerdigungen für Kinder, die da Cunha, Gilberto Freyre und andere ein halbes Jahrhundert zuvor beschrieben hatten, durch äußerst
gedämpfte Zeremonien ersetzt worden waren, in denen weder
Freude noch Trauer in großem Maß zum Ausdruck gebracht wurde.
Scheper-Hughes fand mehrere Gründe für den Mangel an Trauer
bei den Frauen. Unter anderem interpretiert sie ihn als Trotzreak-
tion der Frauen, die häufig gegen ihren Willen geschwängert worden waren. Sie stellt fest, dass keines der üblichen amerikanischen
Argumente für die Notwendigkeit von Trauerarbeit, die Stufen normaler Trauer oder deren Unterdrückung in diesem Zusammenhang
sinnvoll erscheinen. Die mangelnde Trauer der Frauen ist eine kulturell angemessene Reaktion und bleibt daher in psychologischer
Hinsicht ohne Folgen. Und die Frage nach der Aufrichtigkeit ist
unerheblich. Die Entscheidung, nicht zu weinen, sei sie nun eine
individuelle oder eine gemeinschaftliche, ist ebenso vielfach fest-
gelegt wie die Entscheidung zu weinen.

Die Anthropologen Paul und Laura Bohannan liefern in den
fünfziger Jahren ein nettes Gleichnis für dieses Argument. Sie beschreiben eine Szene in einem nigerianischen Dorf, in dem es Sitte
ist, dass die Männer das Grab ausheben, während die Frauen formale Klagegesänge und Wehklagen anstimmen. Als sie jedoch das
Grab für einen bestimmten Mann vorbereiteten, »machte eine der
Frauen die übrigen darauf aufmerksam, dass die jüngste Tochter
dieses Mannes tatsächlich weinte, woraufhin sich die Frauen gegen
sie wandten und ihr befahlen, damit aufzuhören. Das dürfe sie nicht
tun, und sie müsse auf die gleiche Weise mit Liedern und Wehklagen
trauern wie die übrigen.« Entscheidend für die Kultur emotionalen
Ausdrucks sind nicht die individuellen Gefühle, sondern die Erwartungen der Gruppe, die mit den Bedürfnissen des Einzelnen zusam-
menfallen können oder auch nicht.

Viele Kulturen versuchen, dem Weinen Beschränkungen aufzuer-
legen. In Zentralthailand verheißt es Unheil, wenn Tränen auf einen
toten Körper fallen. Jeder, der seinen Tränen erliegt, wird von dem
Toten fortgeführt. Einem Anthropologen zufolge glauben die Leute,

die Seele des Toten könne Schwierigkeiten haben, sich vom Körper zu trennen, und weinende Verwandte »machen es der Seele des Verstorbenen schwer, sich aus dieser Existenz zu verabschieden«.

Die Zuni weinen laut Ruth Benedict vier Tage lang. Dann teilt ihnen ihr Oberhaupt mit, der Tod liege bereits vier Jahre zurück, und deswegen sei es nun an der Zeit, mit dem Weinen aufzuhören und zu vergessen. Benedict meint, dies sei typisch für die Zuni-Kultur, die Vernunft und die ununterbrochene Kontrolle über emotionale Erfahrung und emotionalen Ausdruck hoch bewertet. Doch auch andere Kulturen, die im Allgemeinen keinerlei Angst vor emotionaler Zurschaustellung haben, sind darauf bedacht, den Tränen der Trauernden Einhalt zu gebieten. Im Sahihu'l-Bukhari, eines der wichtigen heiligen Bücher der sunnitischen Moslems, heißt es, dass es »einer Frau, die an Allah und den letzten Tag glaubt, nicht gestattet ist, mehr als drei Tage für einen Toten außer ihrem Ehemann zu trauern, für diesen aber soll sie vier Monate und zehn Tage trauern«. Maximilian Prinz zu Wied-Neuwied hörte bei seiner Expedition entlang des Missouri 1833 einen Häuptling, der seine Stammesangehörigen, die den Tod eines Kriegers beweinten, mit den Worten maßregelte, »Warum jammert und weint ihr? – Seht, ich weine nicht. Er ist in jenes andere Land gegangen, und wir können ihn nicht erwecken.« Der Häuptling einer Santal-Gruppe fordert die Familie nach dem ersten Trauertag auf: »Ihr sollt nicht ständig trauern; er ist fort, er ist glücklich; eines Tages in der Zukunft werden auch wir gehen müssen. Trauerten wir ununterbrochen, litte unser Körper und auch die Arbeit würde vernachlässigt; ... von heute an, haltet eure Seelen mit einem Stein nieder.« Chippewas wurde beigebracht, Tote gar nicht zu beweinen, nicht einmal die nächsten Verwandten; weinten sie über den Tod eines Kindes, dann vergrößerten sie damit die Wahrscheinlichkeit, ein zweites zu verlieren. Colin Maximillan Turnbull schreibt, dass die Pygmäen versuchten, ihr Bedauern zu verbergen und jede übertriebene Zurschaustellung von Gefühlen mieden: »Die unangenehme Tatsache des Todes muss so rasch und wirkungsvoll wie möglich aus dem Gedächtnis gelöscht werden, und das Band, das in seiner

Festigkeit schwer belastet wurde, muss durch eine übertriebene Zurschaustellung als dessen, was dem Wald angenehm ist, eine Erneuerung erfahren – durch gute Jagd, Singen, Tanzen [und] Feiern.« In Zentralcelebes wird, falls jemand weint, nachdem die Leiche in den Sarg gelegt wurde, »sofort ein Huhn geschlachtet, um das Weinen ungeschehen zu machen«. Die Bororo brechen für gewöhnlich jedes Mal dann in Wehklagen aus, wenn sie an den Verstorbenen erinnert werden. Um also das Weinen abzukürzen, verbrennen sie den gesamten Besitz des Verstorbenen. Dies hat den zusätzlichen Vorteil, dass die Seele nicht zurückkehrt, um möglicherweise ihren Besitz zu holen.

In all diesen Fällen wird Weinen durch Glaubensvorstellungen verboten, die sich über die Einsicht der Ethnie hinwegsetzen, dass der Verlust eines geliebten Menschen Tränen erzeugt. Und in all diesen Fällen geht es weder um »Herzlosigkeit« noch um »echte Gefühle«, sondern um eine manchmal vage, manchmal genau festgelegte, kulturell bedingte Vereinbarung darüber, was ausreichendes Trauern ausmacht. Als Euripides schrieb, dass man frische Tränen nicht an altes Leid verschwenden soll, brachte er die entsprechende griechische Auffassung zum Ausdruck. Dr. Bruce D. Perry vom Texas-Kinderkrankenhaus und der medizinischen Fakultät Baylor verbalisiert die gegenwärtige medizinische Meinung, dass Trauern nach sechs Monaten pathologisch ist.

Doch nur wenige Versuche, das Trauern zu unterbinden, sind erfolgreich, und in Kulturen, in denen das Vergießen von Tränen verboten ist, müssen weinende Verwandte oft mit Gewalt von dem Toten fortgeführt werden. In solchen Kulturen wie in jenen Nordeuropas, in denen öffentliches Weinen mit einem Stirnrunzeln quittiert wird und Wehklagen selten ist, werden auf Beerdigungen meist nur stille Tränen vergossen, doch gelegentlich kommt es auch zu Schluchzen und zu so genannten »Zusammenbrüchen«. Europäische Missionare, die versuchten, die jeweils örtlichen Begräbnisrituale durch christliche zu ersetzen, mussten häufig erst dem Wehklagen der Gemeinde Einhalt gebieten, um mit der Liturgie fortfahren zu können. In der Folge entstanden überall auf der

Welt vermischte Rituale jeglicher Art. Trauer kann Traurigkeit, Niedergeschlagenheit, Düsterkeit, Melancholie und Verzweiflung ergänzt durch Erleichterung, Befreiung, Lösung, Angst, Schuldgefühle und andere Gefühle beinhalten, für die wir keine Namen haben. Diese Emotionen können in Wellen auftreten oder nebeneinander bestehen, und die verschiedenen Rituale und Praktiken der einzelnen Völker jeweils ein anderes in den Vordergrund stellen. Manchmal setzen diese Rituale Weinen voraus, manchmal unterbinden sie es. In allen Kulturen können solche rituellen Darstellungen dem Einzelnen angemessen oder unangemessen erscheinen, doch im Wesentlichen leisten sie das, wofür sie geschaffen wurden.

Wenn unsere Kultur von uns erwartet, dass wir schniefen und ansonsten unsere Gefühle zurückhalten (oder tapfer gar nicht weinen wie Jackie Kennedy), dann werden die meisten von uns dieser Anforderung nachkommen. Verlangte unsere Kultur von uns, dass wir wochenlang hemmungslos ununterbrochen oder genau 24 Stunden lang weinen, oder dass wir andere Heldentaten emotionalen Durchhaltevermögens vollbringen, dann würden sich die meisten von uns dem ebenfalls gewachsen zeigen. Das Ritual allein ist offenbar nicht ausreichend, um die richtige Reaktion hervorzurufen – der Glaube daran ist ebenfalls erforderlich. Peter Buck berichtet, dass junge Maori, die englische Schulen besuchen, nicht nur ihre Fähigkeit verlieren, nach Belieben zu weinen, sondern außerdem Schwierigkeiten damit haben, bei Zeremonien zum richtigen Zeitpunkt Tränen zu vergießen. Werden jedoch die allgemeinen Glaubenssätze der Kultur akzeptiert, dann bringen die Rituale die angemessenen Gefühle hervor, deren Mangel Missionare und frühe Anthropologen so oft beklagten. Die junge Frau, die befürchtete, zu dem von Camus beschriebenen Mersault zu werden, weil sie möglicherweise bei der Beerdigung ihrer Großmutter nicht weinen könnte, weinte schließlich doch. Die Macht des Rituals, die angemessene Reaktion hervorzubringen, hatte schließlich das verlangte Wunder bewirkt.

Matrimonium, Masochismus und Melancholie

Edward Horace Man beschreibt, wie Ende des 19. Jahrhunderts auf den Andamanen, einer Inselkette im Indischen Ozean, »der Bräutigam … sich langsam, manchmal fast widerstrebend zu seiner Verlobten führen lässt, die, vor allem wenn sie noch jung ist, in der Regel Scham und Tränen zur Schau stellt und ihr Gesicht zu verbergen versucht«. Diamond Jenness, der in den zwanziger Jahren über die Copper-Eskimos schrieb, vermutete, die Braut weine deshalb, »weil sie die ihr vertraute Umgebung verlassen müsse und eine neue und unbekannte Welt betrete«. Martin Gusinde, der ebenfalls in den zwanziger Jahren schrieb, nimmt bei den Feuerland-Indianern ähnliche Gründe an: Im Herzen der Braut »überwiegt die Bitterkeit der Trennung gegenüber der Freude, nun ihr eigenes Heim gründen zu können. Stille Tränen rollen ihr bisweilen über die Wangen, wenn sie eine gewisse Verlassenheit in der eigenen Hütte bei der Familiengruppe ihres Gatten spürt.«

Wie Begräbnisse erfordern auch Hochzeiten häufig Tränen. Lucy Mair zufolge, die in den dreißiger Jahren über den Ganda-Stamm in Afrika berichtete, erwartete man von der Braut lautes Weinen, das früher öffentlich stattfinden musste. Als Mair sich mit den Ganda beschäftigte, hatte sich dieses Weinen in die Privatsphäre verlagert, wurde aber dennoch vorausgesetzt. Unter den Hausa in Nordafrika empfand man Weinen als derart unverzichtbar, erklärte eine Stammesangehörige Mary Smith in den Vierzigern, dass »die Braut, wenn die Tränen nicht von allein flossen, sich stattdessen Speichel in die Augen reiben musste!«. Das Ausrufezeichen unterstreicht, wie undenkbar eine Hochzeit ohne Tränen oder eine entsprechende List war.

Gemäß Bernard Gallin, der in den sechziger Jahren über Taiwan schrieb, weinen Bräute, um ihre Eltern zufrieden zu stellen. Der Aufbruch der Braut in Taiwan

wird begleitet vom Weinen des Mädchens, ihrer Mutter und anderer Frauen der unmittelbaren Familie. Diese Tränen symbolisieren natürlich das aufrichtige Bedauern des Mäd-

chens wie auch ihre Angst davor, ihr vertrautes Zuhause und
ihre Familie zurücklassen zu müssen. Es besteht jedoch kein
Zweifel daran, dass ein Großteil der von dem Mädchen vergossenen Tränen eine von den Konventionen verlangte Zurschaustellung ihres Respekts gegenüber den Eltern ist, die
zeigt, dass es ihr Leid tut, das Zuhause, in dem sie aufgezogen und in dem sie ihr ganzes bisheriges Leben so gut behandelt wurde, zu verlassen. Bei dieser Gelegenheit zu lächeln
oder nicht für alle sichtbar zu weinen, wäre ihren Eltern gegenüber äußerst respektlos.

Auch hier sind die Tränen nicht der spontane Erguss unvermittelt
aufsteigender Gefühle, sondern eine Reaktion auf gesellschaftliche
Erwartungen. Bräute weinen, wenigstens zum Teil, weil sie es von
vornherein erwarten und weil es von ihnen erwartet wird. Nach
der funktionalistischen Auffassung von Alfred Reginald Radcliffe-
Brown »kann man in allen Fällen davon ausgehen, dass der Zweck
des Ritus darin besteht, einen neuen Zustand affektiver Disposition
herbeizuführen, der das Verhalten der einen gegenüber der anderen
Person regelt, indem entweder Gefühle erweckt werden, die bisher
im Verborgenen schlummerten, oder auf andere Weise der Veränderung im Zustand der persönlichen Beziehungen Anerkennung
verschafft«. Radcliffe-Brown zufolge weinen wir also, um einer
Veränderung »Anerkennung zu verschaffen«, die bedeutend genug
ist, um Tränen zu rechtfertigen.

Wie die Tränen, die auf Beerdigungen vergossen werden, haben
auch diese Tränen eine ansteckende Wirkung. In seiner Autobiografie *Das Grasdach* (1931) beschreibt Yong-hul Kang, wie er
in Korea seine Tante bei ihren Hochzeitsvorbereitungen beobachtete:

Meine neue Tante weinte und weinte beim Abschied und
brauchte all die langen seidenen Taschentücher auf, die man
für sie vorbereitend zurechtgelegt hatte. Zwei Dutzend davon lagen für sie bereit – denn von einer Braut wird erwartet,
dass sie bei dieser Gelegenheit heftig weint, ob sie es nun

aufrichtig tut oder nicht. Doch meine Tante weinte so sehr, dass meine Kusine Ok-Dong-Ya aus Sympathie ebenfalls in Tränen ausbrach und weinend aus dem Zimmer der Braut kam, und ich fand sie von heftigem Schluchzen geschüttelt auf der Veranda hinter einer Säule.

Tränen bezeichnen den unerfüllbaren Wunsch, zugleich zu gehen und zu bleiben, zugleich zu feiern und zu trauern, zugleich das Neue anzunehmen und das Alte festzuhalten. Einen anderen Menschen weinen zu sehen, kann uns unsere eigenen widersprüchlichen Wünsche bewusst machen, unsere Einbettung und unser Unbehagen in der sozialen Welt.

Die Hochzeit ist eine Zeremonie, die das Annehmen einer neuen Rolle ehrt, und Rituale sowie Darstellungen der Rollenerfüllung sind immer von Tränen begleitet. Beisetzungen kennzeichnen solche Rollenveränderungen – der Übergang vom Ehemann zum Witwer, vom Kind zum Erwachsenen und manchmal von der Elternschaft zur Kinderlosigkeit. Übergangsriten – Bar-Mizwa, Abschlussfeiern, Konfirmationen, Initiationsrituale – sind ebenfalls große Anlässe für Tränen. Die betroffenen Jugendlichen werden nicht nur als Mitglieder der Gesellschaft bestätigt, sie bekommen neue Rollen in ihr zugewiesen, und die Tränen, die sie dabei vergießen, kennzeichnen die rituelle Verordnung dieser neuen Rollen. Die Tränen, die ihre Verwandten und Nachbarn vergießen, sind Zeichen dafür, dass sie nicht länger Knaben, sondern Männer, nicht länger Mädchen, sondern Frauen oder wenigstens nicht länger Kinder, sondern Jugendliche sind. Und Hochzeiten kennzeichnen natürlich die Initiation in neue Rollen nicht nur für die Braut und den Bräutigam, sondern auch für ihre Mütter, Väter, Geschwister und Freunde, die ebenfalls alle weinen. Die Tatsache, dass solche Tränen auch soziale Funktionen erfüllen, reduziert keineswegs die Angst, Unruhe und Befürchtungen, die in den Tränen der Braut zum Ausdruck kommen, noch die sehr reale Macht der Trauer.

Laut Mair gibt es eine weitere Ursache für das Weinen der Braut. Die Braut weint nicht nur aus »Scham« oder darüber, dass sie ihre Eltern verlassen muss, sondern vor allem, weil »sie ihre Freiheit verliert und in den Machtbereich eines Mannes wechselt, der sie genau so behandeln könnte, wie es ihm beliebt«. Dies brachte bereits Vera St. Erlich zum Ausdruck, als sie sich an ihre Hochzeit im Jugoslawien der dreißiger Jahre erinnerte: »Es ist nicht einfach, alles aufzugeben, dein Leben, deine Freiheit, und in ein fremdes Zuhause zu wechseln, wo man niemanden kennt und niemandem bekannt ist, eine fremde Mutter und ein fremdes Haus die eigenen zu nennen, eine fremde Welt zur eigenen zu machen ... Ich weinte und weinte und hätte noch länger geweint, wäre nicht [meine Schwester] zu mir gekommen.« Für viele Frauen kann die Statusveränderung von der Tochter zur Ehefrau mit mehr Arbeit und weniger Freiheit einhergehen, als sie es aus ihrer Mädchenzeit gewohnt sind. Selbst wenn die Braut diesen Verlust nicht so deutlich spürt, und auch wenn die Zeremonien heutzutage weniger öffentlich sind, schreibt Simon Messing über die Amhara in Äthiopien, »wollen Männer dennoch daran glauben, dass ihre Bräute zwar nicht in der Öffentlichkeit, aber doch wenigstens in ihrer Kammer weinen, aus Angst und als Ausdruck ihrer Zugehörigkeit zum ›bezwungenen Geschlecht‹«.

Bei Hochzeiten vergossene Tränen sind also ebenso wie die mit Beerdigungen in Verbindung gebrachten eine Mischung aus Schauspielerei oder Posieren und Aufrichtigkeit. Geweint wird aus Trauer und Erleichterung, aus Angst und Entschlossenheit, aus Selbstgratulation und Abscheu vor sich selbst. Und wie bei einem Todesfall kann auch eine Trauung nicht nur Tränen bei dem Ereignis selbst, sondern auch danach noch Melancholie mit sich bringen. In seiner 1917 veröffentlichten Abhandlung »Trauer und Melancholie« liefert Freud eine Theorie für die Beziehung zwischen Trauer und Selbsthass. Trauer, schreibt Freud, ist eine normale Reaktion auf Leid, den Verlust eines geliebten Objekts, ob es sich dabei nun um eine Person oder ein Ideal handelt oder, so könnten wir hinzufügen, ein früheres Selbst. Ein geliebtes Objekt wurde überbesetzt oder mit psychischer Energie aufgeladen, und wann immer diese Energie an einem Objekt festgemacht wird, ist sein Verlust eine Quelle des Schmerzes und des Leids. Immer dann, wenn eine Erinnerung oder eine mit dem früheren geliebten Objekt oder dem früheren Selbst assoziierte Hoffnung zu Tage tritt, muss der Trauernde diese Objektbesetzung schmerzhaft auflösen und umleiten, und diesen langwierigen Prozess bezeichnen wir als Trauer.

Die Melancholie (oder Depression, wie wir sie heute nennen würden) ist ebenfalls eine Reaktion auf den Verlust eines geliebten Objekts. Statt des Objekts scheint der Melancholiker sein eigenes verlorenes Ich zu betrauern. Trauer und Melancholie werden begleitet von einem Gefühl der Niedergeschlagenheit, einem Interessenverlust und einer Gefühls- und Aktivitätshemmung. Der Unterschied zwischen Trauer und Depression besteht darin, dass sich die Depression auch in der »Herabsetzung des Selbstgefühls auszeichnet, die sich in Selbstvorwürfen und Selbstbeschimpfungen äußert«, schreibt Freud. Damit einher geht »eine außerordentliche Herabsetzung des Ichgefühls, eine großartige Ichverarmung«. In der Tat wendet sich das Ich gegen sich selbst, als sei es verantwortlich für den Verlust.

Die Depression ist also, nach Freuds Verständnis, einfach eine verdorbene Trauer. Im Zuge einer erfolgreichen Trauerarbeit erinnere man sich an den Toten und reinvestiere, auch wenn es schmerzhaft sei, jedes Mal an anderer Stelle die Energie, die an den Verstorbenen gebunden sei. Tatsächlich bedeutet dies, dass man aufhört, die gestorbene Person zu lieben, und beginnt, sie als jemanden zu empfinden, deren man liebevoll gedenkt. Bestandteil der Melancholie sei es, so Freud, dass man den Toten nicht aufgeben wolle, und dies sei nur auf dem Umweg über irgendeine Form der Selbstverleugnung oder des Masochismus möglich. Die melancholische Braut (oder die nachgeburtlich depressive Mutter) wendet sich, Freuds Theorie zufolge, gegen sich selbst, gibt sich selbst die Schuld für ihre verlorene Freiheit und die eingebüßten Aussichten. Nicht bereit, ihr früheres Selbst aufzugeben, verfällt sie einer masochistischen Melancholie.

Hierbei handelt es sich ohne Zweifel mehr um eine Metapher als um handfeste Wissenschaft, doch Freuds Ansatz könnte dazu beitragen, einige der ritualisierten Formen von Masochismus in den Trauerriten etlicher Kulturen zu erklären. Unter den Bororo in Brasilien, den Ona auf Feuerland, den Mbuti in Afrika und mehreren

Gruppen nordamerikanischer und australischer Ureinwohner fügen sich Trauernde Schnitte an Armen und Beinen zu. Karl von den Steinen beschrieb einen Brasilianer namens Coquiero, der sich abwechselnd selbst verstümmelte und weinte, nachdem seine Frau gestorben war: »Coquiero in seiner Hütte fügte seinen Armen und Beinen, die mit Schorf aus geronnenem Blut bedeckt waren, Schnitte zu ... Er setzte sich stillschweigend an die Seite, er schluchzte und weinte. Er trug keinerlei Schmuck bis auf den schwarzen Strick um den Leib, den er aus den Haaren seiner Frau gesponnen und geflochten hatte. Seine Wangen waren tränenüberströmt; er rieb sich die Augen, als sei sein Weinen schmerzhaft.« Ein weiterer Anthropologe schildert eine Mutter, »deren Körper ausgezehrt, mit Wunden übersät und mit Blut beschmiert war«, sie »weinte, klagte und gab mit leiser, piepsiger, kaum vernehmlicher Stimme Kauderwelsch von sich«, während ihre »Verwandten ... ebenfalls weinten und sich selbst mit Steinen und Bambusmessern verletzten«. Selbstverstümmelung und Tränen sind anfangs immer Bestandteil ein und desselben Prozesses. Auf Feuerland zum Beispiel »gebärden sich Frauen, bei denen sich die Gefühlsausbrüche ohne jede Zügelung entfalten, bisweilen wie wenn sie von Sinnen wären. Sie zerkratzen sich die Brüste und die Innenseite der Beine, dass diese Stellen wie überdeckt mit Schrammen ausschauen ... Immer verursachen sich Frauen solche Kratzer unter wimmerndem, stöhnendem Heulen oder andauerndem Weinen«. Je weiter der Tod zurückliegt, desto häufiger wird Weinen fast vollständig durch Selbstverstümmelung ersetzt.

Martin Gusinde beschreibt einen Mann namens Saipoten, der sich auch noch zwei Jahre nach dem Tod seines Kindes wiederholt in die Beine schnitt:

Mit einem scharfen Steinsplitter schneidet er sich unter waagrechten Hin- und Herbewegungen eine 20 Millimeter lange und fünf Millimeter hohe, flache Wunde unmittelbar unter die Kniescheibe. Dem nur langsam vorquellenden Blute gibt er mit jenem Splitter, durch oberflächliche Führung auf der Haut, die nun zum Fuße hin einzuschlagende

Richtung an. Von der Wunde aus zeichnet er, durch lang-
sames Weiterführen des Blutfadens, zunächst einen Längs-
strich von zwei bis vier Millimeter Breite über die
Vorderkante des Schienbeines bis fast an die Fußwurzel-
knochen hinunter. Dabei können 15 Minuten verstreichen.
Entweder muß nun in die Wunde oben wieder von neuem
hineingekratzt werden, oder deren nahe Umgebung wird
mit den Fingern derartig geknetet, daß weitere Blutmen-
gen nachfolgen. ... 90 Minuten war er damit beschäftigt; in
welcher Zeit er niemals seine Augen von seiner Wunde
abwandte, keinen Laut von sich gab und bei traurigem Gesichtsausdruck vereinzelte Tränen fallen ließ. Sieben Blut-
striche hatte er sich gezeichnet. Endlich richtete er seinen
Kopf wieder in die Höhe und schaute gedankenschwer vor
sich hin. Beide Beine hielt er im Knie gebeugt angezogen,
so daß jeder Besucher oder Insasse der Hütte auf dem rechten Unterschenkel sein Werk der Selbstpeinigung beobachten konnte. ... Von morgens acht Uhr bis nachmittags vier
Uhr hatte Saipoten mit Äußerungen seiner Trauer in seiner
Hütte zugebracht.

Dabei handelt es sich hier noch um eines der friedlicheren Selbst-
verstümmelungsrituale. Bei den Australiern, die Herbert Basedow
in den zwanziger Jahren studierte, nahm das Ritual eher die Form
von Raserei an:

Dann, sobald das Blut über ihre Gesichter und Körper
fließt, erhält das Wehgeschrei zusätzliche Vehemenz. Gelegentlich fügen sich die Teilnehmer an solchen Beerdigungs-
feiern schreckliche Verletzungen zu. Die Witwe bringt sich
selbst eine klaffende Wunde mitten auf ihrem Schädel bei.
Die Männer hingegen schwingen ihre großen Steinmesser
und bearbeiten ihre Körper auf abscheuliche Weise. Im Ka-
therine-River-Distrikt zerschneiden sich die nächsten Verwandten männlicherseits die Oberschenkel nicht selten so
sehr, dass sie den Streckmuskel fast vollständig durchtrennen

und nicht mehr kampffähig sind. Nun folgt ein allgemeines Durcheinander, bei dem sich die Frauen selbst und gegenseitig unbeherrscht verunstalten, wobei Kopf und Rücken bevorzugt werden. Jeder der Trauernden unterwirft sich der Selbstverstümmelung freiwillig und ohne mit der Wimper zu zucken. Auch die Frauen bringen ihre *nulla-nullas*, mit denen sie einander auf die Köpfe schlagen, freizügig zum Einsatz. Doch kurz darauf setzen sie sich in Gruppen um den Leichnam, legen einander zärtlich die Arme um den Hals und weinen bitterlich.

Und derartige körperliche Gewalt geht manchmal sogar noch weiter. Ojibwa-Männer »bohren sich Messer und Nadeln und Dornen durch die Haut und ins Fleisch und insbesondere durch die dicksten Teile der Brust und die Muskeln der Arme«. Beim Tod eines Ehemanns oder Sohns (nicht aber einer Tochter) gingen Schwarzfuß-Indianerinnen bekanntermaßen so weit, sich ein oder mehrere Fingerglieder abzuschneiden.

Diese entsetzlich schmerzhaften Rituale sind ein deutlicher Ausdruck des Verlustschmerzes. Der Wunsch zu sterben ist ein weiterer. Colin Turnbull berichtet von einer Pygmäen-Frau, die versuchte, sich zu erhängen, als ihre Mutter starb, um nur ein Beispiel zu nennen. Auch zahlreiche andere Kulturen kennen mehr oder weniger ritualisierte Praktiken, in denen sich weinende Trauernde symbolisch ins Grab werfen. Und der Wunsch, Schmerzen zuzufügen, stellt eine dritte Möglichkeit dar, Verlustschmerz auszudrücken. Die Aranda bringen sich selbst und einander Verletzungen bei. Eine Frau kam, nachdem sie sich selbst mit dem Grabestock geschlagen und durch Dornenhecken geschleppt hatte, bei dem Grab an, auf das sie

sich niederwarf und versuchte, die Erde mit den Händen fortzuräumen. Dabei tanzten die übrigen Frauen im tatsächlichen Sinne des Wortes auf ihr. Dann warfen sich alle [weiblichen Familienmitglieder] auf das Grab. Dabei schlugen und verletzten sie sich gegenseitig, bis sie blutüberströmt waren.

Jede von ihnen hatte ihren Grabestock bei sich, mit dem sie erbarmungslos auf den eigenen Kopf oder auf den der anderen Frauen einschlug. Keine von ihnen versuchte, die Schläge abzuwehren, ja sie forderten sogar dazu auf. ... Das Weinen und Klagen der umstehenden Frauen schien jene auf dem Grab fast rasend zu machen, und das Blut, das an ihren Körpern entlang über den weißen Pfeifenton lief, verlieh ihnen einen Grauen erregenden Anblick. Zum Schluss blieb nur mehr die alte Mutter in sich zusammengesunken, total erschöpft und leise stöhnend auf dem Grab zurück.

Und dieses Zufügen von Verletzungen spiegelt sich in Zeremonien wider, in deren Verlauf, trotz der Bedürfnisse beispielsweise der Frau und Kinder des Verstorbenen, sein Haus bis auf den Grund niedergebrannt, seine Lamaherde geopfert oder sein gesamter Besitz vergraben wird. Unter den Schwarzfuß-Indianern des amerikanischen Nordwestens etwa war das Weinen und Klagen der Angehörigen das Zeichen für die Übrigen, den Besitz des Toten an sich zu bringen, seine Pferde, seine Waffen und anderen Güter. Alles, was der Verstorbene besaß, war zu haben, auch, wenn dies die vollständige Verarmung der Witwe und ihrer Kinder zur Folge hatte. Die Witwe konnte Anspruch auf diese Dinge erheben, tat es jedoch meist nicht, zog die Not vor wie die Selbstverstümmler den Schmerz.

Derartige Handlungen sind in dieser oder anderer Form in zahlreichen Kulturen anzutreffen. In der *Ilias* beschmiert sich Priamos in seiner Trauer mit Dung. Achilleus bedeckt sich selbst mit Staub, reißt sich die Haare aus und rollt sich im Dreck, als er von Patroklos' Tod erfährt. Hekabe zerkratzt sich die Wangen. Ernest Hemingway überliefert die Geschichte eines Indianers in Michigan, der sich eigenhändig den Bauch aufschlitzte, als seine Frau im Kindbett starb. Und dann sind da natürlich noch Romeo und Julia als die bekanntesten Gestalten der Literatur, die sich aus Trauer das Leben nehmen.

Dies lässt die offensichtliche Frage offen: Wenn Tränen Schmerz ausdrücken, warum tun sie es dann so unzulänglich, dass man sich zusätzlich noch ein Fingerglied abtrennen oder in den Bauch stechen muss? Selbstverstümmelung ist laut Freud eine rituelle Umsetzung der Melancholie, eine schlecht angepasste Wendung gegen das Ich. Doch in den genannten Kulturen sind Selbstverstümmelungen kein Hinweis auf schlechte Angepasstheit, sondern normal. Ebenso wie das Weinen bei Beerdigungen eine ritualisierte Intensivierung von Gefühlen darstellt – die meisten Menschen beginnen und beenden die Beerdigung trockenen Auges und weinen nur während der Feier selbst –, so haben auch die Rituale der Selbstverstümmelung und Beraubung das Ziel, den Schmerz zu intensivieren.

In seinem Vorwort zu einer kürzlich veröffentlichten Sammlung von Essays schreibt Dennis Klass, dass »das vorherrschende Modell des 20. Jahrhunderts meint, Gram und Trauer habe die Funktion, die Bindung mit dem Verstorbenen zu lösen«. Die Essays in seiner Sammlung vertreten hingegen die Auffassung, dass die Aufrechterhaltung eines Bandes mit dem Verstorbenen die beste Möglichkeit ist, um die gesunde Bestimmtheit des Grams zu spüren: In freudscher Begrifflichkeit ausgedrückt soll die Objektbesetzung also nicht zurückgelenkt, sondern nur umgelenkt werden. Das Verletzen des eigenen Körpers erhält den Schmerz und damit eine lebendige, spürbare Verbindung zu dem Toten aufrecht und verhindert, dass der Körper zum Zustand der Ruhe zurückkehrt. Dies stellt einerseits eine Flucht aus einer Welt dar, aus der der Verstorbene unwiederbringlich verschwunden ist, andererseits verhindert es die Flucht vor dem eigenen Schmerz und ist der Versuch, unablässig in der Gegenwart des Verlusts zu leben.

Die lebenslange Trauer von Witwen in Italien und andernorts hat genau das gleiche Ziel, wobei das schwarze Kleid und der Schleier die betreffende Person und andere unablässig an den toten Ehemann erinnern. George Bird Grinnell, der in den achtziger Jahren des 19. Jahrhunderts die amerikanische Prärie durchquerte, berichtet davon, wie er auf eine trauernde Witwe traf. Sie war »eine alte runzlige Frau, die zwischen den Salbeibüschen kauerte und auf eine Weise um jemanden weinte und wehklagte, als ob ihr Herz

zerbrechen würde«, schreibt Grinnell. »Als ich mich erkundigte,
wer denn kürzlich gestorben sei, sagte man mir, sie trauere um einen
Sohn, den sie vor mehr als 20 Jahren verloren habe.«

Gemeinschaften

Vielleicht ist der Gegenpol zu diesem Versuch, die Trauer bis in
alle Ewigkeit auszudehnen, in jenen Kulturen zu finden, in denen Begräbnisrituale und Weinen die Aufgabe haben, jegliche Verbindung zu dem Verstorbenen zu durchtrennen. Wenn bei den
Tarahumara, einem Indianerstamm im nördlichen Mexiko, ein
Ehemann stirbt, dann ersucht die Witwe ihren fortgegangenen
Mann, auch wirklich fortzubleiben. Eine Mutter klagt über ihrem
toten Säugling: »Nun geh fort! Komm nicht wieder zurück, nun,
da du gestorben bist. Komm nicht des Nachts, um an meiner Brust
zu saugen. Geh fort und komm nicht wieder!« Ein Vater fordert
sein gestorbenes Kind auf: »Komm nicht zurück, um mich zu
bitten, dass ich deine Hand halten oder irgendwelche Dinge für
dich tun soll. Ich werde dich nicht mehr kennen. Komm nicht
zurück, um hier herumzulaufen, sondern bleibe fort.« Vergleichbares Wehklagen im Gran Chaco Argentiniens und Boliviens
bedient sich einer etwas anderen Herangehensweise. Um die Toten fern zu halten, wird kunstvolles Weinen als Tribut dargeboten,
als Zeichen für die große Liebe und den Respekt, den die Gemeinschaft für den Verstorbenen empfindet. Dieser Tribut soll den
Geist des Toten davon abhalten, zurückzukehren und Schaden an-
zurichten.

Über unsere eigene Beziehung zur Trauer kann man wohl
behaupten, dass sie irgendwo in der Mitte liegt: Wir suchen die
Verstorbenen zu erinnern, folglich halten wir Gedenkgottesdiens-
te. Doch wir haben auch eine recht deutliche Vorstellung davon,
was »normale« Trauer ist: Damit sie normal ist, muss sie einem
Prozess folgen und zu einem Ende kommen. Eine unglaubliche
Flut von Ratgebern, angefangen bei Elisabeth Kübler-Ross' Buch
über Trauer, ist der Auffassung, dass wir als Kultur keine angemes-

senen Rituale haben und ohne Unterstützung nicht richtig trauern können. Ein Informationsblatt, entwickelt vom amerikanischen nationalen Zentrum für Krisenintervention und finanziert vom amerikanischen Gesundheitsministerium, beschreibt den Unterschied zwischen Gram und Trauer: »Gram ist mit dem eigenen, dem persönlichen Verlustgefühl verbunden. Trauer hingegen ist ›ein in die Öffentlichkeit getragener Gram‹.« Gram, so führt das Informationsblatt weiter aus, kann Schock, Leugnen, Wut, Schuldgefühle, Angst, Erschöpfung, Depression, Verwirrung und

Trauer und religiöses Triumphgefühl mischen sich in diesem Gemälde der Frau des Künstlers. Charles Wilson Peale, Die weinende Rachel (1772).

viele andere Gefühle beinhalten. »All diese Emotionen sind ein normaler Bestandteil von Gram und des Trauerprozesses.« Und wenn wir die angemessenen Trauerrituale absolvieren, aber dennoch Schwierigkeiten mit unserem Gram haben, dann müssen wir uns dem richtigen »Prozess« unterwerfen. Gemäß Elisabeth Kübler-Ross durchlaufen wir fünf Stufen: Leugnen, Wut, Verhandeln, Depression und Akzeptanz. Diese einander nicht überlagernden, sondern aufeinander folgenden Stufen müsse man eine nach der anderen auf dem Weg des durch die Sterblichkeit verursachten Schocks bis hin zur geistigen Gesundheit absolvieren. Es erscheint therapeutisch sinnvoll, aus dem Wirrwarr der widersprüchlichen Gefühle der Trauer eine Geschichte zu bilden – ist dies doch für die Menschen eine Möglichkeit, den Dingen einen Namen beziehungsweise eine Form zu geben, und hilft ihnen, Einfluss auf ihre eigene Erfahrung zu nehmen. Außerdem ist der Prozess, relativ betrachtet, außerordentlich individuell. Er ist ausschließlich einer des Grams statt der Trauer und findet nur in der Privatsphäre statt.

Ein paar Anthropologen haben die Vermutung geäußert, je gemeinschaftlicher eine Gesellschaft sei, umso mehr sei Weinen Bestandteil des Beerdigungsrituals. Der relativ ruhige Ablauf von Beerdigungen zum Beispiel in England, Skandinavien und in den Vereinigten Staaten wurde als Auswirkung einer individualistischen Kultur gewertet, in der Emotion weitgehend als Privatangelegenheit betrachtet wird. Die Kulturen, in denen professionelle Trauernde gemietet werden, argumentieren diese Anthropologen, wollen gemeinsam das heilen, was als gemeinsame Wunde betrachtet wird. Die chinesische Vorstellung, dass die Tränen der Trauernden die Toten trösten, legt ebenfalls nahe, dass bei Beerdigungen nicht aus einem individuellen Bedürfnis heraus geweint wird, sondern im Hinblick auf das gemeinschaftlich Erforderliche. Unser Mangel an Tränen ist ein Hinweis darauf, wie wenig wir die Gemeinschaft zu schätzen wissen. Zugleich glauben wir jedoch auch an die Notwendigkeit und das Recht des emotionalen Ausdrucks. Da unsere Beisetzungsriten wenn überhaupt nur sehr wenig Raum für Wehklagen und Schreien lassen, sind sie keine geeignete Form gemeinschaftlichen Anerkennens individuellen Grams. Unsere gemeinschaftliche Trauer erfüllt nicht unsere individuellen Bedürfnisse nach Ausdruck und Erleben unseres Grams.

Doch sowohl in individuell wie in gemeinschaftlich orientierten Gesellschaften bestimmen die Gesellschaftsnormen die Dauer und Intensität des Weinens, und das Befolgen der Regeln sichert den Verbleib in der Gemeinschaft. Alfred Reginald Radcliffe-Brown stellte fest, dass es auf den Andaman-Inseln vier wichtige Zeremonien gab, bei denen Tränen vergossen wurden – bei Beerdigungen, Übergangsritualen, Hochzeiten und Versöhnungsritualen. Wenn sich zwei verfeindete Menschen oder Gruppen versöhnen, dann wird auf beiden Seiten geweint. Auf dem Höhepunkt der Initiationszeremonien für Jungen und Mädchen kommt es ebenfalls zu gemeinschaftlichem Weinen. Und wie bei vielen anderen Kulturen auch fließen Tränen bei Hochzeiten. Radcliffe-Brown, der von Arnold van Genneps Werk über Übergangsrituale stark beeinflusst ist, kam zu dem Schluss, dass Tränen immer dann als »Affirmation der Solidarität« auftreten, wenn soziale Bande wiederbelebt werden. Hochzeiten, Initiationen und Versöhnungen beinhalten alle eine Bestätigung sozialer Bande, in den meisten Fällen nach irgendeiner Art erzwungener Trennung. Während Begräbnisriten werden die Trauernden gleichfalls von dem Rest der Andaman-Gesellschaft getrennt: Sie müssen bestimmte Regeln befolgen im Hinblick auf Farben und Ornamente, die sie tragen dürfen, auf die ihnen gestatteten Speisen und ihren Aufenthaltsort. Am Ende einer ganzen Serie von Ritualen steht eine Zeremonie, die »das Vergießen von Tränen« heißt und nach der die Trauernden in den Alltag zurückkehren. Laut Radcliffe-Brown bringt auch dieses, wie andere Rituale des Weinens auch, die vollständige »Rückkehr« des Trauernden in die Gemeinschaft zum Ausdruck.

Diese Vorstellung, dass Tränen möglicherweise die Rückkehr der Gemeinschaft von ungewöhnlicher zu normaler Aktivität kennzeichnen, stimmt mit dem physiologischen Geschehen überein, bei dem Tränen die Rückkehr des Körpers von außergewöhnlicher Erregung zu normaler Funktion bedeuten. So wie das sympathische Nervensystem das Individuum erregt und auf Handeln vorbereitet und das parasympathische Nervensystem den Körper, oft begleitet von Tränen, zu seinem Normalzustand zurückführt, so wird auch die soziale Gruppe durch Hochzeiten und Todesfälle in außergewöhnliche Aktivität versetzt, wonach die Gemeinschaft gemeinsam weinend zu ihrer normalen alltäglichen Funktion zurückkehrt. Individuen und Gemeinschaften weinen gleichermaßen, wenn sie aus einer Phase der Erregung in den Normalzustand zurückkehren. Die unheilschwangere Zeit mit ihren ungewohnten Aktivitäten und Anforderungen ist vorüber, und das parasympathische Nervensystem aller Beteiligten greift etwa zum gleichen Zeitpunkt ein. Diese Art Rückkehr setzt kein »Durcharbeiten« von Trauer oder Schuldgefühlen voraus, um stattfinden zu können, und das Weinen hat für das Wohlergehen der Einzelnen und der Gruppe keine Bedeutung. Es besagt lediglich, dass die Zeremonie ihre Aufgabe erfüllt hat. Meistenorts bedeutet dies, dass sowohl eine Form wirklicher Anpassung als auch reichliches Tränenvergießen stattgefunden hat.

6

Tränen der Rache, der Verführung, der Flucht und der Einfühlung

Bräute weinen also, und Feuerland-Indianer mischen ihre Tränen mit Blut aus selbst zugefügten Wunden als Ausdruck ihrer Weigerung, den Verlust von Liebe, Freiheit oder ihrer eigenen Zukunftsvorstellung zu akzeptieren. Die Teilnehmer an diesen Zeremonien des Widerstands erscheinen mitunter so infantil wie Babys, die schreien, damit ihnen die Windeln gewechselt werden. Oder sie erscheinen heldenhaft, wenn wir sie als Protestierende für soziale Rechte betrachten, wie Kay Carmichael es uns in ihrem Buch *Ceremony of Innocence: Tears, Power and Protest* (1991) nahe legt. Einige Kulturen haben die Tränen ihrer Opfer immerhin als so bedeutende Formen des Protests empfunden, dass sie sie verboten haben.

Tränen fließen vielleicht unbeabsichtigt, doch sie sind auch immer ein Ansporn zum Handeln. Im öffentlichen Leben sind sie häufig eine Form emotionaler Erpressung wie etwa im Fall von Sally Struthers Schmeicheleien im Spätprogramm des Fernsehens, in dem sie den Zuschauern weinend Spenden zur Rettung von Kindern zu entlocken versucht, oder wenn die amerikanischen Fernsehpfarrer Jim Bakker oder Jimmy Swaggart reuige Tränen vergießen, um ihre Seelsorgerdienste finanziell zu sichern. Solchem Weinen liegt die Annahme zu Grunde, dass Tränen Mitleid oder Einfühlung und in der Folge Handeln auslösen.

Tränen haben Macht, weil sie dazu in der Lage sind, »die Umgebung zu verändern«, in der der Weinende sich befindet. Manchmal bedeutet dies einfach, mit Tränen auf den Standpunkt einer Person oder einer Gruppe Einfluss zu nehmen – auf die Einstellung von Struthers oder Swaggarts potenziellen Spendern, die Haltung unseres Gefährten, unseres Gläubigers, unseres Therapeuten. Solche Vorgänge können seitens des Weinenden als Verführung oder seitens des Publikums als Mitgefühl begriffen werden: Die Person, die dem weinenden Prediger Geld überweist, hat Mitleid mit ihm. Wie Jean-Paul Sartre dies in seiner *Skizze einer Theorie der Emotion* (1939) beschreibt, verändern Tränen manchmal die Umgebung des Weinenden mehr imaginär: Sartre war der Meinung, dass manche Emotionen die Fähigkeit haben, eine »magische Transformation« der Welt herbeizuführen, und er betrachtete Gefühle als Ausweg aus unannehmbaren Situationen. Und gelegentlich haben etwa die auf Beerdigungen vergossenen Tränen auch die Aufgabe, das Verlangen der Gemeinschaft nach Rache zu motivieren. Tränen lassen sich keineswegs nur dafür einsetzen, Mitgefühl, Verführung, Flucht und Rache zu erzielen, doch ist ihr Einsatz gerade zu diesem Zweck weit verbreitet und wert, näher in Augenschein genommen zu werden.

Rache

Am 10. Februar 1996 brachte eine 34-jährige Frau namens Demetria Nyirabahutu in einem Zelt im Kibumba-Flüchtlingslager bei Goma, Zaire, ihr sechstes Kind zur Welt. Ihre übrigen fünf Kinder hatte sie verloren, als Tutsi-Rebellen das Flüchtlingslager in Ruanda angriffen, in dem sie 1994 gelebt hatte. Als James C. McKinley von der *New York Times* sie fragte, ob sie ihre Kinder vermisse, wendete sie die Augen ab und sagte mit hartem Gesichtsausdruck und fester Stimme ja. »Ich möchte diese Kinder ersetzen«, erklärte sie dem Reporter. »Weinen hat keinen Sinn für mich. Es ist sinnlos zu weinen.« Auf der Titelseite der *Times* unter der Überschrift »Babyschreie als Echo von Ruandas Qualen« meldete McKinleys Bericht die Geburt von monatlich 2800 Babys in den fünf Flüchtlingslagern um Goma.

Trotz der Überschrift erwähnt die Geschichte kein einziges weinendes Baby, und der einzige Bezug zu Tränen ist Nyirabahutus Leugnen ihres Sinns. Der Redakteur, der sich die Überschrift ausdachte, entnahm einer Geschichte eine Botschaft über Tränen, in der es keine gab. Vielleicht sah er ja die theoretischen Tränen des Säuglings als symbolischen Ersatz für die trockenen Augen der Mutter oder als passenden Tribut für die Geschichte tödlicher Vergeltung zwischen Hutu und Tutsi. Ob Nyirabahutu selbst ein Ende des Kreislaufs der Vergeltung wünscht, verschweigt der Artikel. Nach dem Verlust von fünf Kindern hatte sie vielleicht nicht mehr die Kraft zu trauern oder das Bedürfnis nach Rache, und das mag der Grund gewesen sein, warum sie Tränen als sinnlos erachtete.

Weinen und Wehklagen bei Beerdigungen stellte häufig einen Ansporn zur Rache dar. Unter den Ifugao auf den Philippinen zum Beispiel ehrte eine erste Abfolge von Ritualen den Toten, eine zweite, die sich unmittelbar anschloss und Tränen beinhaltete, diente jedoch traditionell der Bewaffnung der Krieger für die Suche nach Vergeltung, erklärt Renato Rosaldo. Die letzteren Tränen waren der Ansporn, durch Kopfjagd Rache zu nehmen. Aus dem gleichen Grund verbietet Kreon in Sophokles' *Antigone* die Totenklage am Leichnam von Antigones totem Bruder. Er fürchtet, dass Antigones Gram ein »fataler Zweck« zu Grunde liegen könnte – dass also Antigones Trauer Vergeltung auslösen könnte.

Antigone betrauert ihren Bruder Polyneikes dennoch, und Kreon lässt sie einsperren. In ihrem Gefängnis, in dem sie wegen ihrer verbotenen Trauer ist, erhängt sich Antigone, und Kreons Sohn Haimon erdolcht sich, als er vom Tod seiner Verlobten erfährt. Nun hat Kreon noch mehr Grund, sich über Trauer Sorgen zu machen. Der Chor warnt, dass Kreons Frau Eurydike sich töten wird, wenn sie keine Tränen über den Selbstmord ihres Sohns vergießt: »Mir scheint allzu großes Schweigen / Nicht weniger gewichtig als viel leeres Schrein.« Tatsächlich begeht auch Eurydike

Selbstmord, und am Ende der Tragödie fleht Kreon um seinen eigenen raschen Tod. Kreons Trauerverbot bringt ihn selbst zu Fall.

In *Dangerous Voices: Women's Laments and Greek Literature* (1992) vertritt Gail Holst-Warhaft den Standpunkt, dass das alte griechische Klagelied für Frauen eine der wichtigsten Formen war, sich öffentlich Gehör zu verschaffen, und daher ein Bereich öffentlicher Macht. Holst-Warhaft behauptet weiter, dass angefangen bei Solon im sechsten vorchristlichen Jahrhundert eine Reihe von Gesetzen beschlossen wurde, die Wehklagen in der Öffentlichkeit einschränkten, um das umstürzlerische Potenzial der Frauen zu unterdrücken, das als direkte Bedrohung des Staates aufgefasst wurde.

Andere Altphilologen – Margaret Alexiou in den siebziger und S. C. Humphries in den achtziger Jahren – sind der Auffassung, diese Gesetze richteten sich nicht gegen die Frauen, sondern gegen die Reichen, deren Zugriff auf professionelle Trauernde und andere protzige Zurschaustellungen Uneinigkeit schafften. Zwar seien insbesondere Frauen durch diese Anordnungen betroffen gewesen, tatsächliches Ziel wäre aber gewesen, Blutfehden zu unterbinden. Verbote, die sich gegen das Trauern und Wehklagen bei Beerdigungen richten, kommen außer in *Antigone* in vielen klassischen Theaterstücken vor. Offenbar handelte es sich hier, etwa ein halbes Jahrhundert nach Solons Reformen, um ein echtes Problem. Aischylos' *Sieben gegen Theben* und seine *Perser*, Sophokles' *Antigone* und Euripides' *Medea* und *Die bittflehenden Mütter* enthalten Szenen, in denen übermäßiges Trauern gegeißelt wird. In Sophokles' *Aias* befielt der Held seine Frau Tekmessa zu sich ins Haus und verbietet ihr jegliche weiteren öffentlichen Trauerbekundungen, wobei er sich angewidert darüber beschwert, dass Frauen wahrhaft Spaß am Wehklagen haben. Andererseits beschuldigt Elektra in Aischylos' *Orestie* ihre Mutter Klytämnestra, den Tod ihres Ehemanns nicht ausreichend betrauert zu haben.

Erst in letzter Zeit, im Jahr 1994, und nur ein paar Tausend Kilometer von jenen Orten entfernt, an denen Kreon und Solon

übersteigertes Trauern verboten, erklärte die in Äthiopien herrschende Militärjunta es zum Verbrechen, wenn Mütter ihre »ver-
schwundenen« Söhne beweinten. Indem sie öffentliche Trauer
ächtete, machte die Junta diesen Frauen ein wesentliches Forum
streitig, vor dem sie Rache und Gerechtigkeit fordern konnten.
Die Junta befürchtete ohne Zweifel, hinter dem Weinen dieser
trauernden Frauen könnte ein »fataler Zweck« stehen. Die Tränen
von Frauen an sich werden, weil sie besondere Anforderungen an
unser Mitgefühl stellen, bereits für gefährlich gehalten. Wie die
Hersteller von Struthers Werbespots genau wissen, können Tränen
außerdem ansteckend sein.

In *Huckleberry Finn* liefert uns Mark Twain ein unauslösch-
liches Bild von der Beziehung zwischen Trauer und Rache. Mit
der für ihn typischen Mischung aus Humor und Entsetzen über
das Tier Mensch beschreibt er die 30-jährige Fehde zwischen den
Grangerfords und den Sheperdsons. Im Zentrum seiner Schilderung steht, dass die Blutfehde zur Gewohnheit geworden ist.
Die Beteiligten empfinden die Feindseligkeit zwischen den Familien nicht mehr so stark, sie lauern einander mit dem Gewehr auf,
ohne darüber nachzudenken. Eine der Grangerford-Töchter,
die 14-jährige Emmeline, schreibt Knittelverse für Beerdigungen
wie etwa die »Ode an den verstorbenen Stephen Dowling Bots.«
(»... O nein. Mit Tränen lauscht mir all, / Wie ich sein Los erzähl: /
Die Seele floh der Erdenqual / Durch einen Brunnenquell.«) Emmeline schreibt ihre rührseligen Elegien nicht für die Personen, die
in ihrer Familie sterben, sondern für jene, über die sie aus Todes-
anzeigen erfährt. Sie malt Buntstiftzeichnungen von Frauen, die
über ihre toten Liebsten, toten Freunde, toten Haustiere weinen.
Twain bedient sich Emmelines, um sich über die zuckersüße Be-
gräbniskunst und -poesie seiner Zeit lustig zu machen, über die
sentimentale Kultur im Allgemeinen und die Unfähigkeit dieser
Kunst, angemessen auf die Gewalt ihrer Gesellschaft zu reagieren.
In Twains Schilderung hallen die klassischen griechischen Tra-
gödiendichter wider, die sowohl Blutfehden verdammten als auch
das »viele leere Schrein«, das sie erst vorantreibt. Der Titel von
Thomas Reed Turners Buch über die Ermordung von Abraham

Lincoln, *Beware the People Weeping* (1982), spielt ebenfalls darauf an, wie weit verbreitet klassische Vorstellungen von Rache bei den amerikanischen Autoren des 19. Jahrhunderts waren: Er nimmt Bezug auf die Tatsache, dass die Präsentation des toten Cäsars mit all seinen tödlichen Messerstichen zum Aufstand der Massen und zum Niederbrennen des Senats geführt hatte.

Eine mittelalterliche chinesische Volkssage verbildlicht Tränen als tatsächliches Instrument der Rache. Als ein grausamer Herrscher die Bauern zwingt, Tag und Nacht an der Großen Mauer zu bauen, sterben viele von ihnen an den schrecklichen Bedingungen. Eine junge Frau sucht nach ihrem Ehemann, den man zum Dienst gezwungen hatte und der gestorben war und in der Großen Mauer sein Grab gefunden hatte. Als sie dies hört, bricht die Ehefrau in eine Flut von Tränen aus, weint mehrere Tage ununterbrochen, und viele der Arbeiter weinen mit ihr. Die nachfolgende Tränenflut wäscht mehr als zweihundert Meilen der Großen Mauer fort. Die Tränen der Frau sind ihre Rache. Die Beziehung zwischen Trauer und Vergeltung wurde in unserer Kultur zum Teil durch die lange Reihe von Mafiafilmen von Francis Ford Coppola, Martin Scorcese und einer Schar geringerer Regisseure am Leben gehalten. Allison Anders' Film *Mi vida loca* (1994) und seine Darstellung von Schießereien und Rache im Leben von Banden in Ost-L. A. behandelt ebenfalls die unter Banden ausgetragenen Blutfehden. Der Film zeigt die Kultur der Rache, die den Gewaltkreislauf zwischen den Banden am Leben erhält, und Anders macht deutlich, dass sowohl persönliche als auch gesellschaftliche Entwicklung erforderlich sind, um den Kreislauf zu durchbrechen. An dieser Stelle verabschiedet sie sich von den Mafiafilmen, in denen Tränen einen Ansporn zur Rache darstellen. Vielmehr wird die Entwicklung, die erforderlich ist, um der Gewalt ein Ende zu machen, an zentralen Stellen im Film durch Menschen verkörpert, die zu weinen lernen. Joseph Addison beschäftigte sich im 18. Jahrhundert, basierend auf klassischen Quellen, ebenfalls mit dieser Alternative: »Als die Römer mit den Sabinern im Krieg lagen und im Begriff waren, in die Schlacht zu ziehen, da stellten sich die Frauen, die sich beiden Seiten verbunden fühlten, mit so vielen Tränen und

Bittgesuchen dazwischen, dass sie das gegenseitige Gemetzel, das beide Seiten bedrohte, verhinderten und sie in einem festen und dauerhaften Frieden vereinten. In einer Zeit, in der unser Land durch so viele unnatürliche Teilungen zerrissen ist, möchte ich dieses Beispiel unseren britischen Damen ans Herz legen ...« Als Robert Bly in *Eisenhans* vorschlug, das Heranreifen zur Männlichkeit müsse das Erlernen des Trauerns beinhalten, da machte er einen vergleichbaren Vorschlag: Trauer kann eine Alternative zur Gewalt sein, vermag Gewalt zu beenden, statt Rachegelüste zu schüren.

Verführung

Jeremy Bentham stellte 1788 fest, die meisten Menschen seiner Zeit glaubten, »die Emotionen des Körpers« seien »wahrscheinliche Hinweise auf das Naturell des Geistes«. Doch, so setzte er seine Belehrung fort, das sei nichts, worauf man sich verlassen sollte.

> Ein Mann kann beispielsweise die äußere Erscheinung von Gram zeigen, ohne sich wirklich zu grämen oder wenigstens nicht in den Ausmaßen, wie er es vorgibt. Oliver Cromwell, dessen Benehmen auf ein mehr als üblich verhärtetes Herz schließen ließ, war ebenso überschwänglich im Vergießen von Tränen. ... Eine derartige Kontrolle über sich selbst zu haben, gehörte zu den herausragenden Fähigkeiten des Redners in der Antike.

Auch in den Vereinigten Staaten war die tränenreiche Rhetorik eine gebräuchliche Kunst, derer Politiker sich während der Wahlkämpfe wenigstens bis in die neunziger Jahre des 19. Jahrhunderts hinein bedienten. Erst danach kam öffentliches Weinen langsam aus der Mode.

Den größten Teil des 20. Jahrhunderts hindurch achteten amerikanische Politiker darauf, sich trockene Augen zu bewahren. Edmund Muskie wurde 1972 berühmt, als er vor dem Pressecorps in Tränen ausbrach und aus diesem Grund schon bei den Präsidentschaftsvorwahlen ausschied. Zu einem früheren Zeitpunkt in der Kampagne, vor der traditionellen Eröffnung des Vorwahlkampfs in New Hampshire, war Muskie von William Loeb angegriffen worden, dem fanatisch konservativen Herausgeber des *Manchester Union Leader,* der größten in New Hampshire erscheinenden Tageszeitung. Indem er Informationen und Falschinformationen aus denselben Quellen bezog, die den Amerikanern später Watergate bescherten, erzählte Loeb Geschichten über Muskies Ehefrau, die darauf schließen ließen, sie sei »emotional labil«. Muskie mietete daraufhin einen Tieflader, ließ ihn vor Loebs Büro parken und forderte Loeb von dort aus auf, seine Behauptungen zu beweisen. Während er in das Mikrofon sprach, liefen ihm, der *New York Times* und anderen Berichten zufolge, an einer Stelle seiner Rede Tränen über die Wangen.

Bob Dole 1994 auf Richard Nixons Beerdigung. David Hume Kennerly, Nixons Beerdigung *(1994).*

Der *Union Leader* und einige von Muskies Rivalen im Zusammenhang mit der Nominierung beschuldigten Muskie nun selbst der »emotionalen Labilität« und legten nahe, niemand wolle einen Präsidenten, der in Stresssituationen in Tränen ausbricht. Bob Dole, damals Vorsitzender des Wahlkampfkomitees der Republikanischen Partei, stimmte zu. Die Tränen bewiesen, dass es Muskie »an Stabilität mangele«. Muskie selbst bestand darauf, dass schmelzende Schneeflocken seine Wangen benässt hatten. Durch seine Sprecher ließ er gleichzeitig verbreiten, die Zurschaustellung von Gefühlen mache ihn »menschlicher« und solle ihm zusätzliche Stimmen einbringen. Doch 1972 hatten amerikanische Wähler erheblich mehr Angst vor »emotionaler Labilität« und waren nur wenig an den Emotionen ihrer politischen Führer interessiert. Bald darauf musste Muskie aus dem Präsidentschaftswahlkampf ausscheiden.

Seit Muskie haben Politiker die überzeugende Kraft von Tränen wieder entdeckt. Als ein Zeichen dafür, wie sehr sich die Dinge geändert haben, veröffentlichte das *Time*-Magazin 1994 eine Stichelei darüber, wie oft der frühere Präsident George Bush während seiner Amtszeit in Tränen ausgebrochen war: »Obgleich Bush unserem gegenwärtigen Präsidenten nicht das Wasser reichen kann, ist er doch häufig in Tränen ausgebrochen.« Er weinte, als ihm der erste Wurf seiner Hündin Millie gebracht wurde, als er Dixie Carter die Nationalhymne singen hörte und als er den Oak Ridge Boys bei ihrem Auftritt für die Air Force One zuhörte. Barbara Bush zufolge bricht er über »Dinge, die ihm nahe gehen und die ihn ergreifen«, in Tränen aus. Diese bereitwilligen Eingeständnisse von Bushs Tränenausbrüchen zeigen, dass Weinen nicht mehr wie noch vor 20 Jahren ein Hinweis auf mentale Labilität sind. Doch die Überschrift des *Time*-Magazins, »Annalen des Flennens«, macht deutlich, dass Weinen noch immer keine respektable Handlung ist, sondern Stoff für das Kabarett.

Bill Clinton steigen die Tränen bei allen passenden Gelegenheiten in die Augen, also dann, wenn es nach heutigen Gesichtspunkten in die Verantwortung von Männern fällt, Tränen zu zeigen: Etwa wenn auf bewegende Weise Vaterlandsliebe heraufbeschworen wird, oder wenn er uns davon überzeugen möchte, dass »er unseren Schmerz fühlt«. Die Kritik an Clintons Tränen basiert nicht wie bei Muskie auf der Frage nach seiner Männlichkeit oder Stabilität, sondern auf der Frage nach seiner Aufrichtigkeit. Bei der Beerdigung von Wirtschaftsminister Ron Brown wurde Clinton gefilmt, als er mit einem Kollegen lachte und scherzte, bis ihm klar wurde, dass er sich im Visier der Kamera befand; sofort machte sich auf seinem Gesicht ein ernster Ausdruck breit, und Tränen traten ihm in die Augen. Rush Limbaugh zeigte die Sequenz im Laufe der nächsten Wochen mehrmals in Zeitlupe während seiner Fernsehshow, nutzte es aus, dass Clinton allgemein als unaufrichtig galt, und gab seinen Studiogästen die Gelegenheit, in brüllendes Gelächter auszubrechen. Doch es ist durchaus denkbar, dass Clinton, indem er seine Fähigkeit, Tränen hervorzubringen, sie erforderlichenfalls aber auch zu kontrollieren, unter Beweis stellte, seiner Sache mehr gedient als geschadet hat.

Vielleicht ist Bob Dole das beste Ein-Mann-Beispiel dafür, dass sich die Zeiten geändert haben. Als er Muskie 1972 wegen angeblicher »emotionaler Labilität« politisch vernichtete, war er selbst bereits seit 20 Jahren in der Politik und in der Öffentlichkeit noch nie mit Tränen in den Augen gesehen worden. Erst 1976 traten ihm Tränen in die Augen, als er in seinem Heimatort Russell, Kansas, ankündigte, dass er sich um die Vizepräsidentschaft bewerben würde, und als er sich bei dieser Gelegenheit bei den Freunden bedankte, die ihm geholfen hatten, sich von den im Zweiten Weltkrieg erlittenen Verletzungen zu erholen. (Nach seiner Niederlage erklärte er den Reportern, dass er damit spielend fertig werde; danach sei er einfach nach Hause gegangen und habe geschlafen wie ein Baby: »Alle zwei Stunden wachte ich auf und weinte.«) 1983 weinte er deutlich sichtbar, als er im Senat eine Lobrede auf den Chirurgen hielt, der seine Kriegsverletzungen behandelt hatte. Mit anderen Worten, Dole gestattete es sich während der ersten 40 Jahre seines öffentlichen Lebens nur zweimal zu weinen und auch dann immer nur im Zusammenhang mit seinen Kriegsverletzungen.

Doch in den neunziger Jahren war er ein anderer Mann. 1992 weinte er auf Nixons Beerdigung vor laufender Kamera. 1993 weinte er, als er in der CBS-Sendung »60 Minutes« die Geschichte erzählte, wie sein Vater ihn 1945 im Krankenhaus besuchte. 1996 traten ihm bei mehreren anderen Gelegenheiten die Tränen in die Augen, als er diese Kriegsgeschichten während des Präsidentschaftswahlkampfs zum Besten gab, wobei er für die Kameras zweimal seinen tränenreichen Besuch in Russell wiederholte. Stanley G. Hilton, einer von Doles Biografen, vertrat die Meinung, Doles Tränenausbrüche seien bedeutsame Verfehlungen im ansonsten von Stoizismus bestimmten Leben eines Mannes, der Mitte des Jahrhunderts in einer typischen strengen Familie des mittleren Westens aufgewachsen war. Thomas Powers, der zwei Dole-Biografien für die *New York Review of Books* besprach, betrachtete Doles Tränen als Beweis dafür, dass er trotz seiner wohl bekannten Zähigkeit und seiner gelegentlichen Niedertracht dennoch »kein gefühlloser Mann« ist. Richtiger wäre wohl die Behauptung, Dole weinte, um zu beweisen, dass er ein Mann mit Gefühlen ist: In einer auf die neunziger Jahre zugeschnittenen Version des Babyküssens wurden seine Tränen für die Kameras vergossen, um zu beweisen, dass er für das Amt des Präsidenten aus dem richtigen Holz geschnitzt sei.

Doch das erklärt noch nicht zur Gänze, warum Dole auf Nixons Beerdigung die Tränen kamen. Dahinter konnte nicht nur die Trauer über den Verlust stehen, da Dole bereits zahlreiche Beisetzungen von Freunden und Verwandten trockenen Auges überstanden hatte. Ich vermute, dass es in Nixons Fall das Mitgefühl für die selbst produzierte griechische Tragödie war. Dole, der für einen verhängnisvollen Präsidentschaftswahlkampf auf eine respektable Karriere im Senat verzichtet hatte, war seiner Selbstüberschätzung auf eine Weise in die Falle gegangen, die an Nixon, seinen alten Mentor, erinnerte. Und genau da liegt die sehr dünne Linie zwischen Mitgefühl und Selbstmitleid.

Wenn Männer inzwischen die Genehmigung haben, in der Öffentlichkeit zu weinen – sogar der für seine Hölzernheit bekannte Al Gore bringt gelegentlich Tränen auf –, dann bekommen

Frauen, die politisch tätig sind, umgekehrt ein ebenso strenges
Verbot zu spüren. Keine weibliche Abgeordnete, keine Senatorin
oder Gouverneurin weint in der Öffentlichkeit, wenn sie es vermeiden kann. Wie Muskie schied Pat Schroeder 1988 aus dem
Präsidentschaftswahlkampf aus, weil sie öffentlich Tränen vergossen hatte. Sie wurde nicht wie Muskie angegriffen, weil sie mental labil war, sondern weil sie die Erwartungen an das schwache
Geschlecht erfüllte. Als sich Schroeder 1996 aus dem Kongress
zurückzog, sagte der Abgeordnete John D. Dingell bei einer
Spottrede auf sie, dass Schroeder auf zahlreiche erfolgreiche Ge-
setzesinitiativen zurückblicken könne: »Das Gesetz gegen Gewalt
gegen Frauen, das Gesetz für ökonomische Fairness und ein Gesetz, von denen die meisten von Ihnen noch nie etwas gehört haben: Das Gesetz für emotionale Freiheit. Dabei handelt es sich um
jenes Gesetz, das tränenreiche Präsidentschaftskandidaten immun
gegen Spott macht.« Dingells Scherz könnte nahe legen, dass sich
die Zeiten erneut ändern, doch falls dies zutrifft, tun sie es nicht
sehr weit reichend. Hillary Clinton wurde immer wieder von einigen ihrer Kritiker dafür verurteilt, zu maskulin, zu hart und zu kalt
zu sein. Doch man kann sich leicht vorstellen, welche Kritik auf sie
niederregnen würde, sollte sie es wagen, vor laufender Kamera zu
weinen.

Möglicherweise ist der gegenwärtige Status quo des Weinens in
der Politik einfach eine Manifestation des derzeitigen allgemeinen
Trends: Die Politiker halten sich an die Mitte, behaupten, nicht irgendeine liberale oder konservative Randgruppe zu repräsentieren,
sondern genau die Mitte der Wählerwünsche, und regieren mit Hilfe von Umfrageergebnissen. Die Männer, die weinen, beweisen,
dass sie nicht zu männlich sind; die Frauen, die stoisch die Kontrolle über ihre Gefühle aufrechterhalten, dass sie nicht zu feminin sind.
In beiden Fällen verfügt die Politik über die Auszeichnung, im Mittelpunkt eines öffentlichen Lebens zu stehen, in dem Männer häufiger weinen als Frauen.

Vergleichbare Veränderungen im Zusammenhang mit dem Weinen
in der Öffentlichkeit finden auch anderenorts statt. Nehmen wir

zum Beispiel den Fall von Nikolaj Ryschkow, der »weinende Bolschewik«, wie er auch genannt wurde. Ryschkow, der während eines Großteils von Gorbatschows Regierungszeit sowjetischer Ministerpräsident war, erhielt den Spitznamen, als er bei einem Besuch Armeniens nach dem verheerenden Erdbeben von 1988 vor der Presse weinte. Seine Gegner behandelten ihn wie einen Clown oder eine lächerliche Figur. Als er sich 1995 für das Parlament zur Wahl stellte, sah er sich gezwungen, seine Tränen zu rechtfertigen und den Anspielungen seiner Gegner, er sei zu schwach und unbeständig, etwas entgegenzusetzen. »Sichtbar steifer werdend, wenn er an den Namen ›weinender Bolschewik‹ erinnert wurde, den man ihm nach seinem Gefühlsausbruch gegeben hatte«, schrieb Timothy Heritage von Reuters während der Kampagne, »bedeutete er, auch andere hätten geweint, wenn sie wie er das Grauen in Armenien gesehen hätten.« Ryschkow glaubte, die Öffentlichkeit davon überzeugen zu können, dass seine Tränen keine Schwäche, sondern angemessene Einfühlung waren, und tatsächlich gewann er schließlich die Wahlen.

Und nicht nur in der Politik können Tränen zusätzliche Stimmen mobilisieren. Während der gerichtlichen Voruntersuchung für Terry L. Nichols, Timothy McVeighs Mitverschwörer bei dem Bombenattentat auf das Bundesgebäude in Oklahoma City, verlangten die Verteidiger, den Staatsanwalt Patrick Ryan, der zu den Anklagevertretern gehörte, von der Anklage auszuschließen, da er vor dem zuständigen Schwurgericht geweint habe. Er war, während er einen Zeugen befragte, in Tränen ausgebrochen, und die Verteidigung vertrat die Auffassung, seine Tränen beeinflussten die Geschworenen auf unangemessene Weise. Die Verteidigung bezog sich damit auf die Erkenntnis, dass Tränen das Einfühlungsvermögen fördern – in diesem Fall zu Gunsten der Opfer und nicht zu Gunsten des Attentäters.

Henry Peacham schrieb in *Minerva Britanna* (1612) von der überzeugenden Macht der Tränen: »Tränen haben schon den grimmigen Wilden bewegt / Und dem Zorn des Tyrannen Mitleid abgerungen: / Zur rechten Zeit vergossene Tränen durchdringen selbst den härtesten Marmor.« Doch wenn der Tyrann sich darüber im Klaren ist, dass die Tränen nur deshalb vergossen werden, um seinem Zorn Mitleid abzuringen, dann sind sie sehr viel weniger wirkungsvoll. Niemand mag aus strategischen Gründen vergossene Tränen; wer dies täte, wäre ein Trottel. Der zur Harlem Renaissance gehörige Schriftsteller Wallace Thurman beschreibt in *The Blacker the Berry* ... (1929), wie seine Protagonistin Emma Lou einen Brief von ihrer Mutter liest, und dass ihre Mutter »wie gewöhnlich vom Weinen nasse Wangen hatte. Sie liebte es zu leiden, und das Vergießen von Tränen schien das einfachste Mittel zu sein, um die Welt wissen zu lassen, dass sie litt«. Tränen fordern also Mitgefühl, aber sie sind darin nicht immer erfolgreich: »Heulkram, dachte Emma Lou, zerriss den Brief und warf ihn in den Papierkorb.«

Flucht

Die Vorstellung, dass man vom eigenen Weinen vollständig in Anspruch genommen sein kann, ist banal. Im 18. Jahrhundert wurden Schriftsteller und Dramatiker sogar an ihrer Fähigkeit gemessen, wie wirksam sie diesen Zustand der Selbstvergessenheit hervorzurufen vermochten. Als ein Fräulein Aïssé Abbé Prévosts neuen Roman, *Geschichte des Chevalier des Grieux und der Manon Lescaut* (1728), las, empfahl sie ihn einer Freundin mit den Worten: »Man bringt die 108 Seiten in Tränen aufgelöst zu.« Die eigene Welt kann sich in Tränen auflösen und praktisch verschwinden. Oder, wie in der Metapher, die Lewis Carroll in *Alice im Wunderland* verwendet, wir weinen so sehr, bis wir uns wie Alice in einem Meer aus unseren eigenen Tränen wieder finden, schwimmend und in einer transformierten Welt.

Um diese Transformation, so argumentiert Jean-Paul Sartre, geht es eigentlich bei den Emotionen. In seinem Essay *Skizze einer Theorie der Emotionen* (1939) versucht Sartre, einen Ausweg zu finden aus dem in die Sackgasse geratenen Streit zwischen Mentalisten und Peripheralisten, ob Gefühle ihren Ursprung im Gehirn oder im Körper haben. In der Einführung gibt er einen von Pierre

Alice schwimmt davon in ihren eigenen Tränen.
Illustration von John Tenniel in Lewis Carroll,
Alice im Wunderland *(1865).*

Janet berichteten Fall wieder. Janet war nicht nur Direktor der angesehenen pathologisch-psychologischen Klinik Salpêtrière, sondern später auch Professor für Psychologie am Collège de France und der führende französische Psychologe um die Jahrhundertwende. Eine junge Frau hatte Janet aufgesucht, um eine Reihe hysterischer Symptome behandeln zu lassen. Es geschah unvorhergesehen, dass sie sich auf der Erde wälzte »als Opfer einer heftigen Emotion«. Janet kam zu der Überzeugung, die Probleme der jungen Frau seien nicht neurologischer oder physiologischer Natur, sondern eine Neurose, verursacht durch die unterdrückten Schuldgefühle, die sie empfand, weil sie die tägliche Pflege ihres kranken Vaters nicht fortsetzen mochte. Als Janet ihr diese Schlussfolgerung mitteilte, brach sie in Tränen aus.

Die Patientin war zu Janet gekommen, um sich bei ihm Trost zu holen und in der Hoffnung, dass er sie aus medizinischen Gründen für unfähig erklären würde, die Betreuung ihres Vaters fortzusetzen. Statt sie jedoch zu trösten oder sie für die Aufgabe untauglich zu erklären, sagte Janet ihr auf den Kopf zu, dass ihre schlimmsten Befürchtungen zuträfen – sie sei selbstsüchtig, ihr Pflichtgefühl als Tochter reiche nicht aus für die Versorgung ihres Vaters, und sie wolle sich davon frei machen. Janet versicherte ihr, all dies sei zwar vollkommen normal, reichte jedoch nicht aus, um ihr Gewissen zu beruhigen, also fing sie an zu weinen. Janet bezeichnete dieses Verhalten als »Misserfolgsverhalten«. Wenn dem Patienten ein Eingeständnis oder die Selbsterkenntnis zu schwer fällt, dann regrediert er und flüchtet sich in Tränen: »Die Tränen, die Hysterie stellen ein Misserfolgsverhalten dar, welches durch Ablenkung von seiner eigentlichen Marschrichtung durch ersteres ersetzt wird.« Tränen sind ein »weniger gut angepasstes Verhalten«, schrieb Janet, »eine Aufhebung der Anpassung«.

Sartre sieht in diesem Ereignis nicht nur einen Fall von Abwehrmechanismus oder Regression, sondern einen beispielhaften Fall von emotionaler »Magie«. Das Weinen, so Sartre, sei nicht einfach ein minderes oder erniedrigendes Verhalten, ein Weg des geringsten Widerstands, sondern ein aktiver Versuch, die Welt zu ändern. Er stimmt zu, dass die junge Frau tatsächlich die Wahrheit in Janets Interpretation erkenne und sie nicht ertrüge, doch ihre Reaktion stelle keineswegs einen Anpassungsmangel dar. Ihr Weinen sei vielmehr eine positive Handlung. Sie habe versucht, mit ihren Tränen Janets Verhalten zu ändern. Sie habe geweint, um ihm den Trost zu entlocken, den er ihr verweigert habe. Und dass sie dies getan habe, sei nicht einfach irgendein simpler Trick gewesen. Um Krokodilstränen habe es sich, Sartre zufolge, nicht gehandelt. Sie sei überwältigt worden.

Die Vorstellung, dass Tränen unsere rationalen Gedanken überwältigen, ist so alt wie Platon und so neu wie die modernste Neurowissenschaft. Dr. Floyd E. Bloom von der Scripps-Klinik und -Forschungseinrichtung in La Jolla, Kalifornien, zum Beispiel meint, dass Emotionen wie Stress und Angst als Puffer zwischen den Ereignissen selbst und unserer Reaktion auf sie dienen. Auf Grund ihrer Hormonausschüttungen und physiologischen Veränderungen wirkt sich emotionales Erleben maßgeblich auf die

Wahrnehmung unseres Körpers aus. Während wir eine emotionale Erfahrung machen, ist unsere Aufmerksamkeit nicht so sehr auf unser inneres Selbst gerichtet, sondern auf unser physisches, unsere inneren Organe, unser Herz, die Lungen, Haut, Skelettmuskulatur und die endokrinen Drüsen. Während unsere Nerven feuern und unsere Drüsen ausschütten und unsere Atmung und der Kreislauf sich beschleunigen, nehmen wir diese Veränderungen wahr und interpretieren sie, und unsere Interpretation kann in der Folge neue nervliche und physiologische Aktivitäten auslösen, die wiederum als körperliche Empfindung wahrgenommen werden. Gelegentlich können die etwa von den Eingeweiden und der Haut kommenden Informationen das Bewusstsein eines Menschen derart überschwemmen, dass sie seine Verarbeitungskapazitäten vollständig in Anspruch nehmen. »Von Tränen überwältigt« sein heißt tatsächlich, von körperlichen Empfindungen überflutet zu werden und folglich aus der wirklichen Welt entrückt zu sein.

Sartre glaubte, Gefühle seien tatsächlich konstruktiver, als dieses Stillhalteabkommen nahe lege. Er meinte, wann immer wir uns in einer unhaltbaren Situation befänden, sei es unsere natürliche Neigung, die Welt mit Hilfe unserer Emotionen neu zu erschaffen. In Äsops Fabel vom Fuchs und den Weintrauben, schreibt Sartre, sehen wir das übliche Muster des Gefühlslebens. Der Fuchs will die Trauben und versucht, sie zu erlangen. Doch da sie jenseits seiner Reichweite sind, kommt er zu dem Schluss, dass sie noch nicht reif genug sind, dass er sie doch nicht unbedingt haben will und dass unreife Trauben ihm ohnehin Übelkeit verursachen. Statt in einer Welt zu leben, in der sich seine Wünsche nicht befriedigen lassen, verwandelt der Fuchs auf magische Weise die Welt in eine, in der Trauben nicht wünschenswert sind.

Auf die gleiche Weise, behauptet Sartre, sei auch jedes Gefühl eine Täuschung, ein spezieller Trick, um Schwierigkeiten aus dem Weg zu gehen. Statt die Welt zu akzeptieren, in der sie eine unvollkommene Tochter sei, habe Janets Patientin auf magische Weise eine neue Welt erschaffen (oder es zumindest versucht), in welcher der Arzt ihren Wunsch nach Trost ohne Vorwürfe erfüllen würde.

Ihr Weinen sei aufrichtig – die Frau wünsche sich aufrichtig den Trost ihres Arztes und »spüre« bei ihrem Eingeständnis aufrichtig ihre Not – und zugleich eine Flucht. Ihr aufrichtiges Bedürfnis nach Trost gestatte es der Patientin, ihren Schuldgefühlen zu entfliehen.

Und das Empfinden von Aufrichtigkeit gewinne zwangsläufig die Oberhand, da, wie Sartre sagt, Emotion immer von Glaube begleitet werde. Wenn wir wütend sind oder verzweifelt oder freudig oder uns fürchten, dann sind dies nicht einfach zusätzliche Stimmungen, die sich zu unserem bereits vorhandenen Empfinden

Ein Bild aus einer Serie weinender Frauen, die Picasso 1937 gemalt hat. Die großen weißen Flächen im Gesicht suggerieren, wie Tränen Aspekte der Wirklichkeit fortwaschen können. Pablo Picasso, Weinende Frau *(1937).*

von der Welt addieren. Wir haben vielmehr die Welt in eine verwandelt, in der wir notwendigerweise freudig sind oder uns fürchten.

Der Mann, der mitten in einem Wutanfall steckt, spürt nicht weniger als der Mann, der von einem Bären verfolgt wird, dass die Welt, in der er lebt, Gefühle fordert und bestimmt. Unsere Wut oder Freude durchdringt unsere gesamte Bewusstseins- und Wahrnehmungswelt. Wenn wir nachts durch eine dunkle Straße gehen, dann nehmen wir unseren Verfolgungswahn als soziale Eigenschaft wie auch als physischen Zustand wahr; wir glauben, dass bestimmte Situationen Angst verlangen. Zu glauben, dass es sich um Verfolgungswahn handelt, die Angst als unnötig einzustufen reicht oft schon aus, um sie aufzulösen.

Die Welt, die Gefühle verändert, ist gegenwärtig, und so konstruieren unsere Gefühle nicht nur unseren augenblicklichen, sondern auch unseren zukünftigen Zustand. Dies ist ein zentraler Teil von Sartres Theorie und einer der Gründe, die ihn darauf beharren lassen, dass Emotionen, wenn schon keine Fehlanpassung im Sinne Janets, so doch eine minderwertige Abart des Bewusstseins sind – wenn er sie als »magisch« bezeichnet, dann ist er nicht weit davon entfernt, sie kindisch oder primitiv zu nennen. Die wirkliche Welt ist nach Sartres Auffassung weitgehend deterministisch. Die Gesetze der Physik, Biologie, Genetik und Psychologie geben in diesem sehr kleinen Bereich der freien Willensausübung den Ton an, womit eine Veränderung der Welt in noch weitere Ferne rückt. Wenn wir mit einem angemessen nachdenklichen Verstand ausgerüstet sind, dann erkennen wir dies. Emotion ist deshalb minderwertig, weil wir uns in ihrem Bann auf primitiveres, magisches Denken zurückziehen, in dem die Welt nach unseren Wünschen reagiert. Die Frau in Janets Sprechzimmer hält sich für so verzweifelt, dass Janet sie trösten muss. Wenn sie nicht glaubte, mit ihren Tränen die Welt verändern zu können (von einer Welt, in der Patienten tun müssen, was Ärzte sagten, in eine umgekehrte), dann würde sie nicht weinen. Ohne den festen Glauben daran, behauptet Sartre, dass sie Janet dazu bringen kann, auf ihre Tränen zu reagieren, *könnte* sie gar nicht weinen.

Für viele geht Sartre mit seiner Theorie zu weit. Über Sartres Ansichten ärgern sich diejenigen, die der natürlichen und willkürlichen Qualität ihrer emotionalen Reaktionen sicher sind. Doch der französische Philosoph behauptet nicht, dass emotionale Magie das Ergebnis instrumenteller Vernunft ist. Er ist nicht der Auffassung, Janets Patientin habe den Schluss gezogen, ihre Tränen könnten sein Verhalten beeinflussen. Wenn wir in solchen Augenblicken überhaupt Macht über unsere Körper haben, dann nur teilweise bewusst und aus der Verzweiflung heraus. Sartre stellt klar, dass es sich keineswegs um ein Spiel handle. Wir fühlten uns vielmehr gegen eine Wand getrieben und würfen uns mit aller Kraft, die wir aufbringen könnten, auf diese neue magische Haltung.

Manche unserer Handlungen sind *effektiv* – wir sind fähig, das Licht anzuknipsen, eine Schusswaffe zu gebrauchen, die Gefühle eines Mitmenschen zu verletzen. Emotionales »Handeln«, so Sartre, sei jedoch *affektiv*, weil es keine wirklichen Veränderungen bewirkt. Emotionales Verhalten will die Welt verändern, ohne dass weiteres Handeln verlangt ist. Der Mann, der aus Furcht vor dem herannahenden Bär in Ohnmacht fällt, tut nicht wirklich etwas, um den Bären verschwinden zu lassen. Der Fuchs macht die Trauben nicht unreifer, als sie es noch vor wenigen Augenblicken waren, und er befördert sie auch nicht in seine Reichweite. Bei der Emotion sei es der Körper, schreibt Sartre, der durch das Bewusstsein seine Beziehung zur Welt ändere, damit die Welt eine neue Qualität erhalte.

Man könnte denken, dass der Neurologe Antonio Damasio eine solche Theorie ansprechend finden würde, da nach Damasios und Sartres Auffassung Emotion ein notwendiger Bestandteil rationaler Entscheidungen ist – ob wir nun eine Wette abschließen oder nach Weintrauben langen. Für den Neurologen wie den Philosophen ist entscheidend, dass der Körper die richtige Botschaft an das Gehirn schickt, wenn eine Person so handeln soll, *als ob* die Zukunft auf ihre Wünsche reagiert. Phineas Gage und Damasios Patienten mit geschädigten Stirnlappen zeigen, was geschieht, wenn körperliche

Empfindungen nicht mehr die Entscheidungen kontrollieren, die man trifft.

Doch Damasio betrachtet einen rationalen Verstand ohne Emotion als minderwertiges oder beschädigtes Vernunftwerkzeug, während Sartre Emotion grundsätzlich für eine minderwertige Form des Bewusstseins hält, für eine »Maske« oder einen »Ersatz« des rationalen Denkens. Sartre zufolge kann man sich der wirklichen, deterministischen Welt nur durch reinigendes, nicht emotionales Nachsinnen nähern. Für Damasio sind wir nur durch Einbeziehung der projektiven Fähigkeiten der Emotion in der Lage, so genannte »rationale« Entscheidungen zu treffen.

Sowohl Sartre als auch Damasio sehen Tränen als Zeichen aufrichtiger Anteilnahme, wie unrealistisch sie auch sein mag, als plötzliche Anstrengung, ob nun rational oder imaginär. Problematisch an Sartres Theorie ist nicht ihre Zweckdienlichkeit, da doch klar ist, dass mit Emotion – angefangen bei den Wuttränen eines Säuglings bis hin zu den Krokodilstränen von Erwachsenen – zweckdienliche Absichten verfolgt werden können. Auch nicht die Tatsache, dass sie wenig Raum lässt für eine positive Sicht auf Emotionen wie Liebe, Ehrgefühl oder Zuneigung, die man für gewöhnlich nicht als »minderwertig« einstuft. Das tatsächliche Problem besteht darin, dass Sartres Theorie, wie schon Platons, rationales Denken ohne Emotion postuliert. Damasio zeigt, wie sich derartiges Denken darstellt – es stellt sich wie ein Gehirnschaden dar. Sartres Theorie beschreibt eindrucksvoll, auf welche Weise Emotion die Welt der Phänomene, mit denen wir täglich leben, schafft und neu schafft. Es ist sein Wunsch, in einer Welt ohne solch magische Transformation zu leben, die fehl am Platz ist.

Für die Physiologen, die sich für die parasympathische Funktion von Tränen aussprechen, bedeuten Tränen das vorübergehende Ende von Entscheidung und Veränderung und nicht die Veränderung der Welt (oder wie Damasio vorschlägt, die Gelegenheit, bessere Entscheidungen innerhalb unserer Welt zu treffen). Sie fassen Tränen als Zeichen dafür auf, dass wir einen stetigen und friedlichen Rückzug aus der Welt des Handelns suchen und finden. Solch ein vorübergehendes Stillhalteabkommen kann, um vernünftige Entscheidungen zu treffen, von großem Wert sein. Doch wenn dies zutrifft, dann deshalb, weil der Weinende sich bereits auf dem Rückweg von emotionalen Extremen befindet. Es kann sein, dass Janets Patientin, als sie ihre Zwangslage durch ihre Tränen hindurch betrachtete, ihre Bedeutung besser verstand als vorher. Möglicherweise wusste die junge Frau genau, dass sie die Genehmigung des Arztes benötigte, um die Pflege ihres Vaters einstellen zu dürfen, und nicht seine moralistische Beschreibung ihres Wunsches. Da unsere Wünsche viel öfter sozialer als materieller Natur sind, da wir uns so viel mehr nach Anerkennung sehnen als nach Trauben, kann es sein, dass unsere Tränen genau das ausdrücken: Die magische Neuschaffung des Universums hat wenig Sinn, wenn wir niemanden dazu bewegen können, sich uns dort anzuschließen. Unsere Tränen fordern Einfühlung, hoffen wir, und indem andere sich in unsere Situation und in unser Befinden einfühlen, betreten sie unsere transformierte Welt.

Und tatsächlich, es funktioniert. Der Fernsehproduzent Norman Lear und andere führen Oliver North' Popularität auf seine Fähigkeit zurück, im richtigen Augenblick feuchte Augen zu bekommen. Während der im Fernsehen übertragenen Anhörungen zur Irangate-Affäre, die ihn zum Nationalhelden machte, füllten sich North' Augen immer dann mit Tränen, wenn er dem Kongressausschuss, den er belog, seinen Patriotismus offenbarte. North' tränenselige Darstellung ist lehrreich, weil seine Gefühle, davon können wir ausgehen, vollkommen aufrichtig waren; er hatte tiefe Empfindungen, immer wenn sich seine Augen mit Tränen füllten. Für jene, die meinten, er sage die Wahrheit, hatten seine Tränen eine einfache Bedeutung – er war ein Mann, der der Welt seine tiefsten Überzeugungen verkündete, er war auf eine Weise von seinem Ehrgefühl und seiner Hingabe überwältigt, wie es solche Helden schon immer gewesen waren. Er war aufrichtig in der Hinsicht, als er tatsächlich an die patriotischen Klischees glaubte, die er äußerte, und er tatsächlich seinen Oberbefehlshaber vor dem politischen Erdbeben beschützen wollte, das gefolgt wäre, hätte er die Wahrheit gesagt.

Doch in Anbetracht dessen, was wir heute wissen, kann man seine Tränen auch anders interpretieren. In den entscheidenden Augenblicken seiner Aussage, als die Legalität seines Handelns und seine Aufrichtigkeit in Frage gestellt wurden, flüchtete sich North an den Ort, an dem Pflicht, Ehre und Stolz Patriotismus Gestalt geben – ein Vorstellungskomplex, der in North' Augen eindeutig authentisch war. Seine feuchten Augen waren der Ausdruck seiner Zuflucht, repräsentierten die Überwältigung seines Bewusstseins durch die in seinem Körper entstandenen Gefühle, von denen er wusste, dass er sich in kritischen Augenblicken auf sie zurückziehen konnte. Wie ein Kind, das mit einer Hand in der Keksdose erwischt wird und in Tränen ausbricht, spiegeln auch Ollie North' feuchte Augen – und, wie man sicher annehmen kann, eine Reihe anderer Körpersymptome wie Veränderungen der Körpertemperatur, Muskelkontraktion, Atmung – seine Gefühle genau wider, auch wenn sie, aus einer anderen Perspektive betrachtet, alles andere als aufrichtig waren.

Und Gleiches mag auch für jemanden wie Tammy Faye Bakker zutreffen. Ihre Tränen religiöser Sehnsucht und religiösen Triumphierens waren ihr Markenzeichen in dem lukrativen evangelischen Ponzi-Programm, das sie mit ihrem Mann Jim Bakker betrieb, bis er wegen Betrugs zu 45 Jahren Haft verurteilt wurde. Aber es ist der Anblick ihres Gesichts, in dem Tränen und Mascara herunterlaufen, als sie die Verhaftung ihres Mannes erfährt, der sich im Gedächtnis der amerikanischen Öffentlichkeit eingegraben hat. In ihren beiden Autobiografien beschreibt Tammy Faye Bakker (oder vielmehr Messner, da sie sich während Jims Haft von ihm scheiden lassen und seinen besten Freund geheiratet hat) ihr Weinen, als müsste sie damit angeben, an 60 verschiedenen Stellen.

Hier kommt uns der Unterschied, den Lionel Trilling zwischen Aufrichtigkeit und Authentizität sieht, gut zupass. Aufrichtigkeit, schrieb Trilling, ist es dann, wenn man genau das sagt, was man fühlt, und genau das fühlt, was man sagt. Um Authentizität handelt es sich, wenn man wünscht, was man erlebt, und wenn man erlebt, was man wünscht. Tammy Fayes Tränen mögen auf einer gewissen Ebene aufrichtig gewesen sein – sie wird sich möglicherweise tatsächlich so schrecklich gefühlt haben, wie sie es behauptete. Doch Zyniker betrachten ihre Tränen nicht als authentisch, sondern als ihren Wunsch, sich vor allem ihr evangelisches Einkommen zu sichern und auch weiterhin auf ihre Überzeugungskraft zu setzen.

Doch wie immer wir North oder Bakker und ihre Aufrichtigkeit oder Authentizität auch beurteilen, es wäre falsch anzunehmen, dass sie nicht tatsächlich das empfanden, was sie zu empfinden schienen. Basierend auf einer solchen Zurschaustellung wahrer Gefühle wäre allerdings die Schlussfolgerung falsch, dass sie uns unbedingt die Wahrheit gesagt haben. Was manche von uns an den emotionalen Glaubensvorstellungen des 18. und 19. Jahrhunderts in unserer Abgestumpftheit ablehnen, ist nicht die unreduzierbare Wahrheit des weinenden Körpers, sondern die Vorstellung, dass solche Gebete um Erlösung Gott zwangsläufig gefallen müssen, die Vorstellung, dass solche Tränen zwangsläufig Ausdruck von Tugend sind. Jene jedoch, die in späteren Wahlen für North stimmten und Bakker aus der Patsche halfen, besaßen, davon können wir ausgehen, Einfühlungsvermögen.

Einfühlung

Einfühlung ist ein noch recht junger philosophischer oder psychologischer Begriff. Der deutsche Ästhetiker Theodor Lipps führte den Begriff 1913 mit seinem Aufsatz »Über Einfühlung« ein: Wenn wir andere Menschen in einem Kunstwerk abgebildet sehen, projizieren wir uns in diese anderen Leben und erleben Einfühlung, die Lipps als zentral für ästhetische Erfahrung und den Wert der Kunst empfand. Wilhelm Worringer war einer der zahlreichen deutschen Intellektuellen, die Lipps' Vorschlägen folgten. In seinem klassischen Text *Abstraktion und Einfühlung: Ein Beitrag zur Stilpsychologie* (1908) versuchte Worringer, die Verbindung von Identifikation und Distanz, um die es bei der einfühlenden Erfahrung geht, zu klären und bereitete damit die Bühne für spätere

Debatten. Erst in den zwanziger Jahren fand der Begriff im englischen Sprachraum weitere Verbreitung. Robert Frost zum Beispiel wurde von den beiden deutschen Ästhetikern beeinflusst, als er folgendes Glaubensbekenntnis formulierte: »Keine Tränen beim Autor, keine Tränen beim Leser.«

Als die Dichterin Ella Wheeler Wilcox im 19. Jahrhundert die Zeile schrieb, die zum Klischee werden sollte, »Lache, und die Welt lacht mit dir«, stützte sie sich auf eine rein sentimentale Vorstellung davon, wie Herzen miteinander harmonieren. In der Kultur der Sentimentalität war ein solcher affektiver Einklang Bestandteil der idealen Harmonie des Universums und etwas, das fast ansteckend wirkte. Doch die deutschen Ästhetiker meinten keine einfache Emotionsübertragung. Ihre Philosophie setzte sich bewusst von den Romantikern ab, hob die Distanz hervor, die Einfühlung ebenfalls erforderlich macht. Für sie bedeutete Einfühlung die Kombination aus affektiver Identifikation und kognitiver Distanz.

Der Psychologe Carl Rogers führte dies in den siebziger Jahren näher aus, als er sagte, »der Zustand der Einfühlung oder des Sicheinfühlens verlangt es, das innere Bezugssystem eines anderen genau wahrzunehmen ... jedoch ohne dabei jemals die ›alsob‹-Voraussetzung aufzugeben«. Diese kognitive, mit Auflagen verbundene Dimension der Einfühlung ist gut dokumentiert. Eine Serie von Versuchen hat gezeigt, dass das gemeinsame Nachdenken mit Kindern über die Auswirkungen ihrer Handlungen ihr Einfühlungsvermögen steigert. Zudem haben Studien bei älteren Menschen ein größeres Einfühlungsvermögen nachgewiesen als bei jüngeren, was nachvollziehbar ist. Da sich unsere kognitiven Fähigkeiten mit zunehmendem Alter weiterentwickeln, erfüllen wir nach und nach auch die erforderlichen Voraussetzungen, um uns in andere einzufühlen. Und ohne Zweifel kommt hier auch noch eine speziellere kulturelle Ausbildung ins Spiel. Andere Untersuchungen haben gezeigt, dass Frauen, wie beim Weinen, eher zu Einfühlung neigen als Männer, Mädchen einfühlsamer sind als Jungen.

Wenn Einfühlung als Begriff eher jung ist, so ist sie doch als allgemeine Vorstellung erheblich älter. Bereits die patristischen Auto-

ren Gregor und Hilarius schrieben, tränenreiches Beten für andere
könne diese heilen. Damit sind einfühlsame Tränen nicht nur eine
Geisteshaltung, sondern auch ein Heilmittel. Und Einfühlung ist
auch dann erst in ganzem Maße wirksam, wenn sie mit anderen ge-
teilt wird. Das Gebet muss laut gesprochen, die Tränen vor allem
sichtbar vergossen werden. Einfühlung wird durch Tränen dargestellt und zugleich durch sie eingeklagt.

Als der verrückte Kapitän Ahab im Begriff ist, zu seiner aller-
letzten und verhängnisvollen Jagd nach Moby Dick aufzubrechen,
da verabschiedet er sich von seinem Obermaat Starbuck. »Hand
lag in Hand, ihre Augen hielten einander fest, durch Starbucks
Tränen gebunden«, berichtet uns der Erzähler und legt nahe, dass
Starbucks sichtbare Einfühlung nicht nur das Ergebnis, sondern
die Ursache ihrer gegenseitigen Verbundenheit ist. »Oh, mein
Kapitän, mein Kapitän – edles Herz – geh nicht – geh nicht! –
Sieh, ein tapferer Mann weint vor dir – fühlst du, wie tief die Qual
machtlosen Wissens ist?« Das Gefühl, das Starbuck mit seinen
Tränen zum Ausdruck bringt, ist, anders als eine passive Einfühlung, der soziale Klebstoff selbst. Für Melville steht Überredung
mehr als Haltung, Handlung mehr als Empfindung im Vordergrund.

Doch Tränen der Einfühlung können das genaue Gegenteil von
sozialem Klebstoff sein, wie wir im Fall der Rache-Tränen gesehen
haben. Als das Schwergewicht Kurt Angle den Iraner Abbas Jadidi
bei der Olympiade von 1996 schlug, legte der Ringer eine tränenselige Siegesrunde ein, in der er so überschwänglich weinte, dass
die Presse es hervorhob. Angle war eng mit dem Ringer Dave
Schultz befreundet, der erst ein paar Monate zuvor von seinem
Sponsor, dem verrückten Millionär John E. du Pont, erschossen
worden war, und alle Reporter brachten nun Angles Tränen mit
seiner Trauer um Schultz in Zusammenhang. Jene, die sich in seine
Tränen einfühlten, empfanden sie als bewegend. Doch seine Tränen waren keineswegs ein Universalklebstoff. Bei manchen Be-
trachtern und Kommentatoren löste Angles Weinen Verachtung
aus, und bei dem Silbermedaillengewinner Abbas Jadidi während
der Verleihungszeremonie noch etwas anderes: »Der Iraner starrte

von der zweiten Stufe des Podiums finster zu ihm empor«, berichtete Reuters.

Dass Tränen Einfühlung auslösen können, hat etwas mit ihrer Überzeugungskraft zu tun, und man kann sich gut vorstellen, dass Abbas Jadidi keinen Grund dafür sah, Angles Gefühlszustand zu teilen. Doch wer Tränen vergießt, ist für gewöhnlich vorsichtig genug, sie möglichst an solche Menschen zu richten, die auf die gewünschte Weise reagieren: Wir weinen meist nur vor einem empfänglichen Publikum. Doch Tränen können manchmal auch einen Zuhörerkreis einbinden, dessen Ohr wir unter normalen Umständen nicht hätten, der sich unsere Wünsche nicht anhören würde, wenn wir sie auf andere Weise vorbrächten. Der Schüler, der eine Revision seiner Note verlangt, erhält für gewöhnlich die Standarderklärung, dass die Note wohl überlegt und fair vergeben wurde. Der Schüler, der weint, erreicht damit häufig eine aufmerksamere Reaktion. Wenn unser Ehemann oder unsere Lebenspartnerin uns bittet, eine Angewohnheit zu verändern, dann hören wir vielleicht zu, bittet er oder sie uns jedoch unter Tränen, dann hören wir möglicherweise aufmerksamer zu.

Arthur Koestler führt in »Die Logik des feuchten Auges«, ein kurzes Kapitel in seinem Buch *Der göttliche Funke* (1964), fünf verschiedene Anlässe des Weinens auf, anhand derer er erklärt, »warum wir weinen«: Verzückung, Trauer, Erlösung, Einfühlung und Selbstmitleid. Diese unterscheiden sich insofern von geltungsbedürftigen Gefühlen wie Angst oder Wut, weil sie nicht zum Handeln, zu Flucht- und Abwehrreaktionen veranlassen, sondern stattdessen mit Selbstveränderung und Ruhe assoziiert werden. Emotionen der Selbstveränderung »können nicht durch irgendeine bestimmte Tat umgesetzt werden«.

Sich von Liebe, Schönheit oder Kunst – die allesamt Tränen auslösen können – überwältigen oder verzücken zu lassen, heißt, zu Gunsten der Emotionen, spezifischem Handeln auszuweichen. Am deutlichsten wird dies anhand der aus Verzückung, Erlösung und Selbstmitleid vergossenen Tränen, da es sich bei ihnen um private Emotionen handelt, die außer der Hingabe an sie keines weiteren Handelns bedürfen. Doch für Koestler gehört Trauer mit zu dieser Gruppe, da auch hier nichts getan, keine Handlung erwogen werden kann, sondern nur »passive Ergebung« an die Gram folgt. Und auch bei der Einfühlung ist es ähnlich. Einfühlung setzt Identifizierung voraus. Sich mit anderen zu identifizieren schließt jedoch geltungsbedürftige Tendenzen, die zu Handlungen führen, aus, und folglich ist auch Einfühlung eine passive Emotion.

Damit wird Weinen für Koestler zu einer Art Flucht aus der Welt des Handelns. Er erkennt an, dass wir alle schon als Säuglinge lernen, Weinen strategisch einzusetzen. Doch den »wahren Charakter« des Weinens, so findet er, macht nur die Person sichtbar, die allein für sich weine, hilflos in ihrer Ergebenheit an eine Emotion, die ihrem Wesen gemäß kein anderes Ventil zu finden vermag, ob es nun durch das Donnern der Kirchenorgel oder das Piepen eines Spatzen verursacht wird.

Doch wenn wir uns einen Jugendlichen vorstellen, der allein in seinem Zimmer auf einer nicht vorhandenen Gitarre nicht vorhandenen Konzertbesuchern etwas vorspielt, oder einen Mann, der fantasiert, seinen Boss wegen einer erlittenen Demütigung anzubrüllen, dann wird deutlich, dass allein erlebte Gefühle ein fantasiertes Publikum voraussetzen. Wir können uns das Ausspielen eines solchen Szenarios sogar als engen Verwandten der Einfühlung vorstellen: die Projektion aus unserer gegenwärtigen Situation in eine andere, komplett mit Identifizierungsgefühlen im Hinblick auf jene Person, die wir gerne sein würden. In seiner Kombination aus Selbstgesteuertheit und Selbstveränderung kann Weinen in der Zurückgezogenheit sogar das beispielhafte Muster einer einfühlsamen Reaktion sein.

Unsere einfühlsamen Tränen vergießen wir, wie unsere Tränen der Reue und unsere Tränen der Liebe, für uns selbst und für andere: Sie sind zugleich der Stoff der Selbstversenkung und ein Hilfeschrei, ein Ruf, eine Ankündigung. Wenn wir angesichts eines Werbespots im Fernsehen, der hungernde Kinder zeigt, in Tränen ausbrechen, dann ersetzen unsere Tränen vielleicht eine mögliche Spende. Ich nehme an, eine nähere Untersuchung würde zeigen, dass Personen, die aus ihrem Fernsehsessel aufspringen, um an die Zeitung oder an ihren Landrat zu schreiben oder um für einen guten Zweck zu spenden, dies sehr viel eher trockenen Auges und aus Ärger, Empörung, Angst oder anderen Gefühlen heraus tun, nur nicht aus Einfühlung.

Und umgekehrt werden unsere Tränen, wenn wir aus Einfühlung weinen, selbst zu der Handlung, die aus unseren augenblicklichen Gefühlen resultiert. Das bedeutet nicht, dass unsere Emotionen, weil sie gerade kein Handlungsventil finden, auf Tränen reduziert werden, sondern dass manche Gefühle sich am vollkommensten mit Tränen ausdrücken lassen. Im gleichen Maß, in dem wir uns über unsere Grenzen geschoben fühlen, hilft uns Weinen, zu uns selbst zurückzufinden. Stellen Sie sich zum Beispiel vor, über zwei verschiedene visuelle Eindrücke zu weinen: über ein Foto eines bosnischen Gefangenen und ein erhabenes Kunstwerk. Und stellen Sie sich den emotionalen Ablauf dieser Erfahrungen vor. In beiden Fällen werden wir langsam von sehr intensiven Emotionen beeinflusst. Wir haben das Gefühl, außerhalb von uns selbst zu stehen. Dieses Gefühl erreicht einen Höhepunkt, und unsere Augen füllen sich mit Tränen oder wir weinen. Dieses Weinen ist untrennbar von unserem Gefühl, zu uns selbst, zu unserem eigenen Körper zurückzukehren. Es mag sein, dass wir während transzendentaler Erfahrungen weinen, doch was wir transzendieren, sind selten wir selbst.

Adam Smith nähert sich der Frage nach der Einfühlung von einer anderen Seite. Was haben wir davon, will er wissen, wenn wir andere dazu bewegen, sich in uns einzufühlen?

Wie erleichtert fühlen sich unglückliche Menschen, wenn sie jemanden gefunden haben, dem sie die Ursache ihres Kummers mitteilen können! Auf seine Sympathie scheinen sie einen Teil ihrer Leiden abzuladen und man sagt darum nicht unpassend, dass er ihre Leiden »teile« ... Doch indem sie von ihrem Missgeschick erzählen, erneuern sie im gewissen Maße ihre Gram; sie erwecken ihrem Gedächtnis die Erinnerung an jene Umstände, die den Anlass ihrer Betrübnis gebildet haben; ihre Tränen fließen stärker als je zuvor und sie überlassen sich nun leicht der ganzen Schwäche ihres Kummers. Dennoch finden sie an all dem Gefallen und es ist offenkundig, dass es ihnen fühlbare Erleichterung gewährt; denn die Sympathie des Zuhörers ist für sie so süß, dass sie ihnen die Bitterkeit des Kummers mehr als aufzuwiegen scheint, den sie, um jene Sympathie zu erlangen, wieder belebt und erneuert haben ...

Smith war unter anderem Ökonom, und diese Art Austausch, bei dem die Leute ihren Gram sozusagen auf das Konto eines anderen überweisen und dafür »entschädigt« werden, reicht ihm als Erklärung aus. Doch seine Wortwahl legt auch eine gemeinsame Freude an der Einfühlung nahe, eine Hingabe an die Süße des Weinens.

Es wäre natürlich schön, wenn wir all unsere Probleme einfach dadurch lösen könnten, dass wir unsere Frustration hinausschreien. Es wäre schön, wenn die Welt, wie eine gute Mutter, unsere Schreie nach Nahrung und Trost beantworten würde. Miguel de Unamuno, Spaniens einflussreichster Philosoph, erweckt in *Das tragische Lebensgefühl* (1913) genau diese Fantasie zum Leben:

Ein Sophist, vor dem Solon um einen Angehörigen weinte, fragte ihn: »Warum weinst du so unnützerweise?« Und der Weise soll erwidert haben: »Eben deshalb, weil es gar nichts nützt.« Es ist klar, dass das Weinen wohl doch etwas nützt, zum mindesten indem es erleichtert, und doch sieht man den tiefen Sinn in der Antwort Solons an den indiskreten Menschen. Ich für meinen Teil bin überzeugt: vieles stünde weit besser, wenn wir alle zusammen hinaus auf die Straße gingen und unseren Kummer, der vielleicht Kummer aus der gleichen Ursache ist, auch gemein machen würden, ihn ausweinten und zum Himmel schrien. Auch angenommen, Gott hörte uns nicht. Ein Gotteshaus ist darin am heiligsten, dass es die Stätte gemeinsamer Klage ist. Eine Misere im gemeinsamen Gesang einer gebeugten Menge wiegt ein philosophisches Buch auf. Die Übel zu heilen genügt nicht, man muss sie auch zu beweinen verstehen. Jawohl, zu weinen verstehen ist vielleicht die höchste Kunst. Und der Grund? Befrage den Solon.

Für Unamuno ist es das höchste Ziel der Philosophie, die Tragödie des Lebens als solche zu erkennen. Ein derart vom »Schicksal Gequälter« müsste ein Dummkopf oder Feigling sein, wenn er sich weigerte zu weinen.

Unamunos Vision von Menschen, die in Massen zusammenkommen, um in den Straßen zu weinen, verschiebt die Katharsistheorie von der persönlichen auf die soziale Ebene, bis sie zu einem Ritus der Masseneinfühlung wird. Erst kürzlich hat der Regisseur James Cameron geschrieben, dass »das Publikum überall auf der Welt seine eigene und eigentliche Menschlichkeit feiert, indem es dunkle Räume aufsucht und gemeinsam weint« – über seinen Film. Damit will er etwas unbescheiden sagen, dass die Menschheit im gemeinschaftlichen Weinen Frieden findet. Für Unamuno und Cameron weinen wir nicht nur, damit wir uns selbst besser fühlen, sondern um die Welt zu bessern. Pragmatiker könnten anmerken, dies sei illusorisch und ersetze wirkliches Handeln durch symbolisches. Unamuno hält dagegen, unser emotionales und nicht emotionales Bewusstsein basiere bereits auf der Illusion der Massen – wir messen den falschen Dingen einen hohen Wert bei (wie etwa maßlos erfolgreichen Special-Effect-Schmachtfetzen) und wir verwechseln Veränderungen bei materiellen Dingen und Technologien mit wirklichen Fortschritten. Da unsere Misere eine Glaubenskrise – eine ideologische Krise – ist, ist es eben genau der Glauben, der uns zu heilen vermag.

Die magische Transformation, die einige Philosophen als Schwäche des emotionalen Bewusstseins analysiert haben, ist also, anders ausgedrückt, genau das, was Unamuno als seine Stärke empfindet. Und vielleicht ist es wenig sinnvoll, dies unter Zuhilfenahme einer philosophischen Metapher zu diskutieren. Wir möchten gerne glauben, dass wir, indem wir unsere Verzweiflung oder unsere Unzufriedenheit mit der Welt ausdrücken, diese Verzweiflung oder Unzufriedenheit auslöschen. Dies hat geklappt, als wir noch Säuglinge waren: Wann immer wir weinten, wurde uns mit Essen oder Zuwendung geholfen. Doch unser Wunsch, diesen Zustand aufrechtzuerhalten, kann man, den Aussagen Unamunos oder James Camerons zum Trotz, kaum anders als infantil bezeichnen.

7

Erfundene Tränen

Im zweiten Akt von *Hamlet* trifft eine Schauspielertruppe in Elsinore ein, und Hamlet fordert einen der Schauspieler auf, eine Rede zu halten. Halte jene, verlangt Hamlet, die den Tod des Priamos beschreibt, wie Hekabe (Hekuba) ihn sieht. Der Mann tut nach Hamlets Willen und gibt die Rede eindrucksvoll wieder. »Seht hin, hat er nicht die Farbe verloren und Tränen in den Augen«, sagt Polonius, auf unangenehme Weise ergriffen. »Bitte, nicht weiter.« Hamlet selbst ist fasziniert von den Tränen, die dem Schauspieler aus dem, wie er es zuvor genannt hat, fruchtbaren Fluss der Augen laufen. Als die anderen den Raum verlassen, denkt der Prinz in einem der bekanntesten Monologe des Stücks nicht nur über das Wesen jener Tränen nach, sondern auch über die grundlegenden Geheimnisse der dramatischen Kunst und über das Rätsel menschlicher Einfühlung:

Oh, was bin ich für ein Schelm und bäuerischer Sklave! Ist es nicht ungeheuerlich, daß dieser Schauspieler hier, in einer bloßen Dichtung, einem Traum von Leidenschaft, seiner Seele der eigenen Vorstellung gemäß derart Gewalt zu tun vermochte, daß durch ihr Wirken sein ganzes Angesicht erbleichte, Tränen in seinen Augen, Zerrüttung in seinem Ausdruck, die Stimme gebrochen, und sein gesamtes Äußeres in der Erscheinung seiner Vorstellung angepaßt; und all

das für nichts! Für Hekuba! Was ist ihm Hekuba, oder er
der Hekuba, daß er um sie weinen sollte?

Hamlet findet es »widernatürlich«, dass der Schauspieler das vollständige körperliche Aufgebot emotionalen Ausdrucks simulieren
kann, während er selbst unfähig ist, Rache an seinem Onkel zu nehmen, von dem er weiß, dass er der Mörder seines Vaters ist. Er betrachtet die Aufführung des Schauspielers als gegen ihn gerichtetes
Urteil, da sein Gram über den Tod seines Vaters noch immer keinen
Ausdruck durch Handlung gefunden hat. »Was würde er tun«, fährt
Hamlet fort, »hätte er den Antrieb und das Stichwort zur Leidenschaft wie ich? Er würde die Bühne in Tränen ertränken ...«

Die unterschiedlichen Motivationen für Tränen – schauspieleri-
sche, expressive und einfühlsame – sind in dieser Szene ineinander
verschlungen. Wir sehen einen Schauspieler, der einen Schauspieler
gibt und Worte einer Figur aus einem völlig anderen Stück rezitiert,
wir sehen ihn weinen, und wir hören uns Hamlets Monolog über
den unzureichenden eigenen Ausdruck seines Grams an. Wir, das
tatsächliche Publikum, reagieren sowohl auf die Tränen des ersten
Schauspielers wie auch auf den Wunsch nach Tränen, die der Schauspieler, der den Hamlet spielt, zum Ausdruck bringt. Und in den
meisten Inszenierungen weinen wir mit größerer Wahrscheinlichkeit über Hamlets Nachgrübeln als über den aufs Stichwort weinenden Schauspieler.

Die meisten von uns halten ein gewisses Maß an Nachahmung
seitens des Publikums für gegeben. Wir werden oft gleichzeitig mit
den Schauspielern zu Tränen gerührt, da ihr Weinen zumeist die
emotionalen Höhepunkte im betreffenden Stück kennzeichnet. Der
römische Dichter Horaz nahm an, dies träfe nicht nur aufs Theater
zu, sondern lasse sich auch ins Allgemeine übertragen:

> *Wie der Mensch lacht, mit jenen, die lachen,*
> *So weint er auch, mit jenen, die weinen;*
> *Wenn du willst, daß ich weine,*
> *Mußt erst selbst du Tränen vergießen;*
> *Dann wird dein Leid mich berühren.*

Wir können dies möglicherweise zurückführen auf die Tatsache, dass wir von Affen abstammen, dass Imitation uns angeboren ist und die Basis unseres gesamten Umgangs miteinander. Doch jenseits phylogenetischer Gründe ist Horaz' Schema ein wenig zu einfach. William Finn, der Komponist von Falsettos und Musicals, gibt wieder, was die Schauspielerin Patti Lupone von ihrem Schauspiellehrer gelernt hat:

> *Wenn du weinst, und das Publikum weint auch, wunderbar.*
> *Wenn du nicht weinst, doch das Publikum weint,*
> *dann ist das sehr gut.*
> *Wenn du aber weinst, und das Publikum weint nicht,*
> *dann ist das sehr schlecht.*

Das Grundprinzip, auf dessen Basis diese kleine Gedächtnisstütze funktioniert, ist das gleiche wie das von Horaz: Wenn ein Schauspieler seine Sache gut macht, dann wird sein Publikum mit ihm lachen oder weinen. Die zweite Zeile gibt zu verstehen, ein Schauspieler könne eine mitfühlende Reaktion auslösen, die stärker sei als die Emotionen, die er selbst darstelle. Wir brechen nicht selten gerade deshalb in Tränen aus, weil eine Figur stark genug ist, nicht zu weinen – zum Beispiel Susan Sarandon in *Lorenzos Öl*, als sie herausfindet, dass ihr Sohn an einer seltenen Krankheit leidet, oder Cary Grant, dem in *Die große Liebe meines Lebens* (1957) nur eben die Tränen in die Augen treten. Die letzte Zeile schließlich ist komisch, weil sie das Bild eines ungeschickten Schauspielers hervorzaubert, der daran scheitert, Tränen emotional zu erpressen.

Und, so könnten wir hinzufügen, ein Darsteller, der den Polonius spielt, könnte das Publikum mit seinen Tränen zum Lachen bringen. Als Polonius beim Vortrag des Schauspielers wütend wird, tun wir es ihm nicht gleich. Seine Wichtigtuerei hat einen Graben der Einfühlung zwischen ihm und uns erzeugt. Wir können über ihn lachen, wie wir auch über die Tränen von Stan Laurel oder Lou Costello oder über die irgendeines anderen weinenden Clowns lachen können – von Cochinella über Pierrot bis hin zu Pee-wee Herman.

Unsere Reaktion auf diese Clowns mag zum Teil auf Einfühlung basieren, doch sie kann auch grausam sein, verwandt mit dem perversen Vergnügen an den Tränen anderer, auf das sich Autoren wie Dorothy Parker und Fjodor Dostojewskij in ihren Romanen stützen, um nur zwei Beispiele zu nennen, die hier noch besprochen werden.

In William Luces Schauspiel *Barrymore* stellte Christopher Plummer den alternden John Barrymore dar, der berühmt dafür war, auf ein Stichwort in Tränen auszubrechen. In einer Geschichte unbekannten Ursprungs heißt es, er habe einmal einen Regisseur gefragt, welche Art Weinen in einer bestimmten Szene verlangt sei. Der Regisseur habe geantwortet, es sei ihm egal, Hauptsache er weine. »Also gut«, soll Barrymore geantwortet haben, »ich schlage vor, ich liefere Ihnen zwei große Tränen vom linken Auge gefolgt von drei kleinen aus dem rechten.« Plummer spielt den alternden Barrymore, der gerade den Text für sein Broadway-Come-back als Richard III. einübt. Da er chronisch betrunken ist, verliert Barrymore immer wieder den Anschluss, schweift vom Text ab und gerät in Monologe aus anderen Shakespeare-Stücken, und er tut dies mit so brillantem Pathos, dass ein Großteil des Publikums in Tränen ausbricht. Das Weinen des Publikums über Plummers Darstellung hat seinen Ursprung ohne Zweifel in verschiedenen Dingen – in Shakespeares erhabenen Versen, Plummers hervorragender Schauspielkunst, einer einfühlsamen Projektion auf Barrymores Erfahrung und vielleicht auch in dem makabren Vergnügen, den Niedergang eines Mannes zu beobachten. Unsere Reaktionen auf Geschichten, die von Tränen handeln oder sie auslösen, können eine paradoxe Kombination aus Einfühlung und Grausamkeit sein.

Einfühlung, Grausamkeit, Erhabenheit. Wenn dies die Hauptquellen unserer tränenfeuchten Reaktionen auf Geschichten sind und der Ursprung unserer Freude an rührseligen Szenen, dann sind sie jedenfalls nicht die einzigen. Montaigne behauptet, es sei allein der Wunsch nach Flucht, der die Menschen zu erfundenem Wehklagen verführe, zu den Tränen Didos und Adrianes. Unsere Freude

an den perfiden weiblichen Tränen im *film noir* oder unsere Wertschätzung modernistischer oder postmodernistischer Tränen, wie
etwa der Plastiktränen in Man Rays *Larmes*, sind Paradoxe und
bedürfen der näheren Erläuterung. Manche Reaktionen sind natürlich zeitgebunden – ein Theaterstück von Racine, das vor dreihundert Jahren ganz Paris zu Tränen rührte, würde heute auf
dem Broadway keine vergleichbare Wirkung haben. Und auch die
weinenden Helden und Heldinnen des 18. und 19. Jahrhunderts
vermögen uns nicht auf die gleiche Weise zu rühren wie ihr ur-
sprüngliches Publikum. Doch viele Werke bewahren sich ihre
Kraft, uns tief zu bewegen, und es werden ununterbrochen neue
geschaffen mit dem ausdrücklichen Ziel, uns zum Weinen zu bringen. Welche Beziehung besteht also zwischen den Tiefen der Verzweiflung und der Flucht in die ästhetische Transzendenz,
zwischen den beschriebenen Tränen und den durch das Lesen erzeugten, zwischen denen auf der Leinwand und denen im Kino-
sessel vergossenen?

G. S. Brett zufolge, der 1927 für das Wittenberg-Symposium über
die Geschichte der Psychologie schrieb, »wurde das Thema Gefühle« während des Aufstiegs wissenschaftlichen Denkens seit Descartes »durch das plötzliche Hervortreten des Romans Mitte des
18. Jahrhunderts vor dem vollständigen Aussterben bewahrt«. Eine
fantasievolle Literatur-, Theater- und Filmkunst war nicht nur
die dauerhafteste Chronistin unserer Tränen, sondern stellt auch
das wichtigste und ganz gewiss das umfassendste kollektive Nachdenken über das Wesen der Emotion in der Gesellschaft dar. D. H.
Lawrence traute es dem auf rechte Weise gehandhabten Roman zu,
die verborgensten Winkel des Lebens zu offenbaren: denn es seien
vor allem die *leidenschaftlichen* Geheimplätze des Lebens, derer
die Gezeiten empfindsamer Wahrnehmung bedürften, um an- und
abzuschwellen, um sich zu reinigen und zu erfrischen. Und tatsächlich, anders als auf psychologische und neurophysiologische Studien reagiert man auf literarische Untersuchungen mit Gefühlen.
Bereits im berühmtesten Klischee kritischer Prosa, »Ich lachte,
und ich weinte«, erkennen wir eine komische Reduktion der idealen
ästhetischen Erfahrung.

Das Vergnügen, das uns Geschichten bereiten – als Film, auf der Bühne oder im Buch –, hat die Ästhetiker und Kritiker seit den alten Griechen beschäftigt. Die meisten stimmen darin überein, dass die Tatsache, dass diese Geschichten frei erfunden sind, für unsere Reaktion wesentlich sei. Im 18. Jahrhundert fasste David Hume seine diesbezügliche Auffassung zusammen und lieferte zugleich eine Erklärung für unsere Fähigkeit, uns am Leid anderer zu erfreuen:

> Das Herz weiß es von Natur aus zu schätzen, wenn es bewegt und berührt wird. Melancholische Gegenstände kommen ihm zupaß, und sogar katastrophale und traurige, vorausgesetzt sie werden durch einige Umstände abgeschwächt. ... Das Theater ... hat fast die gleiche Wirkung wie die Wirklichkeit; und doch hat es nicht genau diese Wirkung. Wie immer wir auch von dem Schauspiel ergriffen werden; welche Vormacht die Szenen und Bilder sich auch über die Vernunft aneignen mögen, auf dem Grunde des Ganzen, das sich unseren Augen bietet, bleibt ein Hauch von Falschheit zurück. ... [Dies allein] reicht aus, um den Schmerz, den wir leiden, zu reduzieren ... und mit ihm das Leid auf solches Maß, das es sich in Freude verwandelt. Wir beweinen das Unglück eines Helden, den wir liebgewonnen haben. Im gleichen Augenblick trösten wir uns in Gedanken darüber, daß es sich um nichts als bloße Erfindung handelt: Und es ist genau diese Mischung von Empfindungen, die eine angenehme Traurigkeit erzeugt und Tränen, die uns beglücken.

Anders ausgedrückt, wenn wir um Hekabe weinen, dann tun wir dies, *weil* sie uns letztlich nichts bedeutet. Und es ist eine »Mischung von Empfindungen«, die unser Weinen hervorbringt.

In Platons dialoghaftem *Philebos* beschreibt Sokrates erheblich früher als Hume diesen Gefühlscocktail. Sokrates sagt, neben »Zorn und Furcht und Sehnsucht und Trauer und Liebesverlangen und Eifersucht und Neid und alle[m] Derartige[n]« sei Wehklagen eine

»üble Verfassung der Seele« selbst und doch zugleich »voll von
unerhörter Lust«. Er zitiert die *Ilias*, in der Homer versichert,
dass der Zorn den »Verständigsten auch zur Erbitterung treibt,
welche vielfach süßer noch ist als triefender Honig«. Wir haben
nicht nur Freude daran, unserem Ärger Luft zu machen, erklärt
Sokrates in Platons Dialog dem Protarchos, wir spüren auch
»Lust, die bei Trauer und Sehnsucht mit der Unlust gemischt ist«.
Das Publikum »tragischer Schauspiele«, fährt er fort, freut sich
und muss doch gleichzeitig weinen, während jenes von »Lustspielen« sich an den Leiden anderer ergötzt. Die Bosheit mischt
Schmerz unter unsere Freude, was erklärt, warum wir beim Anblick einer Tragikomödie zugleich lachen und weinen können.
»Die Überlegung zeigt uns also«, endet Sokrates, »dass in Klage-
gesängen, in Trauerspielen und in Lustspielen, und zwar nicht nur
im Theater, sondern auch in der gesamten Tragödie und Komödie
des Lebens und bei tausend anderen Gelegenheiten Unlust und
Lust sich miteinander mischen.« Gewiss hat Platon Recht – und
er ist, indem er vorschlägt, dass alle Emotionen Gemische ver-
schiedenster und widersprüchlichster Motive und Gefühle sind,
den Legionen weit voraus, die seither versucht haben, einzelne
Gefühle ihrem Wesen nach voneinander zu unterscheiden.

Harriet Beecher Stowe schrieb: »Die bittersten Tränen, die über
Gräbern vergossen werden, gelten Worten, die unausgesprochen,
und Taten, die ungetan blieben«, und dies nicht nur um des Verlusts
selbst willen, sondern auch um einer Vielzahl anderen Bedauerns.
Dylan Thomas' berühmtes Gedicht, »Geh nicht gelassen in die
dunkle Nacht«, legt eine dichtere Komplexität nahe:

> *Und du mein Vater dort auf der traurigen Höhe,*
> *Fluchsegne mich mit wilden Tränen, ich bitte dich.*

Das Gedicht ist voller Oxymorone oder Widersprüche – darum
bitten, verflucht zu werden, wilde Tränen der Segnung, traurige
Höhen, der Wunsch nach Frieden und die Zurückweisung von Frieden. Sie sollen die komplexen Kräfte übermitteln, die das Durcheinander jener Gefühle ausmachen, die wir einem Elternteil und der

Vorstellung seiner Sterblichkeit entgegenbringen können. Unsere Emotionen sind »wild entschlossen«, sich der nützlichen psychoanalytischen Neuschöpfung zu bedienen, der zufolge sie vielfach motiviert sind, geformt von verschiedenen Aspekten unserer Beziehungen, Stimmungen, Einsichten, Gewohnheiten, Bindungen und emotionalen Verpflichtungen. Als in Dostojewskijs *Brüder Karamasow* (1880) Aljoscha Karamasows geliebter Lehrer stirbt, beginnt er zu weinen und spürt den Verlust. Er ist untröstlich über den Verlust seines Mentors und doch erkennt er, dass er nun frei ist, das zu tun, was er will. Sein Weinen nimmt zu, er geht hinaus, fällt auf den Boden und küsst die Erde, während er im selben Augenblick heftig schluchzt. Anlässlich der Aussicht, das Kloster nun zu verlassen, zugleich freudig und ängstlich, weint er ekstatisch vor dessen Toren, während im Inneren die Totenwache für seinen Lehrer noch in vollem Gange ist.

Einige Psychologen sind der Meinung, diese Erklärung sei sehr viel komplizierter als der eigentliche Sachverhalt, denn alle diese Tränen – die von Dylan Thomas' Erzähler, von Dostojewskijs Aljoscha oder unsere eigenen – seien einfach eine Reaktion auf den Verlust. Der Psychoanalytiker Sandor Feldman etwa äußerte 1956 die Ansicht, allein schon die Vorstellung von beispielsweise Freudentränen sei ein Fehler und die Folge einer kulturellen Fehlinterpretation. »Es gibt keine Freudentränen«, schrieb er, »nur Tränen des Leids.« Kinder weinen nicht über einen glücklichen Ausgang, konstatiert Feldman. Und Erwachsene tun dies nur, weil sie sich des Todes und der Flüchtigkeit des Glücks bewusst sind. Als Erwachsene, so Feldman, weinen wir über glückliche Ausgänge, weil wir wissen, dass sie falsch und illusorisch sind. Es ist unsere Trauer über die Unmöglichkeit von glücklichen Ausgängen in unserem Leben und damit letztlich über den Verlust unserer Unschuld, die uns veranlasst, über die glücklichen Ausgänge in Büchern und Filmen zu weinen. Mit Freude hat das nichts zu tun. Aus Feldmans Perspektive weint Aljoscha einzig und allein aus Trauer, weil er seinen Mentor, die Sicherheit des Klosters, seine Jugend verloren hat. Er macht sich selbst etwas vor, oder Dostojewskij tut es, wenn er glaubt, was er erlebe sei Entzücken oder Ekstase.

Manche Psychologen haben sogar eine noch unkompliziertere Erklärung parat. C. W. Valentine, ein Psychologe an der Universität von Birmingham in England, der sich mit der Entwicklung von Angst bei Kindern beschäftigte, veröffentlichte 1930 eine Studie, in der er behauptet, die Tatsache, dass »Kinder ›Angst spielen‹ bis sie schreien und weinen, legt ein angeborenes Verlangen nach Stimulation nahe«. Valentine wurde sowohl von Freud als auch von Cannon beeinflusst. In seinen *Drei Abhandlungen zur Sexualtheorie* (1905) war Freud zu der Auffassung gekommen, jegliche Form von Erregung – selbst Angst – sei bei Kindern sexuell aufgeladen, und vergleichbare Erregungsformen erklärten die angenehme Wirkung unangenehmer Emotionen im späteren Leben. Valentines Argumente deuten an, mit dem Ansehen von Tragödien, Melodramen oder Horrorfilmen nährten wir unser Verlangen nach Stimulation und assoziierten folglich Weinen mit den vorausgehenden oder angenehmen Begleit-Stimulationen. Doch das Weinen selbst, behauptet er, indem er sich Cannon anschließt, sei einfach ein Hinweis darauf, dass das parasympathische Nervensystem den Körper nach angenehmer Erregung wieder in die Homöostase führe. Wenn wir also weinen, nachdem wir Thomas' Gedicht oder eine Roman-Szene gelesen haben, dann nur deshalb, weil uns das Gedicht oder der Roman stimuliert haben und wir dies auf Grund unseres angeborenen Verlangens nach solchen Reizen genießen.

Wir reagieren also auf Geschichten ähnlich wie auf Musik, die, wie ein Kritiker es ausdrückte, »einen ureigenen Zugang zum emotionalen Erleben der Menschen« hat und einen Tränenfluss auslösen kann. John Sloboda von der Universität in Keele ließ 83 Personen Musikpassagen anhören und sie dann eine ganze Batterie Fragen über ihre emotionalen Reaktionen beantworten. Er stellte fest, Schaudern ließ sich am zuverlässigsten durch relativ plötzliche Harmoniewechsel bewirken. Die Zunahme der Herzfrequenz wurde verursacht von Beschleunigung und Synkopierung. Vorschläge mit anspringenden Nebentönen oder kurze Vorschläge, bei denen ein Ton über oder unter dem Hauptton diesem vorausgeht und eine bestimmte Spannung erzeugt, die aufgelöst wird, wenn der Hauptton erklingt, riefen am zuverlässigsten Tränen hervor. (In geringerem

Ausmaß wurden Tränen außerdem durch Sequenzen und harmonische Sätze bewirkt, die Spannung auflösen, indem sie zum Grundton oder zum ersten Ton der Melodie zurückkehren.) Slobodas Ergebnisse, die durch andere Forscher bestätigt wurden, lauteten, dass emotionale Reaktionen durch Bestätigung oder Störung der Hörererwartungen bewirkt werden – wenn wir erwarten, dass die Melodie zum Grundton zurückkehrt, dann ruft sowohl die Verzögerung als auch die Durchführung eine emotionale Reaktion hervor. Die Tränen, die wir mit dem Vergnügen einer tief greifenden musikalischen Erfahrung assoziieren, können auf recht mechanische Weise produziert werden, nämlich indem man das Nervensystem des Hörers stimuliert und seine Erwartung anregt, frustriert oder befriedigt.

Doch dies ist eine höchst unbefriedigende Erklärung dafür, warum wir über komplexe erfundene Geschichten in Tränen ausbrechen. Wenn es so einfach wäre, dann würden wir mit ebenso großer Wahrscheinlichkeit bei dem Film der Marx-Brothers, *Eine Nacht in Casablanca*, wie bei *Casablanca* selbst weinen. Selbstverständlich entscheidet das Wesen des Dargestellten über unsere Reaktion. Als der erste Rambo-Film gezeigt wurde, empfand ein Großteil des Publikums Sylvester Stallones Tränen am Ende recht bewegend. Nachdem Rambo eine Zeit lang in einem brutalen Viet-Kong-Gefangenenlager zugebracht hat, kommt er zurück nach Hause und wird verhaftet, weil er eher wie ein Hippie aussieht als ein Kriegsheld. Er entkommt der örtlichen Polizei, die ihn in der Folge jagt. Nachdem er einen Großteil des Aufgebots getötet oder unschädlich gemacht hat, sprengt Rambo fast die ganze Stadt in die Luft, bevor er sich schließlich dem Kommandeur seiner vormaligen Truppe ergibt. Als er den Appellen seines Kommandeurs, die Gewalt einzustellen, nachgibt, bricht er zusammen, fällt zu Boden und beginnt zu weinen. Er bringt damit zum Ausdruck, dass er den Glauben an sein Recht auf Rache für den Glauben an seine Verantwortung für das Ende des Tötens eingetauscht hat. Dieses verspätet eintretende Bewusstsein wird begleitet von einer radikalen Veränderung seines emotionalen Zustands sowie von allen übrigen äußeren Zeichen für diese Veränderung, angefangen bei

zusammengebissenen Zähnen und geballten Fäusten bis zu einge-
sunkener Körperhaltung, Zittern und Schluchzen. Es ist schwer, all
dies heute ohne Schmunzeln anzusehen, da doch die Bedeutung
Vietnams, langer Haare, der Armee, von »Recht und Ordnung«
und einer ganzen Reihe anderer Details inzwischen nicht mehr
die gleiche Überfülle widersprüchlicher Gefühle auslöst, wie sie es
noch vor 20 Jahren tat. Die auf der Leinwand vergossenen Tränen
sind unverändert (und mit ihnen auch das Maß an »Aufregung«,
bewirkt durch die Geschichte und Special-Effects), doch sie können
in den Zuschauern nicht mehr die gleiche Menge Tränen auslösen.
Und da nicht jeder zu einem gegebenen historischen Augenblick
über die gleichen erfundenen Stimuli in Tränen ausbricht, wird unser Weinen eindeutig auch durch das bestimmt, für was wir uns halten und woran wir glauben. Diese zahlreichen Faktoren werden nur
selten untersucht, doch ein nahe liegender Ort, um nach Hinweisen
zu suchen, ist der Unterschied zwischen männlichen und weiblichen Reaktionen und der Einsatz von männlichen und weiblichen
Tränen in der Hollywood-Filmwelt.

Die Rollen von Drama, Melodrama und Komödie

Populäre Filme stützen sich maßgeblich auf die Darstellung und
Auslösung von Emotionen. Viele von ihnen funktionieren, indem
sie einfach unsere üblichen Annahmen über Tränen ansprechen –
zum Beispiel, wie gut es ist, sich einmal ordentlich auszuweinen,
oder Weinen als Zeichen von Aufrichtigkeit. Robert Redfords *Eine
ganz normale Familie* (basierend auf dem Roman von Judith Guest),
der eine ganze Reihe von Academy-Awards gewann, unter anderem
den für den besten Film 1980, ist ein typisches Beispiel: Kathartische
Tränen stehen im Mittelpunkt des Films über eine funktionsgestörte
Familie.

Zu Beginn des Films leidet der junge Conrad Jarrett (Timothy
Hutton) unter einem inneren Aufruhr, den weder ein Selbstmord-
versuch noch der Aufenthalt in einer Anstalt beheben konnte.
Sein Vater Calvin (Donald Sutherland) ist trotz einer irgendwie

morbiden und übermotivierten Sorge um seinen Sohn unfähig, ihn zu erreichen. Dies wird noch dadurch kompliziert, dass Calvin die bestehenden Probleme leugnet. Beth (Mary Tyler Moore), Conrads distanzierte Mutter, bleibt zu allen Zeiten kalt und emotional gehemmt. Conrads Schwierigkeiten, so stellt sich heraus, haben etwas mit dem Unfalltod seines älteren Bruders, dem Liebling seiner Mutter, zu tun, und wir beginnen zu spüren, dass Beth Conrad für den Unfall verantwortlich macht. Beth reagiert auf Conrads geduldige Versuche, Nähe herzustellen, mit einem eisigen Widerwillen, und Conrad seinerseits erwidert die Schuldgefühle und übertriebenen Annäherungsversuche seines Vaters, indem er sich verdrießlich oder resigniert zurückzieht. Wir sollen hier lernen: Emotionale Verdrängung ist die Quelle der Funktionsstörung.

Als Conrad regelmäßig einen Psychiater aufsucht, versteht er nach und nach seine Schuld- und Verlassenheitsgefühle. Der Höhepunkt ist eine Notsitzung mit dem Psychiater Dr. Berger (Judd Hirsch), bei der Conrad zusammenbricht, den Schmerz fühlt, den er bisher verdrängt hat, und weint. Seine kathartische Erfahrung, herbeigeführt durch Dr. Bergers Versicherungen – »Ich bin dein Freund, darauf kannst du zählen« – und seine sokratischen Fragen zu Conrads Gefühlsleben, ist das Resultat eines klassischen freudschen Durchbruchs. Conrad erinnert sich an den Sturm, bei dem sein Bruder ertrinkt, und durchlebt die Qual seiner Hilflosigkeit ein zweites Mal. Er weint und klagt bitterlich, redet und weint noch mehr. Und er ist geheilt.

Pauline Kael schreibt, *Eine ganz normale Familie* sei eine Romanze über die Fähigkeit eines jüdischen Arztes und seiner emotionalen Intelligenz, die kulturell erworbene Gefühlskälte von WASAPs (White Anglo-Saxon Protestants) zu bekämpfen. Nachdem auch Calvin seine tränenreiche Begegnung mit Dr. Berger hatte, erkennt er die emotionale Verarmung seiner Ehe. Gegen Ende des Films sitzt er in der Küche und weint sich durch die Nacht. Als seine Frau herunterkommt und ihn fragt, was denn um Himmels willen nicht in Ordnung sei, erzählt Calvin ihr langsam, wie er, mit der Hilfe von Dr. Berger und seinen Tränen, sie nun sieht. Wir, das Publikum, haben sie schon die ganze Zeit so gesehen. Sie verbirgt sich hinter Korrektheit, sie ist nicht wirklich fähig, etwas zu fühlen, sie kann keine Liebe mitteilen, sie drückt sich um die Trauer. »Ich weine, weil ich nicht weiß, wer du bist«, erklärt er ihr, womit er dem Bild, das er eben von ihr gezeichnet hat, eindeutig widerspricht, »oder was für ein Spiel wir da eigentlich gespielt haben. Deshalb habe ich geweint. Ich weiß nicht, ob ich dich noch liebe, und ich weiß nicht, was ich dagegen unternehmen werde.« Sie packt ihre Sachen und geht. Vater und Sohn stellen im Hinterhof eine neue emotionale Verbindung zueinander her. Dies geschieht in einer mythisch gefärbten Winterszene, die sich nun, da sie von ihren Tränen getränkt wurde, auf einen neuen Frühling vorbereitet. Sie blicken mit einem neuen Stoizismus in die Zukunft, die sich auf ihre heroische Katharsis stützt und auf ihre neu entdeckte Fähigkeit zu fühlen, auch wenn sie emotional kaum auf den Abgang der Mutter und Frau reagieren. Am Ende des Films sind sie älter, klüger, freier, gesünder. Conrad und Calvin sind emotional erfrischt, geistig verbessert und geadelt durch ihre anstrengenden und belebenden kathartischen Reinigungen.

Viele, viele Kinohelden haben ähnliche Heilungen erfahren. In Alfred Hitchcocks gleichfalls simplizistischem Therapiedrama *Ich kämpfe um dich* (1945) verschwindet Gregory Pecks Amnesie, nachdem er sich an ein sehr ähnliches Kindheitstrauma erinnert und weint. Und Peck, der in *Captain Newman* (1963) diesmal den Arzt spielt, kuriert Bobby Darin. (Darin: »Sehen Sie mich an, Doc, ich weine wie ein kleines Kind.« Peck: »Sie weinen um Big Jim, und das müssen Sie tun. Sie haben ihn geliebt, und er ist tot. Nun können Sie es zulassen, all dies zu fühlen.«) In dem Film *Herr der Gezeiten* (1991) überzeugt Barbra Streisand als Therapeutin schließlich ihren Patienten (Nick Nolte) von der therapeutischen Notwendigkeit des Weinens. Die von Nolte dargestellte Figur ist offenbar kein Kinofan – die Vorstellung, dass Tränen helfen können, scheint ihm völlig neu zu sein.

In James Brooks 1987 gedrehtem Film *Nachrichtenfieber* gibt es eine seltsame Serie von Szenen über kathartische Tränen. Zu Beginn des Films sehen wir Jane (Holly Hunter), eine allein stehende,

möglicherweise unterdrückte Spitzenproduzentin einer Fernseh-
nachrichtensendung, wie sie den Telefonhörer abnimmt, einen
Augenblick still sitzt und auf die Uhr blickt. Dann beginnt sie heftig zu weinen, ihr eigenes Schluchzen lässt sie erbeben, und die
Tränen laufen ihr über ihr verzerrtes Gesicht. Wir werden im Dun-
keln gelassen, wissen nicht, warum sie weint oder was es zu bedeuten hat. Später im Film sitzt Jane draußen und blickt vor und
nach dem Weinen wieder auf die Uhr. Sie hat sich eine Schachtel
Kleenex mitgebracht, und wir erkennen, dass es sich hier um
eine regelmäßige, eingeplante Aktivität handelt. Beim dritten Mal
weint sie frühmorgens in ihrem Büro. Ihre Kollegen, die nach und
nach eintreffen, kümmern sich nicht weiter um ihr Weinen. Sie
kennen das alles schon und sind unbeeindruckt. Handelt es sich
hier um eine Frau, die so eingespannt ist, dass sie ihre Weinkrämpfe ebenso genau planen muss wie ihre Nachrichten? Oder verfügt
sie über derart fortgeschrittene emotionale Fähigkeiten, dass sie
sich in der Form kurzer kathartischer Ausbrüche selbst um ihr
emotionales Wohlergehen kümmert?

Der Film stellt Aaron (Albert Brooks), einen schlampigen Reporter, der nationale und internationale Politik fest im Griff hat,
Tom (William Hurt) gegenüber, einem telegenen Holzkopf ohne
Begabungen, aber dafür mit dem überheblichen Wunsch, die Rolle
des Koordinators zu übernehmen. Im Kampf zwischen Aaron,
dem echten, und Tom, dem falschen Kandidaten für den begehr-
ten Posten und um die Liebe der Heldin, begünstigen die Wetten
im Sender Tom, der den Triumph der Einschaltquoten über Zivilisation und Intellekt repräsentiert. Als Tom seine erste große Geschichte über Vergewaltigungen bei Verabredungen recherchiert,
interviewt er eine Frau über ihre Erfahrung. Sie beginnt zu weinen
und sagt: »Ich hatte mir fest vorgenommen, nicht zu weinen.« In
der bearbeiteten Version, die dann ausgestrahlt wird, schwenkt die
Kamera zu Tom, der mitfühlend zuhört und es zulässt, dass eine
große Träne seine Wange hinunterrollt. Die Leute im Nachrichten-
sender, die sich diese Debütarbeit ansehen, applaudieren. Sogar
Jane, die Toms Charme bisher widerstanden hat, wendet sich ihm
zu. »Es hat mich berührt«, erklärt sie ihm, obwohl sie der selbst-

verherrlichende Aspekt des Interviews noch immer ein wenig miss-trauisch macht. »Der Kameraschwenk zu dir, als dir die Tränen kamen, war ungewöhnlich. Doch er war real. Und das hat mich be-rührt.«

Und so ist es. Sie verliebt sich in Tom, und sie beginnen eine heiße Affäre miteinander. Toms tränenreiche Reaktion auf das Vergewaltigungsopfer beweist ihr, dass er aufrichtig ist und Tiefe hat. Dann findet sie heraus (mit Aarons Hilfe), dass Toms rührseli-ges Mitgefühl erst nach dem Interview im Studio gefilmt wurde. Sie fühlt sich betrogen und ist empört über Toms Verstoß gegen journalistische Moralvorstellungen. Er erklärt, es sei leicht für ihn, auf Kommando zu weinen, da er dies in der Schauspielschule ge-lernt habe. Ein moralisches Problem kann er nicht sehen, da er doch wirklich starke Sympathie für die Frau während des Inter-views empfunden habe und sein gespieltes Weinen die genaue Darstellung seiner Gefühle gewesen sei. Doch seine künstlich her-beigeführten Tränen verurteilen ihn unwiederbringlich, und die Romanze ist vorüber. In einem Nachspann begegnen sie sich Jahre später noch einmal, er mit seiner püppchenhaften Verlobten und sie mit ihrer Integrität.

Der Film scheint zu bestätigen, was wir bereits wissen: Aufrich-tige Tränen sind gut und falsche schlecht. Leuten, die falsche Ge-fühle zur Schau stellen, kann man emotional nicht trauen. Wir werden aufgefordert, Jane als die 80er-Jahre-Superfrau zu sehen, die sowohl leidenschaftlich lieben kann als auch in ihrem Beruf auf-geht, die ihre Gefühle sowohl auszudrücken als auch zu kontrol-lieren vermag, und die nicht nur mit einem der führenden Männer schlafen, sondern ihn auch zurückweisen darf. Ihr kommen die Trä-nen, wenn Mitarbeiter gefeuert werden, wenn sie Güte in einem Menschen erkennt oder wenn eine Meldung, an der sie gerade ar-beitet, tragisch ist. All diese Tränen werden als ehrlich und keines-wegs als Zeichen von Schwäche gewertet.

Der Film wurde gedreht zu einer Zeit, als Frauen gerade Zu-gang zu Arbeitsplätzen und Berufen gefunden hatten, die ihnen bisher verschlossen geblieben waren, und als Psychologen und Soziologen sich mit der Wirkung weiblicher emotionaler Stile auf

Arbeitsplatzpolitik und -kultur beschäftigten. Die Studien schilderten ausführlich die Konfliktsituationen von Frauen, wenn sie die oft unvereinbaren beruflichen und privaten Anforderungen unter einen Hut zu bekommen suchten, sowie die Vorurteile gegen »feminine« und »maskuline« Frauen. Jane hat keine solchen Probleme, und auch ihr Weinen bringt für sie keine Schwierigkeiten mit sich. Ihr kommen leicht die Tränen, aber sie kann sie auch leicht unter Kontrolle halten. In ihrem Beruf ist sie ganz oben, weil sie ihre Sache gut macht. Zu keinem Zeitpunkt wird ihre Emotionalität als weibliche Unfähigkeit interpretiert, wie das wirkliche Leben dies ohne Zweifel kennt. Wie eine Heldin aus dem 19. Jahrhundert führt sie ein bezauberndes Dasein. Obwohl sie verführbar ist, bleibt ihr Herz rein, und diese Reinheit wird von allen, mit denen sie zu tun hat, erkannt. Sie kämpft sich mit großer emotionaler Integrität durch ihr Leben. Sie bewahrt sich ihre Würde trotz der Versuchungen, die ihr auf ihrem Weg reichlich begegnen. Sie ist aufrichtig, und ihre Tränen beweisen das, selbst jene, die sie planmäßig weint.

Eine ganz normale Familie und *Nachrichtenfieber* machten Tränen zum Thema, waren aber keine klassischen Schmachtfetzen. Natürlich ist für den einen ein Schmachtfetzen was für den anderen *Rocky* ist. Zwar hat sich die Filmindustrie lange und eifrig bemüht, Filme zu drehen, die Tränen sozusagen auf Knopfdruck produzieren, doch ihre rührseligen Machwerke funktionieren manchmal nicht gut und gelegentlich auch gar nicht. Männer und Frauen reagieren in der Regel unterschiedlich auf melodramatische Szenen, und in den dreißiger und vierziger Jahren produzierte Hollywood eine unglaubliche Zahl von Melodramen ausdrücklich für Frauen. Solche Filme bekamen schon bald Spitznamen – Tränendrüsendrücker, Heuler, Schmachtfetzen, Seifenoper –, und obwohl sie eigens dazu geschaffen waren, Frauen zum Weinen zu bringen, wurden sie unter dem gesetzteren Begriff »Frauenfilme« vermarktet. Ende der vierziger Jahre wurden Melodramen eigens für Männer gedreht, die Situationen darstellten, die bei Männern auf die Tränendrüsen drücken. Sowohl an das weibliche wie an das männliche Publikum adressierte Rührstücke benutzten Tränen und erzeugten sie auch. Doch der Zuschauer sollte sich nicht, wie in *Nachrichtenfieber* oder *Eine ganz normale Familie*, ausdrücklich aufgefordert fühlen, über Tränen oder andere Belange emotionalen Ausdrucks nachzudenken. Die Tränen auf der Leinwand dienen als Mittel, um uns zum Weinen zu bringen, doch als Thema spielen sie eher zufällig als gewollt eine Rolle.

Selbst bei Filmen, die eigens so gestrickt sind, um geschlechtsspezifische Reaktionen auszulösen, reagieren Männer und Frauen anders als erwartet. Der Höhepunkt von Diane Keatons Film *Entfesselte Helden* (1995) zum Beispiel zeigt einen Vater, der Videobänder ansieht, auf denen seine verstorbene Frau und ihr gemeinsamer kleiner Sohn zu sehen sind. Vater und Sohn sind im bisherigen Verlauf des Streifens nicht miteinander klargekommen, und erst jetzt, nach der Beerdigung, vergessen und vergeben sie einander ihren gegenseitigen Groll. Sie finden wieder zusammen und umarmen einander, womit sie für den emotionalen Höhepunkt und für die Auflösung des Films sorgen. In dieser letzten Szene werden alle drei Familienmitglieder in der Erfüllung ihrer familiären Rollen gezeigt, denen sie auf eine Weise gerecht werden, wie es ihnen zuvor nicht gelungen war. Der Vater umarmt seinen Sohn; der Sohn begegnet seinem Vater zum ersten Mal mit Liebe und Respekt. Sogar die Mutter, die früher durch ihre Krankheit abgelenkt und depressiv erschienen war, zeigt sich in dem Video als glückliche, junge, liebevolle Mutter. Ich habe mir diesen Film mit Freunden angesehen und fragte andere Kinobesucher, warum sie bei der geschilderten Szene weinen mussten. Eine verheiratete Frau sagte, es habe sie die Vorstellung zum Weinen gebracht, sie könnte ihren Mann verlieren. Eine jüngere Frau gab zu, sie habe sich vorgestellt, ihre Mutter zu verlieren. Ein Mann mittleren Alters meinte, für ihn sei die Beziehung zwischen Vater und Sohn der Katalysator gewesen. Sie alle waren, basierend auf dem Widerhall, den die Szene in ihrem eigenen Leben fand, mehr oder weniger leicht »zu Tränen zu rühren«. Die auf der Leinwand gespielten Rollen verbanden sich mit den sozialen Rollen des Einzelnen im Publikum und lösten Tränen aus.

Ein befreundeter Schauspieler erzählte mir, wann immer er für irgendeine Szene Tränen brauche, beschwöre er einen Tagtraum herauf, der sie auslöse. Im Verlauf seiner Karriere habe er mehrere solcher Tagträume verbraucht und sie jeweils durch neue ersetzt, sobald die alten ihre Wirkung verloren hätten. Sein neuestes Szenario habe er sich nach der Geburt seines Sohnes ausgedacht. Er stelle sich vor, dass er sich auf der »Titanic« befinde, während sie bereits sinke (das betreffende Gespräch fand vor James Camerons Film statt), und seiner Frau und seinem kleinen Sohn in ein Rettungsboot helfe. Das Bild könne ihn fast umgehend zu Tränen rühren. Als ich ihn fragte, warum es seiner Meinung nach so gut funktioniere, meinte er, es liege daran, dass das Bild das intensivste Verlustgefühl in ihm erzeuge, das er sich vorstellen könne.

Obwohl dies auf den ersten Blick einleuchtet, fand ich seine Erklärung doch ein wenig merkwürdig, da in seiner Fantasie seine Frau und sein Kind ja gar nicht umkommen. Es waren ja sie, die ihn verloren. Als wir weiter darüber sprachen, erkannte er, dass die Wirksamkeit der Szene für ihn auf der Tatsache basierte, dass andere seinem Tun zusahen und es guthießen – der Kapitän des Schiffes, der Erste Offizier, die übrigen Männer, die in der Situation die Verantwortung hatten. Dieser Tagtraum, dieses Minimelodrama bringt ihn also zum Weinen, weil er darin eine genau festgelegte soziale Rolle vollkommen und vollendet erfüllt.

Mein Freund muss weinen, wenn er sich vorstellt, wie er heroisch seine Pflicht erfüllt – er achtet nicht nur sorgfältig darauf, dass seine Familie gut untergebracht wird, sondern erfüllt auch andere männliche Rollen perfekt, wie etwa ruhiges und tapferes Handeln im Angesicht der Katastrophe. Und er erfüllt seine Pflicht unter Zeugen, darunter die örtlichen Respektspersonen und andere heldenhafte Männer, die seinen Heldenmut richtig zu schätzen wissen. Da es sich bei dem Schiff in seiner Fantasie um die »Titanic« handelte, schien es, als ob das Auge der Geschichte selbst seine mutige Aufopferung wahrnehme. Da sein Weg durch frühere männliche Helden bereitet wurde, konnte er in einer Art Ekstase der Rollenerfüllung weinen.

Hollywood weiß seit langem, dass eine Heldin oder ein Held, die oder der die erwartete Rolle erfüllt, einen sicheren Zugriff auf die Tränendrüsen der Zuschauer gewährleistet. Die Filme von Douglas Sirk und Vincente Minnelli werden in Hochschulkursen regelmäßig als beispielhafte Klassiker des Genres herangezogen, und ihre Filme nutzen immer die Rollenerfüllung als Aufhänger. Sirks bekanntester Film, *Solange es Menschen gibt* (1959), erzählt die Geschichte einer Tochter, die keine besonders gute Tochter ist, deren Mutter es jedoch unermüdlich weiter mit ihr versucht und trotz der Respektlosigkeit und Kriminalität der Tochter immer ihr Bestes gegeben hat. Der Filmhöhepunkt zeigt die eigenwillige Tochter, die über dem Sarg ihrer Mutter weint und schließlich erkennt, wie vollkommen ihre Mutter ihre Rolle immer erfüllt hat. Mit diesem Ausdruck von Respekt gegenüber der Mutter, diesem Trauern an der Totenbahre unterwirft sich die Tochter zum Schluss der Rolle, der sie bisher aus dem Weg gegangen ist, der Rolle der gehorsamen und dankbaren Tochter. Als sie weint, weinen wir mit ihr, und wenn die Untersuchungsergebnisse für andere Melodramen auch hier zutreffen, dann weinen Frauen mehr als Männer. In King Vidors *Stella Dallas* (1937), einer der klassischen Frauenfilme der dreißiger Jahre, kommt der entscheidende Augenblick, als die arme Frau, gespielt von Barbara Stanwyck, ihre geliebte Tochter ihrem reichen und mächtigen Ehemann übergibt. Sie lässt es zu, dass ihr mütterliches Verantwortungsgefühl – das Kind wird bei seinem Vater bessere Möglichkeiten und mehr Privilegien haben – über ihren eigenen Wunsch, die Tochter für sich zu behalten, die Oberhand gewinnt. Beide Möglichkeiten schließen einander aus, und als sie sich für die Erfüllung ihrer Pflicht entscheidet, beginnt das Publikum zu weinen.

Minnellis *Das Erbe des Blutes* (1959) zielt auf die männlichen Tränendrüsen ab und erzählt die Geschichte eines Mannes mit zwei Söhnen, von denen der eine legitim und der andere illegitim ist. Der Vater (Robert Mitchum als Schürzenjäger und tyrannischer Patriarch) versucht, seinen etwas feminin geratenen legitimen Sohn (George Hamilton) zu einem Jäger und richtigen Mann, wie er selbst, zu machen und versagt. Sein illegitimer Sohn (George

Peppard) arbeitet für ihn als Vorarbeiter auf seiner Ranch und ist derjenige, der den Vater nach Hause bringt, wenn dieser zu viel getrunken hat; mit anderen Worten, der uneheliche Sohn tut alles, um der gute Sohn zu sein, wird von seinem Vater dafür aber weder respektiert noch anerkannt. Der Vater stirbt, und in der Schluss-szene sehen wir den Grabstein des Vaters, auf den seine Frau die Namen beider Söhne hat gravieren lassen. Auf diese Weise aner-kennt sie den illegitimen Sohn zum ersten Mal und lässt ihn wis-sen, dass er ein guter Sohn ist. Als er von der Familie endlich gewürdigt wird, kommen ihm die Tränen, die Musik schwillt an, und wieder ist es die Anerkennung der Rollenerfüllung, die als Siedepunkt für die Tränen des Publikums dient.

Praktisch alle klassischen Schmachtfetzen folgen diesem Schema. Sirk dokumentierte männliches Rollenversagen in mehreren seiner »unmöglichen Geschichten«, wie er sie nannte, insbesondere in *In den Wind geschrieben* (1956) und *Die wunderbare Macht* (1954). Im Mittelpunkt beider Filme steht ein schwerreicher Junggeselle, der sein Leben mit Ausschweifungen verschwendet und sich vor dem gesellschaftlichen Auftrag drückt zu heiraten, Kinder zu haben, zu arbeiten und die Verantwortung für sein Handeln zu übernehmen. In *Die wunderbare Macht* konvertiert der reiche Verschwender, gibt das Trinken und Zechen auf, wird ein hervorragender Chirurg und gesetzter Familienvater. Anfangs fragen sich die übrigen Figuren im Film, ob man ihm tatsächlich vergeben und trauen kann. Als die Menschen, mit denen er zu tun hat, seine Bekehrung endlich akzep-tieren, bricht die Frau, die er liebt, in Tränen aus, und wir haben den emotionalen Höhepunkt erreicht.

Die erfolgreichsten Melodramen, so möchte man annehmen, sprechen sowohl Männer als auch Frauen an. James L. Brooks Film *Zeit der Zärtlichkeit* (1983), ein weiterer Gewinner des Aca-demy-Award für den besten Film, zeigt eine junge Frau, die an Krebs stirbt. Von ihrem Krankenhausbett aus verabschiedet sie sich von ihren beiden kleinen Söhnen, wobei sie sich eher um deren statt um ihre eigenen Gefühle kümmert. Ihr älterer Sohn ist missmutig und reizbar. Mürrisch verweigert er sich ihrem Wunsch, ein letztes Mal mit ihm zu sprechen und die Verbindung herzustellen, von der sie weiß, dass er sie braucht. Sie erklärt ihm, dass er Jahre später, wenn er sich an diesen Tag zurückerinnert, vielleicht seine Unfähigkeit, seine Liebe auszudrücken, bereuen wird. Und sie sagt ihm, dass er, wenn dieser Tag kommt, daran denken soll, dass sie ihn versteht und ihm verzeiht. Nicht einmal der Tod, so lässt sie uns wissen, kann sie von der Erfüllung ihrer mütterlichen Pflichten abhalten. Wir alle – Mütter und Menschen mit Müttern – weinen.

Natürlich begegnen wir im Tagtäglichen ständig Rollenversagen, sei es spektakulär oder banal, und nur selten werden sie aufgelöst wie in den »unmöglichen Geschichten«. Der schlechte Ruf des Melodrams hat seinen Ursprung in der Unwahrscheinlichkeit seiner Auflösungen. Der Kritiker Thomas Schatz bezeichnet diese Auflösungen als »erzählerische Fingerfertigkeiten«, und das meint er nicht positiv. Doch die melodramatischen Wunscherfüllungsfantasien, die diese Filme liefern, geben gar nicht erst vor, handfeste Lösungen anzubieten. Niemand könnte sie mit echten Ratgebern verwechseln. Der größte Teil unseres Rollenversagens wird nie aufgelöst, was häufig bedeutet, dass es keine Vergebung, keine Entschädigung, keine Wiedergutmachung gibt. Melodramen beuten unsere Sehnsucht nach vollkommener Auflösung aus, und die Tränen, die wir anlässlich solcher Geschichten vergießen, sind ein Zeichen dafür, dass wir um die Unmöglichkeit einer solchen Auflösung wissen. Unsere Tränen sind tatsächlich sogar der Beweis dafür, dass wir sehr genau wissen, wie falsch melodramatische Auflösungen sind.

Komödien verwandeln die gleichen Beispiele von Rollenversagen, die Melodramen den Stoff liefern, in Lachen. Wenn Laurel wirkungslose Tränen weinte und Hardy wirkungslos wütend wurde, stellten sie die komische Übertreibung normalen männlichen Verhaltens dar. Neil Simons Broadway-Komödie *Ein seltsames Paar* (1966; Filmversion 1968) zeigt, wie die Laurel-und-Hardy-Sketsche (und wie diese mit unterschwelligen homosexuellen Anspielungen), zwei rivalisierende männliche Rollen, die wütende und die weinerliche. Oscar, dem typischen Schlamper, sowohl in konkreter als auch in übertragener Hinsicht, gelingt es schließlich, die Pigeon-Schwestern Gwendolyn und Cecily in die Wohnung zu locken. Seine Behausung teilt er sich mit Felix, einem pingeligen, kürzlich geschiedenen Tugendlamm. In fröhlicher Erwartung geht Oscar los, um Cocktails zu mixen, und lässt Felix mit den beiden kichernden Frauen und schwitzenden Händen allein zurück. Weil ihm nichts einfällt, worüber er reden könnte, erzählt er von seinen Kindern und seiner Exfrau – wie wunderbar sie ist, eine ausgezeichnete Köchin, großartig mit den Kindern, eine einzigartige Raumgestalterin –, zeigt ihnen Fotos und steigert sich langsam in eine Erregung. Seine Erregung und Unbeholfenheit überwältigen ihn schließlich, und Felix weint über seine Verstoßung als Ehemann und Vater.

Gwendolyn und Cecily tun ihr Bestes, um ihn zu trösten: »Sie müssen sich nicht schämen«, sagt Gwendolyn. »Ich finde, es ist ein seltenes Glück, wenn ein Mann weinen kann ... ich finde es süß«, sagt sie und schnieft ein wenig, »schrecklich, schrecklich süß!« Und dann beginnt auch sie, wortreich zu schluchzen, während Cecily, die inzwischen ihre eigene Scheidung beklagt, mit einstimmt. Cecily verkündet, dass sie zum ersten Mal seit ihrem 14. Lebensjahr weint. »Lassen Sie es einfach laufen«, rät Felix. »Man fühlt sich danach viel besser. Ich mache das auch immer so.« Oscar kehrt mit einem Tablett voller Drinks zurück (ruft erwartungsvoll: »Sind auch alle glücklich?!«), findet alle weinend vor und will von Felix wissen, was dieser angestellt hat. Die Schwestern flehen Oscar an, nicht zu schimpfen. »Ich finde, er ist der Liebste, den ich je kennen gelernt habe«, sagt Gwendolyn und betupft ihre Augen. »Er ist so empfindsam«, fällt Cecily ein, »so verletzlich. Ich möchte nichts, als ihn in die Arme schließen und für ihn sorgen.«

Oscar ist ein Tölpel und anfangs unfähig zu erkennen, dass die Frauen besser auf aufrichtige Gefühle reagiert haben, als sie es je auf anzügliches Draufgängertum getan hätten. Doch Felix ist mit seinem Sauberkeitsfimmel, seinem Stolz auf seine Kocherei und den Schürzen, die er gerne trägt, gleichfalls ungeeignet als Rollenvorbild, und er selbst findet auch, dass ihn sein Weinen unmännlich macht. Als die Pigeon-Schwestern Felix und Oscar in ihre Wohnung

einladen, lehnt Felix ab: »Begreifst du denn nicht?«, fragt er Oscar.
»Ich habe geweint, ich habe vor zwei Frauen geweint!« Aber inzwischen hat Oscar kapiert. »Aber es hat ihnen gefallen!«, ruft er.
»Ich überlege schon, ob ich nicht selbst ein bisschen hysterisch werden soll!« Oscar hat die Lektion der großen Liebhaber des 18. Jahrhunderts gelernt und ist bereit, Weinen seinem mageren Arsenal an
Verführungskünsten hinzuzufügen. Felix jedoch weigert sich, prag-
matisch zu denken, und zeigt uns (wenn schon nicht Oscar), dass
seine Aufrichtigkeit der Schlüssel ist. »Du willst dich also gar
nicht bemühen, etwas zu verändern?«, will Oscar ungläubig wissen.
»Willst du bis zum Tag deines Todes die Person sein, die du heute
bist?« Felix spricht sich mit seiner Antwort für Authentizität und
gegen Wachstum aus: »Wir sind, was wir sind.« Der Film ist auf der
Seite von Felix, seine Aufrichtigkeit macht seine unmännlichen
Tränen wett.

Der Film folgt der Beides-auf-einmal-geht-nicht-Logik populä-
rer Unterhaltung, die dazu neigt, dem Publikum beide Seiten der
gesellschaftlichen Auseinandersetzung zu präsentieren, jedoch für
keine der beiden Partei zu ergreifen. *Ein seltsames Paar* ermutigt uns
zum einen, uns über Felix' feminine Art lustig zu machen, und zum
anderen zu verstehen, welche Anziehungskraft seine Tränen auf die
Pigeon-Schwestern haben. Wir können Oscars Frustration nach-
vollziehen und nehmen seine derben männlichen Posen umso krasser wahr. Schließlich erkennen wir, dass Weinen zugleich edelmütig
als auch demütigend sein kann. Solche Komödien, in denen das
Weinen auf dem Rollenverhalten basiert, wollen uns natürlich nicht
zum Weinen, sondern zum Lachen ermuntern.

Stuart Smalley, der zerbrechlich wirkende Selbsthilfeguru, den
Al Franken in der Fernsehshow »Saturday Night Live« spielt,
parodiert die therapiegläubige Gesellschaft, die Gefühle über-
bewertet und gleichsam exhibiert. Dies tut er, der sich fortwährend
am Rande eines Tränenausbruchs befindet, indem er sich ganz seinen
Gefühlen überlässt. Die von Franken dargestellte Figur wird herab-
gesetzt, weil sie versucht, als intakte Persönlichkeit zu erscheinen,
weil sie Selbstgefälligkeit und Selbsterkenntnis durcheinander bringt
und auf komische Weise die persönliche Wirkung ihrer Tränen, die

sie im Spiegel sieht, mit deren Wirkung auf das Publikum verwechselt. Franken liefert uns eine Art Anti-Benimm-Leitfaden,
eine Serie von Beispielen, wie man es nicht machen sollte, für eine
übertherapeutisierte Welt. Wenn Stuart im Spiegel Selbstbestätigung sucht, dann wird nicht an der Selbstbestätigung kein gutes
Haar gelassen, sondern an ihrem formelhaften Ersatz. Er ist Mitleid erregend, weil er über die erforderliche Ausrüstung verfügt –
Empfindsamkeit, Wissen, Konzepte und den Wunsch –, um sich
selbst zu verstehen, und sich doch jedes Mal wieder mutwillig für
Missverständnisse entscheidet. Und er ist komisch, weil er ständig
daran scheitert, sein soziales Rollenbild als »Mann« oder seine
zweite soziale Rolle als schwuler Mann (der Schwule in ihm bleibt
hinter verschlossenen Türen) oder wenigstens seine Rolle als Guru
zu erfüllen. Dieses Versagen, das er gezwungenermaßen erkennt,
bringt ihn zum Weinen. Wie alle weinenden Clowns ist er genauso
wie wir, nur schlimmer.

Grausame Tränen

Zu weinen, um jemanden zum Lachen zu bringen, ist nichts Neues.
Shakespeare fragte sich bereits, ob es besser sei, über Freudiges
zu weinen oder sich über Trauriges zu freuen. Doch in Anbetracht
der weiten Verbreitung komischer Tränen ist die Antwort alles andere als eindeutig. Man findet sie in griechischen Theaterstücken,
bei Chaucer, Rabelais und überall in der Geschichte des Romans.
Charlie Chaplins *Little Tramp* scheint sich oft an der Schwelle zu
Tränen zu befinden und lässt, ähnlich wie der stilisierte Clown in
der *Commedia dell'arte*, allein zu unserer Erbauung auch mal einen
Tropfen fallen, wenn es der Situation dient. Lucille Balls Heulen
oder Mary Tyoler Moores Zusammenbrechen in einem tränenreichen »Oh, Rob!« in der »Dick Van Dyke Show« hat die gleiche
Wirkung. Kaum fangen die Tränen an zu laufen, müssen wir auch
schon lachen.

Und wir haben auch auf andere Art Freude daran, Tränen zu
sehen. Manche Geschichten, in denen geweint wird, bereiten uns

ein intensives voyeuristisches Vergnügen. In klassischen Romanen des 18. Jahrhunderts wie etwa in Samuel Richardsons *Geschichte der Pamela, oder Die belohnte Tugend eines Frauenzimmers* (1741) oder in *Clarissa Harlowe* (1748), in denen die Keuschheit der Heldinnen bedroht ist, brechen die betreffenden Frauen häufig vor den bösen Männern in Tränen aus und flehen sie an, sie nicht zu ruinieren. Solche Szenen wurden von ihren Lesern auf das Höchste genossen. Die moralischeren unter Richardsons Lesern sorgten sich, dass solche Szenen ans Pornografische grenzten, und der Marquis de Sade machte in *Justine oder Vom Mißgeschick der Tugend* (1791) klar, warum. Als Justine ihren Angreifer fragt, ob er denn in den Tiefen ihrer Tränen und ihres Abscheus Glück finden könne, muss sie rasch feststellen, dass die Antwort ja lautet, dass ihre Tränen die Leidenschaft ihres Vergewaltigers erst richtig entfachen. In seinem Werk *Die Philosophie im Boudoir* (1795) vertritt de Sade die Auffassung, man weine nicht, es sei denn, man habe Angst, und dies sei der Grund, warum Könige Tyrannen seien, und gemäß de Sades erotischer Theorie ist Tyrannei ein natürlicher Impuls des sexuell erregten Menschen.

Als Baculard d'Arnauds Figur in *Les amants malheureux* (1746) sagt, »Wie hinreißend und bezaubernd sind die Augen einer Geliebten, wenn sie mit Tränen gefüllt sind!«, hat er vielleicht genau das gemeint oder aber Tränen verleihen Augen einen ästhetischen Glanz. D'Arnauds Zeitgenosse Pierre Choderlos de Laclos unterstreicht in seinem 1782 veröffentlichten Roman *Gefährliche Liebschaften* entschiedener, auf welche Weise Grausamkeit als Vergnügen empfunden werden kann. Der Roman, der in der französischen Aristokratie am Vorabend der Französischen Revolution spielt, beschreibt die Kehrseite der Kultur der Empfindsamkeit, in der naive Liebende in den manipulativen und masochistischen Spielen der verdorbenen, untätigen Reichen als Pfand eingesetzt werden.

Die Filmversion *Gefährliche Liebschaften* (1989) konzentriert sich wie der Roman auf die weniger hübschen Gefühle – Verrat, Rache, Demütigung – und die verschiedenen Intrigen, die sie verursachen. Der Film stellt die Verschlagenheit in den Mittelpunkt des höfischen Lebens mit seinen gepuderten Perücken, seinem übertriebenen Make-up, seinen Turnüren und Korsetts, seinen außerordentlichen Manierismen. Wir sehen, wie ein unschuldiger Jüngling (Keanu Reeves) in der Oper weint, ergriffen von der auf der Bühne dargestellten Liebesgeschichte, und allen Ernstes sagt: »Das ist erhebend!« Wie das gebildetere Opernpublikum sollen auch wir lachen und seine Naivität amüsant finden. Doch wir sollen auch die Grausamkeit der Gebildeten spüren. Als der Aristokrat Valmont (John Malkovich) einem Bauern Geld gibt, findet er den Mann »erfreulich tränenselig dankbar«, und wir sollen den Mangel an Mitgefühl, die Grausamkeit in seiner Wertschätzung der Tränen dieses Bauern sehen.

Am Ende des Films, als Valmont an Wunden stirbt, die er sich in einem Duell zugezogen hat, sehen wir, wie sich eine große Träne in dem einen seiner Augen sammelt und seine Wange hinunterrollt, während sich im anderen bereits eine zweite bildet. Genau zum richtigen Zeitpunkt, wie seine häufigen bissig-geistreichen Bemerkungen, rollt auch die zweite Träne die Wange hinunter. Doch wir wissen nicht genau, wie wir diese Tränen verstehen sollen. Sind sie ein Hinweis auf Selbstmitleid? Bedauern? Selbstachtung? Schuldgefühle? Schmerz? Selbstabscheu? Verdrießlichkeit? Nichts davon? Kurz bevor er seinen Geist aufgibt, lächelt er; bis zum Schluss findet er Freude im Schmerz.

Die letzte Szene des Films zeigt Glenn Close, die Valmonts gelegentliche Geliebte Madame Merteuil spielt und erkennt, dass sie nun von der Gesellschaft ganz und gar geächtet ist. Sie gibt sich einem lautstarken Wutanfall hin und nimmt dann Platz, um ihr Make-up zu entfernen, wobei sie es unter den Augen fortwischt, als handelte es sich um Tränen. Dann, als sie im Spiegel ihr Gesicht erblickt, das sie nun mit einem Taschentuch von seinem künstlichen Scharm befreit hat, beginnt sie, still zu weinen. Diese Szene ist im Buch nicht enthalten und stellt eine gegensätzliche Auffassung von der Beziehung zwischen Tränen und Freude dar, eine, die in dem Sprichwort »Tränen sind die natürliche Strafe für Vergnügen« zum Ausdruck kommt. In gewissem Sinne ist dies die abschließende Rache an ihr: Sie ist gezwungen, eine Emotion zu empfinden, die keinerlei Freude mit sich bringt. (Im Roman ist ihre »natürliche Strafe« eine verunstaltende Geschlechtskrankheit.) Und das Publikum kann sich an ihrem Fall nun genauso freuen, wie Madame Merteuil es zuvor genossen hat, die Menschen in ihrem Umfeld zum Weinen zu bringen.

Die Mischung aus erhabenen Tränen und körperlichem Verfall in der Todesszene kann, wie es der französische Kritiker und Romancier Georges Bataille ausdrückt, ausgehend von der verlockenden Sinnlichkeit unseres eigenen Entsetzens, durchaus Freude bereiten. Oder aber wir finden einfach nur Geschmack an den Tragödien unserer Mitmenschen, erfreuen uns, ebenso wie Valmont und Madame Merteuil oder das tränenselige Publikum, das sich den Untergang der »Titanic« wieder und wieder ansieht, am Unglück anderer.

In ihrer berühmtesten Story, »Big Blond« stellt Dorothy Parker ihre Heldin Hazel als töricht, erbärmlich und nach den Freuden des Weinens süchtig dar. Im Zusammenhang mit der perversen Freude am Weinen und der voyeuristischen Lust, die es zu bereiten vermag, stellt Hazel damit einen interessanten Fall dar. Der Erzähler teilt uns mit, dass Hazel

> während ihres ersten Ehejahrs bereitwillig ihrer Gewohnheit des Weinens nachgab. Selbst in ihrer Gute-Laune-Zeit war sie bekannt gewesen für ihr üppiges und gelegentlich desinteressiertes Weinen. Ihr Benehmen im Theater war Gegenstand fortwährenden Gelächters. Sie konnte über alles in einem Schauspiel weinen – über winzigste Kleidungsstücke, unerwiderte und gegenseitige Liebe, Verführung, Reinheit, treue Diener, die Ehe, Dreiecksbeziehungen. »Hazel heult schon wieder«, würden ihre Freunde sagen, die sie beobachteten. »Sie hat schon wieder die Schleusen geöffnet.«
> Verheiratet und entspannt, ließ sie ihre Tränen freizügig fließen. Für sie, die schon so viel gelacht hatte, war Weinen köstlich. Alles Leid wurde zu ihrem Leid; sie war die Empfindsamkeit in Person. Sie weinte lang und still über Zei-

tungsberichte von entführten Babys, verlassenen Frauen, arbeitslosen Männern, entlaufenen Katzen, heldenhaften Hunden.

Was Parkers Hazel entdeckt, ist die ganz private Freude an den Tränen. Ihre Freude ist zurückzuführen auf den erhabenen Rang, den ihr Weinen ihr einbringt (»sie war die Empfindsamkeit in Person«), und den Trost, den sie empfindet, wenn sie den Anspannungen ihrer Welt entfliehen kann. Für uns Leser sind Hazels Tränen ein Zeichen für ihren unterschiedslosen Geschmack sowohl am Theater als auch am Alltag, und dies vermittelt uns ein Gefühl von Überlegenheit ähnlich jenem, das Valmont und Merteuil empfanden, wenn sie ihre Opfer zum Weinen brachten. Hazels Weinen ist ein Hinweis darauf, was für eine Mitleid erregende, nutzlose, unverbesserliche Person sie ist. Die Liste ihrer einfühlsamen Identifizierungen zeigt, dass sie übertrieben sentimental ist, das Gegenteil des kosmopolitischen Verstandes, der sie erschaffen hat und den wir uns beim Lesen selbst zubilligen.

»Für sie, die schon so viel gelacht hatte, war Weinen köstlich«, schreibt Parker, und unsere Freude an Hazels tränenseliger Erniedrigung kann ebenfalls köstlich sein. Hazels Weinen, nachdem sie geheiratet hat, ist ein Fall von »sich gehen lassen«, und die Passage dient mehr der Kritik an der Ehe als am Weinen. Doch das Weinen ist Voraussetzung für das Vergnügen, das uns die Geschichte bereitet. Auf einer gewissen Ebene ist Hazels Geschichte tragisch – eine lebenslustige, hübsche, wenn auch nicht sehr gescheite junge Frau wird auf ein paar Seiten von einer populären Rolle auf eine misshandelte Ehefrau reduziert und dann auf eine verzweifelte Alkoholikerin mit Krampfadern und allein bis auf ihr Dienstmädchen. Doch Parker sorgt mit grausamem Humor dafür, dass wir Distanz halten zu dieser menschlichen Tragödie. Dies gelingt ihr unter anderem, indem sie sich dieser gönnerhaften Darstellungen von Hazels Weinen bedient. Dabei stützt Parker sich auf einen großen Bestand häufig genutzter Reaktionen, teils Schadenfreude, teils Schändlichkeit, zusammengestellt von einem Erzähler, der die Grausamkeit normal und verdient erscheinen lässt.

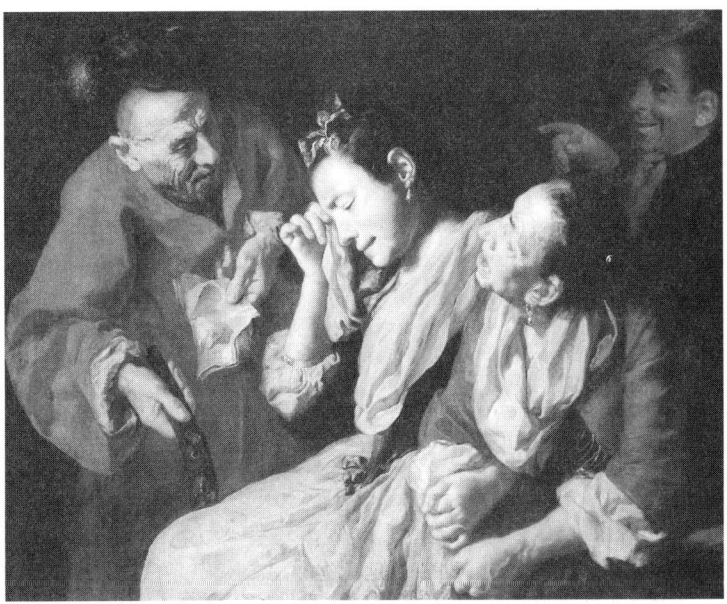

Tränen können manche Menschen motivieren, Trost zu spenden, anderen jedoch bereiten sie voyeuristisches Vergnügen. Gaspare Traversi,
Der gefundene Liebesbrief *(17. Jahrhundert).*

Fjodor Dostojewskij stellt Dorothy Parker in den Schatten, wenn es um menschliche Grausamkeit und schwarzen Humor geht. In *Aufzeichnungen aus dem Kellerloch* (1864) lässt der Erzähler eine ganze Tirade von Anschuldigungen gegen und Bekenntnisse auf Lisa los, eine Prostituierte, die er gequält hat. Im Zuge seiner Schimpfkanonade erklärt er ihr, warum er sie schon in ihrer ersten gemeinsamen Nacht zum Weinen gebracht hat: »Nach Macht gelüstete es mich damals, nach Macht«, erklärt er ihr unumwunden und legt damit das wohl nackteste Geständnis in der Literatur über die Beziehung zwischen Macht und Tränen ab, »das Spiel brauchte ich, deine Tränen, deine Demütigung, deine Panik!« Die Wortwahl ist bedeutend: Menschen zum Weinen bringen heißt, sie zu erniedrigen, sie auf ihre Verzweiflung zu reduzieren.

Doch die Macht der Tränen wendet sich gegen ihn. Nach seiner Schmährede läuft sie schluchzend zu ihm und wirft ihm weinend die Arme um den Hals. Damit bewirkt sie den »Zusammenbruch« des Kellerlochbewohners:

> Im nächsten Augenblick stürzte sie auf mich zu und fiel mir weinend um den Hals. Ich vermochte ebenfalls nicht mehr an mich zu halten und schluchzte wie nie zuvor in meinem Leben.
> »Man läßt mich nicht ... ich kann nicht ... gut sein!« stammelte ich, ging zum Sofa, ließ mich mit meinem Gesicht nach unten darauf niederfallen und heulte eine Viertelstunde lang in einem wahrhaft hysterischen Anfall. Lisa sank vor mir auf die Knie, umarmte mich und schien in dieser Stellung zu erstarren.
> Das Hinterhältige aber war, daß die Hysterie doch einmal ein Ende nehmen mußte. Und nun (ich will die ekelhafte Wahrheit niederschreiben), während ich noch schluchzend auf dem Sofa lag, das Gesicht fest in mein schäbiges Lederkissen gepreßt, begann ich allmählich, zuerst ganz von ferne, unwillkürlich, aber unaufhaltsam zu fühlen, wie peinlich es mir jetzt sein würde, den Kopf zu heben und Lisa direkt in die Augen zu sehen.

Die Tränen erreichen hier schließlich doch nicht ihr Ziel, denn der Kellerlochbewohner lässt die Nähe, die sie andeuten, nicht zu. Die finstere Komödie seines Dilemmas besteht darin, dass er aus diesen Erfahrungen nicht zu lernen vermag und auch weiterhin soziale Interaktionen missbraucht, um Macht auszuüben. Dabei fällt er weiter fortwährend der Überlegenheit der Konventionen zum Opfer, die er verabscheut.

Doch Dostojewskij zeigt, dass nicht nur Unterdrückung Tränen verursachen kann, sondern dass Tränen auch unterdrückend wirken können. Der Kellerlochbewohner demütigt die Prostituierte, bis sie weint, ihre Tränen demütigen ihn, bis er weint, und dann demütigen seine Tränen, wenn ihr Fluss schließlich versiegt ist, ihn noch weiter.

Und doch ist die Demütigung des Kellerlochbewohners ein Vergnügen, wie pervers es auch sein mag. Der Dienst, den ihm seine Prostituierte leistet, ist eindeutig eine Ersatzbefriedigung, und jeder Tränenfluss kann als kleiner Orgasmus verstanden werden, gefolgt von der typischen *tristesse* und einem neuerlichen Begehren. In unserer Kindheit und Jugend haben wir alle zu hören bekommen, dass böse Jungs die Mädchen zum Weinen bringen. Die meisten von uns wissen aus erster Hand etwas über die Beziehung von Vergnügen und Grausamkeit, ob wir es uns nun eingestehen oder nicht. Und ob wir dieses Wissen nun aktiv umsetzen oder mehr zufällig an seine passiven Manifestationen geraten, wie etwa an das Gefühl der Schadenfreude, an einen Witz auf Kosten von Freunden, an das Lesen eines Tränenausbruchs in einem Buch oder, wie Hazel oder der Kellerlochbewohner, an das Bedauern unseres eigenen Elends in dieser grausamen Welt.

Man kann die weinerlichen Freuden des Kellerlochbewohners als sadomasochistisch oder Mitleid erregend empfinden, Freuden sind sie nichtsdestoweniger. Wie Dostojewskij sieht auch Georges Bataille eine Verbindung zwischen Grausamkeit und Vergnügen. Die Mutter in seinem Roman *Meine Mutter* (1966) sagt, und ist mit dieser Aussage oft zitiert worden: »Das Vergnügen beginne erst, wenn der Wurm in der Frucht ist. Erst wenn wir unser Glück mit Gift tränken, wird es köstlich.« In seiner Meditation über Tränen und Liebe, *Die Tränen des Eros* (1961), formuliert Bataille: »An der Heftigkeit der Überschreitung, im Taumel des Lachens und des Weinens, am Überschwang der Gefühle, die mich bestürmen, erkenne ich, wie klein die Spanne ist zwischen dem Schrecken und einer Wollust, die meine Kräfte übersteigt, zwischen der letzten Qual und einer unerträglichen Lust.« Das ist es, sagt Bataille, was die großen Sadomasochisten – Gilles de Rais, den Marquis de Sade, chinesische Folterer – zu dem macht, was sie sind.

Wir können dem Ganzen auch eine etwas weniger sadistische Richtung geben. John Irvings Roman *Gottes Werk und Teufels Beitrag* beginnt mit der Geschichte eines Babys namens Homer in einem

Waisenhaus. Ein ältliches Ehepaar ist gekommen, um ihn zu adoptieren. Sie haben daheim viele eigene Kinder, unter anderem bis vor kurzem die älteste Tochter mit ihrem Baby. Doch sie hat ihre Sachen zusammengepackt und das Haus verlassen, weil sich der Rest der Familie andauernd über das Schreien des Babys beklagte. In Irvings märchenhaftem Universum stellt die Familie fest, dass ihr der Säugling fehlt und dass ihr sein Weinen sogar noch mehr fehlt. Da die Mutter keine Kinder mehr bekommen kann, gehen sie ins Waisenhaus, finden dort und adoptieren Homer.

Unglücklicherweise ist Homer ein bemerkenswert zufriedener Säugling und berühmt im Waisenhaus, weil er nie weint. Als seine Adoptivfamilie dies herausfindet, ist sie enttäuscht, und sie fängt an, alles zu tun, um ihn zum Weinen zu bringen. Sie lassen ihn hungern, tun ihm weh, erschrecken ihn, machen ihm Angst, fügen ihm Verbrennungen zu und schlagen ihn. Schließlich schreit er so viel, dass er die ganze Kleinstadt nachts wach hält und die Nachricht von seinem Weinen zu den Kinderschwestern im Waisenhaus gelangt, die zu seiner Rettung einschreiten. Die Mitglieder der Familie seien keine Sadisten, erklärt uns der Erzähler, sie hätten sich nur ein wenig zu sehr in einen normalen menschlichen Impuls hineingesteigert. Sie wollten gebraucht sein, und zwar so, dass sie die Anforderungen würden erfüllen können. Folglich wünschten sie sich mehr als alles andere, das Baby weinen zu hören.

Es bereitet Menschen ein grundlegendes Vergnügen, die Bedürfnisse anderer zu erfüllen, und Tränen sind der Schmierstoff für solche Interaktionen. Der offensichtlichste Fall, wie Irvings Geschichte nahe legt, ist das Weinen eines Babys, in dem Unbewusstheit und Hilflosigkeit zu einem beispielhaft reinen Ausdruck von Bedürftigkeit verschmelzen. Mit zunehmendem Alter wachsen die Anforderungen, die Menschen aneinander stellen, in Komplexität und Dimension, und die Wahrscheinlichkeit einer vollständigen Befriedigung nimmt ab. Folglich sind wir als Erwachsene sehr viel vorsichtiger damit, Forderungen unter Zuhilfenahme von Tränen zu stellen oder sie zu befriedigen. Doch die Tränen von Kleinkindern, wenn sie nicht gerade ganz und gar untröstlich oder geistesabwesend sind, sind besonders einfach zu stillen. Und in der Erfüllung

dieser einfachen Bedürfnisse liegt, wie Eltern feststellen, ein Großteil der dieser Beziehung innewohnenden Freude. Wir verlangen
Tränen von unseren Kindern, regt Irving an, und häufig, so könnte
man hinzufügen, auch von anderen, um das einfache Vergnügen zu
genießen, sie trösten zu können.

Elizabeth Prentiss, eine Pfarrersfrau des 19. Jahrhunderts, behauptet, sie habe das Recht, Trauernden ihr Mitgefühl auszuspre-
chen, sich ihren Gebeten und Tränen anzuschließen. In ihrem
Bestseller *Stepping Heavenward* (1869) schrieb sie außerdem, es sei
für sie eine angenehme Vorstellung, dieser Beschäftigung all ihre
Zeit zu widmen. Die Historikerin Ann Douglas hat darauf hingewiesen, die Freuden des Trauerns seien untrennbar mit der Macht
verbunden, die sie Frauen und dem Klerus verliehen. Was aussah
wie ein Sichgehenlassen auf der persönlichen Ebene (und es auch
tatsächlich war), stellte außerdem eine gewisse kulturelle Autorität
dar. Die weinenden Frauengestalten, die auf den Friedhöfen des
19. Jahrhunderts Familiengrabstätten verzieren, vermitteln nicht
nur die bildliche Macht weinender Frauen, sondern auch die Tatsache, dass die Kontrolle über den Trauerprozess in den Händen von
Frauen lag. Prentiss' Freude daran, am Weinen anderer teilzuneh-
men, so Douglas, stehe in direkter Verbindung zu ihrem eigenen
Machtgefühl. Die gruseligste Schlussfolgerung aus dieser Feststel-
lung ist die Studie, der zufolge Frauen, die bei ihrer Vergewaltigung
weinen, mehr Gewalt erleiden als solche, die stumm bleiben. Welche Kombination aus Gewalt und Lust also auch immer eine Vergewaltigung ausmacht, der Antrieb wird durch die Tränen des Opfers
noch verstärkt. Auf banalere und natürlich weniger gewalttätige
Weise reagieren wir vielleicht auf ein vergleichbares Muster, wenn
uns die im Film dargestellten oder in einem Buch geschilderten
Tränen mitreißen.

Moderne Tränen

Der Blues-Musiker John Lee Hooker erklärte vergangenes Jahr einem Interviewer: »Man kann nicht tiefer kommen als ich und meine Gitarre. Ich öffne meinen Mund, und da ist es. Ich komme so tief, dass mir die Tränen in die Augen steigen.« Die Tiefe von Hookers Emotionen und ihr Ausdruck sind einander vollkommene Spiegel; je »tiefer« man kommt, desto größer ist die Wahrscheinlichkeit, dass Tränen an die Oberfläche steigen. »Das ist der Grund, warum ich meine dunkle Sonnenbrille trage«, ergänzt Hooker mit der typischen Ironie des Blues-Musikers, »damit man die Tränen nicht sieht.« John Waters Film *Cry-Baby* (1990), ein synthetisches Rock-Musical, bedient sich einer ähnlichen Kombination aus Beschwörung und Parodie. Er erzählt die Geschichte eines sentimentalen Schnulzensängers, gespielt von Johnny Depp, der in jeder Szene mit einer einzelnen, hervorstechenden Träne, die gerade seine Wange hinunterrollt, zu sehen ist. Von den Übrigen im Film »Großer Bu-Bu«, »die schreckliche Träne« oder »Cry-Baby« genannt, ist er die Apotheose eines Teenie-Idols aus den Fünfzigern. Wie Waters *Hairspray* (1988) ist der Film nicht nur eine Parodie des Pop-Stylings der späten fünfziger und frühen sechziger Jahre, er ist eine liebevolle Wiederbelebung. Der Elvis-Effekt ist überall, angefangen bei den Haartollen bis hin zur Jailhouse-Rock-Nummer nach Cry-Babys Verhaftung, in einer erfundenen Welt, die nur unwesentlich stilisierter ist als jene, die sie imitiert. Die einzelné Träne, die wieder und wieder Cry-Babys Wange hinunterläuft, ist nicht nur Spott, sie lässt auch eine Spur von Ehrfurcht erahnen.

In der Mitte des Films wechseln wir hin und her zwischen Cry-Babys Freundin Alison, die ihre Tränen, eine antike Praxis parodierend, in einem Tränenkrug sammelt, und Cry-Baby, der weinend auf einer Papp-Gitarre klimpert und dazu in einem Stil singt, der ruhiger ist als Johnnie Rays aber roher als Elvis':

> *Tränen rollen aus meinen Augen,*
> *Tränen rollen, ich frag mich warum,*
> *Tränen rollen, denn du bringst mich zum Weinen.*

Johnny Depp als der Held in John Waters Film Cry-Baby *(1990).*

Waters zeigt uns, dass sein Song, der nicht nur alle Regeln ästhetischer Komposition zu ignorieren scheint, sondern gleich die ganze Geschichte des Songschreibens, sich dennoch die Macht bewahrt, Betroffenheit zu erzeugen.

Als ob Alison sein Lied hören würde, trinkt sie daheim in ihrem Schlafzimmer ihre gesammelten Tränen und leert den Krug in dem Augenblick, als der Song zu Ende ist. Im Gefängnis hat sich Cry-Baby eine einzelne Träne auf die Wange tätowieren lassen, damit seine Träne für Alison für alle Zeiten bestehen bleibt. Cry-Baby und Alison baden in ihrem Schmerz und in ihren Tränen, und der römische Touch mit dem Tränenkrug soll die Dekadenz ihrer Gefühle noch unterstreichen. Doch Waters übt auch Kritik an einer Gefühlswelt, die die Wirklichkeit des Schmerzes leugnet. Noch lächerlicher als die weinerlichen Außenseiter, macht Waters deutlich, sind die Kodes des alltäglichen modernen Lebens, insbesondere in ihrer Manifestation in den Vorstädten der fünfziger Jahre, der Versuch, jegliche emotionale Unruhe zu regulieren und zu korrigieren. Waters zeigt Weinen als den Luxus der Entfremdeten und lässt sogar vermuten, dass Weinen eine angemessene Entschädigung dafür ist, wenn man durch die Ritzen der Gesellschaft fällt. Besser ein rührseliger Melancholiker in Waters Universum als ein heiterer, gut angepasster Bürger. Die Mischung aus Sozialkritik, Lächerlichem, Sentimentalem, Groteskem und Ehrerbietigem ist eines von Waters Markenzeichen. Gleiches gilt für die Art, wie er am Ende des Films die Parodie in mutwillige Ausschweifung übergehen lässt, als eine zärtliche Kameraführung die zehn Hauptdarsteller zeigt, von denen ein jeder bizarr üppige und reiche Tränen (offensichtlich aus Glyzerin) weint, als der Abspann beginnt. Obwohl der Film Tränen geradezu gefeiert hat, bringt uns das maßlose Weinen am Schluss dazu, uns von der Natürlichkeit der Tränen zu distanzieren, genauso wie Hookers Scherz über die Sonnenbrille seine Blues-Sentimentalität Lügen straft und das »natürliche« Zeichen des Gefühls auf Cry-Babys Wange durch eine manierierte und geschmacklose Tätowierung ersetzt wurde.

Künstler und Schriftsteller der Moderne stellten die Natürlichkeit von Tränen in ihren Dramen der Entfremdung in Frage. Charles Baudelaire, der französische Symbolist und Großvater der Moderne, macht sich in der Einführung zu seinem Meisterwerk, *Die Blumen des Bösen* (1857), über unseren Glauben lustig, unseren Makel mit gemeinen Tränen abwaschen zu können. In der poetischen Übertragung von Monika Fahrenbach-Wachendorff lesen sich Baudelaires Verse des Abscheus noch stärker:

> *Gewiß, daß Tränenwasser jeden Fleck entferne.*
> *Der Überfluß! – Indes vom Lid ihm Tränen schleichen,*
> *Träumt er vom Blutgerüst und raucht Tabak dazu!*

Viele Schriftsteller schimpften über die Ende des 19. Jahrhunderts konventionalisierte Sentimentalität. Ein komisches Beispiel hierfür ist am Ende von *Huckleberry Finn* zu finden. Hier bringt Tom Sawyer Jim dazu, Zwiebeln auszudrücken, damit er die Pflanzen in seiner Gefängniszelle mit seinen Tränen bewässern kann. Die Vertreter der Moderne übten nicht nur Kritik am konventionellen Verständnis von Emotion, sie versuchten auch, konventionelle emotionale Reaktionen auf ihre Kunst zu unterbinden und feierten so zugleich emotionale und ästhetische Distanz. Man Rays Fotografien mit ihren falschen Tränen, die zwar perfekt und glitzernd sind, deren Wirkung aber doch plastikhaft und leblos ist, gibt vielleicht das beste Beispiel ab. Ein Vorläufer von Man Ray ist Alfred Jarry, in dessen 1902 erschienenem Roman *Der Supermann* der Protagonist, der als Folge wissenschaftlicher Experimente im Sterben liegt, eine einzige Träne weint, die elektrisch aufgeladen und in einen Edelstein verwandelt wird.

Die Betonung der Moderne von ästhetischer Kontrolle und Distanz stand in direktem Widerspruch zu romantischen und sentimentalen Stimmungen und teilweise auch zum Aufstieg einer das Männliche verherrlichenden Ethik: Sentimentalität wurde als weibisch verspottet, Romantik als Weiberkram abgetan. All dies bewog, wie Maurizia Boscagli behauptete, T. S. Eliot, Ezra Pound und andere Vertreter der Moderne dazu, das Zeigen von Emotionen dem Reich der Massenkultur und des Kitsches zuzuordnen. Die Massenkultur war zur gleichen Zeit damit beschäftigt, die Psyche ihres Publikums mit Bildern weinender Schauspieler und Schauspielerinnen abzufüttern, die kaum etwas anderes vermittelten, als dass Weinen eine Art Theaterspiel sei.

In den Zwanzigern fasste auch ein maskuliner Schreibstil Fuß, dessen bekanntester Repräsentant Ernest Hemingway ist. Hemingway brachte es als Großwildjäger, Stierkampf-Bewunderer, trinkfester Männerfreund und Autor für »knallharte Burschen« zu Berühmtheit. Sein knapper und sparsamer Schreibstil, in dem die Erzähler mit einer Art emotionaler Monotonie sprechen und jeglichen gefühlsträchtigen Tonfall vermeiden, wurde gefeiert. In der Geschichte »Indianerlager«, die in Hemingways erstem Buch *In unserer Zeit* (1925) enthalten ist, begleitet ein Junge seinen Vater, einen Arzt, während dieser bei einer mittellosen Indianerin einen Kaiserschnitt vornimmt. »O Daddy, kannst du ihr nicht irgendwas geben, damit sie aufhört zu schreien?«, will der Junge wissen. »Nein, ich habe keine Betäubungsmittel«, antwortet der Vater. »Aber ihr Schreien ist unwichtig. Ich höre es gar nicht, weil es unwichtig ist.« Für den Mann der Frau ist es jedoch wichtig, denn er begeht Selbstmord, während seine Frau schreit. Die Geschichte endet mit dem berühmten Satz: »Am frühen Morgen auf dem See, als er im Heck des Bootes seinem rudernden Vater gegenübersaß, war er überzeugt davon, dass er niemals sterben würde.« Der Mann der Frau starb, weil er das Schreien seiner Frau wichtig fand; der Junge lernt seine eigene Macht kennen, die darin liegt, nicht auf die emotionalen Appelle anderer zu reagieren.

Auch die anderen Geschichten in der Sammlung zeigen, wie man Jungen zu Stoizismus erzieht und wie sich dieser im späteren Leben manifestiert. Statt im Krieg beim Anblick von Tod und Gemetzel zu weinen, sagen Männer Dinge wie: »In der Tat, eine höchst erfreuliche Angelegenheit.« Die Appelle ihrer Frauen bringen sie mit einem »Oh, halt den Mund« zum Schweigen. Hemingway wurde oft fälschlich als Schriftsteller betrachtet, der solche männliche Reserviertheit oder Unfähigkeit feiert, doch tatsächlich war er, insbesondere in seinen frühen Werken, ein großer Chronist und Kritiker dessen, was T. S. Eliot in einem berühmten Ausspruch die »Abspaltung der Empfindsamkeit« im Herzen modernen Lebens und moderner Kultur nannte.

Für Eliot war die Scheidung der Vernunft vom Gefühl, von Emotion und Erfahrung, von Körper und Geist der schlimmste Fluch der Moderne. Vor dem Anbruch der Moderne waren Fühlen, Denken, Wahrnehmen, Spüren, Schreiben, Lesen Bestandteile eines organischen Ganzen gewesen. Doch zu seiner Zeit war alles bereits hoffnungslos zerrissen. »Im 17. Jahrhundert«, schrieb er, »setzte eine Dissoziation ein, von der wir uns nie mehr erholt haben.« Wir sind von der Außenwelt abgeschnitten, unfähig, auch nur unsere eigenen trivialsten Wünsche zu durchdenken. »Wage ich es?«, fragt J. Alfred Prufrock, der Erzähler in einem von Eliots bekanntesten Gedichten. »Wage ich es, einen Pfirsich zu essen?« Prufrock und die übrigen modernen Jedermänner in Eliots Poesie riskieren nichts, fühlen nichts besonders stark und leben folglich in einer emotionalen Schwebe – weder weinen noch lachen sie, sie leben eingehüllt in eine Wolke aus Langeweile, die allein schon dafür sorgt, dass sie nichts fühlen müssen.

Natürlich zeigt Dorothy Parker, dass Hazels falsche Sentimentalität gleichermaßen »dissoziiert« ist. Der Romancier Nathanael West schildert das Weinen seines Antihelden Homer Simpson in *Tag der Heuschrecken* (1939) auf eine Art, die an Parkers Hazel erinnert. In einer Szene beschreibt West die Geräusche, die Homer beim Weinen macht, als »jenen ähnlich, die ein Hund beim Auflecken von Haferschleim« von sich gibt. In einer anderen hört sich sein Weinen an wie »eine Axt, mit der Kiefer geschlagen wird, ein schweres, dumpfes, splitterndes Geräusch. Es wiederholte sich rhythmisch, doch ohne Akzentuierung. Ein Fortschritt war nicht wahrnehmbar. Jedes herausgeschlagene Stück war genauso wie das vorhergehende. Es würde nie einen Höhepunkt erreichen«. Und folglich würde es ihm auch nie nutzen. Homers Weinen, zugleich tierisch und mechanisch, unterstreicht Wests Bild von der hoffnungslosen, primitiven, erniedrigten Seele.

Lichtensteins ironische Darstellung einer von Tränen überwältigten Frau. Roy Lichtenstein,
Ertrinkendes Mädchen *(1963).*

Wenn Hemingway und Eliot zeigen, dass die Ablehnung von Emotion in ihrer Zeit eine Form von Feigheit ist, dann legen Parker und West nahe, dass Weinen ein Zeichen für schlechten Geschmack und Sichgehenlassen ist. Auch D. H. Lawrence empfand den konventionellen emotionalen Ausdruck als im Aussterben begriffen und erneuerungsbedürftig. Für Lawrence stellt eine Emotion etwas dar, das benannt, klassifiziert und damit entstellt wurde. Doch wie Hemingway und Eliot führte auch Lawrence das Problem auf Ängstlichkeit und auf Konventionsgebundenheit zurück. Es lag nicht daran, dass Männer und Frauen starke Gefühle hatten, sondern daran, dass sie sie unzulänglich und daher unauthentisch fühlten. Wir hätten gerade erst begonnen, uns in Sachen Gefühle zu bilden, schrieb Lawrence, und dies sei erforderlich, um der Gefühlsabnahme in unserer vornehmen Zivilisation etwas entgegenzusetzen.

Lawrence vermutete, männliche Zurückhaltung sei im besten Fall als Schmerzabwehr erfolgreich, im schlechtesten jedoch eine Entfremdung vom eigenen Ich. Als in *Liebende Frauen* (1920) Birkin Gerald, den er liebte, tot auffindet, redet er sich zunächst einmal aus, überhaupt etwas zu empfinden – »Das Herz mußte brechen oder nach nichts mehr fragen. Besser, nach nichts mehr fragen ... große Reden und Gefühle, jammern und anklagen – dazu war es zu spät.« Doch wenige Augenblicke später bricht er zusammen. »Mit seltsam wimmerndem Ton brach er in Tränen aus. Er setzte sich auf einen Stuhl, geschüttelt von einem wilden Schmerzensausbruch. Ursula, die ihm nachgegangen war, schreckte zurück, als sie ihn da sitzen sah mit vorgesunkenem Kopf und krampfhaft bebendem Körper und das fremdartige, furchtbare Weinen hörte.« Doch wo Homer Simpsons schreckliche Geräusche tierisch sind und »Fortschritt« ermangeln, sind Birkins bedeutsam: Mit diesen Tränen kommt er der Überwindung dessen am nächsten, was Lawrence als allgemeines Gebrechen empfand – seinen Mangel an weiblichen Qualitäten. Auch Lawrence stand der Sentimentalität feindlich gegenüber, doch in der Leidenschaftlichkeit sah er das Korrektiv.

Gertrude Stein, eine weitere Gegnerin von Sentimentalitäten, schrieb so leidenschaftslos, dass sie auf Kommas verzichten konnte. Eines ihrer rätselhaften Werke, *Die geographische Geschichte von*

*Amerika Oder Die Beziehung zwischen der menschlichen Natur und
dem Geist des Menschen* (1936), ist ein fortgesetzter Kommentar zu
Tränen, die überall wie Trugschlüsse im Text verteilt sind. »Es ist
erregend zu weinen«, wird uns an einer Stelle gesagt, und an einer
anderen: »Weinen bestimmt nicht den menschlichen Geist o nein
Weinen bestimmt nicht den menschlichen Geist es stellt einen Teil
der Natur dar aber den menschlichen Geist bestimmt es nicht.« Viele solche Sätze haben diesen fast philosophischen Tonfall. Andere
wiederum weisen einen eher erzählerischen Charakter auf: »Und so
weiter und so weiter und Tränen sind nicht wirklich zu etwas nütze.
Nur als ihr Sohn von einem Wagen fällt und als die kleinen Knochen
in seinem Fußgelenk mitten bei der Ernte gebrochen sind und er
zwei Monate lang nicht arbeiten kann. Dann ist es Nervosität die
ihr das Wasser in die Augen schießen läßt.« Diese Passagen scheinen
in ihrer rätselhaften Pracht allein für sich zu stehen, doch schließlich
tritt ein Muster hervor. Stein hält Tränenlosigkeit für ein Phänomen
des 20. Jahrhunderts: »Im 19. Jahrhundert waren Tränen nichts
Überraschendes sie lebten mit Tränen«, erklärt sie, doch »allmäh-
lich hat die menschliche Natur keine Tränen mehr.« Im sentimentalen 19. Jahrhundert lebten die Menschen mit Tränen als festem
Bestandteil ihres Lebens, doch nun werden wir im besten Fall gelegentlich von ihnen überrascht, oder sie sind einfach ein Ausdruck
von Nervosität. Im 20. Jahrhundert hat die »menschliche Natur keine Tränen ... Es gibt keine Tränen.« Der Mangel an Emotion, den
Stein beschreibt, ist tatsächlich ein Bestandteil der Kulturgeschichte
– wenn auch nur in der Form, in der Eliot, Hemingway, Man Ray
und andere ihn erfunden haben. Doch Stein verwechselt diese Tatsache nicht mit der Vorstellung, dass niemand mehr weint. »Es ist
deutlicher als jedermann dass es keine Tränen gibt«, schreibt sie.
»Jedermann« kann weinen, doch es gibt keine Tränen mehr von der
Art, wie sie im 19. Jahrhundert geweint wurden.
 Stein wiederholt diese Vorstellung in ihrem Text wieder und wieder – wir hatten einmal Tränen, aber nun nicht mehr –, und sie hört
sich dabei fast nostalgisch an. Die Dichterin Laura Riding schrieb
wie Gertrude Stein über die abnehmenden Gelegenheiten für
Tränen, und sie macht deutlich, dass die Veränderung etwas mit

*Ein Bild aus Thomas Woodruffs Serie weinender Clowns, in der
wirkliche Tränen mit modernistischen verschmelzen.*
Thomas Woodruff, Chromatische Abweichung, Der weinende
Clown – Grün *(1990)*.

Kommunikation zu tun hat. In »Wenn Liebe zu Worten wird«
schrieb Riding, dass wir »den aufrichtigen Tropfen der Erleichterung« aus unseren Enttäuschungen gewinnen, der mit der »Träne in
unseren Gedanken« korrespondiert, »die zu vergießen wir keinen
Grund haben«. In unseren Gedanken sind die Tränen noch immer
vorhanden, wir haben nur keinen Grund, sie zu vergießen. Uns mag
zum Weinen zu Mute sein, doch wir haben niemanden, auf den wir
unser Weinen richten können, nicht genug Gefühl, damit unser
Weinen gehört oder auf es reagiert würde, und daher keinen Grund,
Tränen zu vergießen.

  Die Diskussion der Tränenlosigkeit durch Stein, Eliot und
Hemingway und die Kritik an Tränen durch West und Parker sig-

nalisieren ein neues Misstrauen der literarischen Elite gegenüber Emotionen. Die Art Emotionalität, die von sentimentalen Romanciers wie Dickens, Stowe und Louisa May Alcott repräsentiert wurde, die weinerlichen Verse viktorianischer Dichter, die rührseligen Heldinnen und das gefühlsduselige Publikum von Melodramen war unwiederbringlich aus der Mode. Die neue, das Männliche verherrlichende Gesinnung, der neue Feminismus zusammen mit Entwicklungen in den Gesellschafts- und Naturwissenschaften, insbesondere der Aufstieg des Behaviorismus und die Entwicklung der Endokrinologie trugen dazu bei, einer neuen Ära der Ausdruckslosigkeit Tür und Tor zu öffnen. In letzter Zeit manifestiert sich dies in einer von Roy Lichtenstein geschaffenen Serie von Bildern, die im Stil melodramatischer Cartoons Frauen mit überlaufenden Augen zeigen. Diese Bilder machen deutlich, Sentimentalität ist minderwertiger Kultur zuzurechnen, ironische Distanz das Maß der Kunst.

Doch in den zwanziger und dreißiger Jahren und darüber hinaus gibt es auch weiterhin zahlreiche konventionelle Romane und Filme, die melodramatische oder sentimentale Tränen fördern. Gene Stratton Porter, Harold Bell Wright, Kathleen Norris und andere Bestsellerautoren haben romantische und historische Romane geschrieben, die wie jene früherer Jahrhunderte eigens beschaffen waren, Tränen auszulösen, und die tränenreiche Szenen enthielten, die ernst genommen werden wollten. Das Zunehmen solcher Schnulzen ist Beweis genug, dass, gleichgültig wie ernst diese Kritiker des emotionalen Ausdrucks es auch meinten, »jedermann« noch immer weinen konnte.

Rührseligkeit verschwindet nie, sie wird einfach nur neu erfunden. Laura Esquivels Bestseller *Bittersüße Schokolade* (1989) ist ein typisches Beispiel. Tita, die Protagonistin, weint überschwänglich, und diese Tatsache ist ebenso viel sagend wie die Weinerlichkeit jeder sentimentalen Heldin vergangener Jahrhunderte. Doch dieses Weinen ist für Esquivel keine physiomoralische Angelegenheit wie für die Romanciers des 18. Jahrhunderts oder eine quasi-religiöse Tatsache wie für die Sentimentalisten des 19. Jahrhunderts, sondern auf magische Weise real.

Von Tita heißt es, sie habe derart heftig auf Zwiebeln reagiert, daß sie schon im Leib meiner Urgroßmutter fürchterliche Tränen vergoß. Ihr Weinen war so laut, daß selbst Nacha, die Köchin des Hauses, es mühelos hören konnte, und die war halb taub. Eines Tages steigerte sich Titas Schluchzen dermaßen, daß es vorzeitig die Geburt einleitete. So geschah es, daß – bevor meine Urgroßmutter auch nur piep sagen konnte – Tita Hals über Kopf auf die Welt kam, und zwar mitten auf dem Küchentisch ... Daß sich unter diesen Umständen der berühmte Klaps auf den Po erübrigte, versteht sich von selbst, wurde Tita doch schon weinend geboren, und dies vielleicht auch, weil sie ihr Orakel kannte, daß ihr in diesem Leben die Ehe verwehrt bleiben sollte. Nacha erzählte, Tita sei buchstäblich auf die Welt gespült worden, von einem unglaublichen Tränenfluß, der sich über den Tisch und den gesamten Küchenboden ergoß. Am Nachmittag, als der Schock vorüber war und die Sonnenwärme das Wasser getrocknet hatte, fegte Nacha die Tränenablagerungen auf den roten Küchenfliesen zusammen. Mit diesem Salz füllte sie einen Fünfkilosack, aus dem man sich noch lange Zeit zum Kochen bedienen sollte.

Anders als die übernatürlichen Tränen am Ende des Films *Cry-Baby*, sind diese Tränen weder unheimlich noch bizarr, sie sind wundersam. Und anders als bei Dickey Lees Hit der Fünfziger, »9.999.999 Tears«, sollen wir Titas Tränen nicht sogleich als Übertreibung abtun. Ihr überwältigendes Weinen soll uns, wie die Tränen aller sentimentalen Heldinnen, Ehrfurcht vor ihren emotionalen Fähigkeiten abnötigen. Es ist natürlich auf merkwürdige Weise dissoziiert – Tita weint beim Zwiebelhacken ebenso reichlich, und das Aufkehren der Rückstände der Tränen ist doch eine seltsam pragmatische Reaktion auf sie –, aber nicht deshalb, weil Tita ihrer eigenen Leidenschaften entfremdet ist. Tita ist als emotionales Wesen lediglich ungewöhnlich, anormal ausgestattet. Sie wurde in einer Flut ihrer eigenen Tränen geboren und wieder geboren. Wie eine Antwort darauf schrieb Adrienne Rich in ihrem Gedicht »Zwiebeln schälen«: »Ach hätt' ich doch nur einen Kummer, der all diese Tränen fasst!«

Schluss

Das Ende der Tränen

Niobe, die Königin Thebens und Enkelin Zeus', machte einen großen Fehler. Sie brüstete sich mit ihren 14 Kindern und äußerte sich abfällig über die armselige zwei der Göttin Leto. Unglücklicherweise handelte es sich bei den beiden Kindern Letos um die Götter Artemis und Apollon, die die Beleidigung ihrer Mutter rächten, indem sie alle sieben Söhne und sieben Töchter Niobes töteten. Niobes Gemahl, der das Schlachten mit ansehen musste, tötete sich selbst. Weinend und klagend flehte Niobe Zeus an, ihre Qualen zu lindern. Aus Mitleid verwandelte er sie in einen Stein, und aus diesem Stein, so will es die Sage, fließen seither Tränen.

Der endlose Gram der Mutter, die ihre Kinder verloren hat, ist ein immer wiederkehrendes Bild. Aurora, die römische Göttin der Morgenröte, weint bei jedem Sonnenaufgang um ihren toten Sohn Memnon – ein Umstand, dem wir den morgendlichen Tau verdanken. Hyria schmolz in Tränen dahin, als sie vom Tod ihres Sohns Kyknos erfuhr. In einer Version des griechischen Mythos bildeten ihre Tränen den Hyria-See, in dem sie sich ertränkte, in einer anderen wurde sie von Zeus in den Kyknischen See verwandelt. Die Pietà, das Bild der trauernden Maria, die den Leichnam des gekreuzigten Christus in den Armen hält, oder die zahllosen Gemälde der weinenden Maria am Fuße des Kreuzes sind ebenso wie die weinenden Heiligenstatuen und die Marienerscheinungen die entsprechenden christlichen Gegenstücke. Mexikanischen Kindern sagt man, sie sollen sich vor »La Llorona« hüten, eine ewig weinende Frau, die die Wälder und andere dunkle Orte durchstreift und in der mexikanischen Folklore von großer Bedeutung ist.

Dies sind erstaunliche Tränen. Selbst die Verwandlung Niobes in Stein – dem Sinnbild für Emotionslosigkeit – kann sie nicht davon abhalten zu weinen. Die Macht solcher Gestalten wie Niobe, die weinende Madonna oder La Llorona liegt nicht nur in ihrem offensichtlichen Anspruch auf unser Mitgefühl in Anbetracht ihrer Verluste; sie repräsentieren ohne Zweifel auch unseren Wunsch nach ewiger mütterlicher Zuwendung. Doch zugleich vermag nichts Niobes oder La Lloronas Kinder zurückzubringen – sie weinen für alle Zeiten, weil ihre Wünsche unerfüllbar sind. Wenn die Tränen dieser ewig trauernden Mütter uns die Macht der Tränen spürbar machen, so zeigen sie uns auch deutlich ihre Grenzen.

Beim nicht mythologischen Trauern hört das Weinen natürlich irgendwann auf. Selbst in Fällen, in denen das Weinen endlos scheint – bei Schreibabys zum Beispiel oder bei anderen Formen pathologischen Weinens –, kommt es irgendwann doch zum Ende. Und so hört zwar Niobe niemals auf zu weinen, wir (und unsere Mütter) aber doch. Oder wie es Heinrich Heine sinngemäß ausgedrückt hat: »Welche Art Tränen man auch vergießt, zum Schluß putzt man sich immer die Nase.« Aber obwohl wir dies wissen, vergessen wir es auf der Höhe der Trauer. Wann immer wir Tränen vergießen, scheint das Ende unseres Weinens unvorstellbar. In diesem Gefühl, für immer zu weinen, hat der Mythos seinen Ursprung. Wir fühlen uns aus der Zeit genommen, aus der Erzählung gerissen, in der wir uns selbst gesehen haben, als wir auf den Wellen des Weinens, seiner Gefühle und Versunkenheit ritten. Der unwirklichste Aspekt des Mythos kommt zugleich der phänomenologischen Wahrheit der Tränen am nächsten: Bis zum Ende fühlen sie sich ewig an.

Wie also gebieten wir dem Weinen Einhalt?

In einer Geschichte, die in den Evangelien des Markus, des Lukas und des Johannes erzählt wird, wird Jesus in das Haus eines Pharisäers gebracht, dessen Kind gestorben ist. Das Haus ist erfüllt von Weinen und Wehklagen, und Jesus sagt: »Weinet nicht, denn es ist nicht tot, sondern schläft.« Jesus holt das Kind zurück ins Leben, und das Weinen wird eingestellt.

Unter den Tlingit von Alaska galt für Männer der Brauch, dass der betroffene Vater sich nach dem Tod seines Kindes mehrere Monate des Beischlafs enthalten musste, während er zugleich arbeitete und das sparte, was er benötigte, um zu Ehren des Verstorbenen ein Festmahl abzuhalten. In der Zwischenzeit weinte und wehklagte seine Frau des Nachts. Sobald der Mann fertig war, sagte er zu seiner Frau: »Ich möchte, dass du aufhörst zu weinen. Deshalb werde ich ein Fest geben für dein Kind.«

Bei den Pawnee betrat der Häuptling bei den traditionellen Feiern zum Trauerabschluss die Hütte der trauernden Familie und teilte ihr mit, dass es an der Zeit war, mit dem Trauern aufzuhören. Ein Helfer des Häuptlings brachte dann eine Schüssel mit Wasser, und der Häuptling wusch den Familienmitgliedern die Gesichter und damit die letzten Tränen fort.

Diese Geschichten beinhalten mehrere Beispiele – Tröstung, Entschädigung, Gebot und Umhegen –, wie Menschen sich gegenseitig helfen, mit dem Weinen aufzuhören. Im Evangelium wird dem Mann ein Wunder geboten und dem Leser eine spirituell befriedigende und tröstliche Erklärung: Die Seele lebt, selbst wenn der Körper »schläft«. Der Tlingit-Ehemann tauscht Ritual gegen die Erleichterung des Weinens und bittet seine Frau erst dann, ihr Wehklagen einzustellen, wenn er ihr im Tausch für ihre Tränen ein Fest bieten kann. Der Pawnee-Häuptling befiehlt wie Jesus, das Weinen einzustellen, und entschädigt wie der Tlingit-Ehemann die trauernde Familie mit einem Ritual, bei dem er die Tränen der Trauernden symbolisch fortwäscht.

Die *Odyssee* liefert uns eine interessante Parabel über das Ende des Weinens. In Buch IV hört Odysseus Sohn Telemachos, der verkleidet reist, vom Heldentum seines Vaters, dem Verlust von Menelaos, dem Mann der Helena, und die ganze Gesellschaft wird in Gedanken an die Kämpfe rührselig:

Also sprach er und rührte sie alle zu herzlichen Tränen.
Argos' Helena weinte, die Tochter des großen Kronions,

Und Telemachos weinte, und Atreus' Sohn Menelaos.
Auch Peisistratos konnte sich nicht der Tränen enthalten;
Denn ihm trat vor die Seele des edlen Antilochos Bildnis,
Welchen der glänzende Sohn der Morgenröte getötet.

Das Gedenken an die Toten, das Nacherzählen der verlorenen Leben, begleitet von Zeugnissen und dem Ausdruck der Sehnsucht schürt die Trauer neuerlich an. Sogar Nestors Sohn Peisistratos, der »kein Vergnügen an Tränen beim Abendessen« hat, gibt zu, dass Trauer richtig und angemessen ist: »Ist doch dieses allein der armen Sterblichen Ehre, / Daß man schere sein Haar und die Wange mit Tränen benetze.«

Zuletzt aber muss die Trauer aufhören, damit das Leben weitergehen kann. Helena findet eine Lösung für das Problem ewiger Trauer und sorgt dafür, dass das Weinen aufhört:

Aber ein Neues ersann die liebliche Tochter Kronions:
Siehe, sie warf in den Wein, wovon sie tranken, ein Mittel
Gegen Kummer und Groll und aller Leiden Gedächtnis.
Kostet einer des Weins, mit dieser Würze gemischet,
Dann benetzet den Tag ihm keine Träne die Wangen,
Wär ihm auch sein Vater und seine Mutter gestorben,
Würde vor ihm sein Bruder und sein geliebtester Sohn auch
Mit dem Schwerte getötet, daß seine Augen es sähen.

Helena erhielt die »künstlich bereitete Würze« von den Ägyptern, den anerkannten Meistern der Medizin zu Homers Zeiten. Nach dieser magischen Therapie kann das Geschichtenerzählen ohne Trauer weitergehen. Diese Episode ist eine allegorische Fabel der sozialen Funktion des Weinens und Nichtweinens. Die Tränen, die zu Beginn des Geschichtenerzählens vergossen wurden, sind ein Zeichen des tiefen sozialen Bands, das nicht nur aus der Schuld besteht, in der Menelaos bei Odysseus steht, weil dieser ihm geholfen hat, den Krieg gegen die Trojaner zu gewinnen, sondern auch aus der Übertragung dieser Schuld auf Telemachos. Die nun vergossenen Tränen werden den Toten »geschenkt« als Begleichung dieser

Schuld, und zugleich werden sie auf eine Weise vergossen, mit der gemeinsame Ideale, die diese Tränen zu definieren helfen, anerkannt werden. Wenn wir miteinander weinen, dann stimmen wir – für diesen flüchtigen Augenblick – darin überein, was wichtig ist, und wir reagieren gegenseitig auf unsere tiefgreifendsten Sehnsüchte.

Doch dieser Moment tränenseliger Kommunion muss vorübergehen, denn schließlich, wie Nestors Sohn Peisistratos betont, müssen sie schlafen und essen, und wenn sie für alle Zeiten weiterweinten, würden auch andere Gelegenheiten verstreichen. Diese Gelegenheiten – für weiteres Geschichtenerzählen, für Spiele, für Kameradschaft, für Rituale – sind ebenfalls Zeichen und Voraussetzung des gemeinsamen Bandes. Gemeinsames Weinen stellt Gemeinschaft her. Einander zu erkennen und das Weinen einzustellen bringt die Gemeinschaft voran. Irgendetwas übernimmt immer die Funktion von Helenas Zaubertrank, um die sanfte Magie des Vergessens herbeizuführen.

Eltern lernen im Umgang mit ihren Kindern, dass ein Gefühl ein anderes zu ersetzen vermag. Sie kitzeln ihre Kleinen, um ihre schlechte Laune zu vertreiben; geben ihnen das Gefühl, sicher und geborgen zu sein, um Ängste zu verjagen, beschämen sie, um ihr Lamentieren und ihre Forderungen zu stoppen. Wer lernen soll, nicht zu weinen, muss oft einfach lernen, etwas anderes zu fühlen. Dieses Wechselspiel ist Thema unseres alltäglichen Gefühlslebens, und kann man es auch auf einer bestimmten Ebene als Form von Verdrängung betrachten, so ist es doch für das Bewusstsein, die Sozialisierung und Reifung wesentlich. Manchmal bringt Weinen auf angemessene Weise den Wunsch nach Trost, Wiedergutmachung, Aufmerksamkeit, Verzeihung, Beruhigung, Frieden oder Hilfe zum Ausdruck, und wenn solchen Appellen entsprochen wird, hört das Weinen für gewöhnlich auf. Doch Weinen enthält häufig auch eine unvernünftige oder sogar unerfüllbare Forderung, die sich gegen das Schicksal richtet wie etwa im Fall untröstlicher Trauer. In solchen Fällen müssen wir schließlich irgendwann aus eigenem Entschluss aufhören zu weinen. Und immer dann, wenn wir bereits vorher wissen, dass unser Weinen in taube Ohren fällt oder dafür sorgt, dass wir verspottet werden, versuchen wir die Tränen zu unterdrücken. Es gehört zu den Aufgaben der Eltern, solche Fertigkeiten zu lehren, und zu denen der Kinder, sie zu lernen.

Emily Brontë schrieb in den dreißiger Jahren des 19. Jahrhunderts ein Gedicht, in dem sie schildert, was wir für gewöhnlich tun, wenn wir nicht weinen – wir begehen einen Akt der Unterschlagung:

> *Die Tränen sie trocknete, und man lächelte,*
> *Als man sah ihrer Wangen erneute Glut;*
> *Keiner erkannte, wie unentwegt*
> *Dies volle Herz schlug.*
>
> *Mit solch süßer Miene und lebhaftem Ton*
> *Und mit strahlendem Auge den ganzen Tag*
> *Ahnte man nicht, wie um Mitternacht*
> *Sie einsam mit Weinen die Zeit hinbringt.*

Dieses Bild ist uns aus Fernsehen und Kino, wo Darsteller ihre Tränen zurückhalten, um Stärke zu demonstrieren, schmerzlich vertraut. Entscheidend bei solchen Szenen ist, dass die Tränen, wie auch in Brontës Gedicht, nicht gänzlich verborgen sein dürfen, sie müssen vielmehr zugleich verborgen und offenbart werden. Die »glänzenden Augen, die den ganzen Tag strahlen«, bringen die versteckten Tränen zum Vorschein; wer das nicht erkennt, dem mangelt es an Gespür.

In einer Szene aus der *Odyssee* geht es um männliche Tarnung. Odysseus befindet sich bei einem Festmahl im Palast des Alkinoos, wo niemand seine wahre Identität kennt. Der Sänger Demodokos besingt den bereits zu einer Legende gewordenen Streit zwischen Odysseus und Achilleus, seit Odysseus vor zehn Jahren seine Irrfahrt begann und für tot gehalten wird. Als Odysseus Demodokos' Lied vernimmt, beginnt er zu weinen, und wir werden genauestens darüber in Kenntnis gesetzt, wie er seine Tränen verbirgt.

... Odysseus
Faßte mit nervichten Händen den großen purpurnen Mantel,
Zog ihn über das Haupt und verhüllte sein herrliches
Antlitz;
Daß die Phäaken nicht die tränenden Wimpern erblickten.
Als den Trauergesang der göttliche Sänger geendigt,
Trocknet' er schnell die Tränen und nahm vom Haupte den
Mantel,
Faßte den doppelten Becher und goß den Göttern des
Weines.
Aber da jener von neuem begann, und die edlen Phäaken
Ihn zum Gesang ermahnten, vergnügt durch die reizenden
Lieder,
Hüllt' Odysseus wieder sein Haupt in den Mantel und
traurte.
Allen übrigen Gästen verbarg er die stürzende Träne;
Nur Alkinoos sah aufmerksam die Trauer des Fremdlings,
Welcher neben ihm saß, und hörte die tiefen Seufzer.

An diesem Punkt gebietet Alkinoos dem Sänger Einhalt und erklärt, dass sie nun stattdessen mit den Kampfspielen beginnen sollten. Im Anschluss besingt Demodokos erneut den Kampf um Troja.
Als er dies hörte

Schmolz [Odysseus] in Wehmut, Tränen benetzten ihm
Wimpern und Wangen.
Also weinet ein Weib und stürzt auf den lieben Gemahl hin,
Der vor seiner Stadt und vor seinem Volke dahinsank,
Streitend, den grausamen Tag von der Stadt und den Kindern
zu fernen;
Jene sieht ihn jetzt mit dem Tode ringend und zuckend,
Schlingt sich um ihn und heult laut auf; die Feinde von hinten
Schlagen wild mit der Lanze den Rücken ihr und die
Schultern,
Binden und schleppen als Sklavin sie fort zu Jammer und
Arbeit;

Und im erbärmlichsten Elend verblühn ihr die reizenden
Wangen:
So zum Erbarmen entstürzt Odysseus Augen die Träne;
Allen übrigen Gästen verbarg er die stürzende Träne,
Nur Alkinoos sah aufmerksam die Trauer des Fremdlings,
Welcher neben ihm saß, und hörte die tiefen Seufzer.
Und der König begann zu den ruderliebenden Männern:
Merket auf, der Phäaken erhabene Fürsten und Pfleger,
Und Demodokos halte nun ein mit der klingenden Harfe;
Denn nicht alle horchen mit Wohlgefallen dem Liede.
Seit wir sitzen am Mahl und der göttliche Sänger uns
vorsingt,
Hat er nimmer geruht von seinem trauernden Grame,
Unser Gast; ihm drückt wohl ein schwerer Kummer die
Seele.

Uns wird nie genau mitgeteilt, warum Odysseus hier weint, doch
wir nehmen an, die Ursache für sein Weinen ist die Erinnerung an
die Tragödie und seine Sehnsucht nach Heimkehr. Doch wichtiger noch als die Ursache ist die Wirkung. Odysseus verbirgt seine
Tränen – weil sie unmännlich sind? Weil er sich nicht zu erkennen
geben will? Und doch verbirgt er sie nicht besonders gut, da sein
Gastgeber sie beide Male bemerkt und beide Male die Offenbarung der Tränen Veränderungen bewirken. Der Versuch, Tränen
zu verbergen, ist als Kommunikationsmittel ebenso wirkungsvoll
wie freizügiges, unverhülltes Weinen. Die beiden Arten des Weinens – offenes und verborgenes – wirken auf die gleiche magische
Weise. Sie bedürfen nur wenig unterschiedlicher Erwiderungen.
Und dieser Unterschied besteht darin, wie so unterschiedliche
Aussagen wie die Brontës und Homers bezeugen, dass verborgene
Tränen mehr Respekt bedürfen. Offenes Weinen kann kindisch
oder tragisch oder mürrisch oder hysterisch sein, doch verborgene
Tränen sind heroisch.

Wenn wir Emotion unterdrücken, so stellte Darwin fest, sind
nur jene Gesichtsmuskeln betroffen, die wir willentlich kontrollieren. Und Freud war davon überzeugt, kein Sterblicher könne ein

Geheimnis bewahren. Blieben seine Lippen verschlossen, dann schwätze er mit seinen Fingerspitzen, Verrat quelle ihm aus jeder Pore. In letzter Zeit haben Ekman und Freisen über so genannte »nonverbale Lecks« geschrieben, wie unterdrückte Emotionen durch Gesten und andere körperliche Reaktionen offenbar werden. Doch Odysseus' Tränen müssen anders interpretiert werden, da er sie ja gar nicht zu unterdrücken versucht.

Die Szene wurde auch von Martin Heidegger im Rahmen eines Essays über Heraklit interpretiert. Heraklit wurde auch als »Heraklit der Dunkle« oder wegen seines Pessimismus als »der weinende Philosoph« bezeichnet. Heidegger behauptet, im ursprünglichen griechischen Text verberge Odysseus nicht seine Tränen, sondern vielmehr sich selbst; das Griechische laute »Er blieb verborgen«. Heideggers Philosophie ist bekanntermaßen schwer verständlich, und es wird vielen meiner Leser vermutlich nicht weiterhelfen, wenn ich Heideggers Schlussfolgerungen aus seinem Essay hier direkt wiedergebe:

> Er [Odysseus] blieb verborgen. (»Wörtlich« und griechisch gedacht sagt Homer: »da aber im Verhältnis zu allen anderen blieb er verborgen als der Tränen Vergießende«. Es ist in unserer Sage- und Denkweise richtiger, wenn wir übersetzen: Odysseus vergoß, von den anderen unbemerkt, Tränen.)
>
> ...
>
> Die aus dem anfänglichen Wesen der Lichtung des Seins gestimmte Geschichte schickt das Seiende immer wieder und immer nur in das Geschick des Unterganges in langhin währende Verbergungen.

In der Tat. Heidegger will sagen, Selbstoffenbarung und Selbstverschleierung sind notwendigerweise ineinander verschlungen, dass eines ohne das andere nicht auftreten kann, dass man sogar behaupten kann, beides sei ein und dasselbe. Aus dieser Perspektive betrachtet, offenbart sich Odysseus, als er weint, während er zugleich verborgen bleibt. Niemand kann sein Wesen vollständig verbergen, und niemand vermag es andererseits ohne Einschränkungen zu offenbaren.

*Heraklit (ca. 540–475 v. Chr.) wurde auf Grund seiner düsteren
Einschätzung der menschlichen Natur als weinender Philosoph
bezeichnet. Dieses Gemälde wurde verschiedentlich als »Der
weinende Heraklit« und als »Der heilige Hieronymus« (ca. 347–
420 n. Chr.), der die Bibel aus dem Hebräischen ins Lateinische
übersetzte, identifiziert. Hendrick ter Brugghen (1588–1629),
Der heilige Hieronymus (1621).*

Und obgleich Heidegger sich mit diesem Aspekt des Textes nicht
beschäftigt, hat die Selbstoffenbarung des Odysseus hier etwas
mit der Erinnerung zu tun, damit, dass er Geschichten über seine
eigene Vergangenheit hört. Odysseus weint auch deshalb, weil er

sich erkannt fühlt, er empfindet durch das Lied des Sängers Demodokos eine Art öffentliche Anerkennung. Er weint, weil er hört, wie seine Gegenwart, die er geheim zu halten versucht, öffentlich gemacht wird. Lernen, nicht zu weinen, ist eine Möglichkeit, uns vor anderen zu verbergen, nicht nur, was wir fühlen, sondern auch, für wen wir uns selbst halten. Weinen selbst ist immer eine Maske, die ebenso viel offenbart wie verbirgt; für heimliches Weinen gilt das Gleiche, wenn auch auf andere Art. Und Odysseus' halb verborgene Tränen offenbaren tatsächlich etwas über ihn. Als Alkinoos seine Tränen bemerkt, reagiert er auf sie: Er gebietet dem Sänger Einhalt und leitet neue Aktivitäten ein. In der mykenischen Kultur stand Odysseus als Gast größte Rücksichtnahme zu; wenn er weinte, dann mussten alle Übrigen darauf Rücksicht nehmen. Dem liegt die Annahme zu Grunde, nur schreckliches emotionales Leid gestatte es, so viel Aufmerksamkeit und Mitgefühl von der Gruppe zu fordern, wie Weinen es mit sich bringt. Der Weinende muss also das Gefühl haben, dass er ein Anrecht auf unser Mitgefühl hat. Wir können zu dem Schluss kommen, dass er oder sie sich irrt, aber unsere spontane Reaktion ist, auf seinen Appell zu antworten.

Adam Smith, der Ökonom und Moralphilosoph, schrieb, halb verborgenes Weinen zwinge uns, respektvoller als für gewöhnlich zu reagieren. »Wir werden angewidert durch jenen lärmenden Scherz, der ohne jedes Taktgefühl mit Seufzern, Tränen und lästigen Klagen unser Mitleid anruft. Aber wir verehren jene zurückhaltende, jene stille und hoheitsvolle Trauer, welche sich nur in dem Anschwellen der Augen, in dem Zittern der Lippen und Wangen verrät und in der zurückhaltenden, aber ergreifenden Kälte des ganzen Betragens.« Unser Respekt für diese besondere Art des Weinens veranlasst uns, »sie mit achtungsvoller Aufmerksamkeit« zu betrachten. Und wir »wachen mit ängstlichem Eifer über unser ganzes Betragen«, damit der Weinende seine Fassung bewahren kann und wir »nicht durch eine Unschicklichkeit diese Fassung und Ruhe stören, die aufrecht zu halten eine so große Anstrengung erfordert«. Deswegen heißt Alkinoos den Sänger, sein Lied abzubrechen.

Auf diese Weise werden die Regeln des Weinens eingehalten, indem sie gebrochen werden. Wir dürfen in der Öffentlichkeit weinen, solange wir den Anschein erwecken, als versuchten wir, es nicht zu tun: Die Wahrscheinlichkeit, dass wir wegen eines Bruchs der Regeln in Schwierigkeiten geraten, ist geringer, wenn wir so tun, als brächen wir sie nicht. Derart können wir auch weiterhin tränenreiche Forderungen stellen, die wir vermeintlich im Alter von fünf oder acht Jahren eingestellt haben, um sie durch konventionelle Gesten zu ersetzen, die unser Weinen gleichzeitig tarnen und zur Schau stellen. Bitte reagiere auf mein Weinen, deuten die rasch fortgewischten Tränen an, aber bitte tu so, als würde ich gar nicht weinen. Wie Odysseus' Mantel gestattet uns das Hantieren mit Taschentüchern und abgewandten Blicken die öffentliche Verkündung unseres privaten Wunsches ohne die sozialen Kosten, die mit offenem Weinen in Verbindung gebracht werden.

Eine Welt ohne Tränen wurde zu verschiedenen Zeiten hingebungsvoll ersehnt. Die Offenbarungen des Johannes versprechen in 7,17 ein Paradies ohne Tränen: »Denn das Lamm mitten auf dem Thron wird sie weiden und leiten zu den lebendigen Wasserbrunnen, und Gott wird abwischen alle Tränen von ihren Augen.« Und an späterer Stelle, in 21,4: »Und Gott wird abwischen alle Tränen von ihren Augen, und der Tod wird nicht mehr sein, noch Leid noch Geschrei noch Schmerz wird mehr sein; denn das Erste ist vergangen.« Für die israelitischen Wüstenbewohner vor zweitausend Jahren stellten »lebendige« Wasserbrunnen und die Vorstellung, ihre Tränen könnten für alle Zeiten getrocknet werden, ein Abbild des Himmels dar.

Und danach haben sich auch Philosophen, angefangen bei den Stoikern und Platon, für eine Welt ohne Tränen ausgesprochen. Der Stolz auf das Nichtweinen, die Arroganz emotionalen Stoizismus findet seine vermutlich wortgewaltigste Verteidigung in William Wordsworth' Ode »Intimations of Immortality from Recollections of Early Childhood«. Wordsworth vollendete diese Untersuchung über Jugend, Verlust und Nostalgie 1804, sechs Jahre nachdem er die romantische Empfindsamkeit in seinen *Lyrical Ballads* angekündigt hatte.

Was tut es, wenn das Strahlen, das einst so hell war, / nun für
immer von meinem Auge weggenommen ist, / wenn nichts
die Stunde / des Glanzes in dem Gras, der Herrlichkeit in der
Blume zurückbringen kann; / wir wollen nicht betrübt sein,
lieber / Kraft finden in dem, was übrigbleibt; / in dem
ursprünglichen Mitgefühl, / das gewesen ist und immer
sein muß; / in den beruhigenden Gedanken, die / aus
menschlichen Leiden entspringen; / in dem Vertrauen,
das durch den Tod hindurch blickt, / in Jahren, welche den
philosophischen Geist bringen.

Die Jahre, »welche den philosophischen Geist bringen«, spiegeln
sich im letzten Vers des Gedichts wider, in dem Wordsworth erklärt, auch die armseligste Blume könne Gedanken wachrufen,
die häufig für Tränen zu tief sind. Hier ist die Philosophie der Trös-
ter, und die majestätischen Kadenzen dieser Verse und ihre freudige
Klangfülle ersetzt Trauer durch Überwindung, Tränen durch Jubel.
Bei dieser Ode handelt es sich um ein Märchen transformierten
Verlusts, um eine Fantasie von emotionaler Befriedigung, die in
tiefste Verzweiflung stürzt, und dies wird mit Worten beschrieben,
die den Konflikt zwischen Verstand und Gefühl leugnen. Wordsworth behauptet, die Stärke, die wir fänden, sei eine Art Philosophie, die uns nicht aus der Tiefe heraus geleite, sondern vielmehr
an einen tieferen Ort führe. Authentizität des Gefühls wird hier
nicht geleugnet, sondern vom Geist für sich in Anspruch genommen. Tränen mögen tief greifend sein, doch der philosophische
Gedanke liegt tiefer.

In dieser Welt jedoch werden uns Tränen immer begleiten. Zwar
ist es für den Reifungsprozess erforderlich, das Nichtweinen zu
erlernen, es aber gänzlich einzustellen hieße, weniger als menschlich
zu sein. In dem klassischen Kultfilm *Die Körperfresser kommen*
(1956) ist es möglich, gefressene Kinder als solche zu erkennen, weil
sie nicht mehr weinen. Doch es ist unwahrscheinlich, dass unserer
Welt die Tränen ausgehen könnten. Wie Tin Man im *Zauberer von*
Oz, der ständig in Gefahr ist zu verrosten, wenn er zu viele Tränen
vergießt – wir können uns vielleicht Sorgen darüber machen, dass

wir nicht genug Herz haben, doch dass der Welt die Tränen ausgehen könnten, müssen wir nicht befürchten.

In *Warten auf Godot* sinniert Pozzo darüber, dass »die Tränen
der Welt« tatsächlich unvergänglich sind. »Für jeden, der anfängt
zu weinen, hört irgendwo ein anderer auf.« Beckett spielt damit auf
die Unvermeidlichkeit und die Bedeutungslosigkeit der Tränen an –
sie beginnen zu laufen, sie hören auf, sie sind eine Konstante wie die
Rotation der Erde und haben folglich keine Bedeutung bis auf die,
die wir ihnen in unserem promiskuitiven Wunsch nach Bedeutung
geben. Doch Beckett war nicht immer dieser Auffassung. An anderer Stelle schrieb er: »Meine Worte sind meine Tränen«, und
deutet damit das Gegenteil von Pozzos Behauptung an, dass nämlich Tränen und Sinngebung miteinander verbundene, ja ineinander verschlungene Aktivitäten sind.

Solche Analogien beschränken sich darauf, lediglich auf die Tränen hinzuweisen, statt ihr Geheimnis aufzudecken. Sind Tränen
Worte? Nein, wohl nicht. Es ist eine alte Tradition, diese beiden
fundamentalen Ausdrucksformen gleichzusetzen, wenn beispielsweise Ovid sagt, dass Tränen manchmal so schwer wiegen wie
Worte, oder Voltaire behauptet, Tränen seien die stille Sprache
des Grams, oder Heinrich Heine exaltiert ausruft, welche Poesie
liegt doch in menschlichen Tränen. Der Psychotherapeut Jeffrey
A. Kottler gab seinem kürzlich erschienenen Buch den Titel
Die Sprache der Tränen und erläutert darin das »Sprachsystem der
Tränen«, von dem er behauptet, es dekodiert zu haben. Er rät, am
besten erlerne man diese Sprache, indem man nach innen blicke,
nachdenklich sei und sich selbst loslasse. Kottler möchte inspirieren
und verspricht in seiner Einleitung, dass sein Buch den Leser emotional bewegen und sein Leben verändern wird. Und wie so viele
Psychologen der Massenkultur tut er dies, indem er die positivsten
Assoziationen und Möglichkeiten unseres Gefühlslebens ins Feld
führt.

Doch wenn Tränen eine Sprache sind, dann sind sie bloß eine
gestische, und wie andere gestische Sprachen auch sind sie eher
kulturspezifisch als allgemein gültig und in vielen Fällen erheblich
interpretationsbedürftig. Wenn wir einen Menschen weinen sehen

und glauben, ihn zu verstehen – wie etwa das weinende vietname-
sische Mädchen auf jenem berühmten Foto, das aus einem mit Na-
palm beschossenen Dorf davonläuft –, dann spielt es keine Rolle,
wie weit entfernt wir von der Kultur, dem Wohnort, der Zeit dieses Menschen sind. Wir sind uns sicher, dass manche Tränen sich
absolut allgemein gültig selbst erklären, dass ihre Authentizität zu
offensichtlich und zu gewaltig ist, um in Frage gestellt zu werden.
Doch wir kennen auch die schwierigere Sorte Tränen, in denen
sich Verlassenheit und Eigensinn, Hoffnung und Verzweiflung,
Selbstbestätigung und Selbstverleugnung, Aufrichtigkeit und Irre-
führung, Preisgabe und Manipulation, Authentizität und Tarnung
miteinander vermischen. Alfred Lord Tennyson regt in einem der
berühmtesten viktorianischen Verse, »Tränen, eitle Tränen«, an,
dass Tränen sich immer erklären lassen und zugleich immer uner-
klärlich sind:

> Tränen, eitle Tränen, ich weiß nicht, was sie bedeuten. / Trä-
> nen aus der Tiefe einer göttlichen Verzweiflung / steigen im
> Herzen auf und sammeln sich in den Augen, / betrachte ich
> die glücklichen Herbst-Felder / und gedenke ich der Tage,
> die nicht mehr sind.

Er kann ihre Ursachen aufzählen – göttliche Verzweiflung, weh-
mütiger Verlust – und weiß dennoch nicht, »was sie bedeuten«.
Als Kommunikationsmedium gleichen Tränen einem sehr frühen
Radio: Sie verlangen jedermanns Aufmerksamkeit, und die Signale
kommen klar durch, doch ihre Übertragung ist bestenfalls diffus
und ihr Empfang nur unvollkommen. Und wie jede andere Sprache
auch kann man sie benutzen, um zu überreden oder sich zu entziehen, um zu klären oder zu verdunkeln, um das Ich und seine Motive
zu offenbaren oder zu verschleiern. Wie jede Sprache kann man sie
in der ganzen Skala menschlicher Projekte einsetzen, angefangen
bei den erhabenen bis hin zu den lächerlichen.

Unsere eigene Sprache der Tränen befindet sich noch in der Entwicklung. Daniel Golemans Buch *Emotionale Intelligenz* (1995)

zum Beispiel hat unserem Nachschlagewerk einen weiteren Begriff hinzugefügt. Auf den ersten Blick scheint der Titel den Vorrang der Emotion über die Vernunft zu verkünden und könnte folglich ein echter Nachkomme der emotivistischen Paradigmen der siebziger Jahre sein. Doch der Titel ist ein Marketingtrick, denn tatsächlich vertritt Goleman den genau entgegengesetzten Standpunkt. Jeden Tag in den Nachrichten, schreibt er, hören wir, dass irgendjemand – Junge, Mädchen, Mann, Frau – die Kontrolle über seine Gefühle verliert und Amok läuft. In Anbetracht dieser zunehmenden Tendenz, sich mitteilen zu müssen, brauchen wir Selbstbeherrschung. Ja, Gefühle sind wichtig, und Verdrängung ist schlecht. Doch wie wichtig es auch ist, auf Tuchfühlung mit unseren Emotionen zu sein, viel wichtiger ist es, sie zu kontrollieren:

> Unsere Leidenschaften, wenn sie gut geübt sind, besitzen Weisheit; sie leiten uns in unserem Denken an, in unseren Werten, in unserem Überleben. Doch sie können leicht danebengehen und tun dies auch nur allzu oft. Wie dies bereits Aristoteles erkannte, das Problem ist nicht die Emotionalität, sondern die *Angemessenheit* der Emotionalität und ihres Ausdrucks. Die Frage lautet, wie können wir unsere Emotionen intelligenter machen – und unsere Straßen zivilisierter und unser Gemeinschaftsleben mitmenschlicher.

Während die Gefühlsbetontheit der siebziger Jahre noch durch wirtschaftlichen Wohlstand möglich war, so ist Golemans Buch sehr viel enger an das für die neunziger Jahre typische Gefühl zunehmender Beschränkungen gebunden. Es vermittelt noch immer den Glauben der siebziger Jahre an die Macht der Gefühle, die Welt zu verändern, ist aber deutlich weniger optimistisch. Letztendlich ist es ein Buch, das Emotionen abwertet.

Steven Pinker, Neurowissenschaftler am technologischen Institut in Massachusetts, verfolgt in seinem Bestseller *Wie das Denken im Kopf entsteht* (1997) einen ähnlichen Ansatz. Er beginnt sein Kapitel über Emotion mit der Schilderung des Massakers an 28 Schulkindern in Dunblane, Schottland. Pinker zieht den Schluss, dass

Gefühle Bestandteil unserer grundlegenden Anpassungsmaschinerie sind und dass sie alle »konstruiert« (seine bevorzugte technische Metapher) sind, um uns bei der Lebensbewältigung zu helfen. Für Pinker haben Emotionen eine eigene Logik, denn schließlich glauben ja sogar Menschen, die Amok laufen, dies im Dienst irgendeiner Vorstellung zu tun – dass ihnen von der Gesellschaft Unrecht angetan wurde, dass es ihnen an Anerkennung fehlt, dass ihnen die Rache, die sie nehmen, zusteht. Für Pinker und Goleman tendieren Emotionen zu angepasstem Verhalten, doch für beide ist emotionale Reizüberflutung eine Perversion der normalen Funktion von Gefühlen, und der Körper speichert nicht die Wahrheit. Etwas zu fühlen ist, wie Damasio meint, vielleicht erforderlich, damit wir vernünftig handeln, doch für die drei genannten Autoren ist allein vernünftiges Handeln und nicht intensives Fühlen das Ziel.

Wichtig am kathartischen Sehen von Filmen oder Lesen von Büchern ist laut Pinker, dass sie uns unterstützen, unsere Welt kognitiv zu beurteilen. Pinkers Beurteilung ist sehr alt. Der italienische Ästhetiker Lodovico Castelvetro vertrat bereits 1570 in seinen Kommentaren zu Aristoteles *Poetik* die Ansicht, die Katharsis der Tragödie vertreibe Entsetzen und Mitleid aus den Herzen der Menschen, und sie erfreuten sich in der Folge eines gesunden Geisteszustands, der durch diese bittere Medizin herbeigeführt worden sei. Die Tragödie verschafft uns ein Gefühl der Befriedigung, weil wir aus ihr moralische Lehren ziehen, für die wir uns dann selbst beglückwünschen können. Wir weinen aus der stolzen Anerkennung unserer eigenen rationalen Fähigkeiten heraus. In der gleichen Art spricht sich der deutsche Philosoph Ernst Cassirer dafür aus, unser Gefühlsleben »verändere durch die Katharsis seine Form« und unsere Gefühle würden durch Kunst »ihrer materiellen Last entledigt«, um zu Objekten reiner Kontemplation zu werden. Katharsis sei im besten Fall ein notwendiges Übel, wettert um 1950 John Crowe Ransom, ähnlich »der Ansicht eines modernen Militärs, der die Prostitution in unmittelbarer Nachbarschaft zu seinem Lager legalisiert«, und behauptet, Zweck der Katharsis sei es, »das ästhetische Moment zu intensivieren, um es zu minimieren und zu lokalisieren und um den Weg für das wissenschaftliche Moment freizumachen«. In den sechziger Jahren lokalisierte Lionel Trilling die Freuden der tragischen Katharsis, die wir durch das Sehen der großen Tragödien über die Komplexität des Lebens erlangen. In jedem Fall erfreut uns nicht unsere emotionale Transformation, sondern unsere »Geistesgesundheit«, unser Fortschritt beim Denken. »Eine Träne ist«, wie der Philosoph Jerome Neu in den Achtzigern klarstellte, »eine intellektuelle Angelegenheit.«

In Anbetracht der neuerlichen Popularität solcher Ideen – Golemans *Emotionale Intelligenz* war in den Vereinigten Staaten 49 Wochen auf der Bestsellerliste von *Publishers Weekly* – könnte es sein, dass wir uns mitten in einem Übergang weg vom Katharsisglauben der siebziger Jahre befinden. Die Jugendlichen, die bei *Titanic* Tränen vergießen, behaupten nicht wie der Baby-Boomer-Regisseur, dass sie die Welt retten oder ihre »eigene und eigentliche Menschlichkeit feiern«. Und sie sagen auch nicht, dass sie irgendwelche verdrängten Probleme lösen wollen. Sie weinen, sagen sie, weil es den Film genussvoller macht, und sie weinen umso mehr, je öfter sie den Film sehen. Sie behaupten nicht, eine Katharsis zu erleben. Sie reinigen sich nicht, passen sich nicht an, lassen nichts los, verbessern nichts, drücken nichts aus. Sie genießen einfach das warme Bad ihrer eigenen Empfindungen. In einer seiner zahlreichen markigen Bemerkungen konstatierte der vor hundert Jahren in Harvard lehrende Philosoph George Santayana: »Der junge Mann, der nicht weint, ist ein Wilder; der alte Mann, der nicht lachen will, ist ein Dummkopf.« Aber natürlich ähneln »Wilde« und »Dummköpfe« sehr uns Übrigen, die wir, wenn wir Glück haben, unser Leben lang weinen und lachen, auch wenn diese grundlegenden menschlichen Reaktionen nicht verhindern, dass wir uns entweder zu gebärdig oder närrisch verhalten. Das ist vielleicht weniger markig und zitierfähig, aber dafür zutreffender.

Unzutreffend ist, was der englische Romantiker Thomas Moore schrieb, dass »Tränen nur für den Glücklichen Luxus sind«. Tränen sind eine luxuriöse Ruhepause auch für die, die leiden. Mark C. Taylor, ein dekonstruktivistischer Literaturkritiker, hat die – in der englischen Sprache vorhandene – etymologische Beziehung zwischen emotionalen Tränen und Tränen als Risse, Brüche oder Spaltungen und die Tatsache hervorgehoben, dass Tränen immer als radikale Veränderung des Vorhergehenden erlebt werden, egal ob wir den Tränenausbruch nun mit Sartre für eine Flucht halten oder als physiologische Rückkehr zur Homöostase empfinden oder als Zeichen eines Zusammenbruchs sehen. Er nutzt außerdem geschickt die – wiederum nur im Englischen vorhandene – Beziehung zwischen Sekretion und Geheimnis (secret) aus und behauptet, beide hätten die gleiche Wurzel, die »trennen« bedeute. »Ein Geheimnis ist ein nach innen gestülptes Außen«, schreibt Taylor, »während eine Sekretion ein nach außen gestülptes Innen darstellt.« Diese unheimliche Mischung sei es, die Tränen ihre kulturelle Bedeutung verleihe.

Hier bezieht sich Taylor auf die Anthropologin Mary Douglas, die meint, die Sekretionen des Körpers – Urin, Schweiß, Samen, Galle, Schleim, Eiter – würden weltweit in allen Kulturen als gefährlich empfunden. Die Ausscheidungen des Körpers seien unrein, schmutzig, bedrohlich. Obgleich Tränen sich der allgemeinen Ächtung entziehen konnten, sind sie, wie wir herausgefunden haben, dennoch eine Gefahr, da sie Rachegefühle, soziale Beschämung, Schikane, Fehlkommunikation und Enttäuschung auslösen können. Dass wir so oft allein für uns weinen, ist Beweis genug dafür, dass auch diese Ausscheidung ein gewisses Maß an Geheimhaltung bedarf, egal wie poetisch man sie uns auch als Perlen oder Edelsteine oder Tribute verkaufen will. Und wie Geheimnisse teilt man sie am besten nur mit einer Person oder wenigen. Wenn Geheimnisse die Arena der Intimität verlassen, dann sind sie keine Geheimnisse mehr.

Douglas und mit ihr andere Anthropologen und Theologen sehen außerdem eine Verbindung zwischen dem, was eine Kultur für gefährlich, und dem, was sie für heilig hält. Die heiligen Tränen der mittelalterlichen Heiligen mögen einigen von uns wie Relikte aus einem vergangenen Zeitalter erscheinen, und Madonnas Verwendung einer weinenden Heiligenstatue in ihrem Video »Like a Prayer« wie eine Herabwürdigung der religiösen Bedeutung von Tränen. Doch es wird noch immer viel über heilige Tränen geredet.

So zum Beispiel auf der Homepage von Meher Baba im Internet, in der der New-Age-Guru mit den folgenden Worten zitiert wird: »Der spirituelle Weg ist eng mit Gefühlen verbunden; das ist wahr. Doch das bedeutet nicht, dass innere Leidenschaft durch äußere Zurschaustellung wie etwa durch das Vergießen von Tränen exponiert werden sollte.« Wie für den heiligen Augustinus vor 1600 Jahren werden heilige Tränen noch immer durch ihr profanes Erscheinen beschmutzt. Dennoch sollte jemand mit »einem reinen und empfindsamen Herzen« spirituelle Tränen weinen, »fortgesetzt und im Inneren«. Babas Rat, nicht sichtbar, sondern innerlich zu weinen, zeigt ein weiteres Mal unsere ambivalente Sichtweise.

Als letztes Pferd ins Rennen um die beste Quacksalberei geht dann auch Peter Van Oosterums *Tears: A Key to the Remedy* (1998). In diesem Buch rät der Homöopath dazu, eine Lösung mit den eigenen Tränen zu trinken, um das zu heilen, was das Weinen verursacht. Unverdünnte Tränen wären zu stark, und daher empfiehlt

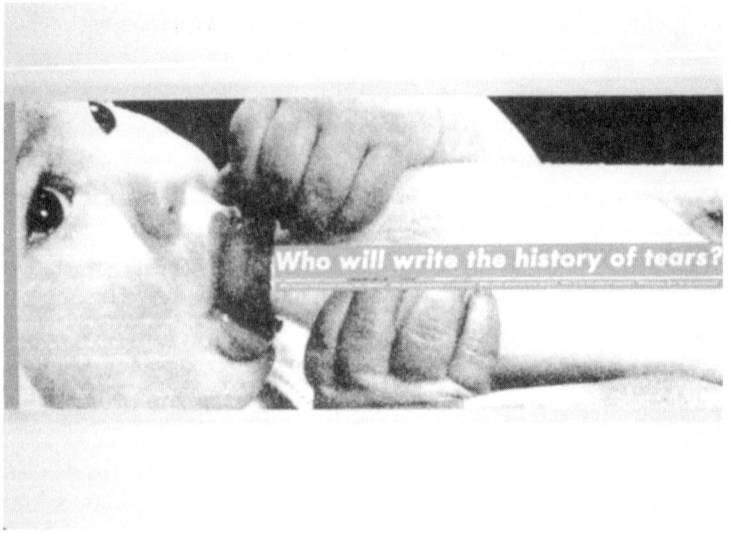

Barbara Kruger, Ohne Titel (Wer wird die Geschichte der Tränen schreiben?) *(1991).*

er, etwa ein Zweihundertstel einer einzelnen Träne 200 Mal in einer Lösung zu schütteln. Jenseits der Tatsache, dass wir Tränen in tausendfacher Menge der empfohlenen Dosierung durch den Tränen-Nasen-Gang und von dort in den Magen leiten: Diese abwegige, falsch-magische Formel erkennt in Tränen zugleich das Problem und die Lösung.

Und so nimmt die Geschichte ihren Lauf. Van Oosterum kam auf die Idee mit den homöopathischen Tränen, als er davon erfuhr, dass die alten Griechen, Römer und Hebräer bei ihren Begräbnisriten in Tränenkrüge weinten. Diese mit Tränen gefüllten kleinen Gefäße wurden versiegelt und mit dem Verstorbenen beerdigt. Einerseits wurden damit die eigenen Gefühle begraben, andererseits zollte man damit dem Toten einen Tribut in Form der eigenen Tränen, so als verschenke man Blumen. Wenn es in Psalm 56 heißt, »sammle meine Tränen in deinen Krug«, dann ist das so zu verstehen, dass der Psalmist Gott bittet, sein Tränenopfer zu akzeptieren. John Waters führt diese romantische Vorstellung ad absurdum, indem er die Figuren seines Films *Cry-Baby* ganze Krüge voll von Tränen trinken lässt. Tiefsinnig oder grotesk? Schwer zu sagen, da sich in den Augen des Zuschauers offenbar ebenfalls Tränen sammeln. Die Sehnsüchte, die Tränen zum Ausdruck bringen, können immer sowohl lächerlich gemacht als auch verehrt werden.

Außerdem verändern sie ständig ihre Position. Die historische Veränderung bei Männern im Verlauf des letzten Jahrhunderts ist offensichtlich. Männliches Weinen ist nun eher die Regel als die Ausnahme, und das ist eine gute Sache. Tränen zu verbieten bedeutet den Verzicht auf ein grundlegendes Vergnügen ebenso wie auf eine wesentliche Fähigkeit – die Fähigkeit des Menschen, die Welt auf magische Weise entsprechend den eigenen Vorstellungen zu transformieren, auch wenn es nur vorübergehend ist. Auch bei Frauen hat sich einiges getan. Weinen ist kein weibliches Vorrecht mehr. Und natürlich stehen für Männer und Frauen gleichermaßen Tränen am Anfang und, das ist ebenso sicher, auch am Ende des Lebens. Dabei ist es nicht nur die Kultur, die Dinge wie das Trinken der eigenen Tränen verändert. Unser Gefühlsleben wandelt sich mit dem Alter und in Relation zu unseren Erwartungen an die

Gefühlsäußerungen anderer und unserer eigenen. Solche Veränderungen werden am offensichtlichsten in den Übergängen von der Kindheit zur Jugend- und zur Erwachsenenzeit. Auch wenn es hierüber keine Forschungsergebnisse gibt, kann man als gegeben annehmen, dass jede wichtige Veränderung im Leben auch zu einer Neubewertung der eigenen emotionalen Möglichkeiten führt. »Wer wird die Geschichte der Tränen schreiben?«, will Roland Barthes wissen. Wir alle.

Anhang

Bibliografie

[A. B.], »Moral Weeping« (1755). In: Brady, Cope, Millner, Mitric, Puckett und Seigel, *A Dictionary of Sensibility*. http://www.engl.virginia.edu/-enec981/dictionary/ 19anonV1.html.

Addison, Joseph, *Essays of Joseph Addison* (hrsg. von John Richard Green). New York: St. Martin's, 1960.

Adler, Alfred u. a., *Feelings and Emotions: The Wittenberg Symposium* (hrsg. von Martin L. Reymert). Worcester, Mass.: Clark University Press, 1928.

Adriani, N. und Albert C. Kruyt, *De bare'e sprekende Toradjas van Midden-Celebes (de Oost Toradjas)* (The bare-speaking Toradja of central Celebes [the East Toradja], übers. für die HRAF von Jenny Kerding Moulton). Band 2. Amsterdam: N. V. Noord-Hollandsche Uitgevers Maatschappij, 1951.

Aggleton, John P. (Hrsg.), *The Amygdala: Neurobiological Aspects of Emotion, Memory and Mental Dysfunction*. New York: Wiley-Liss, 1992.

Ahern, Emily Martin, *The Cult of the Death in a Chinese Village*. Stanford, Calif.: Stanford University Press, 1973.

Ainsworth, Mary D. Salter, Silvia M. Bell und Donelda J. Slayton, »Individual Differences in the Development of Some Attachment Behaviors«. In: *Merrill Palmer Quarterly* 1972, 18, S. 123–143.

—, »Infant-Mother Attachment and Social Development: ›Socialisation‹ as a Product of Reciprocal Responsiveness to Signals« (1974). In: *Becoming a Person: Child Development in a Social Context,* Band 1 (hrsg. von Martin Woodhead, Ronnie Carr und Paul Light). London: Routledge, 1991.

Aischylos, *Sämtliche Tragödien* (übers. von Johann Gustav Droysen). München: Deutscher Taschenbuch Verlag, 1977.

Alexiou, Margaret, *The Ritual of Lament in the Greek Tradition*. New York: Cambridge University Press, 1974.

Anderson, E. N., *Ecologies of the Heart: Emotion, Belief, and the Enviroment*. New York: Oxford University Press, 1996.

»Annals of Blubbering«. In: *Time*, 17. Okt. 1994, S. 18.

Apokryphen zum Alten und zum Neuen Testament (hrsg. von Alfred Schindler). Zürich: Manesse, 1988.

Ariès, Philippe, *Geschichte des Todes* (übers. von Hans-Horst Henschen und Una Pfau). München: Deutscher Taschenbuch Verlag, 1995.

Aristoteles, *Naturgeschichte der Tiere* (übers. von Anton Karsch). Berlin Schöneberg: Langenscheidt, 1914.

—, *Poetik* (übers. von Manfred Fuhrmann). Stuttgart: Philipp Reclam jun., 1999.

Arnold, Magda, *Emotion and Personality*. New York: Columbia University Press, 1960.

Auchincloss, Kenneth, »The Year of the Tear«. In: *Newsweek*, 29. Dez. 1997, S. 40–42.

Augustinus Aurelius, *Confessiones: Bekenntnisse; lat./dt.* (übers. von Joseph Bernhart). Frankfurt am Main: Insel-Verlag, 1990.

Austin, Alfred, *Lyrical Poems*. New York: Macmillan, 1891.

Averill, James R., »The Acquisition of Emotions During Adulthood«. In: *The Social Construction of Emotions. Siehe* Harré, 1986.

—, *Anger and Aggression: An Essay on Emotion*. New York: Springer, 1982.

—, »A Constructivist View of Emotion«. In: *Emotion: Theory, Research and Experience*, Band 1: *Theories of Emotion* (hrsg. von R. Plutchik und H. Kellerman). New York: Academic Press, 1980.

Badinter, Elisabeth, *Die Identität des Mannes: Seine Natur, seine Seele, seine Rolle* (übers. von Inge Leipold). München: Piper, 1997.

Bakker, Tammy Faye, *I Gotta Be Me and Run to the Roar*. In: *What Counts: The Complete Harper's Index* (hrsg. von Charis Conn und Ilena Silverman). New York: Henry Holt, 1991.

Banker, James A., »Mourning a Son: Childhood and Paternal Love in the Consolateria of Giannozzo Manetti«. In: *History of a Childhood Quarterly*, 1976, 3, S. 351–362.

Barr, Ronald G., »The Crying Game«. In: *Natural History*, 1997, 106:9, S. 47.

—, »Normality: A Clinical Useless Concept: The Case of Infant Crying and Colic«. In: *Journal of Developmental and Behavioral Pediatrics*, 1993, 14:4, S. 264–270.

—, »The Normal Crying Curve: What Do We Really Know?« In: *Developmental Medicine and Child Neurology*, 1990, 32:4, S. 356–362.

—, »Recasting a Clinical Enigma: The Case of Infant Crying«. In: *Challenges to Developmental Paradigms: Implications for Theory, Assessment and Treatment* (hrsg. von Philip R. Zelazo und Ronald G. Barr. Hillsdale, N. J.: Lawrence Erlbaum, 1989.

Barthes, Roland, *On Racine* (übers. von Richard Miller). New York: Hill & Wang, 1964.

—, *Die Lust am Text* (übers. von Traugott König). Frankfurt am Main: Suhrkamp, 1992.

Basedow, Herbert, *The Australian Aboriginal*. Adelaide, Australien: F. W. Preece & Sons, 1929.

Bataille, Georges, *Das obszöne Werk. Die Geschichte des Auges, Madame Edwarda, Meine Mutter, Der Kleine, Der Tote* (übers. von Marion Luckow). Reinbek: Rowohlt, 1994.

—, *Die Tränen des Eros* (übers. von Gerd Bergfleth). München: Matthes & Seitz, 1981.

Baudelaire, Charles, *Les fleurs du mal: Die Blumen des Bösen; frz./dt.* (übertragen von Sigmar Löffler und Dieter Tauchmann). Leipzig: Insel-Verlag, 1973.

Bayne, Sheila Page, *Tears and Weeping: An Aspect of Emotional Climate Reflected in Seventeenth-Century French Literature*. Tübingen: Gunter Narr Verlag, 1981.

Beauvoir, Simone de, *Memoiren einer Tochter aus gutem Hause* (übers. von Eva Rechel-Mertens). Reinbek: Rowohlt, 1998.

Becher, Hans, *Die Surara und Pakidai, zwei Yanonami-Stämme in Nordwestbrasilien* (Museum für Völkerkunde in Hamburg, Mitteilungen, Nr. 26). Hamburg: Kommissionsverlag Cram, De Gruyter & Co., 1960.

Beckett, Samuel, *Warten auf Godot* (übers. von Elmar Tophoven). Frankfurt am Main: Suhrkamp, 1981.

Benedict, Ruth, *Urformen der Kultur*. Hamburg: Rowohlt, 1955.

Benedictus de Nursia, *Die Benediktregel: eine Anleitung zu christlichem Leben: der vollständige Text der Regel in Latein und Deutsch* (übers. von Georg Holzherr). Zürich: Benziger, 1993.

Bennett, Wendell C. und Robert M. Zingg, *The Tarahumara. An Indian Tribe of Northern Mexico*. Chicago: University of Chicago Press, 1935.

Bentham, Jeremy, *Defence of Ursury: Showing the Impolicy of the Present Legal Restraints on the Terms of Pecunary Bargains*. Dublin: D. Williams, 1788.

Beowulf: ein Heldenepos (übertragen von Martin Lehnert). Leipzig: Insel-Verlag, 1986.

Berenger-Feraud, L. J. B., »Les Ouolofs«. In: *Les Peuplades de la Sénégambie* (hrsg. von Ernest Leroux). Paris: Librairie de la Société Asiatique de l'Ecole des Langues Orientales Vivantes, 1879.

Birbaumer, Neil und Arne Öhman (Hrsg.), *The Structure of Emotion*. Seattle: Hogrefe & Huber, 1993.

Blackwood, Beatrice, *Both Sides of Buka Passage: An Ethnographic Study of Social, Sexual and Economic Questions in the North-Western Solomon Islands*. Oxford: Clarendon Press, 1935.

Blake, William, *Zwischen Feuer und Feuer. Poetische Werke. Zweisprachige Ausgabe* (übers. von Thomas Eichhorn). Müchen: dtv, 1998[2].

Bloom, Floyd E., *Brain, Mind and Behavior.* New York: Freeman, 1988[2].

Bly, Robert, *Eisenhans: ein Buch über Männer* (übers. von Ulrike Wasel und Klaus Timmermann). München: Droemer Knaur, 1993.

Boettner, Loraine, *Roman Catholicism.* Philadelphia: Presbyterian and Reformed Publishing, 1962.

Bohannan, Paul und Laura Bohannan, »Three Source Notebooks in Tiv Ethnography«. Unveröffentlichtes Manuskript. New Haven, Conn.: HRAF, 1958.

Bollig, Laurentius, *Die Bewohner der Truk-Inseln: Leben, Religion und kurze Grammatik eines Mikronesiervolkes.* Münster: Aschendorffsche Verlagsbuchhandlung, 1927.

Boscagli, Maurizia, »A Moving Story: Masculine Tears and the Humanity of Televised Emotions«. In: *Discourse,* Winter 1992–1993, 15:2, S. 64–79.

Bowlby, John, *Bindung: eine Analyse der Mutter-Kind-Beziehung* (übers. von Gertrud Mander). München: Kindler, 1975.

Boyle, Robert, *Medicinal Experiments; or, A Collection of Choice and Safe Remedies, for the Most Part Simple, and Easily Prepared: Useful in Families, and Very Serviceable to Country People.* London: Sam. Smith, 1694[2].

Bradburn, Beth, »The Apprenticeship of Tears«. Unveröffentlichtes Manuskript, 1998.

Brett, G. S., »Historical Development of the Theory of the Emotions«. In: *Feeling and Emotions: The Wittenberg Symposium. Siehe* Adler u. a., 1928.

Breuer, Josef und Sigmund Freud, *Studien über Hysterie* (1895). Frankfurt am Main: Fischer, 1991.

Bright, Timothy, *A Treatise of Melancholie* (1586). New York: Columbia University Press, 1940.

Brontë, Emily, *The Poems of Emily Brontë* (hrsg. von Derek Roper). New York: Oxford University Press, 1995.

—, Gedichte/Poems (übers. von Elsbeth Ort). München: Popa, 1984.

Brooks, Peter, *The Melodramatic Imagination: Balzac, Henry James, Melodrama, and the Mode of Excess.* New Haven, Conn.: Yale University Press, 1976.

Buck, Peter, *The Coming of The Maori.* Wellington, Neuseeland: Maori Purposes Fund Board, 1950.

Buck, Ross, *The Communication of Emotion.* New York: Guilford, 1984.

Budd, Malcolm, *Music and the Emotions: The Philosophical Theories.* New York: Routledge, 1992.

Byars, Jack, *All That Hollywood Allows: Rereading Gender in 1950's Melodrama.* Chapel Hill: University of North Carolina Press, 1991.

Camus, Albert, *Der Fremde* (übers. von Uli Aumüller). Reinbek: Rowohlt, 1997.

Cannon, Walter B., *Bodily Changes in Pain, Hunger, Fear and Rage*. New York: D. Appleton, 1929.

—, »The James-Lange Theory of Emotions: A Critical Examination and an Alternative Theory«. In: *American Journal of Psychology*, 1927, 40.

Carmichael, Kay, *Ceremony of Innocence: Tears, Power and Protest*. New York: St. Martin's, 1991.

Carr, Harvey A., *Psychology: A Study of Mental Activity*. London: Longmans, Green, 1925.

Carroll, Lewis, *Alice im Wunderland* (übers. von Christian Enzensberger). Hildesheim: Gerstenberg, 1998.

—, *Alice hinter den Spiegeln* (übers. von Lieselotte Remané, Nachdichtungen von Martin Remané). Leipzig: Philipp Reclam jun., 1981.

Castelvetro, Ludovico, *Castelvetro on the Art of Poetry* (hrsg. und übers. von Andrew Bongiorno). Binghamton, N.Y.: Medieval and Renaissance Texts and Studies, 1984.

Chanticleer [Pseudonym], »Decay of Weeping«. In: *Independent*, 19. Sept. 1925, S. 329.

Chapman, George, *The Widow's Tears* (1612). London: Methuen, 1975.

Chewings, Charles, *Back in the Stone Age: The Natives of Central Australia*. Sydney: Angus & Robertson, 1936.

Chupak, Cindy, »Can You Stand to See a Grown Man Cry?« In: *Glamour*, Juni 1994, S. 128.

Church, Lousia, »No Time for Tears«. In: *American Home*, Juni 1945, S. 16–19.

Der Cid. Das altspanische Heldenlied (übers. von Fred Eggarter). Stuttgart: Philipp Reclam jun., 1985.

Cioran, Emile Michel, *Von Tränen und von Heiligen* (übers. von Verena von der Heyden-Rynsch). Frankfurt am Main: Suhrkamp, 1988.

Cixous, Hélène, *The Hélène Cixous Reader* (hrsg. von Susan Sellers). New York: Routledge, 1994.

Clément, Catherine, *Syncope: The Philosophy of Rapture* (1990) (übers. von Sally O'Driscoll und Deirdre M. Mahoney). Minneapolis: University of Minnesota Press, 1994.

Condry, John und Sandra Condry, »Sex Differences: A Study of the Eye of the Beholder«. In: *Child Development*, 1976, 47, S. 812–819.

Cook, William Azel, *Through the Wilderness of Brazil by Horse, Canoe and Float*. New York: American Tract Society, 1909.

Cooper, James Fenimore, *Der Spion* (übers. von Helga Schulz). Berlin: Aufbau-Taschenbuch-Verlag, 1996.

Copway, George, zitiert in: M. Inez Hilger, *A Social Study of One Hundred Fifty Chippewa Indian Families of the White Earth Reservation of Minnesota*. Washington: Catholic University of America Press, 1939.

Cornelius, Randolph R., *The Science of Emotion: Research and Tradition in the Psychology of the Emotions.* Upper Saddle River, N. J.: Prentice Hall, 1996.

Cretser, Cary A., William K. Lombardo, Barbara Lombardo und Sharon Mathis, »Reactions to Men and Women Who Cry: A Study of Sex Differences in Perceived Societal Attitudes Versus Personal Attitudes«. *Perceptual and Motor Skills* 55 (1982): S. 479–86.

Crile, George W., *The Origin and Nature of the Emotions.* Philadelphia: W. B. Saunders, 1915.

Cudworth, Ralph, *A Treatise Concerning Eternal and Immutable Morality* (1678). New York: Garland, 1976.

Cunha, Euclides da, *Rebellion in the Backlands* (1902) (übers. von Samuel Putnam). Chicago: University of Chicago Press, 1944.

Cuthbertson-Johnson, Beverly, David D. Franks und Michael Dornan, *The Sociology of Emotions: An Annotated Bibliography.* New York: Garland, 1994.

Damasio, Antonio R., *Descartes' Irrtum: Fühlen, Denken und das menschliche Gehirn* (übers. von Hainer Kober). München: List, 1997.

D'Arnaud, Baculard, *Les Amants malheureux; ou, Le Comte de Comminges* (1746). La Haye: Gosse & Pinet, 1776.

Darwin, Charles, *Der Ausdruck der Gemütsbewegungen bei Menschen und bei Tieren* (übers. von J. Victor Carus). Stuttgart, 1972; Reprint: Nördlingen: Greno, 1986.

Davis, Wendy Ellen, *Crying It Out: The Role of Tears in Stress and Coping of College Students.* Ph. D.-Dissertation, University of Colorado at Boulder, 1990.

Descartes, René, *Die Leidenschaften der Seele* (1649) (hrsg. und übers. von Klaus Hammacher). Hamburg: Felix Meiner, 1984.

Detterman, Douglas K. und Lee Salk, »The Effect of Heartbeat Sound on Neonatal Crying«. In: *Infant Behavior and Development,* 1978, 1, S. 49–50.

Dewey, John, »The Theory of Emotion« (1894). In *The Early Works, 1882–1898* (hrsg. von Fredson Bowers und Jo Ann Boydston). Carbondale, Il.: Southern Illinois University Press, 1967–72.

Diamond, Norma Joyce, *K'un Shen: A Taiwan Village.* New York: Holt, Rinehart & Winston, 1969.

Dickens, Charles, *Oliver Twist* (1838) (übers. von Gustav Meyrink). Zürich: Diogenes, 1982.

—, *Der Raritätenladen* (1841) (übers. von Christin Hoeppener). Berlin: Ruetten & Loening, 1974.

Diderot, Denis, *Das erzählerische Gesamtwerk* (hrsg. von Hans Hinterhäuser). Frankfurt am Main u. Berlin: Ullstein, 1987.

Dolan, Deirdre, »New York's Streetwise Adolescents Drowning in Their *Titanic* Tears«. In: *New York Observer,* 23. Febr. 1998, S. 1 u. 12.

Dorsey, John M., *Psychology of Emotion: Self-discipline by Conscious Emotional Continence*. Detroit, Mich.: Center for Health Education, 1971.

Dostojewskij, Fjodor M., *Die Brüder Karamasow* (übers. von E. K. Rahsin). München: Piper, 1994.

—, *Aufzeichnungen aus dem Kellerloch* (übers. von Swetlana Geier). Stuttgart: Philipp Reclam jun., 1996.

Douglas, Ann, »Heaven Our Home: Consolation Literature in the Northern United States, 1830–1880«. In: *Death in America. Siehe* Stannard, 1975.

Douglas, Mary, *Reinheit und Gefährdung: eine Studie zu Vorstellungen von Verunreinigung und Tabu* (übers. von Brigitte Luchesi). Berlin: Reimer, 1985.

Dry, E. A., »The Social Development of the Hausa Child«. In: *Proceedings of the III International West African Conference Held in Ibadan, Nigeria*. Lagos: Nigerian Museum, 1949.

Durham, Mary Edith, *Some Tribal Origins, Laws and Customs of the Balkans* (1928). New York: AMS Press, 1979.

Durkheim, Emile, *Die Regeln der soziologischen Methode* (1895) (hrsg. und übers. von René König). Frankfurt am Main: Suhrkamp, 1995.

Egerton, Muriel, »Passionate Women and Passionate Men: Sex Differences in Accounting for Angry and Weeping Episodes«. In: *British Journal of Social Psychology*, 1988, 27, S. 51–66.

Eggan, Fred, *Social Organization of the Western Pueblos*. Chicago: University of Chicago Press, 1950.

Eisenberg, Nancy (Hrsg.), *Empathy and Related Emotional Responses*. San Francisco: Jossey-Bass, 1989.

Eisenberg, Nancy und Janet Strayer (Hrsg.), *Empathy and Its Development*. Cambridge: Cambridge University Press, 1987.

Ekman, Paul J., »Facial Expression and Emotion«. In: *American Psychologist*, 1993, 48, S. 384–392.

—, »Biological and Cultural Contributions to Body and Facial Movement in the Expression of Emotion«. In: *Explaining Emotions* (hrsg. von Amelie O. Rorty). Berkeley: University of California Press, 1980.

— (Hrsg.), *Darwin and Facial Expression: A Century of Research in Review*. New York: Academic Press, 1973.

Ekman, Paul J. und Richard J. Davidson, *The Nature of Emotion: Fundamental Questions*. New York: Oxford University Press, 1994.

Ekman, Paul J. und W. V. Friesen, »Nonverbal Leakage and Clues to Deception«. *Psychiatry*, 1969, 32, S. 88–105.

Elias, Norbert, *Über den Prozess der Zivilisation: soziogenetische und psychogenetische Untersuchungen*. Frankfurt am Main: Suhrkamp, 1997.

»Emotional Male«. In: *Newsweek*, 8. Nov. 1948, S. 44.

Ephron, Nora, *Quetschkartoffeln gegen den Trübsinn* (übers. von Ursula Gail). München: Droemer Knaur, 1994.

Erlich, Vera St., *Family in Transition: A Study of Three Hundred Yugoslav Villages*. Princeton, N. J.: Princeton University Press, 1966.

Esquivel, Laura, *Bittersüße Schokolade* (übers. von Petra Strien). Berlin: Ullstein, 1999.

Euripides, *Die Troerinnen; Griechisch/Deutsch* (übers. von Kurt Steinmann). Stuttgart: Philipp Reclam jun., 1983.

Evitt, Marie Faust, »Crying Games: How to Help Your Child to Avoid Breaking Down into Tears«. In: *Parenting*, Jan. 1995, S. 130.

Ewers, John Canfield, *The Blackfeet: Raiders of the Northwestern Plains*. Civilization of the American Indian Series, no. 49. Norman, Oklahoma: University of Oklahoma Press, 1971.

Fagan, J. und I. L. Shepherd (Hrsg.), *Gestalt Therapy Now*. Palo Alto, Calif.: Science and Behavior Books, 1970.

»Fashions in Emotion«. In: *Living Age*, 15. Juli 1911, S. 185–187.

Feld, Steven, *Sound and Sentiment: Birds, Weeping, Poetics and Song in Kaluli Expression*. Philadelphia: University of Pennsylvania Press, 1982.

Feldenkrais, Moshé, *The Body and Mature Behavior*. London: Routledge & Kegan Paul, 1949.

Feldman, Sandor S., »Crying at the Happy Ending«. In: *Journal of the American Psychoanalytic Association*, 1956, 4, S. 477–485.

Fell, Joseph P., III., *Emotion in the Thought of Sartre*. New York: Columbia University Press, 1965.

»Finally, It's OK to Cry«. In: *Your Health*, 8. Okt. 1991, S. 22–23.

Fisher, Philip, *Hard Facts: Setting and Form in the American Novel*. New York: Oxford University Press, 1985.

Folk Tales from China. 1st series. (übers. von Chou Chia-tsan). Peking: Foreign Languages Press, 1957.

»49er Loville Cries Tears of Strength«. In: *San Francisco Examiner*, 19. Dez. 1995.

Fourier, Charles, *The Passions of the Human Soul and Their Influence on Society and Civilization* (1851). New York: Kelley, 1968.

Franks, David D. und E. Doyle McCarthy (Hrsg.), *The Sociology of Emotion: Original Essays and Research Papers*. Greenwich, Conn.: JAI Press, 1989.

French, Thomas M. »Psychogenic Factors in Asthma«. In: *American Journal of Psychiatry*, 1939, 96.

Freud, Sigmund, »Drei Abhandlungen zur Sexualtheorie« (1905). In: *Sexualleben. Studienausgabe, Band 5*. Frankfurt am Main: S. Fischer, 1972, S. 37–145.

—, »Trauer und Melancholie« (1917). In: Psychologie des Unbewußten. Studienausgabe, Band 3. Frankfurt am Main: S. Fischer, 1975, S. 193–212.

Frey, William H., II und Muriel Langseth, *Crying: The Mystery of Tears*. New York: Harper & Row, 1985.

Freyre, Gilberto, *Herrenhaus und Sklavenhütte: ein Bild der brasilianischen*

Gesellschaft (übers. von Ludwig Graf von Schönfeldt). München: Deutscher Taschenbuch Verlag, 1990.

Frodi, Ann M., Michael E. Lamb, Lewis A. Leavitt und Wilberta L. Donovan, »Fathers' and Mothers' Responses to Infant Smiles and Cries«. In: *Infant Behavior and Development*, 1978, 1, S. 187–198.

Furedy, John J., Alison S. Fleming, Diane N. Ruble, Hal Scher u. a., »Sex-Differences in Small-Magnitude Heart-Rate Responses to Sexual and Infant-Related Stimuli: A Psychophysiological Approach«. In: *Physiology and Behavior*, 1989, 46:5, S. 903–905.

Gallin, Bernard, *Hsing Hsing, Taiwan: A Chinese Village in Change*. Berkeley: University of California Press, 1966.

Gedichte der englischen Romantik. Englisch/Deutsch (ausgew., herausgeg. u. komment. von Raimund Borgmeier). Stuttgart: Philipp Reclam Jun., 1995.

Gennep, Arnold van, *Übergangsriten* (1909) (übers. von Klaus Schomburg und Sylvia M. Schomburg-Scherff). Frankfurt am Main und New York: Campus, 1986.

Gladwin, Thomas und Seymour B. Sarason, *Truk: Man in Paradise*. Viking Fund Publications in Anthropology, no. 20. New York: Wenner-Gren Foundation for Anthropological Research, 1954.

Glass, David C. (Hrsg.), *Neurophysiology and Emotion*. New York: Rockefeller University Press and Russell Sage Foundation, 1967.

Goethe, Johann Wolfgang, *Die Leiden des jungen Werther* (1774). Leipzig: H. Fikentscher Verlag, o. J.

Golden, Tom, *Swallowed by a Snake: the Gift of the Masculine Side of Healing*. http://www2.dgsys.com/-tgolden/3tribal.hmtl.

Goldman, Irving, *The Cubeo: Indians of the Northwest Amazon*. Illinois Studies in Anthropology, no. 2. Urbana, Ill.: University of Illinois Press, 1963.

Goldstein, A. P. und G. Y. Michaels, *Empathy: Development, Training, and Consequences*. Hillsdale, N. J.: Lawrence Erlbaum, 1985.

Goleman, Daniel, *Emotionale Intelligenz* (übers. von Friedrich Griese). München: Hanser, 1996.

Gomes, Edwin, *Seventeen Years Among the Sea Dyaks of Borneo: A Record of Intimate Association with the Natives of the Bornean Jungle*. London: Seeley & Co., 1911.

Gorer, Geoffrey, *Death, Grief and Mourning*. Garden City, N. Y.: Doubleday, 1965.

Gregor von Narek, *Book of Lamentation*. In: *Lamentations of Narek: Mystic Soliloquies with God* (übers. von Mischa Kudian). London: Mashtots, 1977.

Griffis, William Elliot, *Corea: The Hermit Nation*. New York: Scribner's, 1882.

Grinker, R. R., *Psychosomatic Research*. New York: Norton, 1953.

Grinnell, George Bird, *Blackfoot Lodge Tales: The Story of a Prairie People* (1888). Lincoln, Nebr.: University of Nebraska Press, 1962.

Gross, James J., Barbara L. Friedrickson und Robert W. Levenson, »The Psychophysiology of Crying«. In: *Psychophysiology*, 1994, 31:5, S. 460–468.

Guinagh, Barry, *Catharsis and Cognition in Psychotherapy*. New York: Springer, 1987.

Gusinde, Martin, *Die Feuerland Indianer, Band 1: Die Selk'nam; vom Leben und Denken eines Jägervolkes auf der grossen Feuerlandinsel*. Mödling bei Wien: Verlag der Internationalen Zeitschrift »Anthropos«, 1931.

Hardy, Barbara, *Forms of Feeling in Victorian Fiction*. Athens, Ohio: Ohio University Press, 1985.

Harré, Rom (Hrsg.), *The Social Construction of Emotions*. New York: Basil Blackwell, 1986.

Harrell, Clyde Steven, *Belief and Unbelief in a Taiwan Village*. Dissertation (Anthropologie), Stanford University, Stanford, Calif., 1975. University Microfilms, Publication 75-6860. Ann Arbor, Mich.: University Microfilms, 1975.

Hastrup, Janice L., John G. Baker, Deborah L. Kraemer und Robert F. Bornstein, »Crying and Depression Among Older Adults«. In: *Gerontologist*, 1986, 26:1, S. 91–96.

Heidegger, Martin, Parmenides. In: *Gesamtausgabe, II. Abteilung: Vorlesungen 1923–1944, Band 54*. Frankfurt am Main: Vittorio Klostermann, 1982.

—, *Early Greek Thinking: The Dawn of Western Philosophy* (übers. von David Farrell Krell und Frank A. Capuzzi). New York: Harper & Row, 1984.

Hemingway, Ernest, *In unserer Zeit* (übers. von Annemarie Horschitz-Horst). Reinbek: Rowohlt, 1998.

Heritage, Timothy, »Weeping Bolshevik' Gets Tough Before Russian Poll«. In: *Reuters News Service*, 13. Nov. 1995.

Hiassen, Carl, *Die Glücksfee* (übers. von Michael Kubiak). München, Goldmann, 1998.

Hillman, James, *Emotion: A Comprehensive Phenomenology of Theories and Their Meaning for Therapy*. London: Routledge & Paul, 1960.

Hilton, Stanley G., *Senator for Sale: An Unauthorized Biography of Senator Bob Dole*. New York: St. Martin's, 1995.

Hippocrates, *Schriften: die Anfänge der abendländischen Medizin* (übers. von Hans Diller). Reinbek: Rowohlt, 1962.

Hobbes, Thomas, *Leviathan, oder Stoff, Form und Gewalt eines kirchlichen und bürgerlichen Staates* (1651) (übers. von Walter Euchner). Frankfurt am Main: Suhrkamp, 1998.

—, *Vom Körper: Elemente einer Philosophie I* (1650). Hamburg: Meiner, 1967.

—, *Vom Menschen – vom Bürger* (1658) (hrsg. von Günter Gawlick). Hamburg: Meiner, 1966.

Hochschild, Arlie Russell, *Das gekaufte Herz: zur Kommerzialisierung der Gefühle* (übers. von Ernst von Kardorff). Frankfurt am Main und New York: Campus, 1990.

—, »Emotion Work, Feeling Rules, and Social Structure«. In: *American Journal of Sociology*, 1979, 85, S. 551–575.

Holst-Warhaft, Gail, *Dangerous Voices: Women's Lament and Greek Literature*. London and New York: Routledge, 1992.

Homan, William E., M. D., *Kinder brauchen Liebe – Eltern brauchen Rat* (übers. von Elisabeth Mahler). München: Droemer Knaur, 1970.

Homer, *Ilias* (übers. von Johann Heinrich Voß). München: Goldmann, 1989.

—, *Odyssee* (übers. von Johann Heinrich Voß). München: Goldmann, 1989.

Hooke, S. H., *Middle Eastern Mythology: From the Assyrians to the Hebrews* (1963). New York: Penguin, 1991.

Hooker, John Lee, zitiert in: Ted Drozdowski, »Blue Blood«. In: *Los Angeles Magazine*, März 1995, S. 63–67.

Hoover-Dempsey, Kathleen V., Jeanne M. Plas und Barbara Strudler Wallston, »Tears and Weeping Among Professional Women: In Search of New Understanding«. In: *Psychology of Women Quarterly*, 1986, 10, S. 19–34.

Howell, William, »The Sea Dyak«. In: *Sarawak Gazette*, 1908–1910, 38–40.

Huizinga, Johan, *Herbst des Mittelalters: Studien über Lebens- und Geistesformen des 14. und 15. Jahrhunderts in Frankreich und in den Niederlanden* (übers. von Kurt Köster). Stuttgart: Kröner, 1987.

Hume, David, *Essays Moral, Political, and Literary* (1741) (hrsg. von Eugene F. Miller). Indianapolis, Ind.: Liberty Classics, 1985.

Humphries, S. C., *The Family, Women and Death: Comperative Studies*. London: Routledge, 1983.

Hunziker, U. A. und R. G. Barr, »Increased Carrying Reduces Infant Crying: A Randomized control Trial«. In: *Pediatrics*, 1986, 77, S. 641–648.

Hurst, Fanny, *Imitation of Life*. New York: Perennial Library, 1990.

Hutcheson, Francis, *An Essay on the Nature and Conduct of the Passions and Affections with Illustrations on the Moral Sense* (1742³). Gainsville, Florida: Scholars' Facsimiles and Reprints, 1969.

Huxley, Aldous, *Vulgarity in Literature. Digressions from a Theme*. London: Chatto & Windus, 1930.

Hvidberg, Flemming Friis, *Weeping and Laughter in the Old Testament*. Leiden, Holland: E. J. Brill, 1962.

Ignatius von Loyola: *Aus dem Geistlichen Tagebuch des hl. Ignatius von Loyola* (nach dem spanischen Urtext übertragen von Alfred Feder). Regensburg: J. Koesel & F. Pustet, 1922.

Irigaray, Luce, »When Our Lips Speak Together« (übers. von Carolyn Burke). In: *Signs: Journal of Women and Culture in Society*, 1980, 6, S. 69–79.

Irving, John, *Gottes Werk und Teufels Beitrag* (übers. von Thomas Linquist). Zürich: Diogenes, 1990.

Izard, Carroll (Hrsg.), *Emotion, Personality and Psychopathology*. New York: Plenum Press, 1979.

James, Henry, *Asperns Nachlaß* (übers. von Barbara Ostrop). Frankfurt am Main: Ullstein, 1996.

James, William, *Die religiöse Erfahrung in ihrer Mannigfaltigkeit* (hrsg. und übers. von Eilert Herms Olten). Freiburg im Breisgau: Walter, 1979.

—, *Psychologie* (übers. von Marie Duerr mit Anm. von Emil Duerr). Leipzig: Quelle & Meier, 1909.

—, »What is an Emotion«. In: *Mind*, 1884, 9, S. 188–205.

Janet, Pierre, *The Mental State of Hystericals: A Study of Mental Stigmata and Mental Accidents* (übers. von Caroline Rollin Corson). New York: Putnam, 1901.

Janov, Arthur, *Der Urschrei: ein neuer Weg der Psychotherapie* (übers. von Margaret Carroux). Frankfurt am Main: Fischer, 1991.

Jarry, Alfred, *Der Supermann: Le Surmale* (1902) (übers. von Greta Tüllmann und Renate Gerhardt). Berlin: Gerhardt, 1969.

Jefferson, Thomas, *Papers*. Band 10 (hrsg. von Julian P. Boyd u. a.). Princeton, N. J.: Princeton University Press, 1950.

Jenness, Diamond, *The Life of Copper Eskimos: Report of the Canadian Arctic Expedition, 1913–1918*. Ottawa: F. A. Acland, 1922.

Jones, Livingston F., *A Study of the Thlingets of Alaska*. New York: Flemig H. Revell, 1914.

Joubert, Laurent, *Treatise on Laughter* (1579) (übers. von David de Rocher). University, Ala.: University of Alabama Press, 1980.

Kang, Yong-hul, *Das Grasdach* (übers. von Lina Horn). München und Leipzig: List, 1948.

Kaplan, Fred, *Sacred Tears: Sentimentality in Victorian Literature*. Princeton, N. J.: Princeton University Press, 1987.

Kaufman, Howard Keva, *Bangkhuad: A Community Study in Thailand*. Association for Asian Studies, Monographs, no. 10. Locust Valley, N. Y.: J. J. Augustin, 1960.

Kay, Dennis, *Melodious Tears: The English Funeral Elegy from Spenser to Milton*. New York: Oxford University Press, 1990.

Ketterman, Grace, *Mothering: The Complete Guide for Mothers of All Ages*. Boston: Beacon Hill, 1998.

Kimmel, Michael, *Manhood in America: A Cultural History*. New York: Free Press, 1996.

Klass, Dennis, u. a. (Hrsg.), *Continuing Bonds: New Understandings of Grief*. Bristol, Pa.: Taylor & Francis, 1996.

Klineberg, Otto, »Expressing Emotions the World Over«. In: *Science Digest*, 1940, 8, S. 56–62.

—, *Social Psychology*. New York: Henry Holt, 1940.

Knez, Eugene Irving, *Sam Jong Dong: A South Korean Village*. Dissertation, Syracuse University, Syracuse, N. Y., 1959. University Microfilms, Publication 59–6308. Ann Arbor, Mich.: University Microfilms, 1960.

Koestler, Arthur, *Der göttliche Funke: der schöpferische Akt in Kunst und Wissenschaft* (1964) (übers. von Agnes Cranach und Willy Thaler). Bern und München: Scherz, 1966.

Kohl, J. G., *Kitchi-Gami*. London: Chapman & Hall, 1860.

Kottler, Jeffrey A., *Die Sprache der Tränen: Warum wir weinen* (übers. von Margarete van Pée). München: Diana, 1997.

Kraemer, Deborah L. und Janice L. Hastrup, »Crying in Adults: Self-control and Autonomic Correlates«. In: *Journal of Social and Clinical Psychology*, 1988, 6:1, S. 53–68.

—, »Crying in Natural Settings: Global Estimates, Self-monitored Frequencies, Depression and Sex Differences in an Undergraduate Population«. In: *Behavior Research & Therapy*, 1986, 24:3, S. 371–373.

Kramer, Richard Ben, *Bob Dole*. New York: Vintage, 1996.

Kristeva, Julia, *Black Sun: Depression and Melancholia* (übers. von Leon S. Roudiez). New York: Columbia University Press, 1989.

Kübler-Ross, Elisabeth, *Interviews mit Sterbenden* (übers. von Ulla Leippe). Stuttgart: Kreuz, 1982.

Labarre, Weston, »The Cultural Basis of Emotions and Gestures«. In: *Journal of Personality*, 1947, 16, S. 49–68.

Labott, Susan M., Randall B. Martin, Patricia S. Eason und Elayne Y. Berkey, »Social Reactions to the Expression of Emotion.« In: Emotion in Social Life (Spezialausgabe), Sept.–Nov. 1991, 5:5–6, S. 397–417.

Laclos, Choderlos de, *Gefährliche Liebschaften* (1782). Dortmund: Harenberg, 1986.

The Ladies' Indispensable Companion and Housekeepers Guide, Embracing Rules of Ettiquette; Rules for the Formation of Good Habits; and a Great Variety of Medical Recipes to which is Added one of the Best Systems of Cookery Ever Published. New York: H. Dayton, 1860.

Lambert, Gavin, *On Cuckor*. New York: Putnam, 1972.

Lambrecht, Francis, »The Mayawyaw Ritual«. In: *Catholic Anthropological Conference, Publications* (Washington, D. C.), 1932–1941, 4:1–5.

Landis, E. B., »Mourning and Burial Rites in Korea«. In: *Journal of the Anthropological Institute of Great Britain and Ireland*, 1896, 25, S. 340–361.

Lang, Peter J., »The Three-System Approach to Emotion«. In: Neils Birbaumer und Arne Öhman (Hrsg.), *The Structure of Emotion*. Seattle: Hogrefe & Huber, 1993.

Lang, Robert, *American Film Melodrama: Griffith, Vidor, Minnelli*. Princeton, N. J.: Princeton University Press, 1989.

Lange, Marjory E., *Telling Tears in the English Renaissance*. Studies in the History of Christian Thought, no. 70. New York: E. J. Brill, 1996.

Lawrence, D. H., *Liebende Frauen* (1920) (übers. von Theresia Mutzenbecher). Reinbek: Rowohlt, 1991.

—, »The Novel and the Feelings«. In: *Phoenix: The Posthumous Papers of D. H. Lawrence* (1936). New York: Viking, 1968.

Lavater, Johann Caspar, *Physiognomische Fragmente, zur Beförderung der Menschenkenntnis und Menschenliebe* (Leipzig und Winterthur: Weidmanns Erben und Reich, und Heinrich Steiner und Compagnie, 1775).

Leach, Penelope, *Babyhood: Infant Development from Birth to Two Years.* New York: Penguin, 1974.

—, *Die ersten Jahre deines Kindes: Ein Handbuch für Eltern* (übers. von Gisela Schüle und Eva Gerber; bearb. von Eva Gerber und D. R. Peters). München: Deutscher Taschenbuch Verlag, 1995.

LeDoux, Joseph E., *Das Netz der Gefühle: Wie Emotionen entstehen* (übers. von Friedrich Griese). München: Hanser, 1998.

Lendrum, Susan und Gabrielle Syme, *Gift of Tears: A Practical Approach to Loss and Bereavement Counseling.* New York: Routledge, 1992.

Lerner, Laurence, *Angels and Absences: Child Deaths in the Nineteenth Century.* Nashville, Tenn.: Vanderbilt University Press, 1998.

Lester, Barry M. und C. F. Zachariah Boukydis, »No Language but a Cry: Non-verbal Vocal Communication: Comparative and Developmental Approaches«. In: *Studies in Emotion and Social Interaction* (hrsg. von Hanus Papousek, Uwe Jurgens und Mechthild Papousek.) New York: Cambridge University Press, 1992.

Lewis, Michael und Jeanette M. Haviland (Hrsg.), *Handbook of Emotions.* New York: Guilford, 1993.

Lipps, Theodor, *Psychologische Untersuchungen.* Leipzig: W. Engelmann, 1905.

Lombardo, Willian K., Gary A. Cretser, Barbara Lombardo und Sharon L. Mathis, »For Crying Out Loud – There Is a Sex Difference«. In: *Sex Roles*, 1983, 9, S. 987–995.

Lowell, Robert, *The Voyage and Other Versions of Poems by Baudelaire.* New York: Farrar, Straus & Giraux, 1961.

Lowen, Alexander, *Bioenergetik: Therapie durch Arbeit mit dem Körper* (übers. von Jürgen Bavendam). Reinbek: Rowohlt, 1998.

—, *Bioenergetik als Körpertherapie: Der Verrat am Körper und wie er wiedergutzumachen ist* (übers. von Jürgen Abel). Reinbek: Rowohlt, 1993.

—, *Körperausdruck und Persönlichkeit: Grundlagen und Praxis der Bioenergetik* (übers. von Gudrun Theusner-Stampa). München: Kösel, 1991.

—, *Narzissmus: Die Verleugnung des wahren Selbst* (übers. von Gudrun Theusner-Stampa). München: Goldmann, 1992.

Lumholtz, Carl, *Unknown Mexico: A Record of Five Years' Exploration of the Western Sierra Madre; in the Tierra Caliente of Tepic and Jalisco; and Among the Tarascos of Michoacán.* Band 1. New York: Scribner's, 1902.

Lutz, Catherine und Lila Abu-Lughod (Hrsg.), *Language and the Politics of Emotion.* New York: Cambridge University Press, 1990.

Mackenzie, Henry, *Ein Mann von Gefühl* (1771) (übers. von Wilhelm Christhelf Sigmund Mylius). Berlin: Himburg, 1783.

MacLean, Paul D., »Cerebral Evolution of Emotion«. In: *Handbook of Emotions*. *Siehe* Lewis and Haviland, 1993.

—, »Psychosomatic Disease and the ›Visceral Brain‹: Recent Developments Bearing on the Papez Theory of Emotions«. In: *Psychosomatic Medicine*, 1949, 11, S. 338–353.

Maddox, Richard, *El Castillo: The Politics of Tradition in an Andalusian Town*. Urbana, Ill.: University of Illinois Press, 1993.

Mailer, Norman, *Das Jesus-Evangelium*. München: C. Bertelsmann, 1998.

Mair, Lucy P., *An African People in the Twentieth Century*. London: George Routledge & Sons, 1934.

»Male Declared More Emotional Than Female«. In: *Science News-Letter*, 13. Nov. 1948, S. 312.

Malinowski, Bronislaw, *Das Geschlechtsleben der Wilden in Nordwest-Melanesien: Liebe, Ehe und Familienleben bei den Eingeborenen der Trobriand-Inseln, Britisch-Neuguinea* (übers. von Eva Schumann; hrsg. von Fritz Kramer). Frankfurt am Main: Syndikat, 1979.

—, *Sitte und Verbrechen bei den Naturvölkern*. München: Lehnen (Samml. Dalp), 1949.

Man, Edward Horace, *On the Aboriginal Inhabitants of the Andaman Islands*. London: Anthropological Institute of Great Britain and Ireland, 1932.

Manstead, Anthony S. R. (Hrsg.), *Emotion in Social Life*. Hillsdale, N. J.: Lawrence Erlbaum, 1991.

Marañon, Gregorio, »Contribution à l'étude de l'action émotive d'adrénaline«. In: *Revue Française d'Endocrinologie*, 1924, 2, S. 301–325.

Maslach, Christina, »Negative Emotional Biasing of Unexplained Arousal«. In: *Emotion, Personality and Psychopathology. Siehe* Izard, 1979.

Masson, Jeffrey Moussaieff und Susan Mc.Carthy, *Wenn Tiere weinen* (übers. von Catharina Berents). Reinbek: Rowohlt, 1996.

Mather, Cotton, *The Angel Bethesda* (1724) (hrsg. von Gordon W. Jones). Barra, Mass.: American Antiquarian Society and Barre, 1972.

May, Herbert G. und Bruce M. Metzger (Hrsg.), *The Oxford Annotated Bible*. New York: Oxford University Press, 1977.

McCarthy, Susan und Jeffrey Moussaieff Masson, *Wenn Tiere weinen* (übers. von Catharina Berents). Reinbek: Rowohlt, 1996.

McEntire, Sandra J., *The Doctrine of Compunction in Medieval England: Holy Tears*. Lewiston, N. Y.: Edwin Mellen, 1990.

McKinley, James C., Jr., »Anguish of Rwanda Echoed in a Baby's Cry«. In: *New York Times*, 21. Febr. 1996, A1, A4.

McNaughton, Neil, *Biology and Emotion*. New York: Cambridge University Press, 1989.

Mead, Margaret, *Jugend und Sexualität in primitiven Gesellschaften. Band 1: Kindheit und Jugend in Samoa.* München: Deutscher Taschenbuch Verlag, 1979.

Melville, Herman, *Moby Dick* (übers. von Fritz Güttinger). Zürich: Manesse Verlag, 1994.

—, *Redburn: Erlebnisse und Bekenntnisse eines Schiffsjungen* (übers. von Karl Hofer). Luzern: Rex-Verlag, 1952.

—, *White Jacket, Or the World in a Man-Of-War.* London: Oxfords World's Classics, 1990.

Messing, Simon David, »The Highland-Plateau Amhara of Ethopia«. Dissertation in Anthropology, University of Pennsylvania, Philadelphia, 1957.

Messner, Michael A., »›Changing Men‹ and Feminist Politics in the United States«. In: *Theory and Society,* 1993, 22, S. 723–727.

Milder, Benjamin und Bernardo A. Weil (Hrsg.), *The Lacrimal System.* Norwalk, Conn.: Appleton Century Crofts, 1983.

Molière, *Der Menschenfeind, oder Der griesgrämige Verliebte: Komödie in fünf Aufzügen* (1666) (übers. von Monika Fahrenbach-Wachendorff). Stuttgart: Reclam Universal-Bibliothek, 1995.

Montaigne, Michel Eyquem de, *Essais: Erste moderne Gesamtübersetzung von Hans Stilett.* Frankfurt am Main: Eichborn, 1998.

Moore, Thomas, *Lalla Rookh* (1817) (übers. von Gertrud Jauer). Weimar: Wagner, 1917.

Moose, J. Robert, *Village Life in Korea.* Nashville, Tenn.: M. E. Church, 1911.

Morley, J. K., *Some Things I Believe.* London: Macmillan, 1937.

Mrs. Hale's New Book of Cookery and Complete Housekeeper. New York: H. Long & Brother, 1852.

Munroe, Ruth H. und Robert L. Munroe, »Infant Experience and Childhood Cognition: A Longitudinal Study Among the Logoli of Kenya«. In: *Ethos,* 1984, 12, S. 291–306.

Myers, Garry Cleveland, M. D., *The Modern Family.* New York: Greenberg, 1934.

Nash, June, *In the Eyes of the Ancestors: Belief and Behavior in a Maya Community.* New Haven, Conn.: Yale University Press, 1970.

Natu, Bal, *Glimpses of the God-Man.* 1982. http://www.sunyerie.edu/mb/erics/tearsjoy.html.

Nelson, J. Daniel, »Dry Eye in Sjögren's Syndrome«. National Sjögren's Syndrome Association. http://www.sjogrens.org/eye.htm.

Nichols, Michael P. und Melvin Zax, *Cartharsis in Psychotherapy.* New York: Gardner, 1977.

Niemeier, Susanne und René Dirven (Hrsg.), *The Language of Emotions: Conceptualization, Expression, and Theoretical Foundation.* Philadelphia: John Benjamins, 1997.

Okada, Fumihiko, »Weeping and Depression: Neural Mechanism«. In: *Neu-*

ropsychiatry, Neuropsychology, and Behavioral Neurology, 1995, 8:4, S. 293–296.

Olsen, Paul und C. W. Asher, *Emotionale Stimulation und Überfluten der Gefühle in der Psychotherapie* (übers. von Uta Schwarz). München: Reinhardt, 1980.

Olson, Ronald L., *Social Structure and Social Life of the Tlingit in Alaska*. Berkeley: University of California Press, 1967.

O'Moore, A. M., R. R. O'Moore, R. F. Harrison, G. Murphy und M. E. Carruthers, »Psychosomatic Aspects in Idiopathic Infertility: Effects of Treatment with Autogenic Training«. In: *Journal of Psychosomatic Research*, 1983, 27:2, S. 145–151.

Orans, Martin, *The Santal: A Tribe in Search of a Great Tradition*. Detroit, Mich.: Wayne State University Press, 1965.

Ortony, Andrew, Gerald L. Clore und Allan Collins, *The Cognitive Structure of Emotions*. New York: Cambridge University Press, 1988.

Ovidus Naso, Publius, *Liebeskunst: Ars Amatoria; lat./dt.* (hrsg. und übers. von Niklas Holzberg). München und Zürich: Artemis und Winkler, 1992.

—, *Amores: Die Liebeselegien; lat./dt.* (hrsg. und übers. von Michael von Albrecht). Stuttgart: Reclam Universal-Bibliothek, 1997.

—, *Heroides: Liebesbriefe; lat./dt.* (hrsg. und übers. von Bruno W. Haeuptli). München: Artemis & Winkler, 1995.

—, *Tristia Epistulas ex ponto: Briefe aus der Verbannung; lat./dt.* (übertragen von Wilhelm Willige). Stuttgart und Zürich: Artemis Verlag, 1963.

Palmer, Gretta, »Why do Women Cry?« In: *Ladies' Home Journal*, Okt. 1948, S. 259–65.

Papanicolaou, A. C., *Emotion: A Reconsideration of the Somatic Theory*. New York: Gordon & Breach, 1989.

Papez, James W., »A Proposed Mechanism of Emotion«. In: *Archives of Neurology and Psychiatry*, 1937, 38, S. 725–743.

Parker, Dorothy, *New Yorker Geschichten: Gesammelte Erzählungen* (übers. von Pieke Biermann und Ursula-Maria Mössner). Zürich: Haffmans, 1994.

Parry, Richard, *Basic Psychotherapy*. New York: Churchill Livingstone, 1983.

Paulme, Denise, *Organisation sociale des Dogon (Soudan français)*. Paris: Domat-Montchrestien, 1940.

Peacham, Henry, *Minerva Britanna* (1612). Leeds, England: Scolar Press, 1966.

Pearsall, Marion, »Klamath Childhood and Education«. In: *Anthropological Records*, 1950, 9, S. 339–351.

Perls, Frederick S., *Das Ich, der Hunger und die Aggression: die Anfänge der Gestalttherapie* (übers. von Gudrun Theusner-Stampa). Stuttgart: Klett Cotta, 1995.

—, *Gestalt-Therapie in Aktion* (übers. von Josef Wimmer). Stuttgart: Klett Cotta, 1996.

Perry, Bruce D., »Death, Grief and Mourning: The Koreshian Children«. http://www.bcm.tmc.edu/civitas/.

Phelps, Elizabeth Stuart, *The Gates Ajar* (1869) (hrsg. von Helen Sootin Smith). Cambridge, Mass.: Harvard University Press, 1964.

Pinker, Steven, *Wie das Denken im Kopf entsteht* (übers. von Martina Wiese und Sebastian Vogel). München: Kindler, 1998.

Pinyerd, Belinda J., »Infant Colic and Maternal Mental Health: Nursing Research and Practice Concerns«. In: *Issues in Comprehensive Pediatric Nursing*, 1992, 15:3, S. 155–167.

Platon, *Sämtliche Werke. Band 2: Lysis, Symposion, Phaidon, Kleitophon, Politeia, Phaidros* (übers. von Friedrich Schleiermacher). Reinbek: Rowohlt, 1994.

—, *Spätdialoge (u. a. Philebos)* (hrsg. von Olof Gigon; übers. von Rudolf Rufener). Zürich und Stuttgart: Artemis Verlag, 1969.

—, *Der Staat (Res publica)* (hrsg. von Olof Gigon; übertragen von Rudolf Rufener). Zürich und München: Artemis Verlag, 1973.

Plessner, Helmut: *Lachen und Weinen: eine Untersuchung nach den Grenzen des menschlichen Verhaltens.* Bern: Francke (Samml. Dalp), 1961.

Plutchik, Robert, *Emotion: A Psychoevolutionary Synthesis.* New York: Harper & Row, 1980.

Powers, Thomas, »The Last Hurrah«. In: *New York Review of Books,* 15. Febr. 1996.

Prentiss, Elizabeth, *Stepping Heavenward* (1869). New York: A. D. F. Randolph, 1897.

Prévost, Abbé, *Geschichte des Chevalier des Grieux und der Manon Lescaut.* Stuttgart: Philipp Reclam jun., 1987.

Propertius, Sextus Aurelius, *Elegien (lat./dt.)* (hrsg. von Wilhelm Willige). München: Heimeran, 1960.

Pruneau de Pommegorge, Antoine Edmé, *Description de la Nigritie.* Amsterdam: keine Verlagsangabe, 1789.

Radcliffe-Brown, Alfred Reginald, *The Andaman Islanders: A Study of Social Anthropology.* Cambridge, England: The University Press, 1922.

Ransom, John Crowe, *The World's Body.* Scribner's, 1938.

Rattray, R. S., *Hausa Folk-lore, Customs, Proverbs, etc., Collected and Transliterated with English Translation and Notes* (1913). Oxford: Clarendon Press, 1969.

Reich, Wilhelm, *Charakter-Analyse* (übers. von Mary Boyd Higgins und Bernd A. Laska). Köln: Kiepenheuer & Witsch, 1989.

—, *Die sexuelle Revolution: zur charakterlichen Selbsterneuerung des Menschen.* Frankfurt am Main: Fischer, 1993.

Reichel-Dolmatoff, Gerardo, *Los Kogi: Una tribu de la Sierra Nevada de Santa Marta, Colombia.* Bogotá: Editorial Iqueima, 1951.

Restif de Bretonne, Edmé, *La Vie de mon Père* (1779). Ottawa: Cercle du Livre de France, 1949.

Reynolds, Edward, *A Treatise of the Passions and Faculties of the Soul of Man* (1640). Gainesville, Florida: Scholar's Facsimiles and Reprints, 1971.

Ribot, Théodule, *Psychologie der Gefühle* (1889) (übers. von Christian Ufer). Altenburg: Bonde, 1903.

Rich, Adrienne, *Snapshots of a Daughter-in-Law: Poems, 1954–62*. New York: Norton, 1967.

Richardson, Samuel, *Geschichte der Pamela, oder Die belohnte Tugend eines Frauenzimmers* (1740).

Riding, Laura, *A Selection of the Poems of Laura Riding*. New York: Persea, 1996.

Riessman, Catherine Kohler, *Gender and the Social Construction of Emotions: The Feminization of Psychological Distress*. American Sociological Association, 1989.

Riessman, Catherine Kohler und Naomi Gerstel, *Gender Differences in Idioms of Distress after Divorce*. American Sociological Association, 1989.

Rivers, W. H. R., *The History of the Melanesian Society*. Cambridge: Cambridge University Press, 1914.

Rogers, Carl R. und Barry Stevens, *Von Mensch zu Mensch: Möglichkeiten, sich und anderen zu begegnen* (übers. von Anna Tilebein und Brigitte Westermeier). Paderborn: Jungfermann, 1984.

Das altfranzösische Rolandslied (übers. von Wolf Steinsieck). Stuttgart: Philipp Reclam jun., 1999.

Rorty, Amélie Oksenberg (Hrsg.), *Explaining Emotions*. Berkeley: University of California Press, 1980.

Rosaldo, Michelle Zimbalist, *Knowledge and Passion: Ilongot Notions of Self and Social Life*. New York: Cambridge University Press, 1980.

Rosaldo, Renato, *Culture and Truth: The Remaking of Social Analysis*. Boston: Beacon Press, 1989.

Rosenblatt, Paul C., *Bitter, Bitter Tears: Nineteenth-Century Diarists and Twentieth-Century Grief Theories*. Minneapolis, Minn.: University of Minneapolis Press, 1983.

Ross, Catherine E. und John Mirowsky, »Men Who Cry«. In: *Social Psychology Quarterly*, 1984, 47, S. 138–146.

Rotundo, Anthony, *American Manhood: Transformations in Masculinity from the Revolution to the Modern Era*. New York: Basic Books, 1993.

Rousseau, Jean-Jacques, *Der Gesellschaftsvertrag* (übers. von Johann Heinrich Heusinger; hrsg. von Alexander Heine). Essen: Phaidon, 1997.

—, *Julie, oder die neue Héloïse: Briefe zweier Liebenden aus einer kleinen Stadt am Fusse der Alpen: ges. und hrsg. von J. J. Rousseau*. Leipzig, Weimar: Gustav Kiepenheuer Verlag, 1980.

Sade, Donatien Alphonse François de, *Justine oder Vom Missgeschick der Tugend* (übers. von Walter Fritzsche). Frankfurt am Main: Ullstein, 1990.

—, *Die Philosophie im Boudoir oder Die lasterhaften Lehrmeister.* Vastorf: Merlin, 1995.

Sadoff, Robert l., »On the Nature of Crying and Weeping«. In: *Psychiatric Quarterly*, 1996, 40, S. 490–503.

Saint-Pierre, Jacques Henri Bernardin, *Paul und Virginie* (anonyme Übers.). Zürich: Die Waage, 1953.

Sanders, Barry, *Sudden Glory: Laughter as Subversive History.* Boston: Beacon Press, 1995.

Santayana, George, *Dialogues in Limbo.* New York: Scribner's, 1925.

Sarbin, T. R., »Emotions as Narrative Emplotments«. In: *Entering the Circle: Hermeneutic Investigation in Psychology* (hrsg. von M. J. Packer und R. B. Addison). Albany, N. Y.: State University of New York Press, 1989.

Sartre, Jean Paul, »Skizze einer Theorie der Emotionen« (1939), in: *Die Transzendenz des Ego. Philosophische Essays, 1931–1939* (übers. von Uli Aumüller, Traugott König und Bernd Schuppener). Reinbek: Rowohlt, 1997.

Schachter, Stanley und Jerome E. Singer, »Cognitive, Social, and Physiological Determinants of Emotional State«. In: *Psychological Review*, 1962, 69, S. 379–399.

Schaden, Egon, *Aspectos fundamentais da cultura Guarani.* São Paulo: Difusão Europeia do Livro, 1962.

Schatz, Thomas, *Hollywood Genres: Formulas, Filmmaking and the Studio System.* Philadelphia: Temple University Press, 1981.

Scheff, Thomas J., *Explosion der Gefühle: Über die kulturelle und therapeutische Bedeutung kathartischen Erlebens* (übers. von Elke Martin und Sabine Friedrichs). Weinheim und Basel: Beltz, 1983.

—, *Emotions, the Social Bond, and Human Reality: Part/Whole Analysis.* New York: Cambridge University Press, 1997.

—, *Microsociology: Discourse, Emotion, and Social Structure.* Chicago: University of Chicago Press, 1990.

Scheper-Hughes, Nancy, *Death Without Weeping: The Violence of Everyday Life in Brazil.* Berkeley: University of California Press, 1992.

Schwarzkopf, Norman, Interview mit Barbara Walters. »20/20«, Shows 1111 und 1112. ABC News, New York, 15. und 22. März 1991.

Sears, William, *Nighttime Parenting: How to Get Your Baby and Child to Sleep.* Franklin Park, Ill.: La Leche League, o. J.

Sedgwick, Eve Kosofsky, *Epistemology of the Closet.* Berkeley: University of California Press, 1990.

Shakespeare, William, *Hamlet* (übers. von Holger M. Klein). Stuttgart: Philipp Reclam jun., 1984.

—, *König Lear* (übers. von Raimund Borgmeier, Barbara Puschmann-Nalenz, Bernd Santesson und Dieter Wessels). Stuttgart: Philipp Reclam jun., 1973.

—, *Othello* (übers. von Hanno Bolte und Dieter Hamblock). Stuttgart: Philipp Reclam jun., 1985.

Shorvon, H. J. und W. B. Sargent, »Excitatory Abreaction: with Special Reference to Its Mechanism and the Use of Ether«. In: *Journal of Mental Science*, 1947, 93, S. 709–732.

Silva, Alcionilio Bruzzi Alves da, *A civilizacão indigena do Uapes*. São Paulo: Centro de Pesquisas de Iauarete, 1962.

Simonov, P. V., *The Emotional Brain: Physiology, Neuroanatomy, Psychology, and Emotion* (übers. von Mary J. Hall). New York: Plenum Press, 1986.

Skinner, B. F., *The Behavior of Organism: An Experimental Analysis*. New York: D. Appleton-Century, 1938.

Skrefsrud, Lars Olsen, *Traditions and Institutions of the Santals* (übers. von P. O. Bodding). Oslo, Norwegen: Oslo Etnografiske Museum, 1942.

Sloboda, John A., »Music Structure and Emotional Response: some Empirical Findings«. In: *Psychology of Music*, 1991, 19:2, S. 110–120.

Smith, Adam, *Theorie der ethischen Gefühle* (1759) (hrsg. und übers. von Walther Eckstein). Hamburg: Felix Meiner, 1985.

Smith, Mary F., *Baba of Karo: A Woman of the Muslim Hausa*. London: Faber & Faber, 1954.

Solomon, Robert C., *The Passions*. Garden City, N. Y.: Anchor, Doubleday, 1976.

Solter, Aletha, »Why Do Babies Cry?« In: *Pre- and Peri-Natal Psychology Journal*, 1995, 10:1, S. 21–43.

Sophokles, *Tragödien (*u. a. m. *Aias)* (übers. von Ernst Buschor und Wolfgang Schadewaldt). Zürich und Stuttgart: Artemis Verlag, 1968.

Southwell, Robert, *The Complete Poems of Robert Southwell* (hrsg. von Alexander B. Grosart). Westport, Conn.: Greenwood Press, 1970.

Spencer, Herbert, *Die Prinzipien der Psychologie* (1855). Stuttgart: E. Schweizerbart, 1882–1886.

Spencer, Walter Baldwin und Francis James Gillen, *The Arunta: A Study of a Stone Age People*. London: Macmillan, 1927.

Spinoza, Benedictus de, *Sämtliche Werke in sieben Bänden* (hrsg. von Carl Gebhart). Hamburg: Felix Meiner, 1982.

Spock, Benjamin und Rothenberg, Michael B., *Säuglings- und Kinderpflege* (übers. von Cordula Bölling-Moritz und Helga Haage). Frankfurt am Main: Ullstein, 1997.

Spock, Benjamin und Anna David, »For Crying Out Loud«. In: *Parenting*, Nov. 1994, S. 76–80.

Stanford, William Bedell, *Greek Tragedy and the Emotions: An Introductory Study*. Boston: Routledge & Kegan Paul, 1983.

Stearns, Peter, *Be a Man!: Males in Modern Society*. New York: Holmes & Meier, 1990[2].

—, »History of Emotions: The Issue of Change«. In: *Handbook of Emotions.* *Siehe* Lewis und Haviland, 1993.

Stearns, Peter und Carol Z. Stearns, »Emotionology: Clarifying the History of Emotions and Emotional Standards«. In: *American Historical Review,* 1985, 90:4, S. 813–836.

— (Hrsg.), *Emotion and Social Change: Toward a New Psychohistory.* New York: Holmes & Meier, 1988.

Stein, Gertrude, *Die geographische Geschichte von Amerika Oder Die Beziehung zwischen der menschlichen Natur und dem Geist des Menschen.* Frankfurt: Suhrkamp, 1988.

Stein, Lawrence B. und Stanley L. Brodsky, »When Infants Wail: Frustration and Gender as Variables in Distress Disclosure«. In: *Journal of General Psychology,* 1995, 122:1, S. 19–27.

Steinen, Karl von den, *Von den Steinen's Marquesan Myths* (übers. von Marta Langridge). Canberra, Australien: Target Oceania, Journal of Pacific History, 1988.

Stern, Daniel N., *Die Lebenserfahrung des Säuglings* (übers. von Wolfgang Krege). Stuttgart: Klett Cotta, 1996.

Stern, William, *Psychologie der frühen Kindheit bis zum sechsten Lebensjahr.* Heidelberg: Quelle & Meyer, 1952.

Stifter, Cynthia A. und Julia Braungart, »Infant Colic: A Transient Condition with No Apparent Effects«. In: *Journal of Applied Developmental Psychology,* 1992, 13:4, S. 447–462.

Stowe, Harriet Beecher, *Onkel Toms Hütte* (1850) (anonyme Übers. v. 1853 bearb. von Susanne Althoetmar-Smarczyk). München: Deutscher Taschenbuch Verlag, 1994.

The Successful Housekeeper; A Manual of Universal Application, Especially Adapted to the Every Day Wants of American Housewives. Detroit, Mich.: M: W. Ellsworth & Co., 1888.

Symonds, Percival M., »A Comprehensive Theory of Psychotherapy«. In: *American Journal of Orthopsychiatry,* 1954, 24, S. 697–714.

Taylor, Mark C., *Tears.* Albany, N.Y.: State University of New York Press, 1990.

Ten Foot Square Hut and The Tales of the Heike (übers. von A. L. Sadler). Rutland, Vt.: Charles E. Tuttle, 1972.

Tennyson, Alfred, *The Poems of Tennyson* (hrsg. von Christopher Ricks). Harlow: Longman's, 1969.

Terweil, Barend Jan, *Monks and Magic; An Analysis of Relegious Ceremonies in Central Thailand.* Scandinavian Institute of Asian Studies, Monograph Series, no. 24. London: Curzon Press, 1975.

Thomas, Dylan, *Windabgeworfenes Licht. Gedichte: Englisch und Deutsch* (übers. von Reinhard Paul Becker, Ewald Brahms, Jutta Ernst, Erich Fried, Detlev Gohrbandt, Wolfgang Görtschacher, Reinhard Harbaum, Andreas

Lorenczuk, Klaus Martens, Curt Meyer-Clason, Josef Pesch, Margit Peterfy). Frankfurt am Main: Fischer, 1996.

Thomas von Aquin, *Die deutsche Thomasausgabe: Summa Theologica.* Graz: Verlag Styria, 1993.

Thompson, Jack George, *The Psychobiology of the Emotions.* New York: Plenum Press, 1988.

Thurman, Wallace, *The Blacker the Berry…: A Novel of Negro Life* (1929). New York: Macmillan, 1970.

Tims, Hilton, *Emotion Pictures: The ›Women's Picture‹, 1930–55.* London: Columbus Books, 1987.

Tomkins, Silvan, *Affect, Imagery, Consciousness* (vier Bände). New York: Springer, 1962–92.

—, *Shame and Its Sisters: A Silvan Tomkins Reader* (hrsg. von Eve Kosofsky Sedgwick und Adam Frank). Durham, N.C.: Duke University Press, 1995.

Tomkins, Silvan und Carroll E. Izard (Hrsg.), *Affect, Cognition, and Personality: Empirical Studies.* New York: Springer, 1965.

Trilling, Lionel, *Das Ende der Aufrichtigkeit* (übers. von Henning Ritter). Frankfurt am Main: Fischer, 1989.

Tschopik, Harry, Jr., »The Aymara«. In: *Bureau of American Ethnology Bulletin,* 1946, 143:2, S. 501–573.

—, »The Aymara of Chucuito, Peru: 1. Magic«. In: *Anthropological Papers of the American Museum of Natural History,* 1951, 44, S. 133–308.

Turnbull, Colin Maximillan, *Molimo: drei Jahre bei den Pygmäen (Forest People).* Köln: Kiepenheuer & Witsch, 1963.

—, *Wayward Servants: The Two Worlds of the African Pygmies.* Garden City, N.Y.: Natural History Press, 1965.

Turner, Thomas Reed, *Beware the People Weeping: Public Opinion and the Assassination of Abraham Lincoln.* Baton Rouge, La.: Louisiana State University Press, 1982.

Twain, Mark, *Gesammelte Werke (in neun Bänden)* (übers. von Klaus-Juergen Popp). München und Wien: Hanser, 1977.

Ullman, Sarah E. und Raymond A. Knight, »The Efficacy of Women's Resistance Strategies in Rape Situations«. In: *Psychology of Women Quarterly,* 1993, 17, S. 23–38.

Unamuno, Miguel de, *Das tragische Lebensgefühl* (1913). München: Meyer & Jessen, 1925.

Valentine, C. W., »The Innate Bases of Fear« (1930). In: *Journal of Genetic Psychology,* 1991, 152:4, S. 501–527.

Van Haeringen, N. J., »Clinical Biochemistry of Tears«. In: *Survey of Ophthalmology,* 1981, 26, S. 84–96.

Van Oosterum, Peter, *Tears: A Key to a Remedy* (1995). Bath, England: Ashgrove, 1998.

Viktorianische Lyrik. Englisch/Deutsch (herausgeg. v. Armin Geraths u. Kurt Herget). Stuttgart: Philipp Reclam Jr., 1985.

Vincent-Buffault, Anne, *The History of Tears: Sensibility and Sentimentality in France* (übers. von Teresa Bridgeman). New York: St. Martin's, 1991.

Vergilius Maro, Publius: *Bucolica; Georgica; Aeneis* (dt. von Rudolf Alexander Schröder). Darmstadt: Wissenschaftliche Buchgesellschaft, 1976.

Voltaire, *Des Herrn Voltaire Trauerspiel: Alzire, oder Die Amerikaner genannt* (in deutsche Verse übers. von Johann Friedrich Koppen). Dresden: Hilscher, 1738.

Von Staden, Heinrich, »Introduction: Alexandrian and Egyptian Medicine«. In: *Herophilus: The Art of Medicine in Early Alexandria*. New York: Cambridge University Press, 1989.

Waldman, J. Lori, *Breakthrough or Breakdown: When the Psychotherapist Cries During the Therapy Session*. Dissertation, Massachusetts School of Professional Psychology, Boston, Mass., 1995.

Warhol, Robyn, »As You Stand, So You Feel and Are: The Crying Body and the Nineteenth Century Text«. In: *Tatoo, Torture, Mutilation, and Adornment: The Denaturalization of the Body in Culture and Text* (hrsg. von Francis E. Mascia-Lees und Patricia Sharpe). Albany, N. Y.: State University of New York Press, 1992.

Warren, D. W., A. M. Azzarolo, Z. M. Huang, B. W. Platler, R. L. Kaswan, E. Gentschein, F. L. Stanczyk, L. Becker und A. K. Mircheff, »Androgen Support of Lacrimal Gland Function in the Female Rabbit«. In: *Advances in Experimental Medicine and Biology*, 1989, 438, S. 89–93.

Watson, John Broadus, *Behaviorismus* (übers. von Lenelis Kruse; hrsg. von Carl Friedrich Graumann). Eschborn: Klotz, 1997.

—, *Psychology from the Standpoint of a Behaviorist*. Philadelphia: Lippincott, 1924.

—, *The Psychological Care of Infant and Child*. New York: Norton, 1928.

Waugh, Evelyn, *Tod in Hollywood: eine anglo-amerikanische Tragödie* (übers. von Peter Gau). Zürich: Diogenes, 1991.

Wegman, Cornelius, *Psychoanalysis and Cognitive Psychology*. New York: Academic Press, 1985.

Weiss, Albert P., »Feeling and Emotion as Forms of Behavior«. In: *Feelings and Emotions. Siehe* Adler u. a., 1928.

Werb, Abraham, »The Anatomy of the Lacrimal System«. In: *The Lacrimal System. Siehe* Milder and Weil, 1983.

West, Nathanael, *Tag der Heuschrecken. Ein Hollywood Roman* (übers. von Fritz Güttinger). Zürich: Diogenes, 1997.

Whiteside, Jonny, *Cry: The Johnnie Ray Story*. New York: Barricade Books, 1994.

Whitman, Walt, *Grashalme*. Leipzig: Insel, 1969.

Wied-Neuwied, Maximilian Prinz zu, *Reise in das innere Nordamerika 1832–34*. München: Borowsky, 1978.

Wilcox, Ella Wheeler, *Poems of Pleasure*. Chicago: Morril, Higgins & Co., 1892.

Wolf, Margery, *Women and the Family in Rural Taiwan*. Stanford, Calif.: Stanford University Press, 1972.

Worringer, Wilhelm, *Abstraktion und Einfühlung: Ein Beitrag zur Stilpsychologie*. München: Piper, 1909.

Young, Paul T., »Studies in Affective Psychology«. In: *American Journal of Psychology*, 1927, 38, S. 157–193.

Zilboorg, Gregory, *History of Medical Psychology*. New York: Norton, 1941.

Abbildungsverzeichnis

Jan van Eyck, *Die Kreuzigung* (ca. 1430). The Metropolitan Museum of Art, Fletcher-Stiftung, 1933. (33.92a) Foto: Copyright 1998 The Metropolitan Museum of Art.

Gerard David, *Die Kreuzabnahme* (ca. 1520). Copyright: Die Frick-Sammlung, New York.

Schüler von Konrad Witz, *Pietà* (15. Jahrhundert). Copyright: Die Frick-Sammlung, New York.

Man Ray, *Larmes* (Tränen) (1932–1933). J. Paul Getty Museum, Los Angeles. Copyright: Man Ray Trust/Artists Rights Society (ARS), New York.

Nachahmer von Daniele Crespi, *Der weinende heilige Franziskus* (17. Jahrhundert). Schenkung der Familien Castiglione und Consonni zum Gedächtnis an Victoria Castiglione, State Museum of Florida in der Sammlung des John and Marble Ringling Museum of Art.

(Nach) Hans Memling, *Der dornengekrönte Christus* (ca. 1490). Philadelphia Museum of Art in der Sammlung John G. Johnson.

Diagramm der Tränendrüsen. Tom Prentiss (1964). Mit freundlicher Genehmigung von Nelson H. Prentiss.

Diagramm der Tränennerven und verwandter Nerven. Tom Prentiss (1964). Mit freundlicher Genehmigung von Nelson H. Prentiss.

Diagramm des Auges unter Berücksichtigung der Tränengänge. Tom Prentiss (1964). Mit freundlicher Genehmigung von Nelson H. Prentiss.

Aus Charles Darwin, *Der Ausdruck der Gemütsbewegungen bei dem Menschen und den Tieren* (übers. von J. Victor Carus). Stuttgart, 1872; Reprint: Nördlingen: Greno, 1986. Mit freundlicher Genehmigung der Bibliotheken in der Universität von Iowa.

Schauspieler, der für Darwin posiert. Aus Charles Darwin, *Der Ausdruck der Gemütsbewegungen bei dem Menschen und den Tieren* (übers.

von J. Victor Carus). Stuttgart, 1872; Reprint: Nördlingen: Greno, 1986. Mit freundlicher Genehmigung der Bibliothek der Universität von Cambridge.

Das Delsarte-System. Aus Alfred Giraudet, *Mimique, physionomie et gestes: méthode pratique, d'après le système de F. del Sarte pour servir à l'expression des sentiments* (1895). Mit freundlicher Genehmigung der Abteilung für Spezialsammlungen in den Bibliotheken der Universität von Iowa.

G.-B. Duchenne, elektrotherapeutische Experimente. G.-B. Duchenne, *Mécanisme de la physiognomie humaine; ou, Analyse électro-physiologique de l'expression des passions, par le docteur G.-B. Duchenne (de Boulogne). Avec un atlas composé de 74 figures électro-physiologiques photographiées* (Paris, 1862). Getty-Forschungsinstitut, Forschungsbibliothek.

Charles Le Brun, »Weinen«. Aus *Heads representing the Passions of the Soul, selected from Mons. Le Brun, on twelve plates, in chalk (London, 1794).* Getty-Forschungsinstitut, Forschungsbibliothek.

George Stubbs, »Weinen«. Aus C. Knight, *Stipple engravings: Ecorche expressions of emotions* (1815), nach H. Singleton und/oder George Stubbs. Wellcome Institute Library, London.

Aus Johann Caspar Lavater, *Physiognomische Fragmente, zur Beförderung der Menschenkenntnis und Menschenliebe* (Leipzig und Winterthur: Weidmanns Erben und Reich, und Heinrich Steiner und Compagnie, 1775). Getty-Forschungsinstitut, Forschungsbibliothek.

Aus Charles Darwin, *Der Ausdruck der Gemütsbewegungen bei dem Menschen und den Tieren* (übers. von J. Victor Carus). Stuttgart, 1872; Reprint: Nördlingen: Greno, 1986. Mit freundlicher Genehmigung der Bibliothek der Universität von Cambridge.

Gerbrand van den Eeckhout, *Die weinende Hagar* (Anfang der 1640er Jahre). Öl auf Leinwand, 30 x 27 Inch. Geschenk von Martin J. Zimet an das J. Paul Getty Museum in Los Angeles.

Laurel und Hardy in *Dick und Doof in geheimer Mission* (1942). Copyright: Metro-Goldwyn-Mayer.

Aus Johann Caspar Lavater, *Physiognomische Fragmente, zur Beförderung der Menschenkenntnis und Menschenliebe* (Leipzig und Winterthur: Weidmanns Erben und Reich, und Heinrich Steiner und Compagnie, 1775). Getty-Forschungsinstitut, Forschungsbibliothek.

David Hume Kennerly, *Kambodschanisches Mädchen* (1975). Mit freundlicher Genehmigung von David Hume Kennerly.

Charles Wilson Peale, *Die weinende Rachel* (1772). Philadelphia Museum of Art: Schenkung von der Barra Stiftung, Inc.

David Hume Kennerly, *Nixons Begräbnis* (1994). Mit freundlicher Genehmigung von David Hume Kennerly.

John Tenniel aus Lewis Carroll, *Alice im Wunderland* (1865). Mit freundlicher Genehmigung der Bibliotheken der Universität von Iowa.

Pablo Picasso, *Weinende Frau* (1937). Tate Gallery, London. Copyright: 1999 Estate of Pablo Picasso/Artists Rights Society (ARS), New York.

Gaspare Traversi, *Der gefundene Liebesbrief* (17. Jahrhundert). Nachlass von John Ringling, Sammlung des John und Mable Ringling Kunstmuseums, the State Art Museum of Florida.

Johnny Depp in *Cry-Baby* (1990). Copyright: 1999 Universal City Studios, Inc. Mit freundlicher Genehmigung von Universal Studios Publishing Rights. Rechte vorbehalten.

Roy Lichtenstein, *Ertrinkendes Mädchen* (1963). Museum of Modern Art, New York. Philip-Johnson-Sammlung und Geschenk von Herrn und Frau Bagley Wright.

Thomas Woodruff, *Chromatische Abweichung, Der weinende Clown – Grün* (1990). Mit freundlicher Genehmigung des Künstlers und P.P.O.W, New York.

Hendrick ter Brugghen, *Der heilige Hieronymus* (1621). Öl auf Leinwand. 145 x 120 Zentimeter. Copyright: The Cleveland Museum of Art, 1999, Mr. und Mrs. William H. Marlett Stiftung, 1977.2.

Barbara Kruger, *Ohne Titel (Wer wird die Geschichte der Tränen schreiben?)* (1991). Mit freundlicher Genehmigung der Mary Boone Gallerie, New York.

Register

Danksagung

Ganz besonders danken möchte ich Paul Mandelbaum und Rick Maddox für ihre Freundschaft, ihren Rat und ihre Lektüre. Linda Boltun, Ed Folsom sowie Judy und Roger Aiken haben mir im wahrsten Sinne des Wortes geholfen, Körper und Seele beisammen zu halten während des Schreibens dieses Buches. Gleiches gilt für die äußerst verständnisvollen und hilfsbereiten Mitarbeiter der Fakultät für Englisch an der Universität von Iowa sowie am College für Geisteswissenschaften. Ich danke meinen Eltern und Geschwistern, die mir auf ihre unnachahmliche, individuelle Art und Weise eine fortgesetzte Inspiration sind, egal wie groß die Entfernung zwischen uns auch sein mag. Meine Agentin Melanie Jackson und meine Lektorin Jill Bialosky öffneten mir die Augen dafür, von welcher Art dieses Buch sein könnte. Mein Dank noch einmal an Jessie, Yarri und Cody dafür, dass sie so viel für meine Bildung getan haben. Und Laurie Winer, dir danke ich für alles, auch für den Vorschlag, über das Weinen zu schreiben: Nicht nur dieses Buch ist dir gewidmet.

Den nachfolgenden Personen bin ich zu großem Dank verpflichtet: Betsy Amster, Hans Breder, Ken Cmeil, Antonio Damasio, Pam Galvin, Julian Hanna, Jerry Harp, David Hay, Sam Lopez, Abby Metcalf, Vance Mews, Jon Miller, Steven Molton, E. N. Nieves, Martha Patterson, Donna Pall, Jonathan Penner, Thomas Scheff,

Carol Spaulding, Ned Stuckey-French, Cathy Weingeist, Barbara Welch-Breder und Holly Welker.

Und für Unterstützung bei der Recherche, Geschichten, Ideen, Inspiration und Trost danke ich: Ritch Adams, Abby Adorney, John Adorney, Cari-esta Albert, Doug Anderson, Bridgette Andrew, Susanna Ashton, Kathy Balmer, The Blues Patrol, Leo Braudy, Tim Bryant, Kathleen Diffley, Barry Glassner, Beth Gwynn, Mark Henderson, Ellen Jagg, Joni Kinsey, Josh Kotzin, Ginger Makela, Kim Marra, Mary Moran, Jerry Neeley und den Mitarbeitern von Jerrys Videothek, Sky Palkowitz, Judith Pascoe, Joann Quinnones-Perdomo, Laura Rigal, Helen Ryan, Nina Sadowsky, Paul Sadowsky, John Stefaniak, Andy T., Stacy Title, Jennifer Travis, den Mitarbeitern von Video Journeys, Tom Weingeist und Jon Wilcox.